はじめに

ITのIは「Information（情報）」，Tは「Technology（技術）」
つまり，ITは「情報の技術」です。

手元のスマートフォンの中で，自宅のPCの中で，そこから繋がるインターネットの世界で，私たちは情報に出会い，ときに情報に脅かされ，いやがおうにもたくさんの「情報」の中で，私たちは生きています。

AI，データサイエンス，IoT，ビッグデータ…，最新のニュースで言葉は聞くけれど，それらはどのような技術でしょう。

大手企業で個人情報が流出！？　私たちはどうすれば自分の情報を守れるでしょう。

私たちの周りに当たり前のようにあふれる「情報」について，そして，それを支える「技術」について知ることは，現代社会を生きる上で，「言葉」や「数字の計算」を知るのと同じくらい大切なことだと，アイテックは考えています。

本書は，少しでも多くの方に「ITを身近なものとして知ってほしい」という思いのもとに作られています。今回の第3版の改訂にあたっては，ITの基本事項からのわかりやすい説明を心がけながらも，最新のIT動向についても理解できるように，用語や説明を見直しました。掲載内容は，最新の「ITパスポート試験」のシラバス（iパス4.0）を踏まえていますので，ITパスポート試験の試験対策としてもご利用いただけます。

この書籍を読み終わったとき，遠くにあった「IT」の世界が，少しでもあなたの身近なものになっていれば幸いです。

2020年7月
アイテック IT人材教育研究部

目次

はじめに

第1部 基礎理論 11

1.1 ITの基礎理論 12
1　情報の表現 12
2　論理演算と集合 26

1.2 アルゴリズムとプログラミング 32
1　データ構造 32
2　アルゴリズム 36
3　プログラム言語 48
■　確認問題 51

第2部 コンピュータシステム 57

2.1 コンピュータ構成要素 58
1　コンピュータの種類 58
2　コンピュータの構成 60
3　パソコン本体の構成要素 62
4　パソコンの周辺機器 72

2.2 システム構成要素 78
1　システムの処理形態 78
2　システムの評価指標 83
3　システムの信頼性 85
4　システムの経済性 89

2.3 ソフトウェア 90
1　ソフトウェアの体系 90
2　オペレーティングシステム(OS) 91
3　アプリケーションソフトウェア 97
4　オープンソースソフトウェア 99

2.4 ハードウェア …… 101
1　半導体メモリ …… 101
2　論理回路 …… 103
■　確認問題 …… 104

第3部　技術要素 …… 109

3.1 ヒューマンインタフェース …… 110
1　ヒューマンインタフェースとは …… 110
2　ユーザビリティ …… 112
3　バリアフリーとユニバーサルデザイン …… 113
4　アクセシビリティ …… 113
5　ヒューマンインタフェース設計 …… 113

3.2 マルチメディア …… 117
1　マルチメディアシステム …… 117
2　マルチメディアで扱うデータ形式 …… 120
3　マルチメディア技術の応用 …… 121

3.3 データベース …… 123
1　データベースの基本 …… 123
2　関係データベース …… 124
3　データベース管理システム …… 129
4　データベースの利用とSQL …… 137
5　データベースの応用 …… 145

3.4 ネットワーク …… 147
1　ネットワークの基礎知識 …… 147
2　LANとは …… 150
3　WAN …… 157
4　インターネット …… 161

3.5 セキュリティ …… 170
1 セキュリティの概念 …… 170
2 情報セキュリティの管理 …… 176
3 情報セキュリティの対策 …… 179
4 暗号技術と認証技術 …… 184
5 マルウェア対策(コンピュータウイルス対策) … 187
■ 確認問題 …… 190

第4部 開発技術 …… 197

4.1 システム開発技術 …… 198
1 モデリング手法 …… 199
2 システム開発の手順 …… 204
3 要件定義 …… 206
4 システム方式設計(外部設計) …… 208
5 ソフトウェア方式設計(内部設計) …… 213
6 ソフトウェア詳細設計(プログラム設計) …… 217
7 プログラミング …… 219
8 テスト …… 223
9 レビュー …… 225
10 ソフトウェア・システムの受入れと保守 …… 225

4.2 ソフトウェア開発管理技術 …… 226
1 ソフトウェア開発モデル …… 226
2 ソフトウェア開発手法 …… 229
3 DevOps(デブオプス) …… 231
4 共通フレーム2013 …… 231
■ 確認問題 …… 234

第5部 **プロジェクトマネジメント** ············· **239**

5.1 プロジェクトマネジメント ····························· 240
  1 プロジェクトとは ································· 240
  2 プロジェクトマネジメントとは ··············· 241
  3 PMBOKとプロジェクトマネジメントの
    五つのプロセス群 ····························· 241
  4 プロジェクトマネジメント10の知識エリア ······ 243
  5 プロジェクト(システム開発)の見積り手法 ······ 249
  ■ 確認問題 ··· 250

第6部 **サービスマネジメント** ················· **253**

6.1 サービスマネジメント ···························· 254
  1 サービスマネジメントの基礎知識 ·············· 254
  2 サービスマネジメントシステム ················ 255
  3 サービスの運用 ································· 258
  4 ファシリティマネジメント ····················· 258
6.2 システム監査 ·································· 262
  1 システム監査とは ····························· 262
  2 システム監査基準とシステム管理基準 ·········· 263
  3 システム監査人 ································· 264
  4 システム監査の計画と実施 ····················· 265
  5 内部統制 ······································· 266
  6 ITガバナンス ································· 267
  ■ 確認問題 ··· 268

第7部 **システム戦略** ……………………… **271**

7.1 システム戦略 ………………………………… 272
1 情報システム戦略 …………………………… 272
2 業務プロセスと業務プロセスのモデリング …… 275
3 業務改革手法 ………………………………… 276
4 ソリューションビジネス ……………………… 277
5 システム活用促進・評価 …………………… 280
7.2 システム企画 ………………………………… 282
1 システム化計画立案の手順 ……………… 282
2 要件定義 ……………………………………… 283
3 調達計画・実施 ……………………………… 284
■ 確認問題 ……………………………………… 286

第8部 **経営戦略** ……………………………… **289**

8.1 経営戦略マネジメント ……………………… 290
1 経営戦略の基礎 …………………………… 290
2 経営戦略目標・経営戦略立案の手法 ………… 294
3 経営管理システム …………………………… 296
4 マーケティング ……………………………… 298
8.2 技術戦略マネジメント ……………………… 303
1 技術開発戦略とは …………………………… 303
2 技術開発戦略の立案手順 …………………… 306
8.3 ビジネスインダストリ ……………………… 308
1 ビジネスシステム …………………………… 308
2 エンジニアリングシステム ………………… 312
3 eビジネス …………………………………… 314
4 ITネットワークの有効活用 ………………… 317
5 IoTシステム・組込みシステム ……………… 318
■ 確認問題 ……………………………………… 321

第9部 企業と法務 ……………………………… 327

9.1 企業活動 …………………………………………… 328
1 会社の仕事の仕組み ………………… 328
2 仕事と組織 ………………………… 333
3 問題発見の技法 …………………… 336
4 企業会計と財務 …………………… 346

9.2 法務 ………………………………………………… 351
1 企業経営とコンプライアンス …………… 351
2 知的財産に関する法律 ……………… 352
3 労働に関する法律 ………………… 356
4 セキュリティ関連法規 ……………… 358
5 取引に関する法律 ………………… 362
6 標準化関連 ………………………… 363

■ 確認問題 ……………………………………… 367

索引 ………………………………………………………… 371
引用書籍／参考文献／写真提供 ………………………… 386

商標表示
　各社の登録商標及び商標，製品名に対しては，特に注記のない場合でも，これを十分に尊重いたします。

読者特典

「ポイント復習！○×クイズ」の
ご利用について

　本書で学習した内容を振り返るため，Webやスマートフォンで演習できる「ポイント復習！○×クイズ」をご用意しました。書籍で学んだ必修ポイントを，○×クイズ形式で確認することができます。また，解説は音声付きなので，「目と耳で」復習ができます。スキマ時間の学習にご利用ください。

問題文を読んで，○か×を選びましょう。全て本書で学習する内容です。

正解／不正解の判定のあと，解説が表示されます。間違えてしまった内容は，本書に戻って復習しましょう。
※解説表示時，音声が出ますので，デバイスの音量にご注意ください。音がなくても，ご利用いただけます。

---

① https://questant.jp/q/wakaruit3 に Web ブラウザからアクセスしてください。
② 本書に関する簡単なアンケートにご協力ください。
　アンケートのご回答後，「ポイント復習！○×クイズ」に移動します。
③ 移動先の URL を，ブラウザのブックマーク／お気に入りなどに登録してください。

※こちらのコンテンツのご利用期限は，2023 年 7 月末です。
※毎年，4 月末，10 月末までに弊社アンケートにご回答いただいた方の中から抽選で 10 名様に，Amazon ギフト券 3,000 円分をプレゼントしております。ご当選された方には，ご登録いただいたメールアドレスにご連絡させていただきます。また，ご入力いただきましたメールアドレスは，当選した場合の当選通知，賞品お届けのためのご連絡，賞品の発送のみに利用いたします。
※プレゼント内容は，2020 年 7 月現在のものです。詳細は，アンケートページをご確認ください。

株式会社アイテック

第1部

基礎理論

コンピュータが認識できる「0」と「1」の意味を最初に考えましょう。表現，理論，演算を覚えながら，コンピュータの世界をのぞいてみてください。アルゴリズム，プログラムの流れ図，プログラム言語まで学習します。

1.1　ITの基礎理論 …………………………………… 12
1.2　アルゴリズムとプログラミング ……………… 32

第 1 部　基礎理論

1.1 ITの基礎理論

Information Technology。略してIT。日本語に訳すと情報技術となります。でも、ITってどういうことかって？まあ、簡単にいうと、「0」と「1」で表現する「コンピュータを上手に使う技術」のことなのです。

今は、何だか分からないかもしれませんが、皆さんは、既にIT、つまり「0」と「1」の中で生活しているんですよ。

最初に身近なものから考えてみましょう。

1　情報の表現

（1）アナログ表現とディジタル表現

　コンピュータは電気によって動くため、電気信号である「無」と「有」、あるいはスイッチの「オフ」と「オン」の区別しかできません。このため、「無」と「有」や「オフ」と「オン」に相当する「0」と「1」の数字に、全てのデータを置き換えて命令やデータを処理しているのです。これをディジタル表現（データ）と呼びます。昔からあるアナログ表現（データ）と、身近なものを使って比較してみましょう。

図表 1-1　アナログ表現とディジタル表現

文字盤のある腕時計を見て,「深夜の1時をちょっと回ったな」と言ったら,人間同士なら理解し合えます。しかし,コンピュータには「ちょっと」とか「だいたい」が通じません。ディジタル時計を考えてみれば分かるでしょう。「01：25」というように,明確に表示されています。

(2) コンピュータ内のデータ表現

コンピュータでは,すべてのデータが,この「0」と「1」に変換されて処理されます。「0」と「1」の一つ一つを**ビット**と呼びます。映画などのような長いデータであっても,「0」と「1」に変換されていれば処理することができます。このようなビットの組合せのことを**ビットパターン**と呼びます。

▶ビット
▶ビットパターン

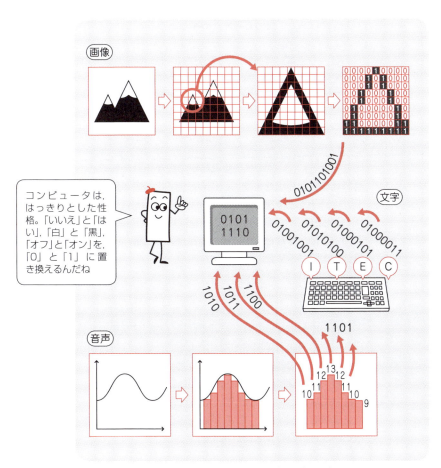

図表 1-2　コンピュータ内のデータ表現

第 1 部　基礎理論

　　コンピュータは「0」と「1」しか理解できないため，データを2進数を使って処理します。

　　さらに，2進数のデータを人間が見やすいように，8進数や16進数に変換することもあります。

10進数	2進数	8進数	16進数
10	1010	12	A

図表 1-3　10進数の「10」を2進数，8進数，16進数に変換

（3）10進数

　　まず，2進数，8進数，16進数の説明に入る前に，なじみの深い

10進数▶ **10進数**について改めて考えてみましょう。

　　10進数の特徴は，次のとおりです。

　　①0，1，2，3，4，5，6，7，8，9の10種類の数字で表します。

　　②各桁の数が10になると一つ桁上がりします。

　　　ここで，256という10進数を考えてみましょう。

$$256 = \underline{10^2} \times 2 + \underline{10^1} \times 5 + \underline{10^0} \times 6$$

　　このように，10のべき乗に各桁の数を掛けたものを，全て足した数と考えることができます。ここで，全ての数の0乗は1なので（定義），$10^0 = 1$ となります。

基数▶　　10進数では，10を**基数**，10^2，10^1，10^0 を各桁の**重み**と呼びます。

重み▶　このように，基数と重みに掛ける各桁の数を使って数を表現する方法を

基数法▶ **基数法**と呼びます。

（4）2進数

2進数▶　　**2進数**は，コンピュータで使われる基本的な表現です。電気信号の「無」と「有」に対応する「0」と「1」に，この2進数の計算の規則をコンピュータの回路で実現することによって，様々な処理が可能となっています。2進数の特徴は，次のとおりです。

　　①0，1の2種類の数字で表します。

　　②2になると一つ桁上がりします。基数は2です。

　　2進数を，$(1101)_2$ のように括弧を付け，右下に基数を書き，10進数と区別させる表記もあります。

$(1101)_2 = \underline{2^3} \times 1 + \underline{2^2} \times 1 + \underline{2^1} \times 0 + \underline{2^0} \times 1 = 8+4+1 = (13)_{10}$

　各桁の重みは 2^3，2^2，2^1，2^0 であり，$(1101)_2$ は10進数の13になることが分かります。このように，2進数は，各桁の重みに，各桁の数を掛けることで10進数に変換することができます。

　逆に，10進数を2進数に変換するには，2で割って余りを求めていき，商が0になるまで計算を進め，下から順に余りを並べていきます。

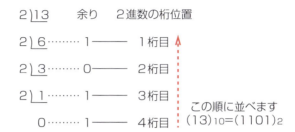

　このように，10進数から2進数を求めたり，逆に2進数から10進数を求めたりすることを**基数変換**と呼びます。

基数変換▶

2進数は，指を使って，簡単にかぞえることもできるわ。指を立てた状態をオン（1），折った状態をオフ（0）として，片手でいくつまで数えられるかしら

図表1-4　2進数の教え方

次に小数について，基数変換を考えてみましょう。小数の場合は，小数第1位から順に基数の−1乗，−2乗が重みになります。

（例1）2進数→10進数

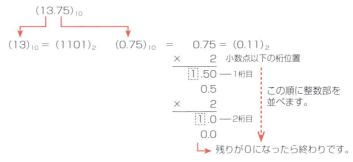

小数を含む10進数を2進数に変換する場合は，整数部と小数部に分け，整数部は2で割る操作で，小数部は2を順番に掛けていき，掛けた結果の整数部を順番に並べていく方法で行います。ただし，掛けた結果の整数部が1になった場合は，整数部を取って2を掛ける操作を続けていきます。

（例2）10進数→2進数

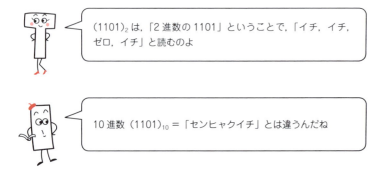

したがって，$(13.75)_{10} = (1101.11)_2$ となります。

(1101)₂ は，「2進数の1101」ということで，「イチ，イチ，ゼロ，イチ」と読むのよ

10進数 (1101)₁₀ =「センヒャクイチ」とは違うんだね

1桁の2進数の演算は次の規則で行います。

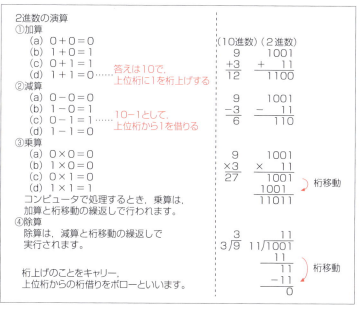

図表1-5　2進数の演算の規則

(5) 16進数

16進数▶　**16進数**は次の規則で表される数です。

①0, 1, 2, 3, 4, 5, 6, 7, 8, 9とA, B, C, D, E, Fの16種類の数字・記号で表します。

②16になると一つ桁上がりします。基数は16です。

　10種類より多い数字を表現する必要があるので，A, B, C, D, E, Fの記号を使います。

　2進数は桁が長くなるため，それを短く表現でき，記憶容量の節約にもつながる16進数も用いられます。主記憶（メモリ）やデータの内容をビットパターンで表示したり，印字したりするときに使われます。

　16進数は2進数の4桁分を1桁で表現するので，2進数を下位から4桁ずつ区切り，それぞれを0〜9, A〜Fまでの文字に対応させます。

（例）　(0101 1011 1010 1111 0011 1000 1110 0100)$_2$
　　　　　↓　　↓　　↓　　↓　　↓　　↓　　↓　　↓
　　　　　5　　B　　A　　F　　3　　8　　E　　4
　　= (5BAF38E4)$_{16}$

第1部　基礎理論

　数値としての 16 進数を考えるときも同様に行います。2 進数を，小数点を基準に 4 桁ずつ区切り，それぞれを 0〜9，A〜F までの文字に対応させれば，16 進数に変換できます。

$$(例)\quad (1101\ 0111.1010)_2 = (D7A)_{16} = 16^1 \times D + 16^0 \times 7 + 16^{-1} \times A$$

$$D\quad 7\quad A \qquad\qquad 13 \qquad\qquad\qquad 10$$

$$= 208 + 7 + 0.625 = (215.625)_{10}$$

(6) 8 進数

8 進数▶

　8 進数も，2 進数を簡潔に表現するために用いる数です。

①0〜7 の 8 種類の数字で表します。

②8 になると一つ桁上がりします。基数は 8 です。

　8 進数では，2 進数の 3 桁分を 1 桁で表現します。

　2 進数を，小数点を基準に 3 桁ずつ区切り，0〜7 までの数字に対応させれば 8 進数が得られます。

$$(例)$$
$$(110\ 101.100)_2 = (65.4)_8 = 8^1 \times 6 + 8^0 \times 5 + 8^{-1} \times 4 = 48 + 5 + 0.5$$
$$6\quad 5\quad 4 \qquad\qquad\qquad\qquad\qquad\qquad = (53.5)_{10}$$

　2 進数，8 進数，16 進数，10 進数の対応関係をまとめると，図表 1-6 のようになります。（　）内は対応する 10 進数です。

2 進数	8 進数	10 進数	16 進数
0　(0)	0　(0)	0	0　(0)
1　(1)	1　(1)	1	1　(1)
10　(2)	2　(2)	2	2　(2)
11　(3)	3　(3)	3	3　(3)
100　(4)	4　(4)	4	4　(4)
101　(5)	5　(5)	5	5　(5)
110　(6)	6　(6)	6	6　(6)
111　(7)	7　(7)	7	7　(7)
1000　(8)	10　(8)	8	8　(8)
1001　(9)	11　(9)	9	9　(9)
1010 (10)	12 (10)	10	A (10)
1011 (11)	13 (11)	11	B (11)
1100 (12)	14 (12)	12	C (12)
1101 (13)	15 (13)	13	D (13)
1110 (14)	16 (14)	14	E (14)
1111 (15)	17 (15)	15	F (15)
10000 (16)	20 (16)	16	10 (16)
10001 (17)	21 (17)	17	11 (17)
10010 (18)	22 (18)	18	12 (18)
10011 (19)	23 (19)	19	13 (19)
10100 (20)	24 (20)	20	14 (20)

図表 1-6　10 進数と 2 進数，8 進数，16 進数の関係

(7) 2進数の表現範囲

4ビットとは、4桁の2進数のことであり、表現できる数の範囲は $(0000)_2 \sim (1111)_2$ で、10進数では $(0)_{10} \sim (15)_{10}$ となります。

2進数	表現できる範囲	別の表現	表現できる数の種類
4ビット	0～15	$0 \sim 2^4 - 1$	2^4
8ビット	0～255	$0 \sim 2^8 - 1$	2^8
16ビット	0～65535	$0 \sim 2^{16} - 1$	2^{16}
32ビット	………………	$0 \sim 2^{32} - 1$	2^{32}
nビット	………………	$0 \sim 2^n - 1$	2^n

図表1-7 2進数の表現範囲

4ビットで表現できる数の種類は、$2^4 = 16$個だけど、表現できる上限は「15」になるんだね

表現できる範囲は、「0」から始まっていることがポイントね

$(1111)_2$ を $(10000)_2 - 1$、つまり、$2^4 - 1$ と考えれば、$(0)_{10} \sim (2^4-1)_{10}$ と表せます。

同様に、8ビットの2進数で表現できる数の範囲は $(0000\ 0000)_2 \sim (1111\ 1111)_2$ で、10進数で $(0)_{10} \sim (255)_{10}$、つまり、$(0)_{10} \sim (2^8-1)_{10}$ というように、16、32、…、nビットの場合も同様に考えることができます。

(8) 負の数の表現

コンピュータのデータは、全て2進数で表現されていますが、負の数や小数も表す必要があるため、限られたビット数の中で表現方法を工夫しています。ここでは、負の数の表現で使われる補数について考えます。補数を用いることで、引き算を足し算として扱うことができます。

例えば、10進数の6は、2進数で「0110」と表現されます。では、-6はどのように表現することになるでしょう。最初に述べたとおり、コンピュータの内部では、オン（1）、オフ（0）でしか表すことができないため、マイナスを表現することが出来ないのです。そこで、マイナスの数をプラスの数で表現することを補数といっています。

①補数

補数とは，基準となる数から，ある数を引いた数のことです。

基準となる数 − ある数 = ある数の補数

この基準となる数は，ある数の桁数と表現している基数法ごとに定められる数です。次の2種類があります。

例えば，5桁の2進数を考えるときは，次のようになります。

　　(11111)₂　………5桁の2進数の最大数
　　(100000)₂　………5桁の2進数の最大数＋1

基準となる数が2種類あるのは，それに対応する補数が2種類あるためです。

2進数の場合には，**1の補数**，**2の補数**があります。実際に各補数を求めてみましょう。

・1の補数

その桁内の最大数からある数を引いたものを，ある数の1の補数といいます。

　(例) 5桁の2進数で (10111)₂ を考えているとき，
　　　(11111)₂ − (10111)₂ = (01000)₂ ………1の補数

・2の補数

その桁内の最大数＋1からある数を引いたものを，ある数の2の補数といいます。

　(例) 5桁の2進数で (10111)₂ を考えているとき，
　　　(100000)₂ − (10111)₂ = (01001)₂ ………2の補数

実際に補数を求める場合，2進数の性質を利用して，次のように簡単に求めることができます。

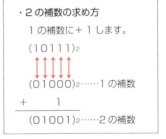

図表 1-8　補数の求め方

（参考）
　　10進数の補数を考える場合も，同じように行うことができます。この場合は，9の補数，10の補数という言い方をします。

（例）3桁の10進数956の補数は，次のようになります。

> 9の補数… 999 − 956 = 43 → 3桁の10進数の最大数（999）から引く。
> 10の補数…1000 − 956 = 44 → 3桁の10進数の最大数＋1
> 　　　　　　（1000）から引く。

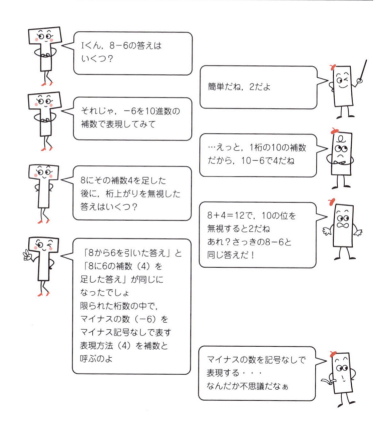

②負の数の例

現実のコンピュータでは，負の数の表現に2の補数が使われることが多いです。

例えば，(0101)₂は10進数では＋5を表し，(0101)₂の2の補数（1011)₂が－5を表す数になります。

正の数の表現だけなら，4ビットの2進数で(0000)₂から(1111)₂まで10進数の0から15までの16種類の数が表現できますが，負の数の表現も含めた場合は，次のように－8から＋7までの16種類の数になります。負の数の2進数を見ると先頭が全て1になっています。(1000)₂は－8とします。＋8ではありません。

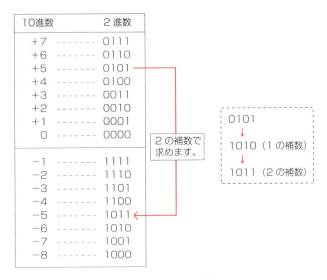

図表1-9　負の数の表現

(9) 文字データとコード体系

文字データは，1文字をあらかじめ決めたビット数で表現します。特別の場合を除き，数値データのように計算の対象とはなりません。通常，1文字は1**バイト**（8ビット）で表現され，この8ビットの0と1の組合せを**コード**（code；符号）といいます。

バイト▶
コード▶
コード体系▶　文字をどのように表現するかは**コード体系**と呼ばれる基準で決まっています。コード体系にはJISコード，ASCIIコード，EUCコード，Unicodeなどがあります。

1.1 IT の基礎理論

JIS コード ▶ ① **JIS コード**（JIS X 0201）

日本工業規格が定めたコード体系です。ASCII コードに準じた JIS7 単位符号とカナ文字を加えた JIS8 単位符号があります。通常，JIS8 単位符号を JIS コードといいます。

上位ビット	b_8	0	0	0	0	0	0	0	0	1	1	1	1	1	1	1	1
	b_7	0	0	0	0	1	1	1	1	0	0	0	0	1	1	1	1
	b_6	0	0	1	1	0	0	1	1	0	0	1	1	0	0	1	1
下位ビット	b_5	0	1	0	1	0	1	0	1	0	1	0	1	0	1	0	1
$b_4 b_3 b_2 b_1$		0	1	2	3	4	5	6	7	8	9	A	B	C	D	E	F
0 0 0 0	0	NUL	TC_7(DLE)	SP	0	@	P	`	p		未定義	―	タ	ミ		
0 0 0 1	1	TC_1(SOH)	DC_1	!	1	A	Q	a	q			。	ア	チ	ム		
0 0 1 0	2	TC_2(SOH)	DC_2	"	2	B	R	b	r			「	イ	ツ	メ		
0 0 1 1	3	TC_3(SOH)	DC_3	#	3	C	S	c	s			」	ウ	テ	モ		
0 1 0 0	4	TC_4(SOH)	DC_4	$	4	D	T	d	t			、	エ	ト	ヤ		
0 1 0 1	5	TC_5(SOH)	TC_8(NAK)	%	5	E	U	e	u			・	オ	ナ	ユ		
0 1 1 0	6	TC_6(SOH)	TC_9(SYN)	&	6	F	V	f	v	未定義	未定義	ヲ	カ	ニ	ヨ	未定義	未定義
0 1 1 1	7	BEL	TC_{10}(ETB)	'	7	G	W	g	w			ァ	キ	ヌ	ラ		
1 0 0 0	8	FE_0(BS)	CAN	(	8	H	X	h	x			ィ	ク	ネ	リ		
1 0 0 1	9	FE_1(HT)	EM	)	9	I	Y	i	y			ゥ	ケ	ノ	ル		
1 0 1 0	A	FE_2(LF)	SUB	*	:	J	Z	j	z			ェ	コ	ハ	レ		
1 0 1 1	B	FE_3(VT)	ESC	+	;	K	[	k	{			ォ	サ	ヒ	ロ		
1 1 0 0	C	FE_4(FF)	IS_4(FS)	,	<	L	¥	l	|			ャ	シ	フ	ワ		
1 1 0 1	D	FE_5(CR)	IS_3(GS)	-	=	M	]	m	}			ュ	ス	ヘ	ン		
1 1 1 0	E	SO	IS_2(RS)	.	>	N	^	n	―			ョ	セ	ホ	゛		
1 1 1 1	F	SI	IS_1(US)	/	?	O	_	o	DEL			ッ	ソ	マ	゜		

図表 1-10 JIS コード表（JIS8 単位符号）

「I」という文字を JIS コード「8 単位符号」表から調べてみましょう
文字コードは，$b_8 b_7 b_6 b_5 b_4 b_3 b_2 b_1$ の順で表されるわ
$b_8 \sim b_5$ 列から「0100」，$b_4 \sim b_1$ 列から「1001」
したがって，01001001 が「I」を表すコードになるわね

ASCII コード ▶ ② **ASCII コード**

アメリカの ANSI という規格団体（日本の JIS に相当）が定めたコードです。アルファベット，数字などの表現のため 7 ビットで文字コードを表現します。ASCII は，アスキーと読みます。

023

③ EBCDIC コード

米国 IBM 社が定めたコードで，エビスディックと読みます。大型のメインフレームで使われることが多く，日本のあるメーカではこのコード体系に日本独特のカナ文字を加えて，EBCDIK コードとして区別することがあります。

④ EUC コード

EUC コード（Extended UNIX Code）は，UNIX システムで世界各国の文字を統一的に扱うための2バイト以上のコード体系です。漢字コードは2バイトで表現されますが，JIS の補助漢字は制御用文字を含めて3バイトで表現します。

⑤ Unicode

2バイトで全世界の文字を統一して扱うための文字コードです。2バイトコードによる文字表現は最大でも 65,536 種で，現在の Unicode 規格（UCS-4）では最大4バイトで表現されます。

⑥ JIS 漢字コード（JIS X 0208）

JIS 規格で定めた日本語の漢字コードです。2バイト（16 ビット）で一つの漢字コードを表現します。

漢字は，種類が多いため8ビットでは全ての漢字を表現することはできません。そこで，JIS 漢字コードでは，2バイト（16ビット）を使って一つの漢字コードを表します。

（例）「情報」の JIS 漢字コード
　　　　情……（3E70）$_{16}$
　　　　報……（4A73）$_{16}$

文字の表示や印字パターンは，点（**ドット**）の集まりで表します。英数字に比べ，漢字は文字が複雑なのでより多くのドットを必要とします。

JIS8 単位符号で定義される文字を**半角文字**といい，漢字などは2倍のドットを使って表すので**全角文字**といいます。

・半角文字：A，1，ｱ，#，$…など
・全角文字：Ａ，１，ア，＃，＄，情，あ，…など

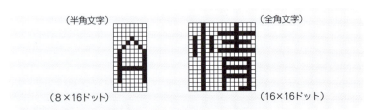

図表 1-11　半角文字と全角文字

1.1 IT の基礎理論

⑦シフト JIS コード

JIS 漢字コードを変形したもので，１バイト目が ASCII コードと重ならないようにシフトして（ずらして）割り当てられており，ASCII コードと混在しても区別できるコード体系です。

(10) 誤差対策

誤差▶ 長さや重さなど，現実の世界では，どんなに精密な測定機器で測っても誤差が生じます。例えば，棒の長さを測って 15.6 センチだったとしても，真の長さは 15.5925…センチかもしれません。非常に正確な値を必要としていない場合は，小数第２位を四捨五入して，15.6 とすることはよくあり，利用する上では問題のない値です。このように，人間は実世界の中で誤差とうまく付き合っているのです。コンピュータで使うデータも誤差を含む場合があります。

例えば，

$(0.1)_{10} = (0.0001100110011001100110011001100\cdots)_2$

と 10 進数の 0.1 を２進数で表現しようとすると無限小数になり，正確には表現できません。仮に，小数点以下を 24 ビットで表現すると，

$(0.1)_{10} = (0.000110011001100110011001)_2 = (0.099999\cdots)_{10}$

となり，誤差が生じます。しかし，前述のように，実用上，問題なくこの数を利用できます。誤差の種類は，情報落ち，桁落ちなどたくさんありますが，代表的なものを説明します。

①丸め誤差

丸め誤差▶ 数値の特定の桁を四捨五入したり，切上げ，切捨てをしたりすることを，丸めるといい，これによって生じる誤差を**丸め誤差**といいます。例えば，57.87 という数値の小数第２位を丸めると，次のようになります。

$$
\text{丸める} \begin{cases} \text{四捨五入} & 57.87 \rightarrow 57.9 \\ \text{切上げ} & 57.87 \rightarrow 57.9 \\ \text{切捨て} & 57.87 \rightarrow 57.8 \end{cases}
$$

②打切り誤差

打切り誤差▶ 技術計算などで，複雑な計算結果を求めるとき，処理を続ければ，まだまだ精度の高い結果が得られる可能性があるとしても，ある程度の値で収束が確認されたところで，処理を打ち切って結果を求めます。このように，処理の打切りによって発生する誤差を**打切り誤差**といいます。この結果は，数学で計算される真の値とは異なりますが，実用上問題のない値として利用するわけです。

（例） 円周率の計算
　　　　真の値　：3.141592653589……
　　　　計算結果：3.14159265（ここで打切り）
　　　　真の値と　0.000000003589……の誤差がある。しかし，
　　　　　　　　　　　　　　　　　　　実用上は問題がない。

2 論理演算と集合

（1）論理とは

論理▶　**論理**とは，正しい事実やいくつかの前提（仮定といいます）に基づいて，矛盾なく結論を導き出す方法のことです。論理を扱う学問は論理学と呼ばれ，コンピュータの分野では，論理回路やプログラムの作成などに応用されます。

　コンピュータは，2進数の0，1を使ってデータを表現し，計算するだけでなく，与えられた条件を判断し，次に何をするかを決めることができるという特徴ももっています。

　実際のプログラムでは，いくつかの条件がいろいろ組み合わされる場
真▶　合が多く，こうした判断を何回か繰り返します。このように，条件が成
偽▶　立している（**真**）か，成立していない（**偽**）かを複数の条件について考
論理演算▶　えることを**論理演算**，条件を**命題**とも呼びます。命題とは，真か偽かど
命題▶　ちらか一方に必ず決まる主張をいいます。

命題	命題とはいえないもの
誰が判断しても同じ結果になるもの	感覚的なもの
98は100以上の数ではない。	だいたい50個あればよい。
81は9の倍数である。	40歳ぐらいの人が3人いる。
10進数で5＋2＝7は正しい。	10,000は大きい数である。

図表1-12　命題とは

「ITの勉強って楽しい！」は，感覚的だから命題とはいえないんだね

(2) 集合

集合とは，明確に定義された対象の集まりのことで，一つの集合を構成する対象を**要素**（または元）と呼びます。例えば，"偶数の集まり"は集合であり，要素は {2，4，6，8，…} となります。しかし，"大きな数の集まり"は集合ではありません。この点，命題と似ています。

集合は，**ベン図**を用いて表すことができます。例えば，自然数についてだけを考える場合，全体集合 U は自然数の集合となります。そして，集合 A を 2 の倍数の集合，集合 B を 3 の倍数の集合とすると，ベン図の各部分には次の要素が入ります。

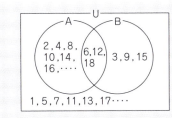

図表 1-13　ベン図で表した集合

このとき，集合 A と集合 B の重なった部分（A にも B にも属する部分）を A と B の**交わり**といい，A ∩ B と表します。また，集合 A と集合 B を合わせた部分（A または B に属する部分）を A と B の**結び**と呼び，A ∪ B と表します。

(3) 論理演算

基本的な論理演算には，**論理積**，**論理和**，**否定**があります。二つの条件を A，B とし，条件が真のとき「1」，偽のとき「0」表すことを考えます。このように，条件の真偽を 1，0 に対応させたときの 1 と 0 を**論理値**と呼びます。なお，真を「T」（True），偽を「F」（False）と表す方法もあります。

①論理積（AND）

二つの条件がともに真のときだけ，結果を真とする演算です。

A と B の論理積は，A **AND** B，A ∧ B，A・B などと表します。条件 A，B の真，偽の 4 通りの組合せで，この関係を表にまとめたものが**真理値表**です。集合の交わり（積集合）を求める演算と覚えてもいいでしょう。

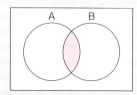

図表 1-14　論理積のベン図と真理値表

②論理和（OR）
　二つの条件のうち一つでも真のとき，結果も真とする演算です。

OR ▶　　AとBの論理和は，A OR B，A ∨ B，A＋Bなどと表します。集合の結び（和集合）を求める演算と覚えてもいいでしょう。

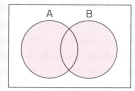

図表 1-15　論理和のベン図と真理値表

NOT ▶　③否定（NOT）
　ある条件が真のとき，結果を偽に，偽のとき，結果を真とする演算です。
　Aの否定は，$\overline{A}$，¬Aなどと表します。補集合として覚えてもいいでしょう。

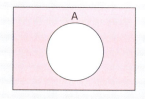

図表 1-16　否定のベン図と真理値表

④排他的論理和（XOR）

二つの条件の真，偽が異なるとき，結果を真とする演算です。1ビットの2数を足したときの，1桁目とも考えられます。

AとBの排他的論理和は，A **XOR** B，A⊕Bなどと表します。

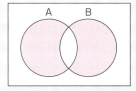

図表 1-17　排他的論理和のベン図と真理値表

⑤否定論理積

論理積の結果の否定を演算結果とします。

AとBの否定論理積は，A **NAND** Bと表します。

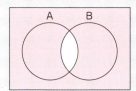

図表 1-18　否定論理積のベン図と真理値表

⑥否定論理和

論理和の結果の否定を演算結果とします。

AとBの否定論理和は，A **NOR** Bと表します。

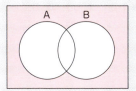

図表 1-19　否定論理和のベン図と真理値表

⑦ ド・モルガンの法則

　論理演算ではド・モルガンの法則という法則があり，集合の演算をするときにこの法則を使うと計算が楽になる場合があります。ド・モルガンの法則はベン図を書けば簡単に理解できます。

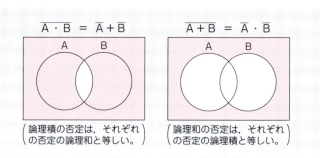

図表 1-20　ド・モルガンの法則

（4）ビット演算

ビット演算▶　論理演算は，0，1で表現される2進数にも適用され，**ビット演算**と呼ばれます。演算を行う二つの数の対応する各桁に，指定された論理演算を行います。

$(10011010)_2$と$(11110000)_2$との論理積	AND	10011010 11110000 10010000
$(10011010)_2$と$(11110000)_2$との論理和	OR	10011010 11110000 11111010
$(10011010)_2$と$(11110000)_2$との排他的論理和	XOR	10011010 11110000 01101010

図表 1-21　ビット演算の例

（5）シフト演算

シフト▶　数値の桁を右や左にずらすことを，**シフト**といいます。

　2進数では，各桁が2のべき乗で表されるので，1ビット（1桁）左にシフトすると元の値の$2^1=2$倍の数になります。また，1ビット右にシフトすると元の値の$2^{-1}=1/2$倍になります。

（例）元の2進数を $(10011)_2 = (19)_{10}$ とすると，
- 1ビット左にシフトした場合
  右に空いたビットは0が入ります。

  　　　10011 ……10進数の19

  　　100110 ……10進数の38で2倍になっています。

- 1ビット右にシフトした場合
  最も右の桁はシフト後，小数点以下の数になります。
  　　　10011 ……10進数の19

  　　　1001.1 …10進数の9.5で1/2倍になっています。

同じように考えると，2ビット左にシフトすると元の値の $2^2 = 4$ 倍に，3ビット左にシフトすると元の値の $2^3 = 8$ 倍に，nビット左にシフトすると元の値の 2^n 倍の数になります。

また，2ビット右にシフトすると元の値の $2^{-2} = 1/4$ 倍に，3ビット右にシフトすると元の値の $2^{-3} = 1/8$ 倍に，nビット右にシフトすると元の値の $2^{-n} = 1/2^n$ 倍になります。

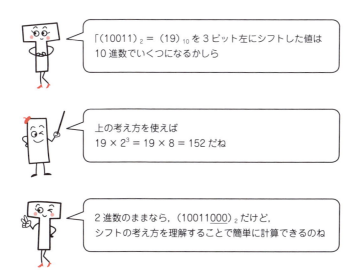

「$(10011)_2 = (19)_{10}$ を3ビット左にシフトした値は10進数でいくつになるかしら

上の考え方を使えば
$19 \times 2^3 = 19 \times 8 = 152$ だね

2進数のままなら，$(10011\underline{000})_2$ だけど，
シフトの考え方を理解することで簡単に計算できるのね

第1部 基礎理論

1.2 アルゴリズムとプログラミング

プログラムを正しく効率的に動かすためには，アルゴリズムがとても重要になります。例えば，1〜10を足し算するとき，1 + 2 + 3 + ……と計算してもよいけれど，(1 + 10) + (2 + 9) + (3 + 8) + (4 + 7) + (5 + 6)というように11を5セット作り，11 × 5と考えてみます。この方法だと，1〜100も(1 + 100) + (2 + 99)……(50 + 51) = 101 × 50として応用できます。

1 データ構造

データ構造▶　**データ構造**は，基本的なデータの型（整数型，実数型，文字型，論理型など）の組合せ，または既に定義されたデータ構造の組合せで表現します。つまり，処理対象のデータをどのような構造でとらえたらよいかを考えて，アルゴリズムとの相性が良い構造を選びます。

(1) 変数と配列
①変数
変数▶　**変数**とは，データが入っている四角い箱のようなものだと考えください。例えば，次のように中にデータ（数値）を入れておき，数を変えれば，何回も使うことができます。

```
  1     +    2    =    3
  A          B         C
 □    +   □   →   □
```

②配列
配列▶　データが入っている箱としての変数を並べたものが**配列**です。配列とは，複数の同じ型のデータで構成されるデータ構造です。複数の同じ型のデータを，独立してではなく，関連性をもたせて扱いたいときに使います。データには配列名を付け，一つ一つのデータ領域（**要素**）
要素▶
添字▶　は何番目の要素かを示す**添字**で識別します。

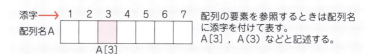

図表 1-22 配列と要素の参照方法

多次元配列▶　図表 1-22 は一次元の配列の例ですが，**多次元配列**も使われます。例えば，2 行 3 列の二次元配列では，全体で 6 個の要素が確保されます。

図表 1-23 二次元配列

(2) 構造体（レコード）

構造体▶　**構造体**とは，複数の任意の型のデータで構成されるデータ構造です。
　複数の任意の型のデータを，独立してではなく，ある規則に従った関連のあるまとまりとして扱いたいときに使います。プログラム言語によっては，構造体のことを**レコード**と呼んでいます。

レコード▶

図表 1-24 構造体の例

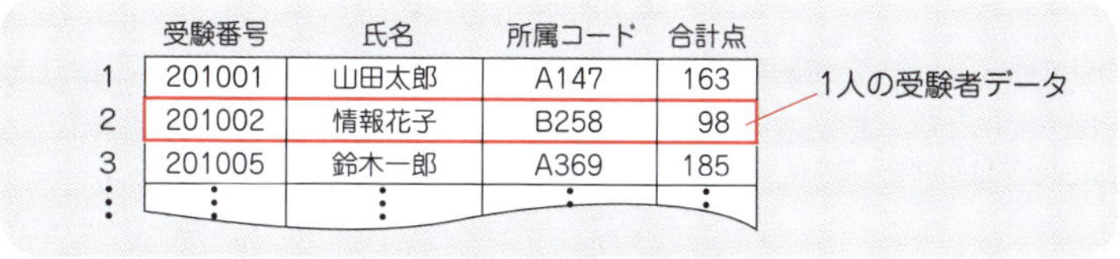

	受験番号	氏名	所属コード	合計点
1	201001	山田太郎	A147	163
2	201002	情報花子	B258	98
3	201005	鈴木一郎	A369	185

→ 1人の受験者データ

図表 1-25 構造体配列

　図表 1-24 のように，あるテストの受験者データ 1 人分を構造体として表現すると，ある受験者という関連のあるまとまりとして複数のデータ（受験番号，氏名，所属コード，合計点）を扱うことができます。

構造体は，ファイルのレコード記述に使われたり，要素が構造体の配列（構造体配列）の形で使われたりします。

(3) いろいろなデータ構造
①リスト

リストは，データ部と格納位置を示す**ポインタ**と呼ばれるデータ（ポインタ部）からなる要素で構成されるデータ構造です。ポインタ部に次の要素の格納位置（アドレス）を入れてデータの順番を表し，この要素を単位として必要に応じて記憶域を用意します。図表1-26のようなイメージになります。

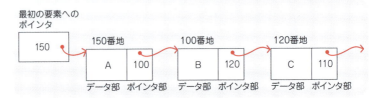

図表1-26 リスト構造

リスト構造中のデータを参照する際には，データの格納位置を示すポインタを使って参照します。リスト構造は，必要に応じて実行中にデータ領域の確保と削除を行うので，データ領域は必ずしも連続領域にはありません。データが順番に格納されている必要はなく，どの位置にあってもポインタによって参照可能です。

リスト構造の基本的なデータ操作には，データの追加／挿入，削除があります。これらはポインタの付替えによって行われ，配列のように要素の移動は行いません。

②**キュー（待ち行列）**

キューは，**先入れ先出し（FIFO；First In First Out）方式**のデータ構造です。キューに入ったデータは，最初に入ったものから順に出ていきます。私たちが窓口で順番待ちのために並ぶことと同じです。

図表1-27 キュー

③スタック

スタックは，**後入れ先出し（LIFO；Last In First Out）方式**のデータ構造です。

スタックにデータを積んでいき，最後に積まれたデータから取り出していくものです。

> スタック ▶
> 後入れ先出し ▶
> 　方式
> 　LIFO ▶

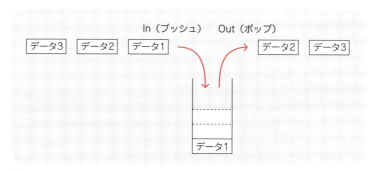

図表 1-28　スタックの構造

④木構造

親子関係にあるデータに対して，親から子へたどることによって，データを取り出すことができるものを木構造といいます。木構造の中で，どのデータも子の数が2以下であるような木構造を2分木といいます。

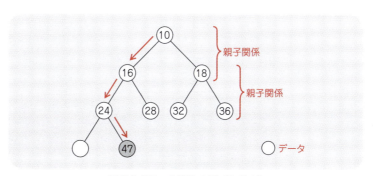

図表 1-29　木構造の例（2分木）

2 アルゴリズム

(1) 流れ図

アルゴリズム▶　**アルゴリズム**とは,「何かの目的を達成するための手順,順番」,「問題を解決するときの方法」です。ここでは,「休日を使った生活の改善」
流れ図▶　という**流れ図（フローチャート）**を使って,考えてみましょう。
フロー▶
チャート

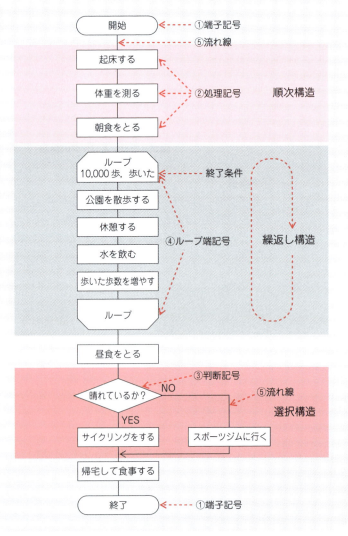

図表 1-30　流れ図

①端子記号

端子記号▶

端子記号は，フローチャートの始めとフローチャートの終わりを示す記号です。始めには，端子記号の中に“開始”，あるいは，処理名が入る場合もあります。終わりには，“終了”と記入します。

②処理記号

処理記号▶

処理記号は，処理の内容を表すときに使う記号です。図表 1-31 のように処理を分かりやすく表現することができます。なお，代入先を左側に書いて「金額←単価×数量」とする場合もあります。

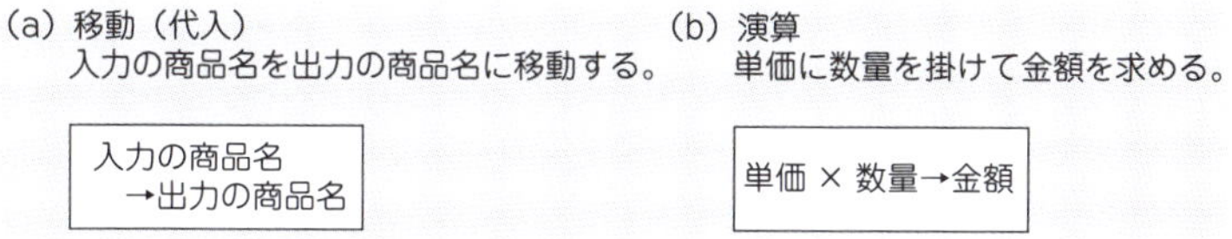

(a) 移動（代入）
入力の商品名を出力の商品名に移動する。
入力の商品名
→出力の商品名
(b) 演算
単価に数量を掛けて金額を求める。
単価 × 数量→金額

図表 1-31　処理記号

③判断記号

判断記号▶

ある質問に対して，“はい”と，“いいえ”のときでは別の行動をする場合があります。このときに使うのがひし形の**判断記号**です。

④ループ端記号

ループ端記号▶
ループ名▶
終了条件▶

ループ端記号は，ある状態（条件）が続いている間，処理を繰り返し行うということを表すときに使用します。繰り返し行う処理の始めと終わりには同じ名前（**ループ名**）を付け，二つの記号を対にします。また，いつ繰返しの処理が終了するかを「**終了条件**」で指定します。

終了条件はループ始端か，ループ終端の記号の中にループ名と一緒に書きます。例えば，「夜 11 時になるまで本を読み寝る」をフローチャートで表すと図表 1-32 のようになります。

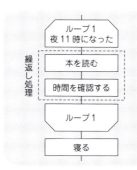

ループ 1
夜 11 時になった
繰返し処理
本を読む
時間を確認する
ループ 1
寝る
・ループ 1 は，ループ名。対になっている同じループ名の間の処理（点線の中）が繰り返される。
・「夜11時になった」は，終了条件なので，夜11時までは本を読む処理が繰り返される。
・夜11時になるとループ 1 の処理から抜け出し，「寝る」処理が行われる。

図表 1-32　繰返し処理

⑤流れ線

流れ線は，フローチャート記号とフローチャート記号を結ぶために使います。フローチャートは，処理の流れを表しているので，分岐する場合は方向が分かるようにしなければなりません。

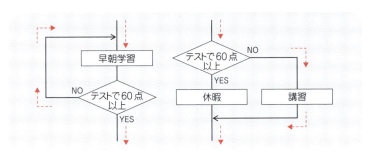

図表 1-33　流れ線の書き方

⑥結合子

結合子は，フローチャートが 1 枚の用紙に入りきらなかったり，流れ線が交差したりするときに使います。結合子（丸の記号）の中に番号などを記述し，同じ番号から同じ番号につながることを表します。図表 1-34 では，1 ページ目の処理 F の続きの処理は，2 ページ目の処理 G ということになります。

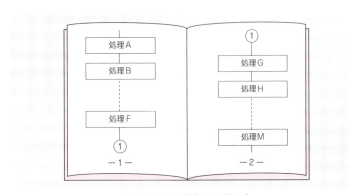

図表 1-34　結合子の使い方

⑦データ記号

コンピュータで使用する磁気ディスク，磁気テープ，プリンタなどを**媒体**と呼びます。**データ記号**は，媒体に何を使用するかを表すためのものです。個々の媒体には対応するフローチャート記号が用意され

ており,何を媒体として使用するか決まってない場合の記号もあります。

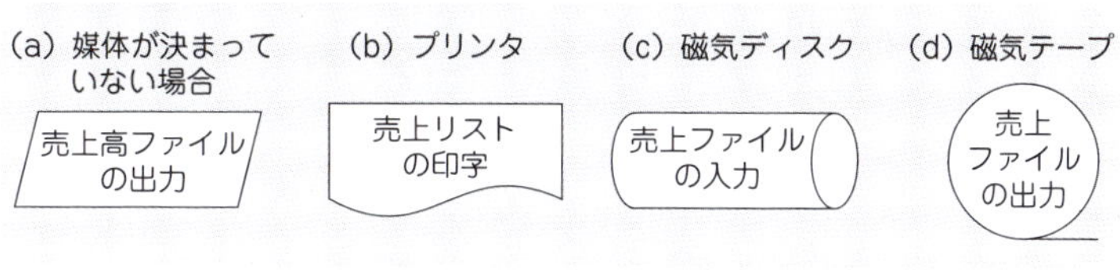

（a）媒体が決まって　（b）プリンタ　　（c）磁気ディスク　（d）磁気テープ
　　　いない場合

　売上高ファイル　　　売上リスト　　　　売上ファイル　　　　売上
　　　の出力　　　　　　の印字　　　　　　の入力　　　　　ファイル
　　　　　　　　　　　　　　　　　　　　　　　　　　　　　　の出力

図表 1-35　データ記号

(2) アルゴリズムの基本構造

①順次構造（SEQUENCE）

順次構造▶　**順次構造**は，順番に上から下へ処理が流れることを示す構造です。最も単純で分かりやすい構造です（図表 1-30 参照）。

②選択構造（IF THEN ELSE）

選択構造▶　**選択構造**は，ある条件によって処理を二つに振り分けることを示す構造です（図表 1-30 参照）。

③繰返し構造（DO WHILE＜前判定＞，DO UNTIL＜後判定＞）

繰返し構造▶　**繰返し構造**は，ある範囲の処理が繰り返し行われることを示す構造です（図表 1-30 参照）。

　もう一つ，繰返し構造の例を示します。図表 1-36 の終了条件が，「貯金≧ 50 万円」とすると，貯金が 50 万円以上になったら点線の繰返し処理を終了します。繰返し構造は，繰返し処理が始まる前に，終了条件になっているかどうかを確かめるので，ループの最初で終了条件になっているときには，繰返しの処理は実行されません。

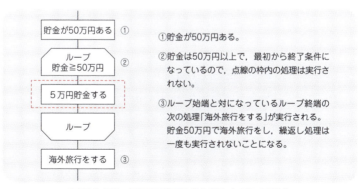

図表 1-36　最初に終了条件を満たしている場合

(3) 基本的なアルゴリズム
①整列（ソート）

整列▶
ソート▶
キー▶

整列（ソート）とは，複数のデータをある項目の昇順（小さい順），または降順（大きい順）になるように並べ替えることです。並替えのため比較される項目を**キー**といいます。

整列対象のデータは，配列，リスト構造，木構造などのいずれのデータ構造で実現されていてもかまいませんが，ここでは配列を用いて昇順に整列する例を説明します。

交換法▶
バブルソート▶

（a）**交換法（バブルソート）**

互いに隣り合うデータのキーを比較し，大小関係が逆なら入れ替えます。図表 1-37 を見ていきましょう。

「55, 35, 15, 40, 60, 20」を昇順に並べることにします。
「55 と 35 を比較」→「大きい 55 が右にくるよう入替え」
「55 と 15 を比較」→「大きい 55 が右にくるよう入替え」
「55 と 40 を比較」→「大きい 55 が右にくるよう入替え」
「55 と 60 を比較」→「大きい 60 が右にあるのでこのまま」
「60 と 20 を比較」→「大きい 60 が右にくるよう入替え」
「60 の位置が確定」
この処理を続けていきます。

図表 1-37　交換法による整列

この例では 6 個のデータを並び替えましたが，並び終えるまでに何回データを比較したでしょうか。左から比較を始めて，右端のデータ比較が終了するまでを 1 回のパスとして考えてみます。

1 回目のパスでは，隣同士のデータを 5 回比較しています。同様に，2 回目のパスでは 4 回，3 回目のパスでは 3 回，4 回目のパスでは 2 回，5 回目のパスでは 1 回比較しているので，合計では 5 ＋ 4 ＋ 3 ＋ 2 ＋ 1 ＝ 15 回比較しています。

アルゴリズムの善し悪しを判断するときには，このように何回比較を行ったかということも指標の一つになります。

選択法▶ ## (b) 選択法

最小のデータを選択し，1 番目のデータと交換します（最小値選択法）。図表 1-38 を見てみましょう。

「最小値 15 を選択」→「1 番目の 55 と交換」
「最小値 20 を選択」→「2 番目の 35 と交換」
「最小値 35 を選択」→「3 番目の 55 と交換」
「最小値 40 を選択」→「4 番目のまま」
「最小値 55 を選択」→「5 番目の 60 と交換」

つまり，データ数 n の中の最小のデータを選択し，1 番目のデータと交換，2 ～ n 番目の n － 1 個のデータに対しても同様の処理を続け，残りのデータが一つになるまで行います。なお，最大のデータを選択して，整列を進める方法は最大値選択法と呼ばれます。

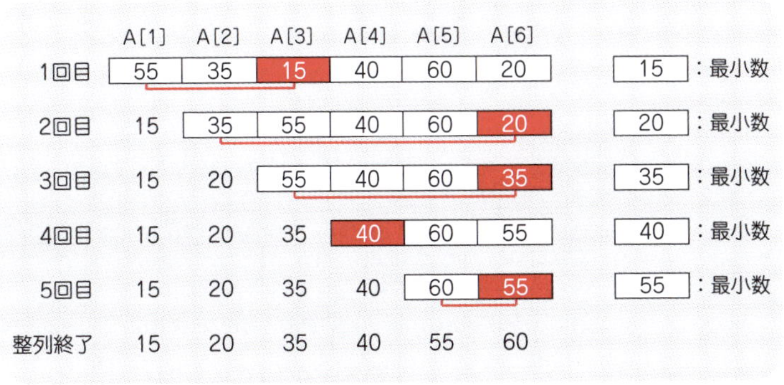

図表 1-38　選択法による整列

挿入法▶

(c) 挿入法

２番目の35をデータから取り出し，それより左側のデータ列の整列を乱さないように，適切な位置に挿入します。次は３番目のデータに対して同様の処理を行います。

A[1] A[2] A[3] A[4] A[5] A[6]
1回目 55 35 15 40 60 20
2回目 35 55 15 40 60 20
3回目 15 35 55 40 60 20
4回目 15 35 40 55 60 20
5回目 15 35 40 55 60 20
整列終了 15 20 35 40 55 60

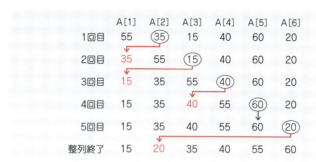

図表 1-39　挿入法による整列

(d) その他の整列法

クイックソート(交換法の改良), ヒープソート(選択法の改良), シェルソート（挿入法の改良）など整列法を改良した様々な整列法が研究されています。ここではクイックソートの例を説明します。

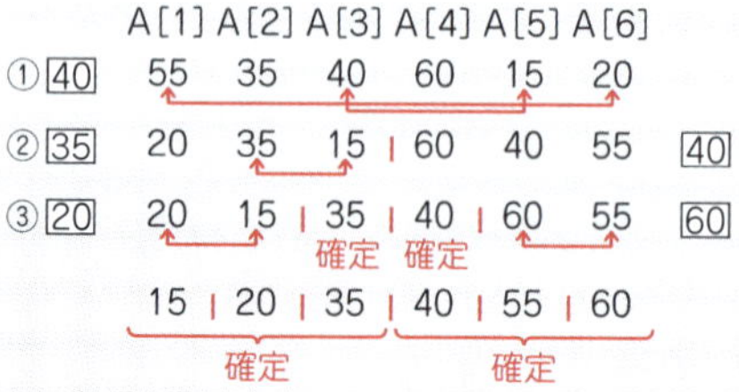

A[1] A[2] A[3] A[4] A[5] A[6]
① 40 55 35 40 60 15 20
② 35 20 35 15 60 40 55 40
③ 20 20 15 35 40 60 55 60
確定 確定
15 20 35 40 55 60
確定
確定

①中央のデータとして40を取り出す。
55と20，40と15の交換が行われ，40を境界値として小さいグループと大きいグループに分割された。

②前半のグループ，後半のグループそれぞれに対して同様の処理を行う。
前半については，35を取り出し，35と15の交換が行われ，さらに分割が行われて35の位置が確定した。

③次に20を取り出し，20と15の交換・分割が行われ，15と20の位置も確定した。

図表 1-40　クイックソート

比較するデータを一つ取り出し（中央のデータを取ることにします），そのデータ値以下のデータと以上のデータのグループに分割していくことを繰り返して整列を進めていきます。

②探索（サーチ）

探索とは，複数のデータから指定されたデータ（**探索キー**）を探すことです。探索対象のデータは，配列，リスト構造，木構造などのいずれのデータ構造で実現されていてもかまいませんが，ここでは配列の例を用いて説明します。

（a）**線形探索**

先頭のデータから順に，探索キーを探していく方法です。**逐次探索**ともいいます。

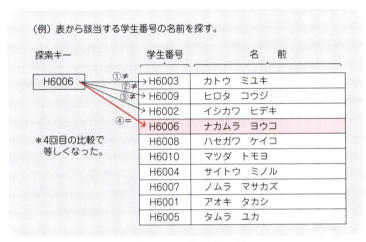

図表 1-41　線形探索の例

(b) 2分探索（バイナリサーチ）

探索対象のデータをあらかじめ整列しておき，探索対象範囲を二分割して狭めていって，探索キーを探す方法です。

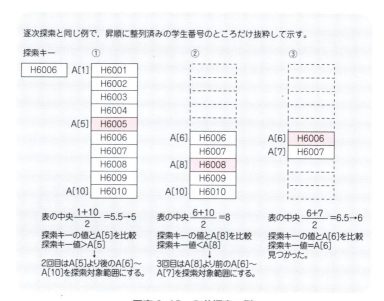

図表1-42　2分探索の例

(c) ハッシュ法

逐次探索，二分探索ともに，探索キーの値によっては効率が悪いことがあります。ハッシュ法は，データの値そのものから計算して格納位置を決め，探索もその計算方法で格納位置を調べてアクセスするので，探索キーによって探索時間が大きく左右されることはありません。

ハッシュ法では，データの値にある関数を適用して一つの数値を決め，それを格納位置とします。その関数を**ハッシュ関数**と呼びます。この方法では，ハッシュ関数によって同じ値（この状態を**シノニム**といい，同じ格納位置になります）になることがあるので，そのときの対応を考える必要があります。この対処法として，ポインタを用いてシノニムの関係にあるデータをつないで管理する方法がよく使われます。

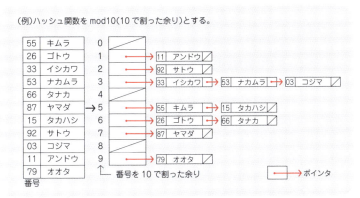

図表 1-43 ハッシュ法によるデータ格納例

③併合（マージ）

レコード形式が同じデータの集まりが複数あるとき，これらのデータを一つに統合することを**併合（マージ）**といいます。アルゴリズムとして考える場合は，一般に，それぞれのデータの集まりをキー項目であらかじめ整列しておきます。

併合▶
マージ▶

A 店舗の売上データ

商品コード	日付	売上数
1001	20200501	180
1003	20200510	50
1006	20200524	300

B 店舗の売上データ

商品コード	日付	売上数
1002	20200513	100
1003	20200506	235

⇩ 商品コードの昇順にデータを併合する

商品コード	日付	売上数
1001	20200501	180
1002	20200513	100
1003	20200510	50
1003	20200506	235
1006	20200524	300

図表 1-44 併合（マージ）処理の例

④再帰処理

プログラムの中で，自分自身を呼び出す処理を再帰処理と呼びます。自分自身のプログラムを呼び出すことは再帰呼出しと呼びます。代表的な例としては，階乗の計算やハノイの塔などがあります。

コラム

コンピュータでも計算困難！？

　ハノイの塔の伝説を聞いたことありますか。5000年もの昔，インドのとある町に大寺院があり，そこには青銅の板の上にダイヤモンドでできた棒が3本立っていました。インドの神ブラフマーは，天地創造のときに，この棒に純金の円盤を64枚重ねて置きました。この円盤は下が大きく，上に行くほど小さくできていて，ピラミッド状に積まれていました。そして，ブラフマーは僧侶たちに次のような修行が与えました。

---
1. 積まれた円盤を，全て他の棒に移す。
2. その際に，1回に1枚しか動かすことができない。また，小さな円盤の上にそれより大きな円盤を乗せることができない。
3. 全てこの3本の棒を使って移しかえる。棒以外のところに円盤を置くことはできない。

全ての円盤を移し替え終わった時に，世界は終焉を迎えると言われているわ

え，でも，大昔ならともかく，
コンピュータなら簡単に計算できちゃうんだよね

それが違うの。ハノイの塔のパズルは，n枚の円盤を移すのに，$2^n - 1$回の処理が必要といわれているわ。1回の処理時間を1マイクロ秒として，N = 10 なら，2^{10} = 1024 マイクロ秒 = 約1ミリ秒で処理できるけど，n = 64 では，2^{64} = 18,446,744,073,709,600,000 マイクロ秒 = 584,342 年かかるのよ

1.2 アルゴリズムとプログラミング

計算式までわかっているのに，実際に計算させるとそんな時間がかかるのか！

そういうこと。
コンピュータなら何でも計算してくれる，ではなくて，コンピュータにとって効率の良いアルゴリズムを考えることがいかに重要かがわかるわね

3 プログラム言語

コンピュータは，0と1の2進数で表現されたコンピュータ特有の機械語しか理解することができませんでしたね。しかし，人間が2進数で機械語のプログラムを作ることは非常に難しいため，プログラム言語を使って記述し，**コンパイル**（翻訳）という処理を通して，機械語に変換します。プログラム言語で書かれた最初のプログラム言語をソースコードと呼び，機械語に変換するソフトウェアは**コンパイラ**と呼ばれます。また，**インタプリタ**（通訳）と呼ばれる変換は，ソースコードを，1命令ずつ解釈して実行していきます。

プログラム言語には処理する内容に応じて，いろいろな種類があります。

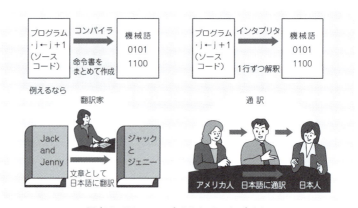

図表 1-45　コンパイルとインタプリタ

(1) プログラム言語

次に挙げるプログラム言語は，英語に近い表現でプログラムを記述することができます。

言語名	用途
C	システム記述言語，技術計算，制御処理，事務処理
Java	オブジェクト指向言語，Web アプリケーション
Python	オブジェクト指向言語，技術計算，画像処理，制御処理
スクリプト言語	簡単な処理や，ほかのプログラムを順番に実行する処理

図表 1-46　プログラム言語

1.2 アルゴリズムとプログラミング

```
（Python プログラムの例）1 から 100 までの数を足した合計を出力する

（行番号）
1  sum = 0              # 合計 sum を初期値 0 にする
2  i = 1                # 足す数 i の初期値を 1 にする
3  while i <= 100:      # i が 100 以下なら 4,5 行目を実行
4      sum = sum + i    # 合計に i を加えて更新する
5      i = i + 1        # 足す数 i に 1 を足して更新する
6  print("Sum=",sum)    # "Sum=" の見出しを付けて合計を出力

（実行結果）
Sum= 5050
```

図表 1-47　Python プログラムの例

(2) マークアップ言語

　文章表現やデータ表現をタグと呼ばれる記号で情報を指定することによって，レイアウトやイメージも含めて記述する言語です。

HTML ▶　　・HTML（HyperText Markup Language）

　Web ページを記述するための言語で，Web ページに表示する文書中の見出しや段落などの要素をタグとして記述します。HTML で記述した Web ページを表示するソフトウェアが Web ブラウザです。また，URL（Uniform Resource Locator）を指定してほかの文書にリンクする（つなげる）こともできます。

〈HTML〉

```
<BODY>
HTML では，こんな表示ができます。<BR>
<FONT SIZE=7> 最大　アイテック </FONT><BR>
<FONT SIZE=6> 2番目　アイテック </FONT><BR>
<FONT SIZE=1> 最小　アイテック </FONT><BR>
<BR>
<I> イタリック　アイテック　</I>
<U> 下線　　アイテック </U><BR>
イメージ <IMG SRC="ITEC.GIF"><BR>
</BODY>
```

〈画面〉

HTML では，こんな表示ができます。

最大　アイテック

2番目　アイテック

■小 アイテック

イタリック　アイテック　<u>下線　　アイテック</u>

イメージ

図表 1-48　HTML を含む Web ページの例

049

第 1 部　基礎理論

（HTML の代表的なタグ）

　覚える必要はありませんが，タグには次のようなものがあります。

タグ名	意味
〈HTML〉 ～ 〈/HTML〉	HTML 文書の範囲を示します。
〈HEAD〉 ～ 〈/HEAD〉	ドキュメントに関する情報を記述する範囲です。
〈TITLE〉 ～ 〈/TITLE〉	ドキュメントのタイトルを記述する範囲です。
〈BODY〉 ～ 〈/BODY〉	ブラウザで表示される範囲の指定です。
〈BR〉	改行します。
〈TABLE〉 ～ 〈/TABLE〉	表として表現される範囲です。
〈FONT〉 ～ 〈/FONT〉	文字のサイズや色を指定します。
〈B〉 ～ 〈/B〉	この間にある文字を太字で表示します。
〈IMG SRC="ファイル名"〉	ページ上に画像などのファイルを取り込みます。
〈A HREF="ジャンプ先"〉 ～ 〈/A〉	この間の文字などをクリックすると指定した場所へジャンプします（ハイパリンク）。

図表 1-49　タグ名と意味（例）

XML ▶　・**XML**（eXtensible Markup Language）

　文書の構造を記述する言語です。HTML の特徴に加えて，作成者が独自にタグの意味を定義し，文書の構造やデータの構造を定義できます。企業間などのデータ交換の標準として普及しています。

SGML ▶　・**SGML**（Standard Generalized Markup Language）

　最初に標準化されたマークアップ言語で，HTML，XML は，この SGML を基に開発されました。

第1部 確認問題

問 1-1　　　　　　　　　　　　　　　　　　　　　　　　（H25秋-IP 問76）

2バイトで1文字を表すとき，何種類の文字まで表せるか。

ア　32,000　　　イ　32,768　　　ウ　64,000　　　エ　65,536

問 1-2　　　　　　　　　　　　　　　　　　　　　　　　（R1秋-IP 問82）

次の体系をもつ電話番号において，80億個の番号を創出したい。番号の最低限必要な桁数は幾つか。ここで，桁数には"020"を含むこととする。

ア　11　　　　イ　12　　　　ウ　13　　　　エ　14

問 1-3　　　　　　　　　　　　　　　　　　　　　　　　（H22春-IP 問52）

2進数1.101を10進数で表現したものはどれか。

ア　1.2　　　　イ　1.5　　　　ウ　1.505　　　エ　1.625

問 1-4　　　　　　　　　　　　　　　　　　　　　　　　（H24秋-IP 問79）

16進数のA3は10進数で幾らか。

ア　103　　　　イ　153　　　　ウ　163　　　　エ　179

第 1 部　基礎理論

問 1 - 5
(H28春-IP 問98)

それぞれが独立に点灯／消灯の操作ができる 5 個のランプが並んでいる。2 個以上のランプが点灯しているパターンは何通りあるか。ここで，全てが点灯しているパターンは 1 通り，いずれか 1 個が点灯しているパターンは 5 通りと数えるものとする。

ア　4　　　　　　　イ　10　　　　　　　ウ　26　　　　　　　エ　32

問 1 - 6
(H25秋-IP 問64)

次の真理値表で示される入力 x, y に対する出力 z が得られる論理演算式はどれか。

x	y	z
0	0	1
0	1	0
1	0	0
1	1	0

ア　x AND y　　イ　NOT(x AND y)　　ウ　NOT(x OR y)　　エ　x OR y

問 1 - 7
(H30秋-IP 問79)

8 ビットの 2 進データ X と 00001111 について，ビットごとの論理積をとった結果はどれか。ここでデータの左方を上位，右方を下位とする。

ア　下位 4 ビットが全て 0 になり，X の上位 4 ビットがそのまま残る。
イ　下位 4 ビットが全て 1 になり，X の上位 4 ビットがそのまま残る。
ウ　上位 4 ビットが全て 0 になり，X の下位 4 ビットがそのまま残る。
エ　上位 4 ビットが全て 1 になり，X の下位 4 ビットがそのまま残る。

問1-8　　　　　　　　　　　　　　　　　　　　　(H29秋-IP 問98)
次のベン図の網掛けした部分の検索条件はどれか。

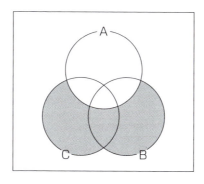

ア（not A）and（B and C）　　　イ（not A）and（B or C）
ウ（not A）or（B and C）　　　　エ（not A）or（B or C）

問1-9　　　　　　　　　　　　　　　　　　　　　(H25春-IP 問53)
コンピュータを利用するとき，アルゴリズムは重要である。アルゴリズムの説明として，適切なものはどれか。

　ア　コンピュータが直接実行可能な機械語に，プログラムを変換するソフトウェア
　イ　コンピュータに，ある特定の目的を達成させるための処理手順
　ウ　コンピュータに対する一連の動作を指示するための人工言語の総称
　エ　コンピュータを使って，建築物や工業製品などの設計をすること

問1-10　　　　　　　　　　　　　　　　　　　　　　　(R1秋-IP 問62)

下から上へ品物を積み上げて，上にある品物から順に取り出す装置がある。この装置に対する操作は，次の二つに限られる。
PUSH x：品物 x を 1 個積み上げる。
POP：　　一番上の品物を 1 個取り出す。

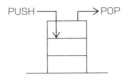

最初は何も積まれていない状態から開始して，a，b，c の順で三つの品物が到着する。一つの装置だけを使った場合，POP 操作で取り出される品物の順番として**あり得ないもの**はどれか。

　ア　a，b，c　　　　イ　b，a，c　　　　ウ　c，a，b　　　　エ　c，b，a

問1-11　　　　　　　　　　　　　　　　　　　　　　　(H27秋-IP 問48)

表に示す構成のデータを，流れ図の手順で処理する場合について考える。流れ図中のx，y，zをそれぞれデータ区分A，B，Cと適切に対応させれば，比較（"xか？"，"yか？"，"zか？"）の回数の合計は，最低何回で済むか。

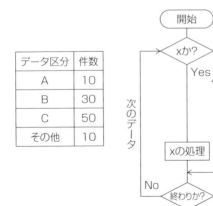

　ア　170　　　　　イ　190　　　　　ウ　230　　　　　エ　250

問1-12
(H23秋-IP 問91改)

ディジタル画像を右に90度回転させる処理を流れ図で表すとき，図のaに入れる適切な字句はどれか。

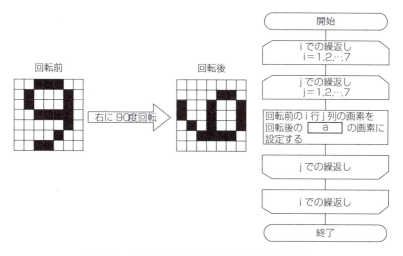

図 ディジタル画像を右に90度回転させる処理

ア (8 − i) 行 j 列　　イ (8 − j) 行 i 列
ウ i 行 (8 − j) 列　　エ j 行 (8 − i) 列

第2部

コンピュータシステム

この部を読むと，皆さんが毎日使っているパソコンや周辺機器について理解が深まります。コンピュータを構成する構成要素，プロセッサ，記録媒体，入出力インタフェース，システムについても覚えていきましょう。

2.1 コンピュータ構成要素 ………………………… 58
2.2 システム構成要素 ……………………………… 78
2.3 ソフトウェア …………………………………… 90
2.4 ハードウェア ………………………………… 101

2.1 コンピュータ構成要素

コンピュータはハードウェア（hardware）とソフトウェア（software）によって構成されています。企業で言えば，建物がハード，働く人がソフト。映画で言えば，再生装置がハード，見ている作品がソフトです。ここでは，主にハードウェアについて説明します。コンピュータは用途や性能によっていろいろな種類があります。ただし，ソフトウェアがなければただの箱です。

1 コンピュータの種類

▶スーパーコンピュータ

(1) スーパーコンピュータ

最先端の技術と最高速の性能をもつコンピュータで，1台で数億円するものもあります。大規模な科学技術計算が必要な分野である気象予測や人工衛星の軌道計算などに利用されています。

▶汎用コンピュータ
▶メインフレーム

(2) 汎用コンピュータ（メインフレーム）

大手の企業や研究所などで，事務処理から科学技術計算まで幅広い用途に利用される大型コンピュータです。システム運用管理には，専用の施設と専門の技術者が必要となります。

▶サーバ

(3) サーバ

クライアントサーバシステムという言葉で表現されるように，サーバとは，ネットワーク上で，各種サービスを提供するコンピュータです。

▶パーソナルコンピュータ
▶パソコン
▶PC

(4) パーソナルコンピュータ（パソコン，PC）

個人利用を主な目的とした安価で小型のコンピュータで，用途もワープロ，表計算，ソフト開発，ゲームなどと非常に広範囲です。

①デスクトップ型

コンピュータの本体が表示装置と別になっているタイプです。簡単に機能を拡張できるように拡張スロットやドライブベイがあらかじめ

付けられています。

② ノートブック型

　B5 ～ A4 判のノート程度の大きさで，デスクトップ型と同様の性能をもっています。どこでも持ち歩ける特徴があり，次に説明するタブレットと区別が付きにくくなっています。

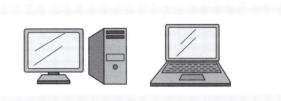

図表 2-1　デスクトップ型とノートブック型

▶スマートフォン
▶タブレット

(5) **スマートフォン・タブレット**

　スマートフォンは，メールや Web ページの閲覧だけでなく，高画質のカメラが付き，音楽や動画が視聴でき，様々なアプリが利用できる個人用の携帯情報端末（モバイル端末）です。また，タッチパネルと表示装置を兼ね備えたコンピュータをタブレットと呼びます。

▶スマート
　デバイス

　スマートフォンやタブレットなど，従来のコンピュータの分類にとらわれない情報機器を総称して**スマートデバイス**ということがあります。通信機能をもち，ソフトウェアでさまざまな処理を行うことができる電子機器の総称ともいえます。

図表 2-2　スマートデバイス

(6) **マイクロコンピュータ（マイコン）**

　炊飯器，洗濯機，エアコン，自動車，ゲーム機などに組み込まれ，特定の処理を行う超小型のコンピュータです。一般に利用者の目に触れることはほとんどありませんが，製品の機能を実行する重要な部品です。

059

2 コンピュータの構成

(1) CPUと5大装置

コンピュータを構成するハードウェアは，プログラムやデータを入力する**入力装置**，それらを記憶する**記憶装置**，四則演算や大小判定を行う**演算装置**，処理結果を出力する**出力装置**，これらの装置に動作の指示を出す**制御装置**から構成されており，これら五つの装置を合わせて**5大装置**と呼んでいます。また，制御装置と演算装置を併せて**中央処理装置**（**CPU**；Central Processing Unit）と呼びます。

▶入力装置
▶記憶装置
▶演算装置
▶出力装置
▶制御装置
▶5大装置
▶中央処理装置
▶CPU

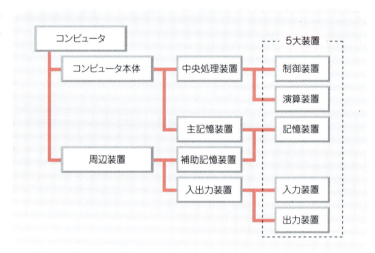

図表2-3 コンピュータの構成

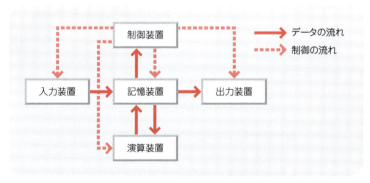

図表2-4 コンピュータの5大装置

2.1 コンピュータ構成要素

(2) プログラム記憶方式

ほとんどのコンピュータは，実行するプログラムをあらかじめ主記憶装置に格納しておくプログラム記憶（内蔵）方式です。

コンピュータが発明された当初から基本的には変わっておらず，コンピュータ創成期に活躍したフォン・ノイマン（J.von Neumann）の名前から，ノイマン型コンピュータとも呼ばれています。

(3) 情報の単位

ハードウェアの選定を行うときには，情報量を表す単位も目安の一つとなります。コンピュータの処理速度はとても速く，また記憶容量は大きいため，私たちが日常使っている単位では表現できません。コンピュータで扱われる情報の単位はデータ容量などを計算する場合の基本事項としてポイントになります。

非常に短い時間や非常に大きな記憶容量を表すために次のような単位

接頭語▶ の**接頭語**が用いられます。

（例）時間

ミリ▶ 1ms　＝1**ミリ**秒　＝10^{-3}秒　＝1／1,000 秒
マイクロ▶ 1μs　＝1**マイクロ**秒＝10^{-6}秒　＝1／1,000,000 秒
ナノ▶ 1ns　＝1**ナノ**秒　＝10^{-9}秒　＝1／1,000,000,000 秒
ピコ▶ 1ps　＝1**ピコ**秒　＝10^{-12}秒　＝1／1,000,000,000,000 秒

（例）記憶容量

キロ▶ 1kバイト＝1**キロ**バイト＝10^{3}バイト＝1,000 バイト
メガ▶ 1Mバイト＝1**メガ**バイト＝10^{6}バイト＝1,000,000 バイト　　　　　＝ 1,000kB
ギガ▶ 1Gバイト＝1**ギガ**バイト＝10^{9}バイト＝1,000,000,000 バイト　　　＝ 1,000MB
テラ▶ 1Tバイト＝1**テラ**バイト＝10^{12}バイト＝1,000,000,000,000 バイト　　＝ 1,000GB
ペタ▶ 1Pバイト＝1**ペタ**バイト ＝10^{15}バイト＝1,000,000,000,000,000 バイト ＝ 1,000TB

コンピュータが扱う数字や文字の単位は 8 ビット単位で考えることが多く，8 ビットをまとめて 1 **バイト**（byte）と呼んでいます。

バイト▶ 1 バイトでは 256（＝2^8）種類の情報（256 種類の色や文字など）を表現できます。なお，厳密には，コンピュータの記憶容量はビット単位なので 2^n 単位となり，1 キロバイトは 1,024 バイト（＝ 2^{10} バイト≒ 10^3 バイト），1 M バイトは 1,024 k バイト，1 G バイトは 1,024 M バイト，1 T バイトは 1,024 G バイト…となりますが，記憶容量などを計算するときは，国際標準では 1,000 を使用します。

061

3 パソコン本体の構成要素

(1) マザーボード

パソコン本体の内部を見ると，マザーボードと呼ばれるプリント基板に CPU（中央処理装置），メモリ（主記憶装置），拡張スロット（入出力装置などを接続するための拡張ボードの差込み口）などが搭載されています。マザーボードは，パソコンの背骨ともいえる最も中心的な，重要な部品です。

▶マザーボード

図表 2-5　マザーボード

(2) 中央処理装置（CPU；Central Processing Unit）

▶中央処理装置
▶CPU

コンピュータの中で，各装置の制御やデータの計算・加工を行う中枢部分です。

パソコンでは CPU の機能が一つの IC チップに集積されたマイクロプロセッサ (MPU；Micro Processing Unit) が利用されます。多くの場合，CPU のことを単にプロセッサと呼びます。また，3次元画像の表示などグラフィックス処理専用のプロセッサを GPU（Graphics Processing Unit）といいます。最近ではコンピュータの処理能力をさらに上げるため，複数のプロセッサを一つにまとめたマルチコアプロセッサが主流で，同時にたくさんの処理を実行できるようになっています。2個のものをデュアルコア，4個のものをクアッドコアといいます。

▶マイクロプロセッサ
▶プロセッサ
▶GPU
▶マルチコアプロセッサ

図表 2-6　CPU

マイクロプロセッサの処理能力は，次の要素で概要を知ることができます。

①バス幅

▶バス

CPU は，記憶装置から命令とデータを読み出して処理し，バスと呼ばれる通り道を経由して各装置にデータを送ります。CPU が頭脳だとすれば，バスは神経といえるでしょう。この配線に使用されている信号線の本数，すなわちバス幅が広いほどデータ転送速度は上がります。高性能の CPU でも，バス幅が狭ければ，データの交通渋滞を招いてしまい能力を完全に発揮することはできません。バス幅は，一度に処理できるデータのビット数で表され，初期の8ビットから 16，32，64 ビットへと性能を向上させています。

▶バス幅

バスは大きく分けて，CPU内部の回路間を結ぶ内部バス，CPUとメモリや周辺機器を結ぶ外部バスがあります。外部バスには次のようなものがあります。

- **PCI Express**（ピーシーアイエクスプレス）
   以前のPCIバス（Peripheral Component Interconnect）を高速化したバスで，現在の主流となっているバスです。
- AGP（Accelerated Graphics Port）
   一度に32ビットのデータをやり取りできるグラフィックス専用のバスですが旧規格になっています。

②クロック周波数（動作周波数）

クロックはCPU動作の同期を取る信号のことです。クロック周波数は，CPUの動作の速度を表し，単位は**ヘルツ（Hz）**を用います。ほかの条件が同じであれば，この数値が大きいほど処理能力が高いということになります。1MHzは1秒間に100万回（= 10^6 回）の基本動作を行うので，例えば，500MHzのプロセッサは，1秒間に500 × 10^6 回（5億回）の基本動作を行うことになります。

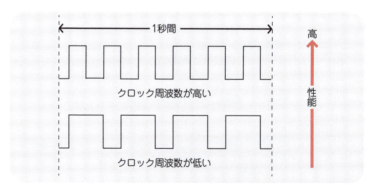

図表2-7 クロック周波数

③ MIPS（Million Instructions Per Second）
　1秒間に実行できる命令の数を表す性能指標です。1MIPSは1秒間に100万回命令実行ができることを示します。
④ FLOPS（FLoating-point Operations Per Second）
　1秒間に実行可能な浮動小数点演算命令の回数を表す性能指標です。
⑤ CPI（Cycles Per Instruction）
　1命令の実行に必要なクロックサイクル数を表す単位です。

(3) 記憶装置の分類

> 主記憶装置▶
> 補助記憶装置▶

コンピュータが処理するデータは，**主記憶装置**や**補助記憶装置**などの記憶装置に記憶されてから処理されます。ここでは，記憶装置の種類について，使用する目的，使用される記憶素子，用途別の分類で整理し，最後に補助記憶装置の種類を確認してみましょう。

①主記憶装置と補助記憶装置

コンピュータ内でデータやプログラムを記憶する装置をメモリとも呼びます。電気的な記録動作を行うため高速で，CPUから直接読んだり書いたりすることができます。電源を切ると記録されていた内容は失われてしまう**揮発性**の性質があります。

> 揮発性▶

また，後で説明する補助記憶装置（例えば，ハードディスクやフラッシュメモリ）などは，**不揮発性**メモリと呼ばれ，電源を切ってもデータが失われることはありません。

> 不揮発性▶

国語辞典によると揮発とは「液体が気体となって発散すること」という意味みたいだね

電源を供給していないと，データなどがぽーん！と消えてしまうのね

メモリ階層は，図2-8のようになります。

メモリの種類	アクセス速度	記憶容量
① レジスタ	数ナノ秒	数バイト
② キャッシュメモリ	数十ナノ秒	数十K～数十Mバイト
③ 主記憶装置（ディスクキャッシュ）	数十～数百ナノ秒	数G～数Tバイト
④ SSD	数百マイクロ秒	数G～百Tバイト
⑤ ハードディスク	数十ミリ秒	数十G～10数Tバイト
⑥ 光ディスク	数百ミリ秒	数十G～数百Gバイト
⑦ 磁気テープ	数秒	数十Gバイト～十数Tバイト

↑高速小容量
↓低速大容量

図表2-8　メモリ階層

2.1 コンピュータ構成要素

②メモリを用途別に分類する

(a) 主記憶装置（**メインメモリ**；main memory）

 CPU で処理するプログラムやデータを記憶するメモリで，単に**メモリ**，メインメモリと呼ぶことが多いです。パソコンでは一般に DRAM で構成されています。主記憶装置の容量は多ければ多いほどよいのですが，通常の業務で使用する場合は出荷時のまま使われることも多いです。

(b) **キャッシュメモリ**（cache memory）

 CPU と主記憶装置の動作速度の違いを吸収するために CPU の中に置くメモリです。SRAM で構成されているため，主記憶装置よりも高速に読み書きすることができます。キャッシュメモリがある場合，CPU がデータを使用すると，そのデータはキャッシュメモリにコピーされます。次に同じデータを使用する場合は，キャッシュメモリにあるデータを優先するため，高速に処理することができます。さらにキャッシュメモリを追加する場合，CPU に近いものから**1 次キャッシュ**，**2 次キャッシュ**，3 次キャッシュと呼びます。

 CPU は，まず 1 次キャッシュにアクセスし，該当データがなければ 2 次キャッシュ，3 次キャッシュ，……とアクセスしていきます。キャッシュメモリに該当データがなければ主記憶装置にアクセスすることになります。

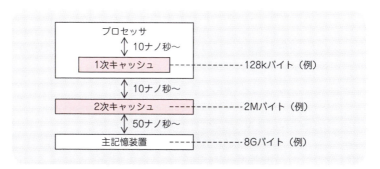

図表 2-9　キャッシュメモリと主記憶装置

 また，主記憶装置と補助記憶装置との速度差を埋めるために，両者の間に置かれるキャッシュメモリを**ディスクキャッシュ**と呼びます。ハードディスク装置にディスクキャッシュを搭載する場合と，主記憶装置の一部をディスクキャッシュ領域として使用する場合があります。

(c) **ビデオメモリ**（グラフィックスメモリ）

ディスプレイに表示する画像の情報を記憶するためのメモリで，**VRAM**（Video RAM；ブイラム）とも呼びます。データの書込みと表示が同時にできて，メモリ自体は DRAM で構成されています。高い解像度で多くの色数を使いたい場合には多くのビデオメモリが必要で，パソコンの購入時に必要性に応じて，次に示すような VRAM の容量計算をする必要があります。

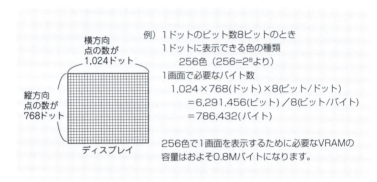

図表 2-10　1 画面に必要なバイト数

(4) 補助記憶装置

主記憶装置の内容は，電源を切ると失われます。そのため，残しておく必要のあるデータやプログラムは，補助記憶装置に保存する必要があります。補助記憶装置には様々な種類があり，記憶容量が大きく，データの読み書き速度（**アクセス速度**）の速いタイプの製品が，数多く発売されています。

ここでは代表的な補助記憶装置について特徴を整理しておきます。なお，パソコン本体に組み込むタイプを内蔵型といい，本体の外側に置いて接続するタイプを外付け型と呼びます。

①磁気ディスク装置（ハードディスク；HD）

樹脂製の薄い円盤（ディスク）に磁性体を塗った記憶媒体を**磁気ディスク**と呼びますが，**ハードディスク**といわれることが多いです。

2.1 コンピュータ構成要素

図表2-11　内蔵型（左）と外付け型（右）のハードディスク

磁性体の磁化状態を電気的に変化させることによって，データの記憶や消去を行います。ディスクは高速に回転しており，読み書きを行う際には，磁気ヘッドによって記録表面の磁界を制御します。同密度で記録された光ディスクなどに比べて，高速にアクセスすることができます。

② ソリッドステートドライブ（Solid State Drive）

▶ソリッドステートドライブ
▶SSD

コンピュータの補助記憶装置としてフラッシュメモリを利用した**ソリッドステートドライブ（SSD）**があります。SSDは半導体部品であるため，ハードディスクと違い物理的に稼働する部品がなく，故障が起きにくい製品です。高速で読み書きができ，消費電力が少なくて衝撃に強く，小型で騒音も出ないため携帯用途に向いています。記憶容量としては数G～百Tバイトの製品があります。

③ CD-ROM 装置

▶CD-ROM

CD-ROM（Compact Disc-Read Only Memory）は，オーディオ用に普及しているCDと同じ媒体に，ディジタル方式でデータを記録します。

▶ピット

ディスク上の**ピット**（pit）と呼ばれるくぼみと平らな部分で，2進数の1と0を表現し，レーザ光線を照射したときの反射率でデータを読み取ります。ディスク1枚の記憶容量は，最大700Mバイトで，読取り専用になっています。

(a) CD-R（Compact Disc-Recordable）

▶CD-R

CD-Rはデータの書込みが可能なCDのことです。書き込んだデータは消すことができませんが，書込み時のフォーマットによって，複数回追記可能なものもあります。書込みには専用のハード／ソフトが必要になりますが，読出しには通常のCD-ROMと互換性があり，手軽に利用できます。

(b) CD-RW（Compact Disc-Rewritable）

▶CD-RW

CD-RWは何度でも繰り返して書込みと消去が可能なCDのこ

067

とです。通常,書込みには専用のハード／ソフトが必要になります。読出しは CD-RW のタイプと合っている CD-ROM 装置であれば可能です。

④ DVD

DVD▶

DVD (Digital Versatile Disc) は,大きさが CD-ROM と同じ 12cm で,ディスクを 2 枚張り合わせた構造です。レーザ光線の波長を短くして大容量化しています。DVD-Video は,動画を MPEG-2 という規格で圧縮して記録します。

DVD-ROM▶

DVD-ROM (DVD-Read Only Memory) は,読取り専用です。DVD には,片面 1 層,片面 2 層,両面 1 層,両面 2 層といった 4 種類のディスクフォーマットがあります。DVD-RAM (DVD-Random Access Memory) は,書換え可能な DVD,DVD-R (DVD-Recordable) は一度だけ書込みができる(追加で書込みが可能な) DVD です。片面 4.7G バイト,両面 9.4G バイトの容量です。

DVD-RAM▶
DVD-R▶

図表 2-12　DVD(外付け DVD-RAM と DVD-RAM ディスク)

⑤ ブルーレイディスク

DVD の後継として,高精細な画像を提供するハイビジョン放送を記録できるブルーレイディスク (Blu-ray Disc) が普及してきています。ブルーレイディスクは 1 層式で 25G バイト,2 層式で 50G バイト,3 層式で 100 G バイトという大容量のほかに,記録した情報の保護機能が強いという特長があります。

ブルーレイ▶
ディスク

ブルーレイディスクは DVD の規格とは互換性がないため,専用の装置が必要ですが,ほとんどのブルーレイドライブでは CD や DVD が使用できます。このように多くの規格に対応した製品をスーパーマルチドライブといいます。

スーパーマルチ▶
ドライブ

図表 2-13　ブルーレイドライブとブルーレイディスク

⑥フラッシュメモリ

フラッシュ▶
メモリ

　不揮発性 IC メモリの**フラッシュメモリ**を使用した記憶装置で，カード型のものはメモリカードとも呼びます。ディジタルカメラや携帯電話などを中心にパソコン用の補助記憶装置としても幅広く利用されています。いくつかの形式の異なる製品があり，専用の差込み口（スロット）にそのまま挿入したり，形状を変えるアダプタに付けて使用したりします。数 G ～数十 G バイトの記憶容量の製品が主流です。

　　USB メモリ　　コンパクトフラッシュ　　　SD カード　　　マイクロ
　　　　　　　　　　　　　　　　　　　　　　　　　　　　　SD カード

図表 2-14　フラッシュメモリ

(5) 入出力インタフェース

　コンピュータと各種周辺装置を接続するとき，それぞれに接続用のコードや回路が必要になってきます。ここでは，周辺機器を接続するための規格（入出力インタフェース）について学習します。

①インタフェースの分類

シリアル
インタフェース▶
直列伝送▶

　(a) **シリアルインタフェース（直列伝送）**

　　データを 1 ビットずつ順に送る伝送方式です。以前は伝送速度が低速でコストが安く，長距離のデータ伝送に適しているとされていました。現在では，技術進歩によってパラレルと比較してシリアルの方が高速伝送も可能となっています。これはパラレルの場合，高速化しようとすると並列伝送する信号線間の信号の同期をとることが困難となったためです。

(b) パラレルインタフェース（並列伝送）

> パラレル▶
> インタフェース
> 並列伝送▶

データを複数ビットずつまとめて送る伝送方式です。信号線が複数本必要となるため，長距離のデータ伝送には不向きです。

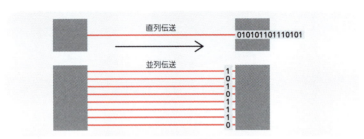

図表2-15　直列伝送と並列伝送

②シリアルインタフェースの種類

名　称	主な接続機器	特　徴
USB▶ **USB**（Universal Serial Bus）（USBハブ） USB 3.0▶ ホットプラグ▶ （Type-C）	キーボード マウス モデム プリンタ スキャナ	米インテル社を中心に7社が共同発表したシリアルインタフェースの規格。ハブを使ってツリー状に最大127台までの機器を接続できる。転送速度は，ハイスピードモードの480Mビット/秒（USB 2.0），スーパスピードモードの5Gビット/秒（**USB 3.0**）などがある。電源を投入したまま脱着できる機能である**ホットプラグ**（ホットスワップ）が可能。
IEEE 1394▶ **IEEE 1394**	ディジタルビデオカメラ ディジタル家電	ビデオ接続に使われたシリアルインタフェースの規格で，転送速度は最大3.2Gビット/秒。ハードディスクやプリンタなど，このインタフェースに対応した製品がいくつか市販されている。FireWire，i.LINKとも呼ばれている。USBと同じく，ホットプラグインに対応。
HDMI▶ **HDMI**（High-Definition Multimedia Interface）	テレビ DVDレコーダ ディジタルカメラ	映像・音声データと制御信号を1本のケーブルで入出力できるシリアルインタフェース。 最新規格の転送速度は最大48Gビット/秒
シリアルATA▶ **シリアルATA**（SATA） ホットプラグ▶	ハードディスク CD-ROMドライブ	ATAを高速化するため，単純なシリアル転送方式にした規格がシリアルATA。1.5G，3G，6Gビット/秒の転送速度があり，電源を投入したまま脱着できる機能である**ホットプラグ**（ホットスワップ）が可能。

図表2-16　シリアルインタフェースの種類

2.1 コンピュータ構成要素

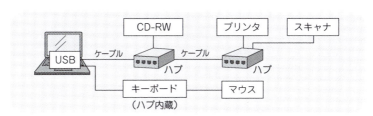

図表2-17　USBのツリー状接続の例

③パラレルインタフェースの種類

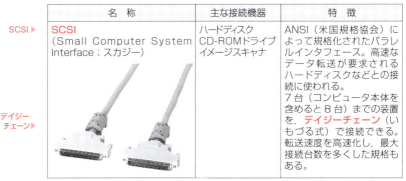

名　称	主な接続機器	特　徴
SCSI (Small Computer System Interface；スカジー)	ハードディスク CD-ROMドライブ イメージスキャナ	ANSI（米国規格協会）によって規格化されたパラレルインタフェース。高速なデータ転送が要求されるハードディスクなどとの接続に使われる。 7台（コンピュータ本体を含めると8台）までの装置を，デイジーチェーン（いもづる式）で接続できる。転送速度を高速化し，最大接続台数を多くした規格もある。

▶SCSI

▶デイジーチェーン

図表2-18　パラレルインタフェースの種類

図表2-19　SCSIのデイジーチェーン接続の例

④無線インタフェース

▶IrDA

(a) **IrDA**（Infrared Data Association；アイアールディーエー）
　　赤外線を使ってデータ転送をするための規格です。PDA同士やパソコンとディジタルカメラの間のデータ転送を，ケーブルを使わずに行うことができます。

▶Bluetooth

(b) **Bluetooth**（ブルートゥース）
　　免許が不要な2.45GHzを利用した無線伝送技術の規格で，IEEE 802.15.1として標準化されています。電波を用いるので，機器間の距離が10m以内であれば障害物があってもデータ伝送を行うことができます。

071

RFID ▶ (c) **RFID**(Radio Frequency IDentification)
データを送受信するためのアンテナを内蔵したICタグと呼ばれる媒体に記録されている人やモノの情報を，無線通信で読み書きする自動認識システムがRFIDです。実用例として，JR東日本のSuica（スイカ），回転寿司や社員食堂の皿に付けて自動精算するシステムなどがあります。

NFC ▶ (d) **NFC**（Near Field Communication；近距離無線通信）
近距離で無線通信を行う国際規格でRFIDも含んだ規格といえます。10cm程度の距離に機器を近づけることによって通信し，RFIDの応用例を含め，非接触型ICカードやスマートフォンの「おサイフケータイ機能」などで利用されています。

4 パソコンの周辺機器

(1) 入力装置

コンピュータが処理するデータを入力する装置が入力装置です。

図表2-20　いろいろな入力装置

①キーボード

キーの下にスイッチがあり，キーを押すことによって電気信号を発生します。**キーボード**には，文字，数字，記号，制御文字，シフト機能などのキーがあり，英数字，カタカナ，特殊文字などを含めて150種類以上の文字や記号が入力できます。"1"と"！"，"A"と"a"のように，一つのキーには複数の文字が割り当てられていて，シフトキーやコントロールキーなどの補助キーと組み合わせ，どの文字を入力するか選べるようになっています。人間工学（エルゴノミクス）に基づいて設計した疲れにくいキーボードなども発売されています。

②ポインティングデバイス

ディスプレイ上で位置を指定し，その位置情報や処理の指示をコンピュータに与える装置が**ポインティングデバイス**（pointing device）です。主なものとして，次のようなものがあります。

(a) マウス

平面上で移動させ，方向と移動量によって，画面中のカーソルを移動させる機器です。内部に埋め込んだボールの回転によって移動方向と距離を検出する機械式と，縞模様のアルミ板上を移動させ，発光ダイオードと受光センサによって検出する光学式があります。キーよりも速く，希望の位置を確認できます。

(b) スライドパッド（タッチパッド）

平面上のパッドを指先でスライドさせることによってマウスと同じ働きをする装置です。ノート型パソコンのポインティングデバイスとして多く使用されています。

(c) タッチパネル

パネル上の指で触れた位置をデータとして入力します。タッチパネルをかぶせた画面をタッチスクリーンといい，銀行のキャッシュディスペンサやタブレット端末などに広く使われています。

(d) ジョイスティック

レバーを前後左右に倒し，対応する方向に，画面中のカーソルを移動させるのに使います。主にゲーム用の入力装置として使われます。

③光学式文字読取り装置（OCR；Optical Character Reader）

決められた位置に書かれた文字に光を当て，その反射光によって文字を読み取る装置です。読み込んだ情報を，あらかじめ登録してある文字パターンと照合して文字を認識します。

④光学式マーク読取り装置（OMR；Optical Mark Reader）

マークシートでおなじみの答案用紙を読み取る装置です。鉛筆などで塗りつぶしたマークや，コンピュータで印字された黒色のマークに

光を当て，反射率の違いによって読み取ります。

⑤バーコードリーダ

バーコードで表示されたデータに光を当て，その反射光の強弱を電気信号に変換してデータを入力する装置です。バーコードをなぞるペン型，バーコードに当てるタッチ型，バーコードに直接触れなくても読取り可能なレーザ型があります。コンビニエンスストアではタッチ型，スーパーマーケットではレーザ型がよく利用されています。

[語句解説][参考]

＊バーコード

バーコードは，縦線の幅や線と線のすきま間隔の違いによって数値や文字などの情報を表現するコードで商品用の JAN コード（Japan Article Number Code），物流用の ITF コード（Interleaved Two of Five Code），書籍用の ISBN コード（International Standard Book Number Code）などがあります。

1 次元バーコードでは，水平方向に情報を記録しますが，2 次元バーコードでは，水平と垂直方向に記録するため，1 次元バーコードと比べると，同じ面積で多くの情報を記録できます。2 次元バーコードには，1 次元バーコードを縦に積み重ねて情報を表現するスタック式と，黒と白のパターンが格子状になっているマトリックス式（QR コードなど）があります。どちらもデータ誤り検出機能と訂正機能が装備されており，マトリックス式は 360 度全方向から読み取ることが可能です。

マトリックス式（QR コード）

---

⑥イメージスキャナ

絵や写真などの画像を点（ドット）に分解し，データとして読み取る装置です。画像を分解するドットの数である解像度が大きいほど，読み取った画像は原画に近くなります。なお，紙面を固定しておき，読取り部を移動させて入力するものはイメージセンサと呼ばれます。

⑦3D スキャナ

物体の形状を表すデータや色をデータ化する装置であり，3 次元ディジタイザとも呼ばれます。物体にレーザ光を当てて距離を測り，3 次元データ化するとともに，物体の色情報もデータ化します。物体を複製したり加工したりするのに利用され，機械部品の製造や医療への応用，デザインや工芸など様々な分野で応用されています。

2.1 コンピュータ構成要素

⑧ディジタルカメラ，Web カメラ

画像データをそのままコンピュータに入力できるカメラのことで，インターネット経由でデータを送るものを Web カメラといいます。CCD（Charge Coupled Device；電荷結合素子）や CMOS（Complementary Metal Oxide Semiconductor）という光を検知する半導体素子を用いて，画像をディジタル信号に変換します。

⑨センサ

温度や光，音，距離，回転角度などをデータとして計測する機器がセンサで，入力装置の役割を果たしています。センサを通じて得られたデータをコンピュータで解析して，電気製品や機械，自動車などをコンピュータで制御することができます。，遠隔地にある複数の機器をインターネットと接続して相互に制御する IoT（Internet of Things；モノのインターネット）の実現に欠かせないものです。

(2) 出力装置

データを画面や紙に表示，印刷する装置が出力装置です。

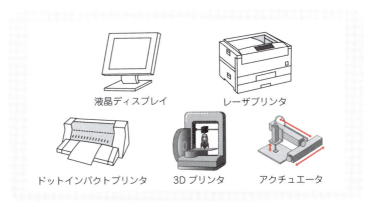

図表 2-21　いろいろな出力装置

①ディスプレイ

データを目に見える形で画面に表示する装置です。製品を選ぶ際には持ち運びの有無や，事務スペース（机上）の広さを考慮しながら決定します。R（Red），G（Green），B（Blue）の光の 3 原色（RGB）を組み合わせたドットによって，カラー画像を表示する仕組みになっています。

画面の大きさは，対角線の長さで表され，15 インチ，17 インチ，21 インチなどの種類があります。画面の性能は解像度といい，1 画

第2部　コンピュータシステム

面に表示できるドット数を「横×縦」の数値で表し，640 × 480
（**VGA**；Video Graphics Array），800 × 600（SVGA；Super
VGA），1024 × 768（XGA；eXtended Graphics Array），
1280 × 1024（Super XGA）などがあります。

▶ VGA

ディスプレイは，長時間同じ画面を表示していると，不正に内容を
見られてしまうセキュリティ上の問題があります。これを防ぐために
別の表示に切り替えるソフトウェアが**スクリーンセーバ**です。

▶ スクリーン
セーバ

（a）液晶ディスプレイ

電圧によって分子構造が変わり，光の透過度が変化する液晶と
いうゼリー状の物質をガラス板の間に入れた表示装置が**液晶ディ
スプレイ**（**LCD**；Liquid Crystal Display）です。

▶ 液晶
ディスプレイ
▶ LCD

液晶自体は発光しないので，液晶板の裏から蛍光灯などで照ら
すバックライト方式が主流になっています。

（b）有機 EL ディスプレイ

有機 EL（Electro Luminescence）**ディスプレイ**は，電圧
をかけると自ら発光する有機化合物を使ったディスプレイです。
発光体をガラス基板にはさんだ構造になっていて，5 ～ 10V の
直流電圧をかけて表示します。薄型で低電力，高い輝度が得られ
応答速度が速いという特長があります。

▶ 有機 EL
ディスプレイ

▶ プリンタ

②プリンタ

情報を紙に出力する代表的な出力装置です。印刷方式で分類すると，
衝撃力で印字するインパクトプリンタ，インクの微粒子を飛ばしたり，
静電気を使用したりするなどの原理で印刷するノンインパクトプリン
タに分けられます。また，印刷する単位で分類すると，1 文字単位の
シリアルプリンタ，1 行単位のラインプリンタ，ページ単位のページ
プリンタとなります。

▶ dpi
▶ ppm

プリンタの性能は，きれいに印刷できる度合いを表す解像度 **dpi**
（dot per inch；1 インチに入る画素数）や，印刷の速さを表す **ppm**
（pages per minute；枚／分）で表します。

▶ ドット
インパクト
プリンタ

（a）**ドットインパクトプリンタ**

ドットで活字を表現し，プリンタヘッドから突き出したピンで
インクリボンを叩いて印字します。印字に騒音を発生するのがや
や難点ですが，何枚もの伝票を重ねた複写式伝票に印字するため，
業務用プリンタとして現在もよく使われています。

▶ 熱転写式
プリンタ

（b）**熱転写式プリンタ**

インクリボンに熱を加えて印刷するプリンタで，カラー印刷も
可能です。仕組みが比較的簡単で，騒音がないため，レシートや
商品用シールなどの印刷用として普及しています。

2.1 コンピュータ構成要素

(c) インクジェットプリンタ

インクジェット▶
プリンタ

　特殊なインクの粒子を噴射させ，その粒子を制御して用紙に付着させて印刷します。騒音がなく高速です。カラー印刷にはC（シアン；青紫）M（マゼンタ；赤紫）Y（イエロー；黄）という

CMY ▶

CMY の 3 色，または，黒を鮮明に出すため K（ブラック；黒）

CMYK ▶

を加えた **CMYK** の 4 色のカラーインクを使用します。個人向けのプリンタで最も広く普及しているプリンタです。

(d) レーザプリンタ

レーザ
プリンタ▶

　感熱ドラムにレーザ光を当てて，文字や図形の形に静電気を発生させ，着色した微粒子（**トナー**）を付着させることによって印刷します。複写機（コピー機）と同じ原理になっています。

トナー▶

　1 ページ単位に高速に印刷でき，印刷品質も高いので，オフィスで最も使われているプリンタです。文字や図形の縮小，拡大も可能で，最近ではカラープリンタが主流です。米アドビシステムズ社が開発したページ記述言語である **PostScript**（**ポストスク**

PostScript ▶

ポスト▶
スクリプト

リプト）は，プリンタやディスプレイなど出力機器に依存せずに高い品質で印刷を行うシステムです。

(e) 3D プリンタ（3D printer）

3D プリンタ▶

　3 次元の立体物をそのままの形で物体として作り出す装置で，3D は 3 次元（three Dimensions）を表します。原理としては，立体の形状に合わせて 0.1mm 程度の非常に薄い樹脂の断面を何層にも積み上げていき，元の物体と同じものを作り出す方式が主流です。

③ アクチュエータ（actuator）

アクチュエータ▶

　コンピュータが出力した電気信号を機械的な運動に変える装置で，広い意味で出力装置と考えることができます。センサと並んでアクチュエータも IoT の実現に必要な要素の一つといえます。例として，ロボットアームを動作させるためのモータを制御するロボットアーム駆動装置などがあります。

(3) デバイスドライバ

デバイス▶
ドライバ

　ディスプレイやプリンタなどの周辺装置は，同じ機能を持った装置でもメーカが異なると制御や操作内容も変わるため，個々の機器用の制御や操作を行うデバイスドライバというソフトウェアが必要になります。

　なお，周辺装置を PC に接続したとき，デバイスドライバのインストール（使えるようにすること）を自動的に行い，すぐに使える機能を**プラ**

プラグアンド▶
プレイ

グアンドプレイといいます。

077

2.2 システム構成要素

データの処理方法にはいくつかあります。まとめて処理するもの，要求のたびに処理するもの，また，規模，処理時間，コスト，リスク，柔軟性などの観点から，利用者のニーズにあった方法が選ばれます。そして，このシステムでいいのかどうか評価もしていかなくてはなりません。

今，注目されている処理・利用形態はクラウドコンピューティングです。耳にしたことがありますよね。

1 システムの処理形態

情報システムは，データをどのように処理するかによって分類されます。

(1) バッチ処理とリアルタイム処理，対話型処理

▶バッチ処理
▶リアルタイム処理
▶対話型処理

システムの利用形態には，データをまとめて処理する**バッチ処理**と，処理要求のたびに処理する**リアルタイム処理**，**対話型処理**があります。

①バッチ処理

データを一定期間まとめてコンピュータで一括して処理させる方法です。即時性を要求されない処理に使われます。なお，パソコンではいくつかの処理を連続して自動的に実行することをバッチ処理という場合があります。

②リアルタイム処理

処理要求が発生するたびに，即座に処理を行い，結果を返す方式です。処理要求を出してから結果が得られるまでの時間をレスポンスタイム（応答時間）と呼びますが，このレスポンスタイムが重視されるときに使用される処理形態です。

③対話型処理

画面に表示された操作や回答の要求に対して，利用者が処理の選択やデータの入力をして，その内容に沿って処理を進めていく方法です。利用者からはシステムと対話しているように感じられます。駅の券売機や銀行のATMなどが該当します。

(2) 集中処理と分散処理

集中処理方式▶ ①**集中処理方式**

ネットワーク環境において、中央に位置するホストコンピュータで、全ての処理を行う方式です。システムの構成はすっきりしていますが、ホストコンピュータが停止したときにはシステム全体が停止してしまうことや、性能の高いコンピュータが必要とされるため、かかる費用が高いといった欠点があります。

分散処理方式▶ ②**分散処理方式**

パソコンやワークステーションなどによるネットワーク環境において、複数のコンピュータで処理を分担する方式です。システムの拡張性に優れ、一部のコンピュータが停止しても、その影響がシステム全体に波及しにくいというメリットがありますが、システムの構築や運用管理は難しくなります。

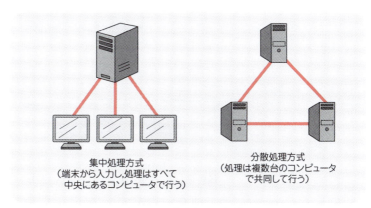

図表2-22 集中処理と分散処理

クライアント▶
サーバ
システム

③**クライアントサーバシステム**（Client Server System；CSS）

分散処理方式を効果的に構築する方法の一つで、次の（3）で詳しく説明します。

(3) クライアントサーバシステム

①クライアントサーバシステムとは

クライアントサーバシステムとは、LANに接続されたコンピュー

サーバ▶ タを、サービスを提供するコンピュータである**サーバ**（server）と、

クライアント▶ サービスを受けるコンピュータである**クライアント**（client）に分け、役割分担するシステム形態です。サービスを要求するクライアントコンピュータと、クライアントから要求されたサービスを提供するサー

バコンピュータから構成される方式です。パソコンを中心としたネットワーク環境では最も一般的な方式になっています。

設置するためには，高度な知識を要し，導入コストもかかりますが，データを一元管理し，ネットワーク規模を大きくできるため，企業内ネットワークに適しています。クライアントとサーバがそれぞれ処理を分散して行うため，システムへの負荷を分散することもできます。

ここで，"サービス"という用語について補足します。サーバ上にあるアプリケーションや各種の機能を実行したり，ネットワーク上で共有されているファイルやプリンタを使用したりすることを，一般に「サービスを利用する」と表現します。

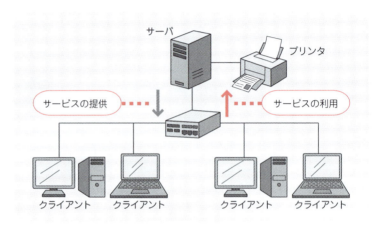

図表 2-23　クライアントサーバシステム

②クライアントサーバ型とピアツーピア型

　クライアントサーバシステムのほかに，さらに小規模なシステムとして**ピアツーピア**（peer to peer）という形態があります。ピアツーピア型では，各コンピュータが対等の関係にあり，相互に資源や機能を利用し合います。特徴は図表 2-24 のようになっています。

▶ピアツーピア

	クライアントサーバ型	ピアツーピア型
LANの規模	中・大規模	小規模
サーバ専用マシン	必要	不要
導入コスト	高い	安い
規模の柔軟性	高い	低い

図表 2-24　クライアントサーバ型とピアツーピア型の特徴

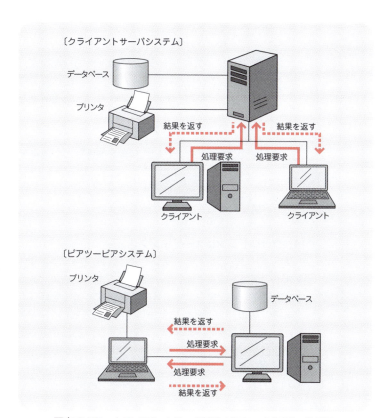

図表2-25 クライアントサーバ型とピアツーピア型の仕組み

③サーバの種類

クライアントサーバシステムで使用されるサーバは，役割に応じて次のように分類されます。なお，1台のサーバが複数の機能をもつこともあります。サーバの役割ごとにコンピュータを分ける必要はありません。

(a) **ファイルサーバ**

ファイルを保存し，ファイルを一元管理します。ファイルサーバを置くことで，複数のコンピュータ間でファイルを共有し，有効に活用することができます。

(b) **プリントサーバ**

ネットワーク上のプリンタを使った印刷処理を管理，制御します。**プリントキュー**と呼ばれる仕組みを利用して，複数のクライアントから送られてきた印刷要求を順番に処理します。**キュー**（queue）は待ち行列とも呼ばれ，処理要求が発生した順番に処

理を行う仕組みです。

(c) **データベースサーバ**

データベース管理システム（DBMS）を備えたサーバです。クライアントから送られてきた，データの検索，追加，削除などの処理要求に対し，実際に処理を行い，処理結果をクライアントに返します。

(d) **Web サーバ**

Web サーバは，HTML 文書や画像などの情報をファイルとして蓄積しておき，Web ブラウザなどの Web クライアントソフトウェアの要求に応じて，インターネットなどを通じて，これらの情報を送信する機能を持ちます。

(4) クラウドコンピューティング

クラウドコンピューティングでは，Web サーバに，HTML 文書や画像などの情報をファイルとして蓄積しておき，Web ブラウザからの要求に応じて，インターネット経由で送信する機能を持ちます。

当初の Web サーバは，あらかじめ用意しておいたファイル（静的ページ）を送出する機能しかなかったのですが，現在では，要求に応じてプログラムを実行し，結果をクライアントに送信する動的ページ生成の機能や，データベースと連携したものが一般的になりました。詳しくは 7.1 ④ ソリューションビジネスで説明します。

写真や動画をメールで友達に送ったり，Twitter や YouTube にアップしたり，使いたいアプリをダウンロードしたり……
これもクラウドのサービスがあるからできるのね

アップロードやダウンロードという言葉は，知らず知らずのうちに，クラウド（雲）をイメージしていたのかもしれないね

（5）仮想化技術

仮想化▶　　仮想化とは，コンピュータのリソース（CPU，主記憶などの資源）について，性能や容量などの制約を気にせず，より使いやすいようにする技術です。OS のマルチプログラミングの機能は，アプリケーションから CPU を使いやすいように CPU リソースを仮想化しているとみなすこともできます。仮想化技術の具体例をいくつか確認していきます。

仮想マシン▶　①仮想マシン（Virtual Machine）

　　一つのコンピュータを仮想的に分割して複数のコンピュータのように見せる技術です。仮想マシンの技術を特徴付けるものとして，ある

ライブマイ
グレーション▶
物理マシン上の仮想マシンを他の物理マシン上に移動できる**ライブマイグレーション**という機能があります。

ストレージ▶
仮想化
②ストレージ仮想化

　　複数のストレージ装置（ハードディスク，SSD などの外部記憶装置の総称）をまとめて，一つの装置のように見せることです。ストレージ仮想化によって，既存の装置の容量が不足した場合など，比較的自由にストレージ装置の容量を拡張できるようになります。

サーバ仮想化▶　③サーバ仮想化

　　1 台のコンピュータを複数のサーバとして動作させる技術です。複数台のサーバを置く場所や消費電力を削減でき，記憶装置や出力装置などの物理的資源を需要に応じて柔軟に配分することができます。

クライアント▶
仮想化
④クライアント仮想化

　　1 台のコンピュータを複数のクライアントとして利用する技術で，

デスクトップ▶
仮想化
デスクトップ仮想化ともいいます。サーバで動作する仮想マシン上で仮想クライアント OS を稼働させて，そのデスクトップ画面をクライアント端末からリモート接続して使用します。

　　ユーザがクライアント端末から入力したキーボードやマウスの情報に応じて，デスクトップ画面の情報が転送され，端末自身の画面と同じように操作できます。自宅でのテレワークで活躍している機能です。

2　システムの評価指標

（1）評価指標

　　コンピュータシステムに求められる性能の観点は，使用目的や形態，システムの構成，処理内容によって異なるので，画一的に評価することはできません。しかし，コンピュータシステムの性能を判断する標準的な要素は，いくつかあります。また，計数的な要素だけでなく，使いやすさやユーザインタフェースの良し悪しなども考慮に入れる必要があります。

第2部 コンピュータシステム

①スループット

スループット▶ 　　スループットは，システムが単位時間当たりに処理できる仕事量で，この値が大きいほど性能が高いといえます。

②ターンアラウンドタイムとレスポンスタイム

　　システムに対して処理要求を出してから，その要求に対する最終結果が得られるまでの時間で，この値が小さいほど性能が高いといえま

ターン
アラウンド
タイム▶ す。ターンアラウンドタイムは，バッチ処理でジョブを投入してから

レスポンス▶
タイム 全ての結果が得られるまでの時間，レスポンスタイムはオンライン処理でデータを入力してから結果が出始めるまでの時間を指します。

③ CPU の性能評価の単位

MIPS ▶ 　　(a) MIPS（Million Instructions Per Second）
　　　　CPU が 1 秒間に実行できる命令の数を百万単位で表したものです。

MFLOPS ▶ 　　(b) MFLOPS（Million FLoating-Point Operations Per Second）
　　　　CPU が 1 秒間に実行できる浮動小数点演算の回数を百万単位で表したものです。

④オーバヘッド

　　オペレーティングシステムがシステム資源を使用する時間のうち，システム全体にかかわる制御や管理に使われる時間など，データ処理

オーバヘッド▶ に直接関係のない時間をオーバヘッドと呼びます。オーバヘッドはユーザにとってみれば非生産的な時間であり，少ない方がよいことになります。

⑤信頼性，保守容易性

信頼性▶ 　　信頼性とは，故障せずに安定して稼働することです。信頼性を高めるためには，故障の発生を防ぐような工夫や努力が必要です。そして，万一，故障してしまったら，迅速に修理できなければなりません。こ

保守容易性▶ れが保守容易性です。

⑥使いやすさ，ユーザインタフェースの良し悪し

　　ユーザが使いやすい環境を提供しているかという点も重要な尺度です。使いやすい環境は，生産性を上げ，処理の信頼性も高めます。

(2) 性能評価の技法

命令ミックス▶ ①命令ミックス（instruction mix）

　　よく使用される命令に使用頻度に応じた重みを設定して，評価の対象となっているコンピュータの対応する命令の実行時間にその重みを乗じて加えたものです。命令の平均命令実行時間を評価します。

ベンチマーク▶ ②ベンチマーク（benchmark）

　　実際にプログラムを実行させて，コンピュータやコンピュータシス

テムの性能を測定することをベンチマークと呼び，その際に実行するプログラムのことをベンチマークプログラムと呼びます。目的ごとに様々な種類のベンチマーク（プログラム）があり，代表的なものとしては，CPUの性能を評価するSPECint（整数演算能力），SPECfp（浮動小数点演算能力）などがあります。

③**モニタリング**（monitoring）

(a) ソフトウェアモニタリング

計測用のプログラムを用いて，実行中のプログラムの内部動作や各装置の利用状況の変化などを測定する方法です。主な測定項目としては，タスクごとのCPU使用時間や入出力回数などがあります。

(b) ハードウェアモニタリング

測定用の専用ハードウェアを用意して行うモニタリングで，ソフトウェアモニタリングでは測定できないような項目の測定に用います。主な測定項目としては，キャッシュメモリのヒット率や分岐命令の使用頻度などがあります。

3 システムの信頼性

(1) 信頼性を表す指標

システムの信頼性は，故障の発生しにくさ，故障が発生した時にどのくらい早く回復できるかなどの指標で表現できます。これらの指標を**MTBF**（Mean Time Between Failures）と**MTTR**（Mean Time To Repair）と呼びます。

MTBFは，**平均故障間隔**のことで，システムが正常に稼働している連続時間の平均値のことです。MTTRは**平均修復時間**のことで，故障したときに，修復に要する平均時間のことです。

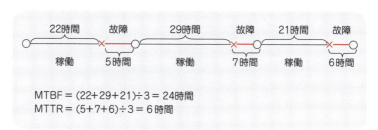

図表2-26　MTBFとMTTRの計算例

(2) 稼働率

稼働率は，ある期間のシステムの全運転時間に対して，故障せずに稼働している時間の割合のことで，MTBF と MTTR を使用して，次の式で表すことができます。

$$稼働率 = \frac{MTBF}{MTBF + MTTR}$$

図表 2-26 のシステムの稼働率は，$\frac{24}{24+6} = \frac{24}{30} = 0.8$ となります。

システムを構成している全ての装置が稼働している場合にだけ，システム全体が稼働する構成を**直列接続**のシステムと呼びます。直列接続したシステム全体の稼働率は，それぞれの装置の稼働率の積になります。

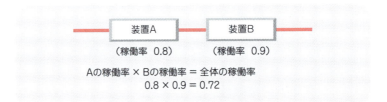

図表 2-27　直列接続の稼働率

システムを構成している装置の中の一つでも稼働していれば，システム全体も稼働する構成を**並列接続**のシステムと呼びます。並列接続したシステム全体の稼働率は，確率の総和である 1 から，両方の装置が稼働しない確率を引いたものになります。

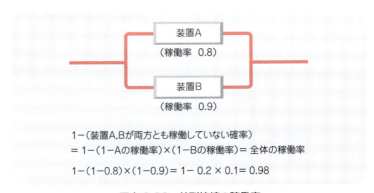

図表 2-28　並列接続の稼働率

（3）信頼性の設計

　システムの信頼性を上げるために，故障が起きないようにしたり，故障が起きても安全なようにしたりする仕組みを使って設計します。

フォールトトレラント	システムに障害が発生しても，正常に動作を続けるように設計されていること。システムを二重化するなどの方法がある。
フェールセーフ	障害発生時に，安全な状態でシステムを停止させること。人命にかかわるシステムで重視される考え方であり，たとえば，信号の一部が故障した場合に，交通事故につながらないよう，信号機を全て「赤」にした上で停止させることなどが該当する。
フェールソフト	システムの一部分に障害が発生した場合に，故障した個所を破棄，切り離すなどして障害の影響が他所に及ぶのを防ぎ，最低限のシステムの稼働を続けるための技術。銀行のシステムなど，システムを完全に停止させることの社会的影響が大きい場合に用いられる。
フールプルーフ	不慣れな利用者を想定して，操作ミスや意図しない使われ方をしても，システム自体がおかしな動きをしないように設計してあること。

図表 2-29　システムの信頼性

（4）システムの二重化

　また，高信頼性を確保するためには，システムを二重化する（**冗長化**する）ことが有効で，次のような方法があります。

①デュアルシステム

　同じ構成からなる 2 組のコンピュータシステムで，同じデータを処理して，結果を照合（**クロスチェック**）しながら運転するシステムです。2 組のコンピュータシステムでは，どちらも同じプログラムを実行しています。

　計算誤りや処理の中断が重大な障害につながる航空制御システムや金融システムなどで用いられ，障害が発生した場合は，障害が発生したコンピュータシステムを切り離して運転を続行します。

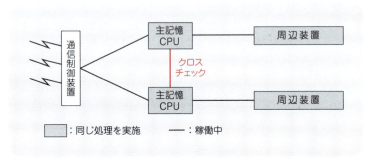

図表 2-30　デュアルシステム

②**デュプレックスシステム**　デュプレックス▶システム

　同じ構成からなる2組のコンピュータシステムですが，現用系と待機系に役割が分かれる方式です。通常は現用系のコンピュータシステムを運転し，現用系に障害が発生した場合には，待機系にディスクやネットワークなどを切り替えて運転を継続します。

　待機系では，バッチ処理など現用系とは異なる処理を行っており，現用系に障害が発生した場合は，処理を中断した後，現用系で運転していたプログラムを起動します。

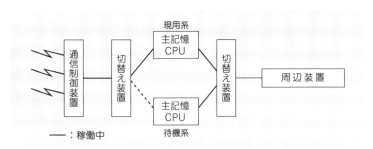

図表 2-31　デュプレックスシステム

デュプレックスシステムで，
待機系にすぐに切り替えられるようにしておくのをホットスタンバイ，
待機系をある程度の時間の後で稼働できるようにするのを
コールドスタンバイというのよ

4 システムの経済性

システムを利用するためには，導入時と導入後に様々な費用がかかります。

初期コスト▶
イニシャル▶
コスト

(1) 初期コスト

情報システムの導入時に発生する費用のことで**イニシャルコスト**ともいいます。システム企画段階で要件定義にかかるエンジニアの費用，ハードウェアの購入費，ソフトウェアの開発費，機器の設置工事費などが該当します。

運用コスト▶
ランニング▶
コスト

(2) 運用コスト

情報システム導入後に発生する費用で，**ランニングコスト**ともいいます。利用するために必要な社員教育の費用，通信費，リース費用，機器の保守費用，消耗品費，設備維持費などが該当します。

TCO ▶

(3) TCO（Total Cost of Ownership）

システムを利用するために関わる全ての費用のことです。システムを利用するための費用を検討する場合，導入時の初期コストだけでなく，運用コストも含めた全ての費用について考慮する必要があります。

2.3 ソフトウェア

パソコンの電源を入れれば，デスクトップ画面が立ち上がってソフトウェアも同時に動き始めます。今は，ほとんどのパソコンには，買ったときにソフトウェアが既にインストールされているので，ソフトウェアについて意識することは少ないかもしれません。ソフトウェアは，ハードウェアを効率良く動かしたり，作業をしたりするための命令やプログラムのことです。このため，触ったりすることはできません。

1 ソフトウェアの体系

用途に応じてソフトウェアを大別します。

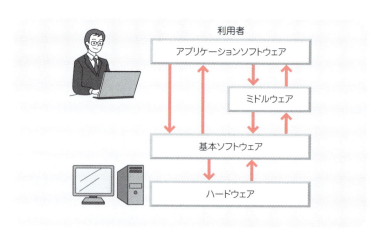

図表 2-32　ソフトウェアの体系

基本
ソフトウェア▶　(1) **基本ソフトウェア**（OS；Operating System）
　OS▶　　ハードウェアを動作させるために必要な機能をもつ最も基本的なソフ
オペレー▶　トウェアで，OS（**オペレーティングシステム**，オーエス）とも呼びます。
ティング
システム　　ワープロ，表計算ソフト，ホームページの閲覧など用途に応じたソフト

2.3 ソフトウェア

ウェアの実行に先立ち必要となる"縁の下の力もち"です。メモリの管理，ファイルの管理，周辺機器の動作管理，通信の管理など，基本的な管理を行う非常に多くの機能をもっています。2で詳しく説明します。

ミドルウェア▶ **(2) ミドルウェア（middleware）**

基本ソフトウェアとアプリケーション（応用）ソフトウェアの間に位置付けられ，様々な利用分野に共通する基本機能を実現するソフトウェアです。データベース管理システム（DBMS），ソフトウェア開発支援ツールなどがあります。

アプリ
ケーション
ソフトウェア▶ **(3) アプリケーションソフトウェア（応用ソフトウェア；application**
応用▶ **software）**
ソフトウェア

利用目的に対応して作られているソフトウェアのことです。業務や業種に限定したものから，幅広い利用者に共通して使用されるものまで，広範囲にわたっています。代表的なものとして，表計算ソフト，文書作成ソフトなどのオフィスツールや，データベースソフト，給与計算ソフト，販売管理ソフトなどがあります。なお，携帯電話やスマートフォンなどで利用されるものは単にアプリともいいます。

2 オペレーティングシステム（OS）

(1) OS の定義

OS とは，コンピュータやスマートフォンなどの IT 機器を利用するための資源（ハードウェア資源，情報資源，人的資源など）を有効に活用し，使いやすさ，性能向上を目指すソフトウェアのことです。

パソコンの OS ではあまり選択肢は広くありませんが，現実の製品を選ぶ場合，通信やセキュリティなどで強力な機能が必要な場合，それに見合ったものを選ぶことになります。

(2) OS の目的

OS は様々な機能をもった小さなソフトウェアの集合体といえますが，OS が目指すものは次のとおりです。

①スループットの向上

コンピュータは，入出力装置や記憶装置などのハードウェアを効率良く利用できることが大切です。一定時間内に処理することができる
スループット▶ 仕事の量を**スループット**と呼びます。スループットを向上させる手法に多重（マルチ）プログラミングがあります。CPU の利用に空き時間ができないように，複数のプログラムで利用する手法です。

091

第2部　コンピュータシステム

この手法を用いると，見かけ上は同時に複数のプログラムを実行しているように見えます。

②ターンアラウンドタイム（レスポンスタイム）の短縮

コンピュータは，多くのユーザからの処理要求に対して速やかに応答できる仕組みになっていなければなりません。データをまとめて処理するバッチ処理において，コンピュータに仕事の要求をしてから，結果が返ってくるまでの時間を**ターンアラウンドタイム**と呼びます。また，オンラインリアルタイム処理においてコンピュータに処理要求を出し，最初の応答が返ってくるまでの時間を**レスポンスタイム（応答時間）**と呼びます。このターンアラウンドタイム，レスポンスタイムは短ければそれだけ性能が高く，使い勝手もよいことになります。

ターン
アラウンド
タイム▶

レスポンス
タイム▶

応答時間▶

③信頼性・保全性の確保

ハードウェアはできるだけ障害を起こさない信頼性の高い仕組みになっていることが大切で，障害が発生した場合でも速やかに回復できなければなりません。また，記憶しているプログラムやデータが破損しないように**機密保護**の対策も立てられている必要があります。

機密保護▶

④拡張性

システムへの要求の変化に対して，柔軟に対応できることが大切です。ハードウェアの増設や通信機能の強化などを行いたい場合，あらかじめ OS にその機能が備わっていれば，新たなソフトウェアの購入などが発生せず，容易に拡張ができることになります。

（3）OS の役割

①ユーザ管理

1 台のコンピュータを複数のユーザが使えるようにするための機能が，**ユーザ管理**です。ユーザごとに利用できるフォルダやデスクトップの表示設定を管理することで，ユーザ同士が独立して，同じコンピュータを使うことができるようにしています。

ユーザ管理▶

コンピュータを操作する際には，ユーザ ID とパスワードを入力させることで，ユーザの識別をすることが一般的です。

②プロセス管理（タスク管理）

一つの CPU を使って複数のプログラムを同時に実行する機能が，**プロセス管理（タスク管理）**です。CPU を利用する一つのプログラムをプロセスあるいはタスクと呼び，OS は，これらのプロセスを切り替えながら交代で実行させることで，見かけ上，複数のプログラムが同時に実行されているように見せています。この機能を**マルチタスク**と呼びます。

プロセス管理▶

タスク管理▶

マルチタスク▶

さらに，一つのプログラムの中で並行して処理が可能な単位を**ス**

スレッド▶

レッド，それらを並行して処理することを**マルチスレッド**といいます。マルチコアプロセッサを使ったコンピュータで，処理能力を有効活用する方式です。

③主記憶管理

　プログラムが利用する主記憶を管理する機能が**主記憶管理**です。特にマルチタスク環境では，複数のプロセス（タスク）が主記憶を同時に利用するため，他のプロセスの領域を侵害しないようにしたり，逆に複数のプロセス間で主記憶上の領域を共有したりする機能が必要になります。

　また，主記憶の容量が足りなくなると，補助記憶装置を主記憶の代わりとして利用する**仮想記憶方式**という機能もあります。

④入出力管理

　入出力管理は，コンピュータに接続された入出力装置を制御するための機能です。マルチタスク環境では，複数のプロセスが同時に動いているため，キーボードやマウスからの入力をどのプロセスに伝えるかといった点や，画面への出力を次の図のように重ね合わせるといった機能が必要になります。特にこのようなグラフィカルな入出力を行う機能を **GUI 管理**と呼びます。

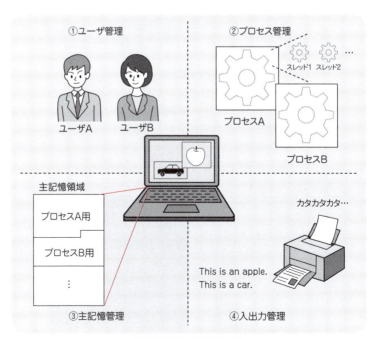

図表 2-33　OS の機能

⑤電源管理

ノートPCやタブレット型PC，スマートフォンのように，バッテリで動作するコンピュータが増えてきたため，コンピュータを動かすOSに電源を管理する機能が加えられてきました。ノートPCでは，次のような機能があります。

用語	意味
スタンバイ サスペンド スリープ	コンピュータの主記憶装置には電力を供給し続けてデータや処理途中の状態を保持し，CPUや磁気ディスク装置などを停止させて，すぐに再開できる状態にすること
ハイバネーション	コンピュータの主記憶装置上に格納されているデータや処理途中の状態を，磁気ディスク装置などの補助記憶装置にいったん退避して，完全に電源を切ること。再度，電源を投入した際には，途中の状態から再開できる。

図表2-34　電源管理

(4) 代表的なOS

① UNIX（ユニックス）

米国AT＆T社のベル研究所で開発されたワークステーション用のOSです。C言語というハードウェアに依存しない移植性の高いプログラム言語で記述され，またソースコード（大もとのプログラム）が比較的コンパクトであったことから，多くの機種に移植され，広く普及しています。マルチユーザ・マルチタスクのOSでネットワーク機能に優れています。

② Windows（ウインドウズ）

マイクロソフト社が開発した，GUI（Graphical User Interface）環境を採用し，マルチタスクで動作するOSです。PCで最も普及しているOSで，ネットワークやインターネットを利用する機能が標準で装備されています。現在の最新版はWindows10です。

図表2-35　Windows10の画面

③ macOS（マックオーエス）

アップル社が開発したOSで，同社が販売しているMacintoshというパソコン（略してMac；マック）で動作します。Windowsよりも早くからGUI環境を採用していました。

Linux ▶

④ Linux（リナックス）

フィンランドのLinus Torvalds氏が開発したUNIX互換OSです。オープンソースソフトウェアで配布され，仕様が公開されているため，利用者がかなり広がっています。

iOS ▶

⑤ iOS（アイオーエス）

アップル社のスマートフォンiPhoneやiPadなどで動作するOSです。パソコン用のmacOSを小型の携帯端末のタッチパネル用に最適化しています。

Android ▶

⑥ Android

スマートフォンやタブレット端末（アップル社以外）で動作するOSで，グーグル社が開発しました。Linuxをベースにしたオープンソースソフトウェアで，それぞれの機器用のカスタマイズが容易にできる特徴があります。

(5) ファイルシステム

ディレクトリ▶ ルートディレクトリ▶ サブディレクトリ▶

ファイルは，OSによってディレクトリ（directory）ごとに管理されます。ディレクトリは，ディレクトリの下に別のディレクトリを作成することで階層化することができます。このように階層化したディレクトリの最上位のディレクトリをルートディレクトリ（root directory）と呼び“¥”または“\”で表します。ディレクトリの下に作成されるディレクトリのことをサブディレクトリ（sub directory）と呼びます。

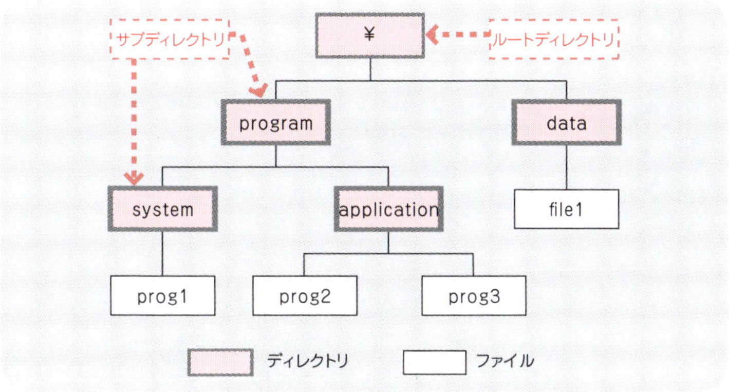

図表2-36　ディレクトリ

ファイルは利用者の権限によって，読取り不可，読取りだけ可，読取りと書込み可など，操作できる内容が異なります。利用者ごとにこのような権限を付けることを**アクセス権設定**といいます。

＞アクセス権設定

ディレクトリを指定して，プログラムを実行したり，ファイルにアクセスしたりすることがありますが，このディレクトリの指定方法には，絶対パス指定と相対パス指定の二つの方法があります。

＞絶対パス指定

①**絶対パス指定**

ルートディレクトリから目的のディレクトリまでを階層に沿って順番に￥マークでつなげて指定する方式です。図表2-36のファイル"prog3"を指定する場合は，次のようになります。

　　　￥program￥application￥prog3

なお，先頭の￥マークはルートディレクトリの意味になります。

＞相対パス指定

②**相対パス指定**

現在のディレクトリから考えた相対的な位置を指定して，目的のファイルを指定します。自分のディレクトリを指定するときは「.」を，一つ上のディレクトリを指定するときは「..」を指定します。図表2-36でディレクトリ"application"から，ディレクトリ"system"のファイル"prog1"を指定する場合は，次のようになります。

　　　..￥system￥prog1

道案内でいうと，「中央駅から西に進んで一つ目の角を右に～」など，自分の立ち位置によって，内容が変わらない説明が絶対パスね

逆に「ここから東に行って～」など，自分の現在地によって，説明が変わるのが相対パスだね

＞ファイル拡張子

③**ファイル拡張子**

ファイルは個々にファイル名を付けて管理されます。このとき，ファイル名の後に"."（ピリオド，ドット）を区切り記号として，ファイルの種類を表す記号（ファイル拡張子）を付けることができます。

具体的な拡張子としては，実行できるプログラムを示す"exe"や，

2.3 ソフトウェア

文字だけで構成される"txt",画像ファイルの"jpg"や"jpeg",表計算ソフトのデータを示す"xls"や"xlsx"などの他,非常に多くの種類があります。
（例）
　file1.txt, prog1.exe, ITECmarc.jpg, sale2020.xlsx など
④ワイルドカード
　ファイルを検索する際などに,目的のファイルの名前をはっきり覚えていない場合や,似た名前のファイルを一度に見つけたい場合には,ワイルドカードと呼ばれる特別な記号を利用します。このワイルドカードには図2-37のようなものがあります。

●Windowsなどで使用されるワイルドカード

*	0文字以上の任意の文字列を表す。
?	1文字の任意の文字を表す。

●SQLなどで使用されるワイルドカード

%	0文字以上の任意の文字列を表す。
＿（アンダーバー）	1文字の任意の文字を表す。

図表2-37　ワイルドカード

（例）
program, prog1, prog2, prog3, proabc というファイルがあったときに,「prog*」で検索すると,program, prog1, prog2, prog3 の四つのファイルが,「prog ?」で検索すると,prog1, prog2, prog3 の三つのファイルが検索されます。

3 アプリケーションソフトウェア

（1）表計算ソフト

　数値データの集計,分析に用いる表を作成します。縦横に並んだマス目（セル）に数値や数式や関数を入力していくと,自動的に数式を分析して計算してくれます。表からグラフを作成したり,データベース機能があったりと,機能が豊富になっています。

（2）文書作成ソフト（ワープロ）

　文書を作成,編集して印刷するためのソフトウェアです。文字のフォントや大きさを調整したり,文章の合間に罫線や表や図を埋め込んだり,

字送りや行間の調整をしたりといった機能をもっています。図や表を埋め込んだり,凝った飾りを付けたりするなど,機能が進歩しています。

(3) データベースソフト

データを蓄積し,様々な条件でデータを抽出したり,加工することができるソフトウェアです。住所録や,顧客管理など,多様な用途に利用されています。業務処理と同じ複雑な計算処理や帳票作成もできるので,データベースソフトを利用して業務改善を行うユーザも数多くいます。

(4) プレゼンテーションソフト

プレゼンテーション用の資料を,パソコン上で作成するためのソフトウェアです。文字だけではなく,グラフや表,画像なども挿入できます。プレゼンテーションを効率的に行うソフトウェアとして幅広く利用されています。

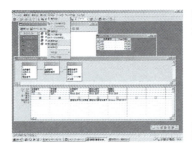

図表 2-38　データベースソフトの画面　　図表 2-39　プレゼンテーションソフトの画面

(5) Web ブラウザ (WWW ブラウザ)

Web サーバから送られてきた HTML 文書の内容に従って Web ページを表示したり,他のページにリンクする役割をもつソフトウェアです。browse (閲覧する) の名詞 browser (閲覧ソフト) からきた用語です。

最近のパソコンやスマートフォンは,始めから Web ブラウザがインストールされていて,すぐに使えるようになっている場合が多いね
代表的なものは,マイクロソフト社の Internet Explorer や,アップル社の Safari かな。後で学習するオープンソースソフトウェアの Web ブラウザもたくさんあるみたいだね

4 オープンソースソフトウェア

幅広く使われるソフトウェアは，ソフトウェア開発会社によって開発・販売されるのが普通でした。また，コンピュータを利用する上で便利なソフトウェアは**パブリックドメインソフトウェア**（無料，著作権放棄），**フリーソフト**（無料），**シェアウェア**（試用は無料で，通常使用は有料）などの形でも提供されてきました。

このような状況の中，**オープンソースソフトウェア**（**OSS**；Open Source Software）は利用が広がっているソフトウェアで，次のような特徴があります。いろいろな団体が利用の促進を図っています。

(1) オープンソースソフトウェア（OSS）の特徴と定義
① OSSの特徴
OSSの特徴としては，次のようなことを挙げることができます。
- プログラムのソースコードが入手できる（ソースコードの開示）。
- プログラムの改良や改変を行うことができる。
- プログラムのコピーや配布を自由に行える。
- 利用目的に制限がなく，商用目的の利用や有償販売も可能。

OSSを推進することによって，特定のソフトウェアだけが独占的に利用される弊害をなくす目的もあるといわれているわね

② OSSの定義
OSSの推進を目的としたNPOであるOSI（Open Source Initiative）は，OSSの定義として10個の要件を挙げています。

```
OSSの定義
1) 自由な再頒布
2) ソースコードの開示
3) 改変，派生の自由
4) 原著作物の一意性保持
5) 特定人物，団体への頒布制限の禁止
6) 特定用途への頒布制限の禁止
7) 追加ライセンス条項の禁止
8) 特定製品への依存禁止
9) 他のソフトウェアへの制約禁止
10) 特定技術要素への依存禁止
           （アイテック要約）
```

(2) OSSの種類

OSSとして提供されているソフトウェアは様々な分野にわたっていますが、そのはしりは、基本ソフトとして有名なLinuxでしょう。このほか、サーバ用の管理ソフト、データベース、スクリプト言語など様々なものがあります。代表的なソフトウェアの種類は、次のとおりです。

①基本ソフトウェア（オペレーティングシステム）

▶ Linux
▶ Android

Linux, FreeBSD, Red Hat Linux, **Android**（スマートフォン向け）など

②サーバソフトウェア

▶ Apache HTTP Server

Apache HTTP Server（Webサーバ用）, BIND（DNSサーバ）, Tomcat（アプリケーションサーバ用）, Samba（ファイル共用）など

③データベース管理

▶ MySQL

MySQL（MySQL社が商用サポート）, PostgreSQL（国内で人気）など

④プログラム言語

Perl（スクリプト言語）, PHP（HTMLに埋め込むスクリプト言語）, Python（オブジェクト指向言語, 急速に普及）

身近なものでは、Mozilla Foundation（モジラ・ファウンデーション）が提供するメールソフトのThunderbirdや、WebブラウザのFirefoxもOSSだね

▶ Thunderbird
▶ Firefox

2.4 ハードウェア

主なハードウェアの説明は，2.1 で済ませてしまったので，ここでは，半導体記憶素子や論理回路について説明しますね。

半導体っていうのは，実は，「半」と「導体」がくっ付いた言葉だって知っていましたか？電気を通す「導体」と通さない「絶縁体」の真ん中に存在しているから，こう呼ぶのです。

こういう性質が，情報を記憶させたり，論理演算をさせたりするのに，とっても役立つのです。

1 半導体メモリ

コンピュータの記憶装置は，半導体メモリ（IC メモリ）で構成されているものがあります。ここでは，記憶装置を構成する半導体メモリの中で基本的なものの種類と特徴について学びます。

▶ RAM
(1) RAM（Random Access Memory；ラム）
読出しだけではなく，書込みも自由にできるメモリです。

▶ DRAM
① DRAM（Dynamic RAM；ディーラム）
電荷によって情報の記憶が行われます。電荷は時間とともに減少することから，一定時間ごとに記憶保持のための再書込み（**リフレッ**
▶ リフレッシュ
シュ）を行う必要があります。このため，コンピュータの電源を切る
▶ 揮発性
と記憶内容は消えてしまいます（**揮発性**）。しかし，SRAM と比較して回路が単純で，集積度も簡単に上げることができ，価格も安いため，コンピュータの主記憶装置には DRAM が使用されています。

▶ SDRAM
なお，CPU と同期を取って動作する **SDRAM（シンクロナス**
▶ シンクロナス DRAM
DRAM）が主流になっています。

▶ SRAM
② SRAM（Static RAM；エスラム）
記憶素子はフリップフロップ回路で構成されています。記憶保持のためのリフレッシュが不要で，その分，高速に動作するので回路が複雑になり，DRAM と比較して集積度を上げにくいという欠点をもっています。

(2) ROM (Read Only Memory；ロム)

電源を切っても記憶内容が消えない不揮発性の読出し専用メモリです。コンピュータを制御するプログラムの記憶用のほか，データやプログラムをコンピュータ外部で保管する場合などに利用します。

①マスクROM (mask ROM；マスクロム)

製造時に一度だけデータが書き込まれているROMのことです。後から内容を書き込んだり書き換えたりすることはできません。製造後に修正ができない反面，PROM (Programmable ROM) に比べて製造コストが安価なため，十分な利用期間と需要が見込まれる場合に用いられます。

② EEPROM
(Electrical Erasable Programmable ROM；イーイーピーロム)

電気的にデータを消去し，内容を書き換えることができるROMです。内容を変更するには通常より高い電圧を使います。

③フラッシュメモリ

電源を切ってもデータが消えない，不揮発性の記憶素子です。通常，ブロック単位でデータの読み書きを行います。データの上書きを行う際には，対象ブロックのデータを，いったん電気的に消去してから書込みを行います。

図表2-40 記憶素子の分類

2 論理回路

（1）論理演算回路

論理演算を処理するための電子回路であり，演算装置の中枢です。

論理演算回路▶ **論理演算回路**の記号である MIL 記号（ミル記号）を使って表わされる場合もあります。

論理演算の入力値（MIL 記号中の A，B）と結果（右側の出力 X）の関係を表した論理演算の定義は，コンピュータの処理を理解する上で，大切な知識なので覚えておいてください（1.1 参照）。

①MIL 記号

論理積	論理和	排他的論理和	否定

②論理演算の定義

A	B	論理積 A AND B	論理和 A OR B	排他的 論理和 A XOR B	否定 論理積 A NAND B	否定 論理和 A NOR B
0	0	0	0	0	1	1
0	1	0	1	1	1	0
1	0	0	1	1	1	0
1	1	1	1	0	0	0

否定	
A	$\overline{A}$
0	1
1	0

図表 2-41　MIL 記号と論理演算の定義

（2）記憶回路と半導体チップ

フリップ
フロップ回路▶ **①フリップフロップ回路**

ビットが 1 か 0 のどちらかの状態を安定してもち続ける記憶回路です。SRAM に使用されます。なお，DRAM は，コンデンサとトランジスタの組合せで構成されています。

②SoC（System on a Chip）

SoC▶ **SoC** とは，システムの動作に必要な全ての機能を，一つの半導体チップに集積したものです。プロセッサやメモリなどが統合されています。SoC を使うことで，装置の小型化や製造コストの低減を実現します。

確認問題

問2-1　　　　　　　　　　　　　　　　　　　　　（H31春-IP 問66）

値の小さな数や大きな数を分かりやすく表現するために，接頭語が用いられる。例えば，10^{-3} と 10^{3} を表すのに，それぞれ "m" と "k" が用いられる。10^{-9} と 10^{9} を表すのに用いられる接頭語はどれか。

　ア　nとG　　　イ　nとM　　　ウ　pとG　　　エ　pとM

問2-2　　　　　　　　　　　　　　　　　　　　　（H31春-IP 問97）

PCのCPUに関する記述のうち，適切なものはどれか。

ア　1GHzCPUの"1GHz"は，そのCPUが処理のタイミングを合わせるための信号を1秒間に10億回発生させて動作することを示す。
イ　32ビットCPUや64ビットCPUの"32"や"64"は，CPUの処理速度を示す。
ウ　一次キャッシュや二次キャッシュの"一次"や"二次"は，CPUがもつキャッシュメモリ容量の大きさの順位を示す。
エ　デュアルコアCPUやクアッドコアCPUの"デュアル"や"クアッド"は，CPUの消費電力を1/2，1/4の省エネモードに切り替えることができることを示す。

問2-3　　　　　　　　　　　　　　　　　　　　　（R1秋-IP 問60）

コンピュータの記憶階層におけるキャッシュメモリ，主記憶及び補助記憶と，それぞれに用いられる記憶装置の組合せとして，適切なものはどれか。

	キャッシュメモリ	主記憶	補助記憶
ア	DRAM	HDD	DVD
イ	DRAM	SSD	SRAM
ウ	SRAM	DRAM	SSD
エ	SRAM	HDD	DRAM

問2-4 (H25秋-IP 問78)

スキャナの説明として，適切なものはどれか。

ア　紙面を走査することによって，画像を読み取ってディジタルデータに変換する。

イ　底面の発光器と受光器によって移動の量・方向・速度を読み取る。

ウ　ペン型器具を使って盤面上の位置を入力する。

エ　指で触れることによって画面上の位置を入力する。

問2-5 (H30秋-IP 問66)

NFC に関する記述として，適切なものはどれか。

ア　10cm 程度の近距離での通信を行うものであり，IC カードや IC タグのデータの読み書きに利用されている。

イ　数十 m のエリアで通信を行うことができ，無線 LAN に利用されている。

ウ　赤外線を利用して通信を行うものであり，携帯電話のデータ交換などに利用されている。

エ　複数の人工衛星からの電波を受信することができ，カーナビの位置計測に利用されている。

問2-6 (R1秋-IP 問74)

サーバ仮想化の特長として，適切なものはどれか。

ア　1 台のコンピュータを複数台のサーバであるかのように動作させることができるので，物理的資源を需要に応じて柔軟に配分することができる。

イ　コンピュータの機能をもったブレードを必要な数だけ筐体に差し込んでサーバを構成するので，柔軟に台数を増減することができる。

ウ　サーバを構成するコンピュータを他のサーバと接続せずに利用するので，セキュリティを向上させることができる。

エ　サーバを構成する複数のコンピュータが同じ処理を実行して処理結果を照合するので，信頼性を向上させることができる。

第2部　コンピュータシステム

問2-7　(H22秋-IP 問86)

システムの性能を評価する指標と方法に関する次の記述中のa～cに入れる字句の適切な組合せはどれか。

　利用者が処理依頼を行ってから結果の出力が終了するまでの時間を [a] タイム，単位時間当たりに処理される仕事の量を [b] という。また，システムの使用目的に合致した標準的なプログラムを実行してシステムの性能を評価する方法を [c] という。

	a	b	c
ア	スループット	ターンアラウンド	シミュレーション
イ	スループット	ターンアラウンド	ベンチマークテスト
ウ	ターンアラウンド	スループット	シミュレーション
エ	ターンアラウンド	スループット	ベンチマークテスト

問2-8　(H26秋-IP 問84)

図のような構成の二つのシステムがある。システムXとYの稼働率を同じにするためには，装置Cの稼働率を幾らにすればよいか。ここで，システムYは並列に接続した装置Bと装置Cのどちらか一つでも稼働していれば正常に稼働しているものとし，装置Aの稼働率を0.8，装置Bの稼働率を0.6とする。

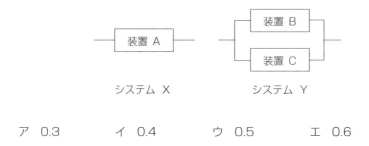

ア　0.3　　　イ　0.4　　　ウ　0.5　　　エ　0.6

確認問題

問2-9
(R1秋-IP 問83)

ファイルの階層構造に関する次の記述中のa，bに入れる字句の適切な組合せはどれか。

階層型ファイルシステムにおいて，最上位の階層のディレクトリを　　a　　ディレクトリという。ファイルの指定方法として，カレントディレクトリを基点として目的のファイルまでのすべてのパスを記述する方法と，ルートディレクトリを基点として目的のファイルまでの全てのパスを記述する方法がある。ルートディレクトリを基点としたファイルの指定方法を　　b　　パス指定という。

	a	b
ア	カレント	絶対
イ	カレント	相対
ウ	ルート	絶対
エ	ルート	相対

問2-10
(H23秋-IP 問73)

ワイルドカードの "%" が0個以上の連続した任意の文字列を表し，"_" が任意の1文字を表すとき，文字列全体が "% イ % ン _" に一致するものはどれか。

ア　アクセスポイント　　　　イ　イベントドリブン
ウ　クライアントサーバ　　　エ　リバースエンジニアリング

問2-11
(H25秋-IP 問70)

OSに関する記述のうち，適切なものはどれか。
ア　1台のPCに複数のOSをインストールしておき，起動時にOSを選択できる。
イ　OSはPCを起動させるためのアプリケーションプログラムであり，PCの起動後は，OSは機能を停止する。
ウ　OSはグラフィカルなインタフェースをもつ必要があり，全ての操作は，そのインタフェースで行う。
エ　OSは，ハードディスクドライブだけから起動することになっている。

107

第2部　コンピュータシステム

問2-12
(H28秋-IP 問76)

OSS（Open Source Software）に関する記述のうち，適切なものはどれか。

ア　ソースコードに手を加えて再配布することができる。
イ　ソースコードの入手は無償だが，有償の保守サポートを受けなければならない。
ウ　著作権が放棄されているので，無断で利用することができる。
エ　著作権を放棄しない場合は，動作も保証しなければならない。

問2-13
(H30春-IP 問76)

メモリに関する説明のうち，適切なものはどれか。

ア　DRAM は，定期的に再書込みを行う必要があり，主に主記憶に使われる。
イ　ROM は，アクセス速度が速いので，キャッシュメモリなどに使われる。
ウ　SRAM は，不揮発性メモリであり，USB メモリとして使われる。
エ　フラッシュメモリは，製造時にプログラムやデータが書き込まれ，利用者が内
　　容を変更することはできない。

第3部

技術要素

ヒューマンインタフェース，マルチメディアという技術要素が登場します。また，分かっているようで，説明がしにくいデータベース，ネットワーク，セキュリティについても把握しておきましょう。

3.1 ヒューマンインタフェース ……………………… 110
3.2 マルチメディア ……………………………………… 117
3.3 データベース ………………………………………… 123
3.4 ネットワーク ………………………………………… 147
3.5 セキュリティ ………………………………………… 170

3.1 ヒューマンインタフェース

かつて，コンピュータは専門家だけが扱う道具でした。しかし，「誰もが簡単に使えるようにしよう」という思想によって，今では，パソコンの電源を入れ，デスクトップ画面に現れたアイコンをマウスでクリックすれば，すぐに仕事を始められる道具になりました。

ヒューマンインタフェースは，人とコンピュータの関係を良好にするために，「もっと使いやすく」を目指して進化しています。

1 ヒューマンインタフェースとは

(1) ヒューマンインタフェースとは

インターフェースという用語はもともと"境界"を表す用語ですが，IT分野では境界をつなぐ技術，境界を意識させずに使えるような見せる技術，操作する技術など，境界周辺の技術を指します。また，機械（コンピュータ）と人間のインタフェースを**"ヒューマンインタフェース"** といいます。

▶ ヒューマンインタフェース

①インフォメーションアーキテクチャ（情報アーキテクチャ）

「情報を分かりやすく伝え，受け手が情報を探しやすくする」ための表現技術のことです。見やすく使いやすいWebページなどの研究，Webデザイン，マルチメディアを利用した学習コンテンツ（内容）や広告など，幅広い領域の研究・開発が行われています。

コンピュータとインターネットの発達によって，3Dゲームなど，ヒューマンインタフェースの未来はどんどん広がっていくね！

② UX デザイン（User eXperience デザイン）

UX（ユーザエクスペリエンス）は，製品やシステム・サービスを利用して出てくる人間の反応のことで，利用者の満足感や感動などを初めから意識して設計することを **UX デザイン** といいます。例えば，

▶ UX デザイン

画面でマンガを使って分かりやすく操作方法を表示したり，利用するたびにスタンプが増えてプレゼントがもらえたりなど，ユーザが楽しく利用できるような工夫を行います。

Webデザイン▶ ③ **Webデザイン**

Webコンテンツの場合，不特定多数の人が利用することになりますが，社内システムと違って，全員に操作方法などを説明することはできません。また，Webブラウザの種類によって表示の仕方が異なる場合もあるため，Webデザインでは，Webブラウザへの対応やデザイン性も考慮する必要があります。

Webデザインは，これらを考慮して画面設計を行うことを指し，ホームページなどのWebページのデザインでは，サイト全体の印象を統一するため，色調やデザインの表現に **CSS**（Cascading Style Sheets）と呼ばれるスタイルシートを使います。Webページのレイアウトや文字の大きさ，色といったデザインは，文字のデータと併せて **HTML**（Hyper-Text Markup Language）という言語で記述します。

CSS▶

HTML▶

（2）入力勧誘

入力勧誘▶ 人間に対して指示やデータの入力を促すことを**入力勧誘**と呼びます。表示画面に必要な情報を表示して，人間からの指示や応答を待ちますが，どのような情報をどのように表示するかによって，ヒューマンインタフェースの良し悪しが変わってきます。

①メニュー

コンピュータが受け付けられる処理や，発生した事態に対応できる処理の種類，処理の実行に必要な指定事項の詳細などを一覧にして画

メニュー▶ 面に表示するのが**メニュー**です。

利用者は表示されているものの中から必要なものを選べばよく，操作が簡単で，間違いが少なくなります。

②アイコン

メニューやメッセージを分かりやすく表示するための図柄が

アイコン▶ **アイコン**です。データや処理内容が分かるアイコンを使うことによって，文章に比べ，一見して理解できるので間違いが減り，操作が楽しくなるという効果もあります。

図表3-1　アイコンの例

(3) ヘルプ

コンピュータの操作方法や細かい指示内容を全て覚えることは，利用者には負担となります。そこで，疑問が生じたときに，必要な情報をすぐに調べられるような機能を**ヘルプ**と呼びます。ソフトウェアは機能が豊富になったこともあり，ヘルプ機能も充実してきています。

(4) ウィンドウ

ウィンドウは，ディスプレイに複数のメニューやソフトウェアの画面を表示させた枠のことで，窓のように見えることからこの名前が付いています。複数のソフトウェアを同時に実行できるコンピュータでは，いくつものウィンドウを表示し（**マルチウィンドウ**），即座に処理を切り替えることができます。アイコン，ウィンドウなど図形を使った画面のインタフェースを **GUI**（Graphical User Interface）と呼びます。

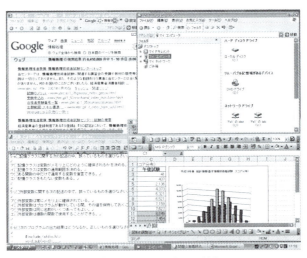

図表 3-2　マルチウィンドウ

2　ユーザビリティ

使いやすさを表す用語は，**ユーザビリティ**（usability）です。一般の利用者が広く使うシステムでは，説明の表示方法やデータの入力方法などを分かりやすくし，優れたユーザビリティを提供する必要があります。

ユーザビリティの指標としては，見やすさ，言葉の分かりやすさ，操作の易しさ（覚えやすさ），使うまでの手間の少なさ，などがあります。

3 バリアフリーとユニバーサルデザイン

(1) バリアフリー

障害のある人や高齢者などハンディキャップをもつ人に対して，障壁（バリア）のない設計をしようという考え方です。建造物の設計でいう**バリアフリー**と同じで，コンピュータの世界では，色覚障害のある人が識別の難しい緑と赤の色の違いを情報の表現手段として極力使わない配慮や，聴覚障害のある人が操作中に起きたエラーに気付くように，通知音だけでなく，画面上のアクションとして目立たせて表示するといった配慮を行います。これらを**情報バリアフリー**と呼びます。

(2) ユニバーサルデザイン

年齢や能力，文化にかかわりなく，全ての人が障壁なく利用できる設計をするという思想です。例えば，ボタンに日本語で「削除」とある場合，日本語が分かる人にしか理解できませんが，ごみ箱の絵をアイコンなどで表現することによって，世界中の人が機能の概要を把握できるようになります。このような設計が，**ユニバーサルデザイン**といえます。

4 アクセシビリティ

バリアフリーの考え方やユニバーサルデザインにおいて，多くの人が障壁なくシステムを使えるようにする工夫は，誰でも簡単にシステムが利用できるようにするためのものです。このような工夫や配慮によって，様々な立場の人が簡単にシステムや情報機器を活用できる環境のことを**アクセシビリティ**（accessibility）と呼びます。

"ユーザビリティ"が，使いやすさ，わかりやすさを示すのに対して，"アクセシビリティ"は様々な立場の人がいかに簡単に情報にアクセスできるか（利用できるか）を示すのよ

特にインターネットの情報の利用のしやすさのことを，**Webアクセシビリティ**と呼んでいます。

5 ヒューマンインタフェース設計

情報システムの開発では，ユーザ要求を反映させて外部設計が行われます。この外部設計の中心となるのが，**ヒューマンインタフェース**（ユーザインタフェース）**定義**で，先にヒューマンインタフェース基準を作成

しておくことが大切です。画面ごとに操作や画面イメージが変わると，ユーザには非常に使いにくいシステムになってしまいます。このため，画面表示のルールやファンクションキーの使い方などをシステム全体で標準化し，それを守って設計することが重要です。

(1) 入力設計

入力設計▶　**入力設計**は，利用者がシステムにデータを入力したり，どのように処理の指示を行ったりするかを決めることです。

　データの入力方式としては，即座に入力するオンライン入力方式が主流です。入力方式が決定したら，システム全体でどのような入力画面が必要かを洗い出し，それを**メニュー階層図**にします。

メニュー▶
階層図

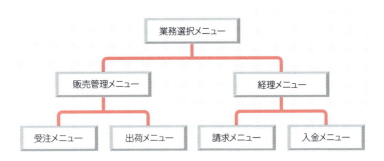

図表 3-3　メニュー階層図の例

画面遷移図▶　次に，どの画面からどの画面に移るのかを示す**画面遷移図**を作成します。

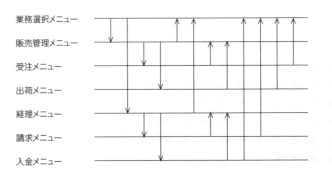

図表 3-4　画面遷移図の例

(2) 画面設計

メニュー階層図，画面遷移図ができたら，個々の画面の設計を行います。個々の画面では，最初に入力項目を洗い出し，それを画面に配置します。利用者がスムースに入力できるように，次の点に留意します。

- 入力は，画面の左上から右下に順番に行えるようにし，操作が逆戻りしたりすることがないように留意する。
- 色や罫線などをうまく使って，重要な項目は区別がつくようにする。
- ▶ヘルプ機能 ヘルプ機能やガイダンス機能を使って，操作を分かりやすくする。
- 警告音などを利用して，入力エラーはすぐに分かるようにする。
- プルダウンメニューやポップアップメニューなどの GUI 部品をうまく使って，入力が楽になるようにする。
- ▶チェックディジット チェックディジットなど，入力エラーを防ぐ仕組みを入れる（チェックディジットは，入力データが正しいかどうかを判断するために，本来のデータとは別にチェック用のデータを付加したもの）。

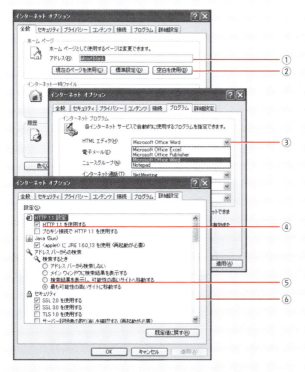

①テキストボックス
ユーザに文字列を入力してもらう際に利用される部品

②ボタン
データ入力後の送信やキャンセルといった指示を実行するために利用される構成部品

③プルダウンメニュー
マウスカーソルを下向きの矢印に合わせてクリックすると，単一選択をする際の候補が下に伸びる形で表示される部品

④チェックボックス
複数選択可能な選択肢からユーザに選択を促す際に利用される部品

⑤ラジオボタン
選択肢から一つだけユーザに選んでもらう際に利用される部品

⑥スクロールバー
画面内の枠に表示された内容をスクロールするための部品

図表 3-5　主な GUI 部品

(3) 帳票設計

帳票設計▶ **帳票設計**は，システムが出力する処理結果を利用者が見る帳票にどのように出力するかといったことを決めることです。出力する必要がある項目を洗い出し，それを帳票レイアウト上に配置していきます。

このときの留意点としては次のようなことがあります。

①用紙の選択：用途に応じて専用用紙と汎用用紙を選択する。
②帳票レイアウトの設計の主な留意点
  ・出力する項目を必要なものに絞る。
  ・関連する項目は近くに並べる。
  ・ページや出力日付など，帳票に共通して印字する項目を決める。
  ・項目の印字位置，文字の大きさやフォント（字体）を統一する。
  ・1ページに印字する行数，文字数を規定する。
  ・罫線の利用基準と，利用する場合の線の太さを統一する。
  ・複数の帳票がある場合は統一したルールで設計する。

誰もが見やすく／わかりやすい情報の配置を心がけるということね

画面の「アクセシビリティ」だけでなく
出力されたものに対しての「アクセシビリティ」も大事ってことか

3.2 マルチメディア

マルチメディアとは，Multiple（多重の）Media（媒体）を扱ったものです。皆さんも，毎日，パソコンやスマートフォンで，文字，写真，音声，音楽，動画など，様々なデータをやり取りしていると思います。これこそがマルチメディアなんです。と，同時に「容量が大きくて送れない」，「形式が違って見られない」なんていう経験はありませんか？こういう形式についても見ていきましょう。

1 マルチメディアシステム

(1) マルチメディアとは

コンピュータ上で，文字，静止画，動画，音声など様々な形態の情報を統合して扱うことを**マルチメディア**（multimedia）と呼びます。単に異なる複数の形式の情報を統合するだけでなく，利用者の操作に応じて情報の表示や再生方法が変わる双方向性（インタラクティブ性，または対話性）をもたせていることが多いです。

(2) コンピュータグラフィックス（CG；Computer Graphics）

コンピュータを利用したマルチメディア処理は，特にCGを中心に発展してきました。CG画像作成には基本的に次のような手順で行います。

- モデリング……3次元の形状を決める処理
- ジオメトリ処理……3次元の形状を数値データ化する処理
- **レンダリング**……数値データ化した画像をディスプレイに描画できるように映像化する処理

(3) ストリーミング

ネットワークを通じて動画や音声データのやり取りをするとき，受信側でデータを受け取りながら，データの再生も合わせて行う方式のことです。

(4) 音声のディジタル化

音声のディジタル化は，次のような過程を通って行われます。
①サンプリング（標本化）……一定間隔で音声信号を測定します。
②量子化……測定した音声信号を整数値に変換します。
③符号化……量子化で変換した数値をビットデータ（2進数）で表現
　　　　　　します。

音声データの形式や圧縮方式によって，これらの処理内容は変わります。なお，符号化で表すビット数を大きくすると，微細な音の変化が記録できるようになりますが，音声データの量も大きくなります。

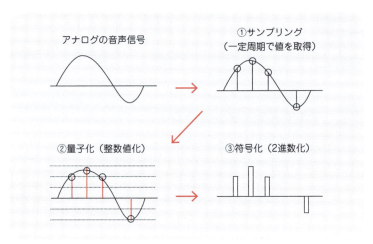

図表3-6　アナログ信号のディジタル化

(5) マルチメディアで必要なハードウェア

マルチメディアデータを扱うパソコンは，画像データや音声データなど非常に大きいデータを処理するため，処理能力が高いCPUや画像処理に適したGPU，解像度の高いディスプレイ，大容量のメモリ・補助記憶装置が必要となります。

この中のディスプレイには，高精細のフルハイビジョン（解像度1,920×1,080ドット）の規格があり，さらに超高精細の規格として，

4K ▶ この4倍の解像度をもつ**4K**（3,840×2,160ドット）と，16倍
8K ▶ の**8K**（7,680×4,320ドット）があります。

このほかにも，次のようなハードウェアが必要となります。

3.2 マルチメディア

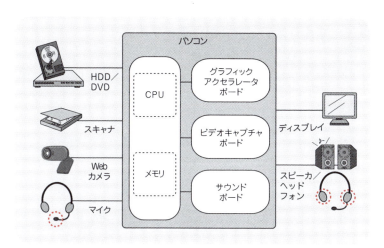

図表 3-7　マルチメディアを扱うパソコンの構成例

①ディジタルカメラ……撮影した写真や動画を画像データ・動画データとして記録することができます。
②スキャナ……印刷物やフィルムなどの画像を，スキャナで読み取り，画像データとしてパソコンに取り込むことができます。
③グラフィックアクセラレータボード……画像を高速に描画することができる拡張ボードです。
④ビデオキャプチャボード……ビデオ信号を動画データに変換して，パソコンに取り込む拡張ボードです。
⑤サウンドボード……パソコンで音声データを扱う拡張ボードです。

(6) マルチメディアを扱うソフトウェア

マルチメディアを扱うソフトウェアには，次のようなものがあります。
①オーサリングソフト
　文字，画像，音声，動画といったデータを編集して一つのソフトウェアを作ることを**オーサリング**といい，制作で使うソフトウェアをオーサリングソフトといいます。
② Web 編集ソフト
　Web ページを編集，作成するソフトウェアです。

第3部　技術要素

2　マルチメディアで扱うデータ形式

(1) データ形式の種類

マルチメディアシステムでは，様々な形式のデータを取り扱います。利用者は各データ形式の特徴をしっかりととらえ，目的に合ったデータ形式を選択する必要があります。データ形式の種類には図表 3-8 のような種類があります。

種類	データ形式	特徴
文書データ	HTML	タグと呼ばれる記号で区切った形式。Web ページを記述するために使用される。
	XML	HTML をベースに，文書の構造を記述する言語で，文書の構造化の規則を作成者が自由に設定することが可能
	PDF	Adobe Systems 社の Acrobat（アクロバット）という製品で読むことができる文書形式。インターネット上での文書配布の標準形式
静止画データ	BMP	画像データをドットの集まりとして保存する形式
	GIF	線画画像などのデータを圧縮して保存するためのデータ形式。256 色を扱うことが可能で，インターネット上の画像形式としてよく利用される。
	JPEG	写真画像などの画像データを圧縮して保存するための形式。一般的に非可逆圧縮だが，可逆圧縮方式もある。フルカラー（1,677 万色）を扱うことが可能
	PNG	ネットワーク経由で画像を扱うことを考慮した可逆圧縮方式のデータ形式。圧縮効率が高く，下にある画像を透かして見せる透過処理が可能
動画データ	MPEG	ディジタル動画データや音声データを圧縮するデータ形式 ・MPEG1：カラー動画像と音声の標準的な圧縮伸張方式。CD-ROM などに利用されている。 ・MPEG2：MPEG1の画質を高めた方式。DVDビデオやディジタル衛星放送などに利用されている。 ・MPEG4：携帯電話やアナログ回線など，比較的低速な回線で利用される動画像圧縮方式。衛星などを利用した無線通信でも利用されている。
	AVI 形式	Microsoft 社が開発した動画を保存するためのファイル形式。AVI は，Audio Video Interleave の略。
音楽データ	MIDI	電子楽器を，パソコンから制御する標準インタフェース。これらの電子楽器で作成された音楽データのことも MIDI と呼ぶ。
	PCM	音声をサンプリングし，量子化，ディジタル符号化したデータ形式
	MP3	MPEG1 の音声を圧縮した形式。音声データを少ない容量で高音質に保存可能。音楽配信などに利用されている。

図表 3-8　マルチメディアで扱うデータ形式の種類

3.2 マルチメディア

データ形式は，PC 上では「ファイル名 .png」など拡張子からも確認できるよ

扱っているデータの形式がすぐに分かって便利ね

(2) 情報の圧縮と伸長

圧縮▶
伸長▶

マルチメディアで扱うデータは，文字だけのデータに比べて非常にデータ量が大きいため，データを小さく**圧縮**して保存し，利用時に元のデータに戻す**伸長**処理が行われます。データ形式に応じて自動的に圧縮／伸長は行われ，利用者が意識することはありません。

可逆圧縮方式▶

①可逆圧縮方式

圧縮したデータを伸長して，完全に元のデータに戻せる方式です。プログラムや一般のデータなどを圧縮するのに多く使われますが，圧縮率は高くありません。

非可逆
圧縮方式▶

②非可逆圧縮方式

圧縮したデータを伸長して，完全には元のデータに戻らない方式です。圧縮率は高く，人間が気付かない程度の誤差が許される画像や音声データの圧縮で利用されています。

(3) 圧縮／伸長用ソフトウェア

アーカイバ▶

自動で圧縮／伸長が行われるデータとは別に，**アーカイバ**と呼ばれる圧縮／伸長用ソフトウェアを使って，利用者が複数のデータやファイルを一つに小さくまとめて保存したり，メールで送ったりすることがあります。多くのアーカイバがありますが，ZIP や LZH などが代表的です。元のデータに完全に戻す必要があるので，可逆圧縮です。

3 マルチメディア技術の応用

(1) バーチャルリアリティ

バーチャル
リアリティ▶
VR▶

コンピュータグラフィックスや音響効果などを使って合成した情報を人間の感覚器官に示して，人工的に体感できるかのような技術を**バーチャルリアリティ**（**VR**；Virtual Reality，仮想現実）と呼びます。

バーチャルリアリティは，ゲームや映像アミューズメントのほか，軍

事，宇宙工学，医療，教育，建築など様々な分野で応用されています。

(2) バーチャルリアリティに必要な技術
① 3D（3-Dimensional）
3D は 3 次元の空間や立体などをコンピュータの画面に投影して描画した 3 次元画像や映像をリアルタイムに作り出す技術です。架空の空間や物体などをリアルタイムに表現。応用されています。

②ヘッドマウントディスプレイ（Head Mounted Display）
頭に装着して視界をすっぽりと覆う装置がヘッドマウントディスプレイです。3DCG の画像と組み合わせると，頭の向きや動きに対応した視界が表示でき，その空間に入り込んだ感覚が得られます。

③データグローブ
手の動きなどを検知したり，擬似的に触覚を与えたりする手袋上の装置がデータグローブです。仮想空間で物をつかむことができます。

④データスーツ
体をすっぽり包み込む衣服状の入出力装置がデータスーツです。身体の動きなどを検知することができます。

⑤音響効果
①～④の技術に加え，音響効果を組み合わせれば，臨場感溢れる擬似体験が得られます。

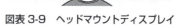

図表 3-9　ヘッドマウントディスプレイ

図表 3-10　データグローブ

(3) 拡張現実（AR；Augmented Reality）とは
現実世界の映像や音声などに，3DCG などの出力を重ね合わせる技術が拡張現実で，多くの分野で応用されています。例えば，スマートフォンで映している何もない部屋に実物大の家具や電化製品を重ね合わせて，レイアウトを検討するといった用途があります。

3.3 データベース

自宅に届いた年賀状，会社に置いてある名刺，連絡先変更を知らせてくる取引先からのメール……。「あれ，どこに連絡すればいいんだっけ？」と，肝心なときに迷ったことはないですか？これらが，どこかでまとまっていればいいのになあ，と思ったことはないですか？

このような情報を一か所に集中させて管理するという考え方がデータベースです。もしかしたら，皆さんのスマートフォンの住所録ですでに実現されているかもしれませんね。

1 データベースの基本

(1) データベースとは

企業の中では，商品の売上に関するデータや在庫に関するデータなど，様々なデータを取り扱っています。これらのデータを個々の部署で別々に扱っていると，部署間でデータを共有することができず，企業全体でデータを有効に活用することができません。そこで，企業内のデータを集中的に管理し，目的に応じて必要なデータを利用できるようにするため，データベースが使われています。

(2) データベースの種類

データベースの中では，データとデータが決まった関係でつながっています。このデータとデータのつながり方によって，次のような種類に分類されます。

▶階層型データベース

①階層型データベース

データの関係を1対多の親子関係で表し，その親子関係をつなげて，階層型（木構造，ツリー構造）のデータベースを構成しています。階層型データベースでは，一つの親データには複数の子データが存在しますが，一つの子データには一つの親データしか存在しません。

▶網型データベース
▶ネットワーク型データベース

②網型データベース（ネットワーク型データベース）

多対多の関係も表せるように，データ間をつないでデータベースを構成しています。

123

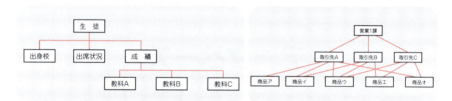

図表 3-11　階層型データベース　　　図表 3-12　網型データベース

③**関係データベース（リレーショナルデータベース）**

データを表形式で表し，表と表を組み合わせてデータベースを構成しています。最もよく使われているデータベースで，次の②で詳しく説明します。

2　関係データベース

（1）関係データベースの特徴

関係データベース（**RDB**；Relational DataBase）は，2次元の表形式でデータを管理します。現在利用されているデータベースの多くが関係データベースです。

複数の表に共通する項目（**キー**）を基にして関連付けを行うことによって，複数の表からデータを抽出し，一つの表のように扱うことができます。また，表を作成した後で，複数の表の関連付けを行うことができるため，入力したデータの順序を意識する必要がありません。

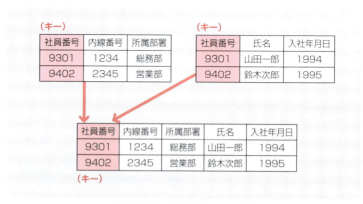

図表 3-13　関係データベース

(2) 関係データベースの構成

関係データベースの表の各部分には，次のような名前が付いています。

①表（テーブル）

表▶
テーブル▶

データを格納する入れ物のことを**表（テーブル）**と呼びます。

図表3-14　関係データベースの表の構成要素

②値

値▶

'A100'，'ファイル'，300など，表中のデータひとつひとつのことを**値**と呼びます。

③行（レコード，タプル）

行▶
レコード▶
タプル▶

表中の値の横の並びのことを**行（レコード，タプル）**と呼びます。1行が1件分のデータを示します。

④列（フィールド，アトリビュート）

列▶
フィールド▶
アトリビュート▶

列は**フィールド**，**アトリビュート**（属性）とも呼ばれ，1件のデータを構成する項目の最小単位です。列には列名（項目名）が付いています。

⑤主キー

主キー▶

表中の各行は他の行と区別するための**主キー**（primary key）と呼ばれる列（項目）を定義することができます。複数の列を組み合わせて主キーにすることもでき，この場合，「主キーは**複合キー**である」といいます。主キーに空白や重複は許されません。

複合キー▶

図表3-15の売上表では，主キーは"伝票コード＋商品コード"の複合キーで，商品表は"商品コード"が主キーとなっています。

⑥外部キー

外部キー▶

複数の関係データベースの表において，ある表の項目がほかの表（または自身の表）の主キーを参照している場合，その項目を**外部キー**（foreign key）と呼びます。図表3-15の売上表の商品コードは，商品表を参照する外部キーです。

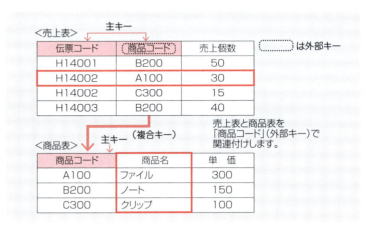

図表 3-15　主キーと外部キー

(3) 実表とビュー表

　関係データベースで，実際にデータが物理的に格納されている表のことを**実表**と呼びます。また，複数の表からデータ操作を行うことによってデータを抽出し，**ビュー表**と呼ばれる仮想的な表を経由してデータを参照することができます。なお，ビュー表は読取り専用で用いられる場合が多いのですが，元の表のどのレコードを更新するかの判断ができる場合は，ビュー表を通した更新が可能です。

▶実表
▶ビュー表

〔実表〕

<売上表>

伝票コード	商品コード	売上個数
H14001	B200	50
H14002	A100	30
H14002	C300	15
H14003	B200	40

<商品表>

商品コード	商品名	単価
A100	ファイル	300
B200	ノート	150
C300	クリップ	100

〔ビュー表〕

<売上明細表>

伝票コード	商品コード	商品名	単価	売上個数	売上金額
H14001	B200	ノート	150	50	7,500
H14002	A100	ファイル	300	30	9,000
H14002	C300	クリップ	100	15	1,500
H14003	B200	ノート	150	40	6,000

売上表と商品表を「商品コード」で関連付けして，売上明細表というビュー表を作成します。
ビュー表にある売上明細表の売上金額は，売上表の売上個数と商品表の単価を掛けて求めるように定義しています。

図表 3-16　実表とビュー表

3.3 データベース

（4）関係データベースの集合演算

集合演算▶ 　**集合演算**とは，列の構成が同じである複数の表から新しい表を作成するための操作方法のことで，次の3種類があります。

和▶ 　①**和**（union）演算
　　　複数の表からいずれかに出現する行を全て抽出します。

積▶ 　②**積**（intersection）演算
　　　複数の表から列の値が共通している行を抽出します。

差▶ 　③**差**（difference）演算
　　　複数の表を比較して，列の値が異なる行を片方の表から抽出します。

＜社員表A＞

社員名	所　属
佐藤	人事部
鈴木	情報システム部
高橋	情報システム部
山田	営業部

＜社員表B＞

社員名	所　属
佐藤	人事部
鈴木	情報システム部
山本	総務部

〔和演算〕

社員名	所　属
佐藤	人事部
鈴木	情報システム部
高橋	情報システム部
山田	営業部
山本	総務部

「社員表A」と「社員表B」にある重複行を除いた全ての行を抽出します。社員表AをA，社員表BをBとしたとき，A＋Bに相当します。

〔積演算〕

社員名	所　属
佐藤	人事部
鈴木	情報システム部

「社員表A」と「社員表B」に共通する行を抽出します。A×Bに相当します。

〔差演算〕

社員名	所　属
高橋	情報システム部
山田	営業部

「社員表A」にあり，「社員表B」にない行を抽出します。A－Bに相当します。

社員名	所　属
山本	総務部

「社員表B」にあり，「社員表A」にない行を抽出します。B－Aに相当します。

図表 3-17　集合演算

（5）関係データベースの関係演算

関係演算▶ 　**関係演算**とは，関係データベースのデータを操作して新しくビュー表を作成するための演算です。関係演算には次の3種類があります。

選択 ▶　①**選択**（selection）：一つの表から，指定した条件を満たす行を抽出。

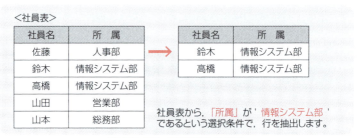

図表 3-18　関係演算（選択）

射影 ▶　②**射影**（projection）：一つの表から，指定した条件を満たす列を抽出。

図表 3-19　関係演算（射影）

結合 ▶　③**結合**（join）：複数の表から，列の値が一致する行同士を結合。

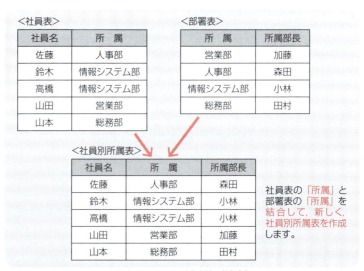

図表 3-20　関係演算（結合）

3.3 データベース

3 データベース管理システム

データベースを利用するためには，データベースを管理する専用のソフトウェアが必要になります。このソフトウェアのことを**データベース管理システム**（**DBMS**；DataBase Management System と呼び，関係データベース（RDB）を管理するものを特に RDBMS と呼びます。

(1) DBMS の機能

①データの問合せ機能（データ操作機能）

利用者の指定や問合せ内容に従って，指定した条件を満たすデータをデータベースの表から取り出したり，挿入・更新・削除などを行います。

- ・挿入……表に新しい行(レコード)を入れることです。例えば，"社員"表に新しい社員データを登録することです。
- ・更新……表の既存の行（レコード）の内容（の一部）を修正することです。例えば，"社員"表のある社員の部課番号が変わった場合にデータを更新することです。
- ・削除……表の既存の行（レコード）を消去することです。例えば，ある社員が退職した場合にデータの削除をすることです。

②データ定義機能

実際にデータが格納されている実表や，利用する部分だけを取り出したビュー表（仮想表）を定義することができます。

③データベース保護機能

不正なアクセスや，データベースの破壊を防止するための機能で，セキュリティ，**共有制御**，**障害復旧**，**データベース監視**などです。データベースの破壊は，悪意をもって人為的に起こされる破壊と，知らないうちに起こってしまう破壊があります。

ここでは，知らないうちに起こるデータベースが破壊される代表的な現象である二重更新とその回避方法について説明します。

（a）二重更新

データベースを多数の利用者が同時に使う（データベースの共有利用）場合，**二重更新**という問題が発生する可能性があります。複数個のプログラムが同時に同じデータを更新処理する場合に起こり，更新後のデータは矛盾し，正常な値になりません。

129

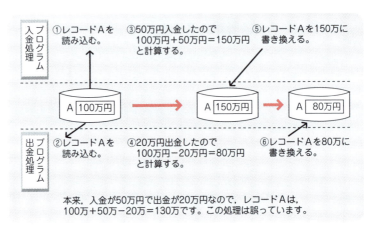

図表 3-21　二重更新の例

(b) 排他制御

　二重更新の基本的な回避方法は，同時に同じデータをアクセスできないようにする排他制御です。つまり，あるプログラムがデータを更新中にはそのデータをロックして（鍵をかける），他のプログラムにはアクセスさせないようにすることです。これはプログラムに対して排他的にデータをアクセスさせるという意味で排他制御と呼んでいます。

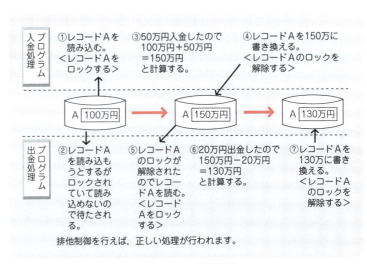

図表 3-22　排他制御

(c) デッドロック

排他制御をすることで二重更新は回避できますが，**デッドロック**（deadlock）と呼ばれる困った問題が起きることがあります。異なる二つの処理プログラムが，二つのデータを互いに逆の順番でロックしようとして，互いにもう一つのデータを永遠に待ち続ける状態で，どちらのプログラムも処理を行うことができません。この状態は，利用者から見ると，いつまでも答えが返ってこないことになります。

回避方法は，複数のロックをかける順番を一定にすることですが（例えば，X → Y），実際には他にも複雑な制御を行います。

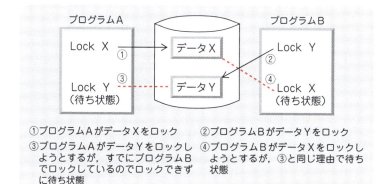

① プログラムAがデータXをロック
② プログラムBがデータYをロック
③ プログラムAがデータYをロックしようとするが，すでにプログラムBでロックしているのでロックできずに待ち状態
④ プログラムBがデータXをロックしようとするが，③と同じ理由で待ち状態

図表 3-23　デッドロック

④ データ管理機能

データの管理を行います。また，**インデックス（索引）** と呼ばれる領域を作成して，データの検索を高速化します。

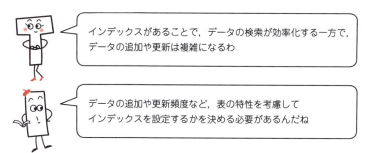

インデックスがあることで，データの検索が効率化する一方で，データの追加や更新は複雑になるわ

データの追加や更新頻度など，表の特性を考慮してインデックスを設定するかを決める必要があるんだね

⑤ 権限付与機能

データベースの利用者や表に対して，アクセス権を設定します。

⑥障害回復機能

データの整合性がない場合や，データベースの障害時に，データを正しく回復する機能をもっています。

（a）データベース退避データによる回復

データベース退避データは，ある時点のデータベースの内容を磁気テープなどに退避（セーブ）しておいたものです。障害（特に媒体障害）が発生した場合，媒体が修復された後で復元（ロード）すれば，退避した時点のデータベースに戻すことができます。

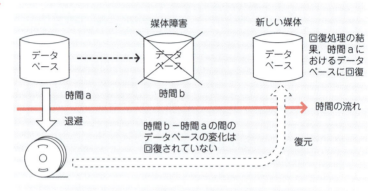

図表 3-24 データベース退避データによる回復

（b）ログデータによる回復

ログデータは，障害が発生したデータベースを障害発生直前の状態に迅速に復元するために必要なもので，データベースの更新が発生するごとに更新履歴（更新前ログ，更新後ログ）を取得して，時系列的に記録します。ログファイル（ジャーナルファイル）とも呼びます。ログデータを使った障害回復処理には，ロールバック処理とロールフォワード処理の二つがあります。

・ロールバック処理

デッドロックの解除処理などのトランザクション障害に対処するために，更新前ログを使って行われる処理です。

プログラムがデータベースのレコードを更新した直後，異常終了したとします。このような場合，単純に再実行するとデータの二重更新になってしまいます。そこで異常終了前に行ったプログラムの処理を無効にして，データベースを更新前の状態に戻す必要があります。このように，ログファイルの中の更新前ログを使って行う回復処理をロールバック処理と呼びます。

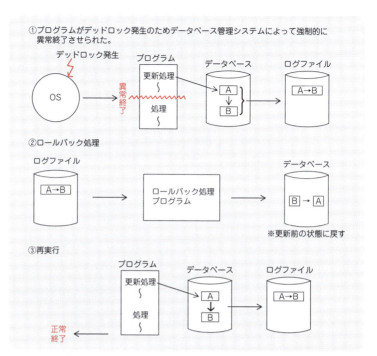

図表 3-25 ログデータによる回復例（ロールバック処理）

ロール▷
フォワード処理

・**ロールフォワード処理**

　システム障害と媒体障害に対処するために，退避データと更新後ログを使って行われる処理です。

　媒体障害が発生した場合には，ディスク上のデータが失われてしまいます。このようなときには，まず，ディスクを使えるようにするため交換したり，修理をしたりします。次に失ったデータの回復は，データベース退避データによって，退避時点までの回復が行われます。しかし，データベースの退避時点以降に更新されたデータについては，回復できていません。ここで行われるのがロールフォワード処理で，退避以降に発生したデータベースの更新内容(更新後ログ)を使って，ディスクが障害発生した直前の状態まで回復します。

 更新前ログを使って内容を元に「戻す」のがロールバック処理で，更新後ログで更新を「進める」のがロールフォワード処理ということね

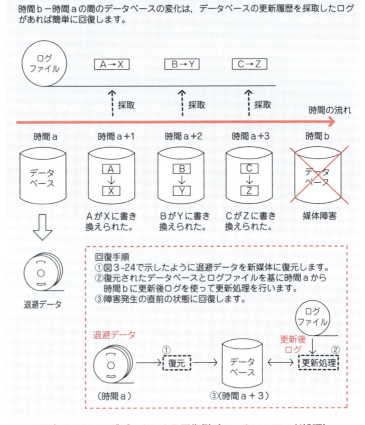

図表3-26　ログデータによる回復例（ロールフォワード処理）

(2) DBMSの特長
①データの共有化
　異なるアプリケーションソフトの間で，データベースに格納されているデータを共有することができます。
②冗長性の排除
　データを1か所でまとめて管理（一元管理）するようにすれば，同じデータが分散して格納されることがなく，データの重複を防ぎます（冗長性の排除）。ただし，DBMSを使えば一元管理が自然にできるわけではなく，重複データがないように意識してデータベースを設計する必要があります。これを正規化と呼びます。

3.3 データベース

正規化▶

・正規化

正規化とは，正しい規格（フォーマット）に変化させるという意味です。ここでは，第1→第2→第3とデータの冗長性が排除され，正規化されていく例を確認してみましょう。

（表A）　正規化されていない表

社員番号	氏名	部課番号	部課名	部課場所	資格
90001	小川花子	100	開発一課	東京	英検2級， ITパスポート
99010	山田太郎	100	開発一課	東京	情処2種
91002	山口幸男	100	開発一課	東京	情処1種
92003	鈴木一郎	200	開発二課	横浜	ITストラテジスト， 英検1級
82003	太田講治	200	開発二課	横浜	
77008	吉田信二	400	営業課	本社	宅建
92001	川上恵子	400	営業課	本社	ITパスポート
79004	渡辺良子	500	総務課	本社	

第1正規化（繰返し項目がなくなる）

（表B）　第1正規形

社員番号	氏名	部課番号	部課名	部課場所	資格
90001	小川花子	100	開発一課	東京	英検2級
90001	小川花子	100	開発一課	東京	ITパスポート
99010	山田太郎	100	開発一課	東京	情処2種
91002	山口幸男	100	開発一課	東京	情処1種
92003	鈴木一郎	200	開発二課	横浜	ITストラテジスト
92003	鈴木一郎	200	開発二課	横浜	英検1級
82003	太田講治	200	開発二課	横浜	
77008	吉田信二	400	営業課	本社	宅建
92001	川上恵子	400	営業課	本社	ITパスポート
79004	渡辺良子	500	総務課	本社	

図表3-27　正規化（次ページに続く）

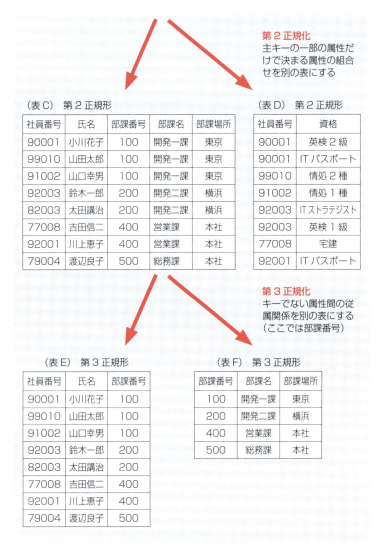

図表 3-27　正規化（続き）

③**機密保護**

　データに対するアクセス権限を利用者ごとに細かく設定することができ，データベースの内容の機密を保護します。

④**データの整合性の維持**

　排他制御機能によって，複数の利用者が同じ表に同時にアクセスしても，データ更新の矛盾が起こらないように整合性を維持します。

3.3 データベース

4 データベースの利用と SQL

(1) SQL とは

SQL ▶

SQL とは，関係データベースを操作して，データの抽出や変更など
の処理を行うデータ問合せ言語です。SQL はその役割に応じて，次の
2 種類に分類されます。

データ
定義言語 ▶

①データ定義言語（DDL；Data Definition Language）

データベースの構造設計，表の定義，表を操作する権限の付与など
をするための言語です。データ定義言語には，次のような命令が用意
されています。

・CREATE SCHEMA

……表の所有権などを定義します。

・CREATE TABLE

……実表（表名，列名，データの型（長さ），キー）を定義
します。

（使用例）

＜発注表＞

発注番号	発注日	商品コード	数量
3001	2020-03-01	S0110	1000
3002	2020-03-02	S0054	2000
⋮	⋮	⋮	⋮

主キーは発注番号，商品コードは商品表を参照する外部キーとする。

```
CREATE TABLE 発注表 (
    発注番号    NUMERIC(4) NOT NULL ,
    発注日      DATE NOT NULL ,
    商品コード  CHAR(5) NOT NULL ,
    数量        NUMERIC(4) NOT NULL ,
    PRIMARY KEY( 発注番号 ) ,
    FOREIGN KEY( 商品コード ) REFERENCES 商品表
)
```

・CREATE VIEW

……ビュー表（表名，列名）を定義します。

・GRANT

……表に対する利用者のアクセス権限を定義します。

137

第3部　技術要素

データ▶
操作言語

②データ操作言語（DML；Data Manipulation Language）

データの抽出，追加，更新，削除などを行う言語です。データ操作言語には，次のような命令が用意されています。

・SELECT

……表から指定した条件を満たすデータを抽出します。

・INSERT

……表に行を追加（挿入）します。

・DELETE

……表から行を削除します。

・UPDATE

……表中の値を更新します。

(2) データを抽出する

SELECT文▶　データを抽出するためには，SELECT文という問合せ文を使用します。

① SELECT文の書式

SELECT 列名，列名，…… FROM 表名

SELECT ＊ FROM 表名

SELECTの後に，抽出したい列名を指定します。複数の列を抽出したいときは列名をカンマで区切ります。

「＊」を指定すると，全ての列を抽出します。必ず，FROM句を付けて，データを抽出する表を指定します。

② SELECT文の使用例

＜社員表＞

社員コード	氏名	所属	給与
1001	佐藤	人事部	250000
1002	鈴木	情報システム部	300000
1003	高橋	情報システム部	270000
2001	山田	営業部	460000
3002	山本	総務部	380000

138

3.3 データベース

SELECT　氏名　FROM　社員表
➡社員表から，氏名を抽出します。

氏名
佐藤
鈴木
高橋
山田
山本

SELECT　氏名, 所属　FROM　社員表
➡社員表から，氏名と所属を抽出します。

氏名	所属
佐藤	人事部
鈴木	情報システム部
高橋	情報システム部
山田	営業部
山本	総務部

SELECT　＊　FROM　社員表
➡社員表から，全ての列を抽出します。

社員コード	氏名	所属	給与
1001	佐藤	人事部	250000
1002	鈴木	情報システム部	300000
1003	高橋	情報システム部	270000
2001	山田	営業部	460000
3002	山本	総務部	380000

SELECT　氏名　AS　社員名　FROM　社員表
➡社員表から，氏名を抽出して，列名を社員名にします。
　列名の後に，AS で区切って別の名前を指定することによっ
　て，新しい列名を付けることができます。

社員名
佐藤
鈴木
高橋
山田
山本

第3部 技術要素

(3) 条件をつけてデータを抽出する

SELECT 文では，条件を付けてデータを抽出することができます。

① SELECT 文（抽出条件付き）の書式

```
SELECT  列名，列名，……   FROM  表名
                        WHERE  抽出条件
```

② WHERE 句で指定できる抽出条件

条件の指定で使える比較演算子を図表 3-28 に，論理演算子を図表 3-29 に示します。

論理演算子には優先順位があるので注意してください。

演算子	書式	意　味
＝	A=B	A と B が等しいデータを抽出
＞	A>B	A が B より大きいデータを抽出
＜	A<B	A が B より小さいデータを抽出
＞＝	A>=B	A が B より大きいか，等しいデータを抽出
＜＝	A<=B	A が B より小さいか，等しいデータを抽出
＜＞	A<>B	A と B が異なるデータを抽出

AND ▶ / OR ▶ / NOT ▶

図表 3-28　比較演算子

演算子	書式	意　味	優先順位
AND	条件 1 AND 条件 2	条件 1 と条件 2 の両方を満たすデータを抽出	2
OR	条件 1 OR 条件 2	条件 1 か条件 2 を満たすデータを抽出	3
NOT	NOT 条件	条件を満たさないデータを抽出	1（最高）

図表 3-29　論理演算子

③抽出条件の記述例

＜社員表＞

社員コード	氏名	所属	給与
1001	佐藤	人事部	250000
1002	鈴木	情報システム部	300000
1003	高橋	情報システム部	270000
2001	山田	営業部	460000
3002	山本	総務部	380000

SELECT ＊ FROM 社員表
　　　　 WHERE 所属 = '情報システム部'

➡社員表から，所属が '情報システム部' のデータを全て抽出
します。

社員コード	氏名	所属	給与
1002	鈴木	情報システム部	300000
1003	高橋	情報システム部	270000

SELECT 氏名, 給与 FROM 社員表
　　　　 WHERE 給与 >= 300000

➡社員表から，給与が 300,000（円）以上の氏名と給与を
抽出します。

氏名	給与
鈴木	300000
山田	460000
山本	380000

SELECT ＊ FROM 社員表
　　 WHERE 給与 >= 300000 AND 所属 = '情報システム部'

➡社員表から，給与が 300,000（円）以上で，かつ，所属が
'情報システム部' のデータを抽出します。

社員コード	氏名	所属	給与
1002	鈴木	情報システム部	300000

SELECT ＊ FROM 社員表
　　　　 WHERE NOT（給与 < 350000）

➡社員表から，給与が 350,000（円）未満ではないデータ
を抽出します。

社員コード	氏名	所属	給与
2001	山田	営業部	460000
3002	山本	総務部	380000

第3部　技術要素

（4）複数の表を結合する

　関係データベースでは，複数の表を結合して，目的に合わせた新しい

結合▶ 　表を作ることができます。これを結合と呼びます。

　結合の対象となる表には，共通する列が必要になります。SELECT
文と WHERE 句を組み合わせて，共通する列を WHERE 句に「＝」演
算子で指定します。また，どの表のどの列を指定しているのか分かるよ
うに，同じ列名がある場合は，「表名．列名」のように表名を付けます。

　　結合の使用例

　　　　＜社員表＞

社員コード	氏名	所属	給与
1001	佐藤	人事部	250000
1002	鈴木	情報システム部	300000
1003	高橋	情報システム部	270000
2001	山田	営業部	460000
3002	山本	総務部	380000

　　　　＜部署表＞

所属	所属部長
営業部	加藤
人事部	森田
情報システム部	小林
総務部	田村

　　　SELECT　社員コード，氏名，給与，社員表．所属，所属部長
　　　　　　　FROM　社員表，部署表
　　　　　　　WHERE　社員表．所属 ＝ 部署表．所属

　　　➡社員表と部署表を，共通する列「所属」で結合します。

社員コード	氏名	給与	所属	所属部長
1001	佐藤	250000	人事部	森田
1002	鈴木	300000	情報システム部	小林
1003	高橋	270000	情報システム部	小林
2001	山田	460000	営業部	加藤
3002	山本	380000	総務部	田村

142

3.3 データベース

(5) データを集計する

集合関数▶ データを集計するときは，**集合関数**を使用します（図表3-30）。

①集合関数の種類

関数の書式	関数の意味
SUM（列名）	指定した列の値の合計を求めます。
AVG（列名）	指定した列の値の平均を求めます。
MAX（列名）	指定した列の値の中から，最大値を求めます。
MIN（列名）	指定した列の値の中から，最小値を求めます。
COUNT（＊）	指定した列の行数を数えます（空白値を含む行は除く）。

SUM▶
AVG▶
MAX▶
MIN▶
COUNT▶

図表3-30 関係データベースの集合関数

②集合関数の使用例

＜社員表＞

社員コード	氏名	所属	給与
1001	佐藤	人事部	250000
1002	鈴木	情報システム部	300000
1003	高橋	情報システム部	270000
2001	山田	営業部	460000
3002	山本	総務部	380000

SELECT AVG（給与）FROM 社員表

　➡社員の平均給与を求めます。結果は，332,000（円）です。

SELECT MAX（給与）FROM 社員表

　➡社員の最高給与を求めます。結果は，460,000（円）です。

SELECT COUNT（＊）FROM 社員表
　　　WHERE 所属 ＝ '情報システム部'

　➡所属が'情報システム部'の行数をカウントします。結果は
　　2になります。

(6) データをグループ化する

グループ化▶ データをある条件で**グループ化**して抽出することができます。データ
GROUP BY▶ をグループ化するためには，**GROUP BY**句を使用します。データを
まとめるという性質上，集合関数と併用するのが一般的です。

①グループ化の書式

```
SELECT 列名, 列名, …… FROM 表名
        GROUP BY グループ化する列名
```

143

第3部　技術要素

②グループ化の使用例

＜社員表＞

社員コード	氏名	所属	給与
1001	佐藤	人事部	250000
1002	鈴木	情報システム部	300000
1003	高橋	情報システム部	270000
2001	山田	営業部	460000
3002	山本	総務部	380000

SELECT　所属，AVG（給与）AS　平均給与
FROM　社員表　GROUP　BY　所属

➡所属が同じ行をグループ化して平均給与を集計します。

所属	平均給与
人事部	250000
情報システム部	285000
営業部	460000
総務部	380000

（7）抽出したデータを並べ替える

関係データベースでは，抽出したデータを並べ替えることができます。

ORDER BY ▶　データの並べ替えを行うためには，**ORDER BY** 句を使用します。

①並替えの書式

```
SELECT　列名，列名，……　FROM　表名
        ORDER　BY　列名　DESC
```

値の昇順（小さい順）に並べ替えたい場合は，ORDER BY 列名の

ASC ▶　あとに **ASC** を付けるか，または何も指定しません。降順（大きい順）

DESC ▶　に並べ替えたい場合は，ORDER BY 列名の後に **DESC** を付けます。

144

3.3 データベース

②並替えの使用例

<社員表>

社員コード	氏名	所属	給与
1001	佐藤	人事部	250000
1002	鈴木	情報システム部	300000
1003	高橋	情報システム部	270000
2001	山田	営業部	460000
3002	山本	総務部	380000

SELECT ＊ FROM 社員表
ORDER BY 給与 DESC

➡給与が高い順にデータを並べ替えます。

社員コード	氏名	所属	給与
2001	山田	営業部	460000
3002	山本	総務部	380000
1002	鈴木	情報システム部	300000
1003	高橋	情報システム部	270000
1001	佐藤	人事部	250000

5 データベースの応用

（1）ビッグデータとは

ビッグデータ▶
最近話題になっている**ビッグデータ**は，膨大なデータの集まりのことですが，単にデータの量だけでなく，データの種類の多さや，データからさらに新たなデータが生まれる（増えていく）意味をもつ，巨大で複雑なデータの集合を指します。量としての決まりがあるわけではありませんが，数十テラバイトから数ペタバイト程度の範囲以上には及ぶとされています。

データサイズ	10^n	大きさの例
1 ギガバイト	10^9	約 10m に積み上げた本のデータ量
1 テラバイト	10^{12}	図書館の本のデータ量
1 ペタバイト	10^{15}	200 万個分のキャビネットに入れた本のデータ量
1 エクサバイト	10^{18}	5 エクサバイトは，過去から現在までに人類によって話された語の数
1 ゼタバイト	10^{21}	高速のブロードバンドを使って，インターネットからデータをダウンロードするのに，110 億年を要するデータ量

図表 3-31　巨大なデータ量の例

第3部　技術要素

　ビッグデータは，利用方法もこれまでのデータとは違うと考えられています。図表 3-32 に示す多種多様なデータを連携させることで，新たな付加価値を創造できると期待されています。

ソーシャルメディアデータ
ソーシャルメディアにおいて参加者が書き込むプロフィール，コメントなど

マルチメディアデータ
Web 上の配信サイト等において提供される音楽，動画など

Web サイトデータ
EC サイトやブログ等において蓄積された購入履歴，ブログエントリなど

カスタマデータ
CRM システムにおいて管理される DM 等の販促データ，会員データなど

ビッグデータ

センサデータ
GPS，IC カードや RFID 等において検知される位置，乗車履歴，温度，加速度など

オフィスデータ
オフィスのパソコン等において作成されるオフィス文書，E メールなど

ログデータ
Web サーバ等において自動的に生成されるアクセスログ，エラーログなど

オペレーションデータ
販売管理等の業務システムにおいて生成される POS データ，取引明細データなど

（平成 24 年情報通信白書 情報通信審議会 ITC 基本戦略ボード「ビッグデータの活用に関するアドホックグループ」 資料を参考に作成）

図表 3-32　ビッグデータとなる可能性がある多種多様なデータ

(2) データウェアハウスとデータマイニング

データウェアハウス▶

　情報の分析や意思決定を支援するため，目的別に蓄積されたデータの集合体を**データウェアハウス**（data warehouse；データ倉庫）といいます。組織の基幹システムから抽出したデータを時系列に蓄積し続けるため，大規模なデータベースとなります。

データマイニング▶

　データマイニング（data mining）は，データウェアハウスなどにある大量のデータを分析して，認識されていない規則や関係性を導き出すことです。例えば，スーパーの同時購入の分析では，ビールと紙おむつが壮年男性によって夕方よく購入されていることを見つけました。

(3) NoSQL

NoSQL ▶

　ビッグデータや頻繁に発生するデータ，複数のサーバに分散しているデータなどは，SQL を利用する関係データベースでの管理に適していません。そこで，このようなデータでも高速に処理でき，事前に構造を定義する必要のない **NoSQL**（Not only SQL）といわれるデータベースが利用されるようになりました。

　NoSQL は関係データベース以外のデータベースを表す用語で，データを表形式でもたず，利用するときに SQL を使いませんが，性能向上やコストダウンにつながるため，利用が広がっています。

146

3.4 ネットワーク

インターネットが発達する前から，ネットワークという言葉は使われています。企業間，取引先，家族，友人，同窓生，同趣味の仲間，ご近所などが，網の目のように次々とつながっていく人と人との関係を意味しています。
　IT社会では，コンピュータと通信回線によって，人，家庭，オフィス，全世界がつながっており，この巨大ネットワークによってデータを自由自在にやり取りできるのです。

1 ネットワークの基礎知識

(1) ネットワークとは

▶ネットワーク　**ネットワーク**（network）とは，ケーブルや通信回線などを介して，複数のコンピュータを接続する仕組みのことです。コンピュータを単独
▶スタンドアロン　で利用する形態（**スタンドアロン**）と比較して，次のような利点があります。

- 遠隔地にあるコンピュータ間で，距離を意識することなくデータを送受信することができます。
- 時間と場所を選ばずにデータの送受信が可能なので，コミュニケーション効率が向上します。
- データを一元管理しネットワークを通じてアクセスすることによって，データの更新や管理を効率良く行うことができます。
- プリンタなどの周辺機器を，複数の人で共有して利用できます。

(2) ネットワークの構成要素

ネットワークはノードと伝送路で構成されています。
①ノード（節点）
　ネットワークに接続されたコンピュータやネットワーク機器などの
▶ノード　ハードウェアのことを**ノード**（node）と呼びます。なお，利用者が
▶端末　操作するコンピュータは**端末**ともいいます。

②伝送路

ノードとノードを結ぶ経路のことを伝送路と呼びます。

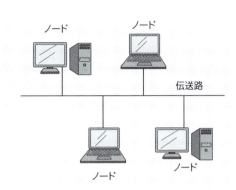

図表3-33　ノードと伝送路

(3) ネットワークの種類

ネットワークの形態は，その規模によって次のように分類されます。

① **LAN**（Local Area Network）

構内情報通信網と呼ばれ，オフィスや学校，家庭などのコンピュータ同士を接続した比較的小規模なネットワークです。利用者となる企業，家庭などが自身の費用で設置，運用するものです。

② **WAN**（Wide Area Network）

広域情報通信網と呼ばれ，地区内や国内など遠隔地間のコンピュータやLAN同士を接続した比較的大規模なネットワークです。電気通信事業者が所有する回線を借りて接続します。

③**インターネット**（Internet）

全世界のネットワークを相互に接続したネットワークです。通信するための決まり（ルール）を**プロトコル**といいますが，インターネット上のサービスやアプリケーションは，ほとんどがTCP/IPというコンピュータの機種に依存しない標準化されたプロトコルを利用しており，様々なコンピュータ間で通信することができます。

④**イントラネット**とエクストラネット

イントラネット（intranet）とは，インターネットの技術を利用して構築するLANです。TCP/IPを使用しており，様々なサービスを低コストで構築できるという利点があります。また，インターネットを介してイントラネット同士を接続したエクストラネット（extranet）という考え方もあります。

(4) OSI基本参照モデル

ネットワークを介してデータ通信するためにはプロトコル（ルール）が必要になることを説明しましたが，これを数多くある団体や会社が勝手に決めていては，通信できません。そこで，国際標準化機構の **ISO** が制定したプロトコルが，**OSI基本参照モデル**です。

OSI（Open Systems Interconnection）は，異なる機種間でデータ通信するのに必要なネットワーク構造の設計方針のことで，これに基づいて，通信機能を7階層に分割し，各層ごとに標準的な機能を定義したモデルが OSI 基本参照モデルです。データ通信に必要な機能を階層化することで，各層の機能やプロトコルが単純化できます。

たとえ話で考えてみましょう。あなたが大切な人の誕生日を祝おうとしたとき，「お祝いしたい」という気持ちが，具体的なプレゼントとして相手に届くまでには，いくつもの段階（階層）を通っています。

OSI基本参照モデルの階層にあてはめると次のようになります。

階層	階層名	機能	例）誕生日祝い
第7層	アプリケーション層	ファイル転送，Webの閲覧などの通信機能の提供	誕生日を祝って，喜んでもらいたい。
第6層	プレゼンテーション層	通信で使用する文字コードやデータの表現形式を規定	そうだプレゼントを渡そう。プレゼントは目覚まし時計にしよう。
第5層	セション層	通信の開始・終了に関する規定	プレゼントを発送するので，いつ到着するか相手に伝えておこう。
第4層	トランスポート層	通信の品質を確保するための通信手順を規定	プレゼントが壊れないように，キチンと包装して，丁寧に運んでもらおう。
第3層	ネットワーク層	データに付加される宛先アドレスを基に，通信経路の選択やデータの中継機能を規定（ネットワークとネットワークをどう中継するか）	プレゼントに宛先を貼り，近くの□□配送センターへ連絡しよう。□□配送センターでは○○市に荷物を運ぶため，○○市の△△配送センターへ荷物を中継する。
第2層	データリンク層	同じネットワーク内での通信を規定	○○市の△△配送センターからは，相手先までの行き方は決まっている。
第1層	物理層	接続に必要な物理的なケーブル，インタフェースの規定	プレゼントが道路を通って運ばれていく。

図表3-34　OSI基本参照モデル

上位の3層が，誕生日をプレゼントで祝うという目的の実現（アプリケーション機能），下位の3層が物理的にプレゼントを送る過程（通信機能），中間の第4層が，その調整を果たしているのね

2 LAN とは

(1) LAN とは

オフィス内などの限られた範囲で，複数のコンピュータをつないだネットワークを **LAN** と呼びます。LAN 環境のあるオフィス内では，複数のコンピュータ間でファイルやプリンタなどを共有して，業務を効率良く進めていくことができます。

LAN は，主に IEEE 802 委員会で提唱されている規格に従って構築され，目的や利用規模，予算などによって構築方法が変わってきます。LAN を構築する際には，ケーブルの種類，トポロジ，アクセス制御方式，LAN の規格などを考慮する必要があります。なお，IEEE 802 委員会とは，LAN の標準化を行っている **IEEE**（米国電気電子学会；アイトリプルイー）の委員会のことです。

(2) ケーブルの種類

LAN に利用されるケーブルの種類には次のようなものがあります。

①ツイストペアケーブル（より対線）

絶縁体で覆われた２本の銅線をねじり合わせたものを束ねたケーブルです。安価ですが，電磁ノイズに弱いという欠点があります。

②同軸ケーブル

信号伝送用の銅芯を絶縁体で包み，その周囲を網状の銅線で巻き，さらに外側をビニールで絶縁したケーブルです。ツイストペアケーブルよりも大量のデータ伝送が可能で，電磁ノイズにも強いのですが，一般にはツイストペアケーブルや光ファイバケーブルが使われます。

テレビとアンテナをつないでいるケーブルも同軸ケーブルだね

③光ファイバケーブル（光ファイバ）

石英ガラスなど光の屈折率の高い透明な物質を，屈折率の低い物質で包んだ細い筒状のケーブルで，この中を光信号が伝送されていきます。同軸ケーブルよりも大量データを高速に伝送でき，電磁ノイズに最も強いという特徴があります。

「長距離，大量，高速，電磁波影響なし！」ということね

(3) LAN のトポロジ

LAN の配線接続形態のことをトポロジと呼びます。接続するコンピュータの数や構造によって3種類のトポロジがあります。

バス型▶　**①バス型**

バス（bus）と呼ばれるケーブルに複数のコンピュータを接続する

ターミネータ▶ 方式です。ケーブルの端には**ターミネータ**（終端抵抗）が取り付けてあり，信号が反射して雑音になるのを防ぎます。配線が簡単で，障害が発生しても他のコンピュータへの影響は少ないという利点がありますが，レイアウト変更のたびに配線し直す必要があることや，障害発生箇所の特定が困難であるなどの欠点もあります。

リング型▶　**②リング型**

リング状（環状）のケーブルにコンピュータを接続する方式です。他の方式に比べケーブルの総延長を長くすることが簡単で，配線の変更や障害発生箇所の特定も容易であるという利点がありますが，障害発生時に他のコンピュータへの影響が出やすい欠点があります。

スター型▶　**③スター型**

中心となる通信機器（ハブなどの集線装置）を介して複数のコンピュータを放射状に接続する方式です。1本につながったケーブルに全ての端末を接続するバス型やリング型に比べ，配線の自由度が高くコンピュータの増設も容易なため，現在の主流の LAN トポロジです。障害発生箇所の特定も容易ですが，中心の集線装置に障害が発生すると，ネットワーク全体に影響を及ぼし，全体が停止してしまいます。

	バス型	リング型	スター型
トポロジ			
伝送媒体	ツイストペア， 同軸ケーブル 光ファイバ	ツイストペア， 同軸ケーブル 光ファイバ	ツイストペア

図表3-35　LAN の分類

(4) イーサネット型 LAN

イーサネット▶　**イーサネット**（Ethernet）は，最も普及している LAN の規格で，以前は使用するケーブルの種類によって図表3-36 のように分類されましたが，現在は高速化された 100M ビット／秒の 100BASE-TX

第3部　技術要素

という規格のほか，１Gビット／秒の1000BASE-Tが普及していま
す。なお，1000BASE-Tの規格は，IEEE 802.3abとして標準化さ
れています。

(5) ギガビットイーサネット

　通信速度が１Gビット／秒の高速イーサネット規格をギガビット
イーサネットといいます。最も普及しているのはツイストペアケーブル
を使う1000BASE-Tですが，さらに高速の10Gビット／秒の通信
速度を実現した10GBASE-T（10ギガビットイーサネット）も登場
しています。

10BASE2 ▶
10BASE5 ▶
10BASE-T ▶
100BASE-TX ▶
1000BASE-T ▶
10GBASE-T ▶

規格	10BASE2	10BASE5	10BASE-T	100BASE-TX	1000BASE-T	10GBASE-T
トポロジ	バス型	バス型	スター型			
伝送速度	10Mビット/秒	10Mビット/秒	10Mビット/秒	100Mビット/秒	1Gビット/秒	10Gビット/秒
最大伝送距離	185m	500m	100m			
ケーブル	細い同軸ケーブル	太い同軸ケーブル（イエローケーブル）	ツイストペアケーブル			
コネクタ	BNC	N型（延長用）	RJ-45（モジュラーコネクタ）			

図表3-36　イーサネット型LANの種類

(6) 無線LANとWi-Fi

無線LAN ▶

IEEE 802.11 ▶

Wi-Fi ▶

　無線LANは，ケーブルを使用しない無線通信によるLANのことです。
国際規格は，IEEE 802.11シリーズとして策定されています。広い意
味での無線LANには，赤外線による無線通信を行うものも含まれます
が，一般に無線LANという場合は，Wi-Fiアライアンスという団体に
よって規格化されたWi-Fi（Wireless Fidelity）という電波を使った
無線LANを指します。

無線 LAN（Wi-Fi）は，ケーブルを使わないため，コンピュータを自由に持ち運んで通信することができるという利便性から，一般家庭でも広く利用されるようになっています。しかし，適切なセキュリティ対策を行わずに利用すると，盗聴や情報の改ざんの危険にさらされることになるため，通信データの暗号化や，MAC アドレスによるフィルタリングを行うといったセキュリティ対策を行います。

　無線 LAN の主な規格としては次の種類があります。

規格名	周波数帯	最大伝送速度
IEEE 802.11a	5 GHz	54 M ビット／秒
IEEE 802.11b	2.4 GHz	11 M ビット／秒
IEEE 802.11g	2.4 GHz	54 M ビット／秒
IEEE 802.11n	2.4/5 GHz	600 M ビット／秒
IEEE 802.11ac	5 GHz	約 6.9G ビット／秒

図表 3-37　主な無線 LAN の規格

身近な通信規格の一つである「Wi-Fi」という名称は，「IEEE 802.11 という規格に対応した製品である」ということを意味しているんだよ

(7) LAN 構築に必要な機器

　LAN を構築する際には，LAN の規格，構築する規模，利用する回線などによって適切なネットワーク機器を選定する必要があります。一般に LAN 構築に使用されるネットワーク機器は次のとおりです。

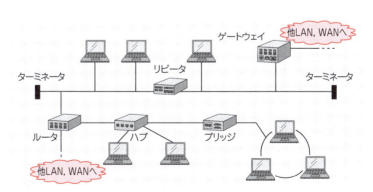

図表 3-38　LAN 構築に必要な機器

①ケーブル

コンピュータを LAN に接続します。同軸ケーブル，ツイストペアケーブル，光ファイバケーブルなどがあります。

② LAN アダプタ

コンピュータを LAN に接続するために必要となるアダプタです。コンピュータの拡張スロットに差し込んで使用しますが，始めから内蔵されることも多くなっています。LAN アダプタは NIC（Network Interface Card）や LAN ボードともいいます。

図表3-39　LAN アダプタと LAN ボード

③ハブ（HUB）

スター型の LAN で使用される，ツイストペアケーブルを接続するための集線装置です。ハブには次のような種類があります。

・リピータハブ
　受信したデータを，そのまま全 LAN カードに流します。

・スイッチングハブ
　データの宛先を判断して，宛先の機器が接続されているところにデータを流します。

図表3-40　ハブ

④リピータ

LAN ケーブルを延長するための装置です。電気信号を補正することで，LAN の伝送距離を延長します。OSI 基本参照モデルの物理層（第1層）の中継機器です。

⑤ブリッジ

アクセス制御方式の異なる LAN 間を接続し，伝送距離を延長するための機器です。送信先の LAN カードの識別番号である MAC（Media Access Control）アドレスが，送信元と同じ LAN 内にあれば中継せず，なければ他の LAN へ中継します。これによって，ネットワークの混雑を緩和することができます。OSI 基本参照モデルのデータリンク層（第2層）の中継機器です。

なお，MAC アドレスは，LAN カードが出荷される際に，出荷元

で付けられる固有の識別番号で，LANカードごとに番号は異なります。ブリッジと同等の機能をもち，同じプロトコル階層で動作する装置をスイッチングハブ（**レイヤ2スイッチ**）と呼びます。

▶レイヤ2
　スイッチ
▶ルータ

⑥ルータ

LAN間や，LANとWAN，LANとインターネットを接続するための機器です。ネットワーク内でやり取りされるパケットの宛先情報（IPアドレス）などから，データ伝送の最短経路（ルート）を自動選択する経路選択（ルーティング）機能をもっています。OSI基本参照モデルのネットワーク層（第3層）の中継機器です。

図表3-41　ルータ

パケットはデータを伝送するときに，データを扱いやすいブロックごとに区切り，区切ったブロックに宛先を示す符号を付けたものです。なお，スイッチングハブの機能をもっているルータを**レイヤ3スイッチ**といいます。

▶レイヤ3
　スイッチ

▶ゲートウェイ

⑦ゲートウェイ

異なる通信プロトコルを用いるネットワーク間を，プロトコルを変換する機能によって接続する装置がゲートウェイです。OSI基本参照モデルのトランスポート層（第4層）以上のプロトコルを変換します。

ゲートウェイという表現は，ハードウェアやソフトウェアの総称ですが，実際には専用機器であったり，その役割をもたせたネットワーク上のコンピュータであったりします。

第7層	アプリケーション層	ゲートウェイ
第6層	プレゼンテーション層	
第5層	セション層	
第4層	トランスポート層	
第3層	ネットワーク層	ルータ （レイヤ3スイッチ）
第2層	データリンク層	ブリッジ （レイヤ2スイッチ）
第1層	物理層	リピータ

図表3-42　OSI基本参照モデルとLAN間接続装置との対応

⑧ 無線 LAN のアクセスポイント

宅内に構築した有線 LAN の信号を無線 LAN で利用するための機器が**アクセスポイント**です。基地局の役割を持ち，アクセスポイントからは各ポイントの名前を示す信号（**ビーコン**）が出ていて，利用する機器から検出できるようになっています。

アクセスポイントの名前を **SSID**（Service Set IDentifier）といい，一つのネットワークに複数のアクセスポイントをもつ場合でも識別できるようにしたものを **ESSID**（Extended SSID）といいます。

⑨ 無線 LAN ルータ

複数の機器で無線 LAN を利用するにはルータが必要になりますが，アクセスポイントの機能も持っているルータを，特に**無線 LAN ルータ**といいます。Wi-Fi ルータという場合もあります。

図表3-43　無線 LAN ルータ

⑩ SDN

ネットワーク機器の設定や状態の管理をソフトウェアで行う仕組みが **SDN**（Software Defined Network）です。様々な企業のスイッチングハブやルータ，ファイアウォールなどを統一して管理できます。有名なプロトコルとしては Open Flow があります。

(8) 伝送速度の計算

ネットワークを構築する際に，データを伝送する速度は重要な検討事項の一つです。ネットワーク上でデータを伝送する速さのことを，伝送速度，または通信速度，伝送にかかる時間を**伝送時間**と呼びます。

> 伝送時間＝伝送するデータの長さ÷伝送速度

なお，ネットワーク上でデータを伝送する際には，伝送を制御するための情報のやり取りや，通信エラーが起きたときのデータの再送などがあるため，本来の性能どおりに通信できるわけではありません。伝送速度のうち実際に伝送が行われる割合のことを**伝送効率**，または**回線利用率**と呼びます。

このため，実際の伝送速度は"伝送速度×伝送効率"になります。

> 実際の伝送時間＝伝送するデータの長さ÷（伝送速度×伝送効率）

3.4 ネットワーク

伝送速度は，１秒間に何ビットのデータを転送することができるかを
示す"**ビット／秒**"または **bps**（bits per second）という単位で表
します。

ビット／秒 ▶

bps ▶

3 WAN

WAN ▶

離れた場所にある複数の LAN 同士を結んだものを WAN（Wide
Area Network：広域通信網）と呼びます。WAN は電気通信事業者が
所有する通信回線を借りて構築します。

（1）通信回線の種類

WAN で使用される通信回線には次のような種類があります。

アナログ回線 ▶

①アナログ回線

もともと電話用の音声を送ることを目的とした回線で，アナログ信
号をそのまま伝送します。コンピュータでデータ通信するには，ディ
ジタル信号をアナログ信号に変換するモデムという機器が必要です。

ディジタル
回線 ▶

②ディジタル回線

コンピュータを使ったデータを高速に伝送することを目的とした回
線です（銅線などのケーブルを利用）。ディジタル信号のまま伝送し
ますが，信号形式を変換するためのターミナルアダプタや，DSU
（Digital Service Unit）と呼ばれる機器が必要です。現在では次に
説明する光回線への移行が進んでいます。

光回線 ▶

③光回線

現在ネットワークを利用するための主流となっている光ファイバを
使ったディジタル回線です。インターネットでは，TV を見るのと同
じ感覚で，動画再生が頻繁に行われています。

光回線は，大量のデータをストレスなく，高速で利用するのに適し
ています。普及が進んで，利用料金も安くなり，文字通り「サクサク
使える」回線として，今日の主流になっています。

（2）通信サービス

通信事業者は，通信回線を使って様々なサービスを利用者に提供して
います。これらのサービスを利用して，ビジネス用途のネットワークを
構築したり，インターネットに接続することができます。

新しいインターネット接続サービスとして，光ファイバを利用した
FTTH や，ケーブルテレビを利用したインターネット接続などがありま
す。この他，インターネットを利用して，専用線のネットワークのよう
に利用できる IP-VPN（Internet Protocol Virtual Private Network）

157

などのサービスもあります。
①専用線サービス
　交換機を経由しないで特定の相手とだけ接続して通信する回線で，定額制です。代表的な例としてNTTの専用線サービスがあり，使用料金は使用した時間や量に関係しない定額制です。
②パケット交換
▶パケット交換

　パケット交換は，伝送するデータをパケットというある一定の大きさに分割して送ります。パケットには，宛先アドレス情報やパケット自身の大きさ，などのデータがヘッダ（先頭）部分に含まれています。
　送られたパケットは，いったんメモリに蓄積され，ヘッダの宛先に応じて，対応する宛先に送られます。パケット交換は蓄積交換方式なので，伝送誤りがあった場合は，蓄積しているデータを再度送ることになります。インターネットでは，ルータがIPパケットのパケット交換を行うことによって，これらの処理を実現しています。

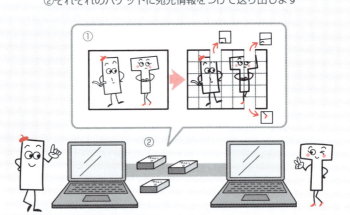

図表3-44　パケット交換方式のイメージ

▶VPN
③VPN
▶インターネットVPN
　インターネットをあたかも専用線で構築されたネットワークのように利用する技術を，**インターネットVPN**（Virtual Private Network）といいます。また電気通信事業者が提供するIPネットワーク網に，ユーザ個別のVPNを構築したものを**IP-VPN**といいます。
▶IP-VPN
　VPNでは，安全に通信するためのセキュリティが非常に重要になるため，専用線と同等のセキュリティを確保するために，暗号化と認

証に関する高度な技術を組み合わせて利用しています。

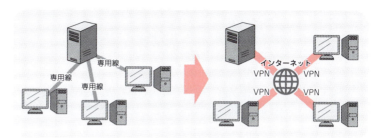

図表3-45　専用線とVPN

④ ADSL

　家庭用の電話回線を利用して最大で数十Mビット／秒の高速データ通信を行う技術が **ADSL**（Asymmetric Digital Subscriber Line）で，上り（利用者→電話局）は最大で数百k～十数Mビット／秒程度ですが，下り（電話局→利用者）は数十Mビット／秒程度と高速で，上りと下りで伝送速度が異なる点が特徴です。なお，ADSLでデータ通信を行うには，音声信号とデータ信号とを分離するスプリッタという装置が必要です。

⑤ FTTH

　FTTH（Fiber To The Home）は，加入者の宅内まで光ファイバを引き込み，高速通信可能なブロードバンドネットワークに接続させるもので，100Mビット／秒～10Gビット／秒のサービスが提供されています。FTTHを利用するには，光信号をディジタル信号に変換する光回線終端装置（ONU；Optical Network Unit）が必要です。

⑥ CATV

　CATV（ケーブルテレビ）は，もともとテレビの有線放送サービスでしたが，敷設する同軸ケーブルや光ファイバケーブルとケーブルモデムを利用することによって，高速のインターネット接続サービスが利用できるようになりました。

⑦ VoIP

　VoIP（Voice over Internet Protocol）は，インターネットなどを使って，音声データを送受信する技術です。社内LANを使用した内線電話や，インターネット電話などに応用されています。

(3) モバイルシステム

　ここ数年の多機能化したスマートフォンやタブレットの普及は目を見張るものがありますが，ネットワーク技術という視点で新機能やサービ

スを見ていきましょう。

① **MVNO**（仮想移動体通信事業者；Mobile Virtual Network Operator）

移動体通信網サービスを提供する事業者の中で，実際の通信設備をもたず，他の通信事業者の設備を借用している事業者のことです。

② **LTE/WiMAX**

LTE（Long Term Evolution）や，WiMAXは，4G（第4世代）の移動体通信規格です。スマホや携帯電話で利用される通信方式で，数十Mビット／秒の高速な無線通信を屋内屋外問わず利用できます。

このLTEの高速性を生かして音声通話やビデオ通信を高品質で実現する技術は**VoLTE**（Voice over LTE）と呼ばれます。

③ **5G**

移動体通信規格をさらに高速・大容量化し，端末の同時接続数，遅延時間，信頼性の高度化した移動通信システムが**5G**（ファイブジー）で，2020年にサービスが開始されました。目標性能は次のようになっています。

- 通信速度……最大10Gビット／秒以上
- 応答速度を示す遅延時間……1ミリ秒以下
- 端末の同時接続数……1平方キロメートル当たり100万台

1G 第1世代	音声をアナログ電波で送信する規格。ノイズが乗りやすく，盗聴されやすい課題も。
2G 第2世代	デジタル方式で，メールやネットに対応。
3G 第3世代	速度は数Mbps～14Mbps程度まで高速化。
4G 第4世代	100Mbpsクラスの高速通信を目指して開発された。
5G 第5世代	10Gbps以上の高速通信を実現し，端末の同時接続数増加，遅延時間低減，高信頼性を目指して開発された。

図表3-46　1G～5Gへの進化

5Gとかの「G」はGeneration（世代）という意味なんだよ。「数字＋G」の数字が大きくなるほどスピードが速くなるんだね

④ **SIMカード**

携帯電話網に接続する携帯電話やスマートフォンなどの通信機器

3.4 ネットワーク

で，加入者を識別するために使うものが **SIM カード**（Subscriber Identity Module Card）です。ICチップに必要な情報が記録されます。

⑤ローミング（roaming）

自分が契約していない通信事業者の回線を経由して，契約している通信事業者の回線に接続することを**ローミング**といいます。

⑥テザリング

テザリングは，ノートPCやタブレット端末など，通信機能をもつ情報機器を，携帯電話やスマートフォンといった無線通信機器を経由して，インターネットなどに接続することを指します。

図表3-47　テザリング

4　インターネット

(1) インターネットとは

インターネット（The Internet）は，米国国防総省の軍事用ネットワークのARPAnet（アーパネット）で開発された技術を基に，大学や学術機関を結ぶネットワークとして構築されました。インターネットは固有名詞です。

インターネットは，異なるコンピュータを相互に接続するために，TCP/IPというネットワーク機器に依存しない標準化されたプロトコルを用いてデータ通信を行っています。

企業などでは，内部ネットワークのLANからコミュニケーションサーバ（通信サーバ）を通じて，インターネットの様々なサービスを利用することができます。ここで，内部ネットワークと外部ネットワークの間で出入り口の役割をもつ機器を**デフォルトゲートウェイ**といいます。な

161

お，プロトコルの異なるネットワークを接続する機器のゲートウェイとは少し意味が違い，多くの場合，ルータがこの機器に該当します。

> インターネット接続サービス事業者▶
> ISP▶

個人の利用者がインターネットを利用するためには，一般に**インターネット接続サービス事業者**（**ISP**：Internet Service Provider；インターネットサービスプロバイダ）と呼ばれる通信事業者と契約を結び，通信回線を通じてプロバイダに接続してインターネットを利用します。

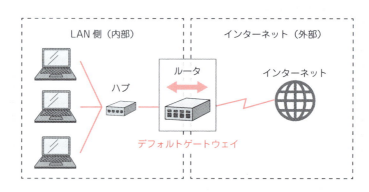

図表3-48　デフォルトゲートウェイ

(2) インターネットの仕組み

① IPアドレス（Internet Protocol Address）

> IPアドレス▶
> IPv4▶

インターネットに接続されたコンピュータ1台1台に割り振られた識別番号を**IPアドレス**と呼びます。現在広く普及している**IPv4**では，8ビットずつ四つに区切られた32ビットの数値が使われていて，「210.145.108.18」のようにピリオドで区切った10進数で表記します。このIPアドレスは，各10進数を2進数に変換すると，（11010010 10010001 01101100 00010010）という32ビットのデータになります。

210	145	108	18
↓	↓	↓	↓
11010010	10010001	01101100	00010010

図表3-49　IPアドレス

> IPv6▶

IPv4は約43億種類のアドレスしか表現できず，不足する恐れが出てきたため，新たにIPv6が標準化されました。**IPv6**では128ビッ

トでアドレスを表現するため（およそ340×1兆×1兆×1兆種
類），当分アドレスが足りなくなる心配はありません。なお，IPアド
レスに重複があってはならないため，割当てなどの管理は専門の組織
が行い，日本ではJPNIC（Japan Network Information Center）
が行っています。

IPアドレスはもともとインターネット用のアドレスですが，組織
内の個々の端末を識別することにも応用されています。インターネッ
トで利用するIPアドレスを**グローバルアドレス**といい，組織内の通
信で利用する場合を**プライベートアドレス**といって区別しています。

グローバル ▶
アドレス

プライベート ▶
アドレス

② DNS（Domain Name System）

DNS ▶

IPアドレスは2進数で表される単純な数値の羅列になり，人間に
とっては覚えにくいため，通常の利用を考えて，人間にとって分かり
やすい名前（ドメイン名）が付けられます。この名前とIPアドレス
の相互変換をDNSという仕組みで行います。

TCP/IP ▶

③ TCP/IP（Transmission Control Protocol/Internet Protocol）

インターネットで通信するときに利用される標準プロトコルが，
TCP/IPです。

IP ▶

・IP

OSI基本参照モデルの第3層（ネットワーク層）の機能を担
当するプロトコルで，ネットワークに接続している機器の住所付
け（アドレッシング）や，相互に接続された複数のネットワーク
内での通信経路の選定（ルーティング）を行います。

IPは，自分と送信相手の通信経路を確立せずに通信を行うコ
ネクションレス型のプロトコルです。相手に確実にデータが届く
ことを保証するためには，上位層のTCPも利用する必要があり
ます。

TCP ▶

・TCP

OSI基本参照モデルの第4層（トランスポート層）の機能を
担当するプロトコルで，送信した順序で受信側にデータを届けた
り，到着しなかったときの再送制御を行って，信頼性の高い通信
を実現しています。

TCPは，データの送信前に送信相手のコンピュータが受信可
能か確認してから通信を行うコネクション型のプロトコルです。

なお，TCPと同じ第4層に位置するプロトコルとしてUDP
（User Datagram Protocol）があります。こちらはデータの到
着確認機能をもたず簡便で遅延も少ないため，音声通信やDNS
の通信に使われています。

第3部　技術要素

DHCP ▶　　　④ DHCP（Dynamic Host Configuration Protocol）
インターネットを利用する複数のコンピュータに，あらかじめIP
アドレスを割り当てるのではなく，コンピュータから要求があるたび
に，IPアドレスを自動的に割り当てるプロトコルです。

NTP ▶　　　⑤ NTP（Network Time Protocol）
複数のコンピュータが時刻の同期をとるためのプロトコルです。時
刻情報を提供するNTPサーバにコンピュータが問合せを行って取得
します。

	OSI 基本参照モデル	TCP/IP
第7層	アプリケーション層	アプリケーション層 FTP，POP3，SMTP，HTTP，SSL/ TLS，TELNET など
第6層	プレゼンテーション層	
第5層	セション層	
第4層	トランスポート層	トランスポート層 TCP，UDP など
第3層	ネットワーク層	インターネット層 IP など
第2層	データリンク層	ネットワークインタフェース層 Ethernet，無線 LAN など
第1層	物理層	

図表3-50　OSI 基本参照モデルと TCP/IP プロトコルとの対応

(3) 電子メール

電子メールはインターネットを介してメッセージを送受信するシステ
ムです。ビジネス業務や日常生活で，欠かすことができません。

①電子メールの仕組み

電子メールソフトを使って，メールサーバに電子メールを送信する
と，インターネットを介して受信者のメールサーバに届きます。この
とき，送信者からメールサーバへの送信，及び送信者と受信者のメー

SMTP ▶　　　ルサーバ間のデータ転送には，SMTP（Simple Mail Transfer
Protocol；エスエムティーピー）というプロトコルが使用されてい
ます。また，受信者がメールサーバから自分宛に届いた電子メールを

POP3 ▶　　　取り出すときには，POP3（Post Office Protocol version3；ポッ
プスリー）というプロトコルが使用されています。

164

3.4 ネットワーク

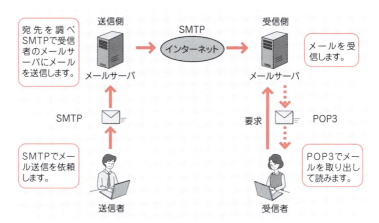

図表3-51 電子メールの仕組み

このほかのメールプロトコルとして、次のようなものがあります。

MIME ▶ (a) **MIME**（Multipurpose Internet Mail Extensions；マイム）
本文以外に画像などの添付ファイルを付けて送受信できるようにしたプロトコルです。

IMAP4 ▶ (b) **IMAP4**（Internet Message Access Protocol 4）
メールサーバからメールを読み出すためのプロトコルです。POP3とは異なる機能をもち、メールタイトルだけの取出しや、指定したメールだけ読み出すことができます。

②電子メールアドレス

電子メールを送信するためには、相手のアドレスが必要になります。電子メールシステムの利用者を識別するための住所を電子メールアドレスと呼び、次のように表記します。

<u>username</u> <u>@</u> <u>itec.co.jp</u>
　　(a)　　(b)　　(c)

ユーザ名 ▶ (a) ユーザ名
インターネット上で個々のユーザを識別するための文字列で、加入しているプロバイダや、企業のネットワーク管理者から割り当てられます。

区切り文字 ▶ (b) 区切り文字
ユーザ名とドメイン名を識別する文字で、@（アットマーク）で区切ります。

ドメイン名 ▶ (c) ドメイン名
インターネット上のコンピュータに付けられる識別子です。サーバ名（itec）、組織の種別を示す属性（co）、地域名（国名）（jp）で構成されています。

図表3-52 メールアドレスの表記

165

第3部　技術要素

③エラーメッセージ

電子メールが送信できないときはエラーメッセージが返されます。メッセージの種類によって，宛先のメールアドレスのどこが間違っているかを調べます。例を示します。

- "Returned Mail:User unknown"

    指定した送信先のメールアドレスのユーザ名が違います。

- "Returned Mail:Host unknown"

    指定した送信先のメールアドレスのドメイン名が違います。

④電子メール利用の留意点

電子メールは，時間や距離を気にせず送信でき，受信者も都合のよいときにメールボックスから取り出して読むことができます。

このように便利な電子メールですが，相手に届くまでに，通常いくつものメールサーバを通過するため，送信途中で内容を盗み読みされたり，改ざんされたりする危険性もあります。電子メールをやり取りするときの主な留意点を理解しておきましょう。

(a) 添付ファイルの大きさ

添付ファイルが大きすぎると，相手が受信するときに時間がかかるため，圧縮するか，分割して送信しましょう。

(b) 添付ファイルのファイル形式

画像データやワープロソフトのファイルなど，テキスト形式以外のデータを送信する場合は，必ず相手のパソコンのOSや電子メールソフトの種類を確認しましょう。

(c) 入力文字

半角カタカナ，丸付き文字，ローマ数字などは，OSによっては文字化けすることがあるため，使わないようにしましょう。

(d) ウイルス

ファイルを破壊するなどコンピュータに悪影響を及ぼすプログラムです。添付ファイルを開いただけで感染することもあるので，心当たりのない添付ファイルを開いてはいけません。

◀スパムメール　(e) スパムメール

広告や勧誘などを目的として，受信者の意向とは無関係に短時間のうちに大量に送信されるメールのことです。

⑤電子メール，データ送受信のセキュリティ

電子メールやデータを送受信する際に，次のような技術を利用してデータの盗聴や改ざん，なりすましを防ぐことができます。

◀S/MIME　(a) S/MIME（Secure Multipurpose Internet Mail Extensions）

電子メールを暗号化して送受信するプロトコルです。公開鍵暗号方式を用いてメッセージを暗号化します。

3.4 ネットワーク

SSL/TLS ▶ 　(b) **SSL/TLS** (Secure Sockets Layer/Transport Layer Security)

　SSL はインターネット上で，暗号化，ディジタル証明書，ハッシュ関数などのセキュリティ技術を使って，データを安全に送受信するプロトコルです。TLS は SSL の脆弱性を修正したプロトコルで，SSL と合わせ，SSL/TLS と表記することが多いです。利用例として，データを暗号化し，プライバシにかかわる情報やクレジットカード番号などの金銭にかかわる情報，機密情報などを安全に送受信することができます。

(4) Web アクセス

WWW ▶ 　**WWW** (World Wide Web) とは，「世界中に張り巡らされたクモの巣」という意味で，簡単な操作によって，インターネット上にある世界中の情報を検索し，必要な情報を得ることができる仕組みです。ホーム

Web ▶ ページといった方が馴染みがあるかも知れません。また，単に **Web** ということも多くなっています。

① Web の仕組み

　Web は，インターネット上に設置された Web サーバに蓄積されているハイパーテキストを検索，閲覧するためのシステムです。

ハイパー
テキスト ▶ 　**ハイパーテキスト** (hypertext) とは，テキストファイル中に移動

ハイパーリンク ▶ 先が設定された**ハイパーリンク**を使って，別のテキストファイルに移

HTML ▶ 動することができる形式のデータです。**HTML** (HyperText Markup Language) と呼ばれるマークアップ言語を使用して記述され，記述した情報（HTML ファイル）を一般に Web ページと呼んでいます。企業や個人のホームページも HTML で作られています。

　利用してもらう Web ページを提供するコンピュータを Web サーバと呼び，利用者は，閲覧用ソフトである Web ブラウザ（browser）を使ってそれらのファイルやデータを閲覧したり，各種サービスを利用したりします。第 1 部（1.2 ③）も参照してください。

② URL (Uniform Resource Locator)

URL ▶ 　インターネット上の情報の所在は，**URL** を使って表します。Web ブラウザで検索，閲覧できる Web ページは膨大な数があるので，URL を使って一つずつ明示する必要があります。URL は次のような構成になっています。

167

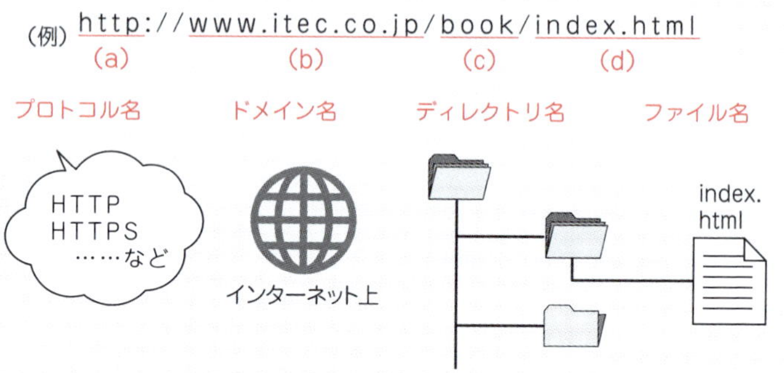

第3部　技術要素

(例) `http://www.itec.co.jp/book/index.html`

図表3-53　URL の表記

プロトコル名▶　(a) **プロトコル名**……（例）の http

HTML で記述されたテキストファイルの検索と閲覧で使用するプロトコル名を記述します。http は次の HTTP プロトコルを使うことを意味します。

HTTP▶　　・**HTTP**（Hyper Text Transfer Protocol）

Web サーバと Web ブラウザの間でデータを送受信するためのプロトコルです。Web サーバに保存された Web ページを，クライアントの Web ブラウザに転送します。

HTTP にデータの暗号化や認証などのセキュリティ機能を

HTTPS▶　加えたプロトコルを **HTTPS**（Hyper Text Transfer Protocol Secure）といいます（https://…と指定）。

FTP▶　この他，ファイルを転送するための **FTP**（File Transfer Protocol）プロトコルも指定できます（ftp://…と指定）。

ドメイン名▶　(b) **ドメイン名**……（例）の www.itec.co.jp

Web ページの住所です。www に続けて，組織名（itec），組織の属性（co），地域名（jp）を記述します。組織の属性には co のほか，学校研究機関の ac，政府機関の go などがあります。

ディレクトリ名▶　(c) **ディレクトリ名**……（例）の book

ファイルが格納されているディレクトリ名を記述します。

ファイル名▶　(d) **ファイル名**……（例）の index.html

使用するファイル名を記述します。

IoT
ネットワーク▶　**(5) IoT ネットワーク**

インターネットに接続される機器はコンピュータやスマートフォンだけでなく，家庭電化製品，防犯カメラ，自動車，センサなど様々な「モ

IoT▶　ノ」に広がっています。**IoT**（Internet of Things；モノのインターネッ

168

ト）は，様々な「モノ」がインターネットを通じて情報交換することによって相互に制御する仕組みのことです。

図表3-54　IoTを取り巻く環境

① IoTネットワーク

　IoTを実現するネットワークをIoTネットワークといいます。特徴としては，電気を供給できない環境で設置されるセンサや機器をネットワークにつなぐため，バッテリの長寿命，経済性，通信範囲の広域性が必要になることです。例えば，農業，土木，気象観測などでは，センサが広い範囲に数多く配置されます。

LPWA ▶

・**LPWA**（Low Power Wide Area）……IoTネットワークの実現で必要な，低消費電力で広域接続できる通信技術がLPWAです。例えば，通信速度は100ビット／秒と遅いですが，接続範囲が数10kmもある規格があります。

BLE ▶

・**BLE**（Bluetooth Low Energy）……低消費電力・低コストでの通信を可能にしたBluetoothの拡張規格ですが，互換性はありません。

・ZigBee（ジグビー）……近距離無線通信規格の一つです。転送可能距離が短く，転送速度も低速ですが，安価で消費電力が少ないという特徴があります。

エッジコンピューティング ▶

②**エッジコンピューティング**

　データを収集したセンサや端末（エッジ）などの近くで処理を行い，結果だけをセンターに送るなどして，ネットワークの距離に応じて起きる処理の遅延や，センターまでのネットワークの負荷を少なくする技術です。

3.5 セキュリティ

皆さんは、泥棒に入られないように自宅の玄関や窓に鍵をかけますよね。また、病気にならないように予防注射をすることもあるでしょう。銀行でお金引き出すときには、暗証番号が必要です。このように、大切なものを守ることがセキュリティであり、そのためには事前に対策を施しておくことが重要です。世界中の人とつながっているインターネットには恩恵だけではなく、危険も潜んでいることを忘れないように。

1 セキュリティの概念

情報セキュリティとは、社会・経済活動で必要不可欠になった情報システムの **CIA**（機密性；Confidentiality・完全性；Integrity・可用性；Availability）を維持することです。CIA については、2 で解説します。

情報セキュリティの CIA を脅かすものを脅威と呼びます。企業や組織は、重要な情報資産である営業情報や知的財産の情報などを脅威から守る必要があります。

(1) 脅威

情報セキュリティを脅かす脅威について、典型的なものは次のようになります。地震や火災など物理的災害は目に見える形で被害が出ますが、最も注意すべきものは人的な脅威です。脅威が現実のものになると、システムが利用できなくなったり、重要なデータが破壊や漏えいしたりして、損害をもたらします。

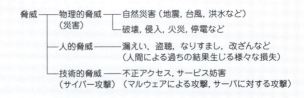

図表3-55　情報セキュリティを脅かす脅威

① 物理的脅威

地震，台風，洪水といった自然災害や，破壊，火災，停電などによってもたらされる脅威です。これらが起きると次のような障害が発生します。

- 機器故障（CPU，メモリ，記憶媒体の故障）
- 電源障害（停電，電源装置の故障）
- 通信障害（通信回線の障害，通信機器の故障）

また，許可されていない人物がセキュリティ区域に不正侵入することも物理的脅威となります。

② 人的脅威

人の悪意ある行動や操作ミスなどによってもたらされる脅威です。

(a) ソーシャルエンジニアリング

コンピュータ（システム）を使わずに情報を盗み出すことです。

- **なりすまし**

  家族や知り合いを装い，電話などでパスワードや重要な情報を聞き出す行為です。

- **スキャベンジング**

  ごみ箱をあさって，捨てられた書類を盗み出すことです。

- **盗み見**

  背後から操作画面を盗み見したり（**ショルダーハック**），他の人の操作画面に表示されたデータを盗み見ることです。

(b) 誤操作

メールの送信先を間違えたり，機密データの保存場所を間違えたりすることによって，情報漏えいが起きます。

(c) クラッキング

システムに意図的に不正侵入して，データや設定内容を窃取したり，**改ざん**したり，破壊したりする行為です。これによって，CIAの（I：Integrity；完全性）が損なわれます。

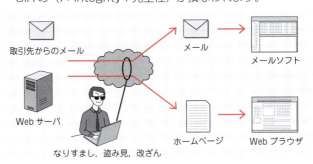

図表3-56　ネットワーク上の脅威

③技術的脅威

悪意で作成されたソフトウェアやシステムなど，技術的な手段によって引き起こされる脅威です。

(a) マルウェア

コンピュータウイルスに限らず，悪意をもったプログラム全般を指します。悪意の有無は被害があるかないかで判断され，悪意のある場合は，不正行為や破壊になります。

マルウェアは，malicious software（意地の悪いソフトウェア）の略称で，インターネットやUSBメモリなどを経由（伝染）して，システムに入ります（感染）。そして，一定期間経った後（潜伏），動作を開始します（発病）。

・トロイの木馬

プログラム中に不正な処理を潜伏させ，日時や入力データなど，条件が該当すると不正な処理が開始されます。プログラム自体の処理は正しく動作するため，利用者が感染に気付かないという特徴があります。

・ボット

この用語の語源はロボット（robot）です。コンピュータの中に潜み，ネットワークを経由して送られてくる命令を実行します。そのため，感染したコンピュータは遠隔操作されてしまいます。

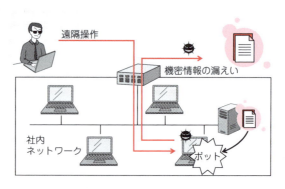

図表3-57　ボットによる被害

3.5 セキュリティ

ワーム▶   ・**ワーム**（worm）
　　　　　　　　　ネットワークを利用して自己増殖する不正なプログラムで
　　　　　　　す。トロイの木馬のように寄生するプログラムはなく，単独で
　　　　　　　増殖していきます。

スパイウェア▶   ・**スパイウェア／キーロガー**
キーロガー▶   スパイウェアとは，感染したコンピュータから，情報を盗み
　　　　　　　出すことを目的としたマルウェアを指します。
　　　　　　　　キーロガーは，スパイウェアの一種で，キーボードからの入
　　　　　　　力を監視して，インターネットバンキングのログイン ID やパ
　　　　　　　スワードといったログイン情報などを盗み出します。これらの
　　　　　　　情報を盗まれないようにするため，パソコン画面上に仮想の
　　　　　　　キーボードを表示し，マウスを使って入力するソフトウェア
　　　　　　　キーボードの利用が有効とされています。

（b）パスワードに対する攻撃手法
　　　　　　　パスワードを推測または解析して不正にサーバや情報資産にア
　　　　　　　クセスする攻撃です。

ブルート
フォース攻撃▶   ・**ブルートフォース攻撃**
　　　　　　　　総当たり攻撃とも呼ばれ，システムへのログインに必要とな
　　　　　　　るログイン ID やパスワードを総当たりで試し，システムに不
　　　　　　　正侵入する攻撃手法です。ブルートフォース（brute force）
　　　　　　　は「強引に，力ずくで」という意味です。

辞書攻撃▶   ・**辞書攻撃**
　　　　　　　　ブルートフォース攻撃を応用した攻撃手法です。あらかじめ，
　　　　　　　ログイン ID やパスワードの候補となるキーワードを辞書とし
　　　　　　　て用意しておき，新たに不正侵入が成功すると，辞書に追記し
　　　　　　　ていくといった攻撃手法です。

パスワード
リスト攻撃▶   ・**パスワードリスト攻撃**
　　　　　　　　ある Web サイトから流出したログイン ID やパスワードを
　　　　　　　利用して，不正にアクセスする攻撃です。複数の Web サイト
　　　　　　　で同じ ID やパスワードを利用している人を狙います。

（c）サーバに対する攻撃手法
　　　　　　　サーバ内の情報の不正入手や改ざん，サービス妨害のための
　　　　　　　サーバ停止を目的とした攻撃手法です。

DoS 攻撃▶   ・**DoS 攻撃/DDos 攻撃**（Denial of Service attack；サー
DDos 攻撃▶   ビス不能攻撃）
　　　　　　　　DoS 攻撃は，相手のサービスを妨害するために，意味のな
　　　　　　　い大量のデータを送りつけ，通信不能な状態にする攻撃です。
　　　　　　　　同じ手法で，分散した拠点にある複数のコンピュータから一

173

斉にデータを送りつける攻撃を，DDoS（Distributed DoS attack；分散型サービス不能攻撃）と呼びます。

・SQL インジェクション

データベースをアクセスするプログラムのセキュリティ上の不備を利用し，想定しない SQL 文を実行させることで，データベースに不正にアクセスする攻撃です。ログイン権限をもたないユーザによる不正ログインや，データ漏えい，データ改ざん・破壊などが行われます。

・クロスサイトスクリプティング

Web アプリケーションの脆弱性を利用した攻撃の一つで，複数のサイトをまたがる（クロスサイト），スクリプト言語の実行（スクリプティング）による攻撃です。攻撃者は自分の存在を隠して，利用者の情報を盗み取ります。

・DNS キャッシュポイズニング

DNS サーバがもつドメイン情報を，攻撃者が誘導しようとする偽の情報に書き換え，訪問させる攻撃です。

(d) 相手を特定して狙う攻撃，その他の攻撃手法

・標的型攻撃

攻撃する組織や相手を特定して行われる攻撃です。手口としては，相手に標的型攻撃メールを送りつけてマルウェアに感染・潜伏させ，その後で感染した端末を外部からコントロールして，重要情報を盗み取ります。

・水飲み場型攻撃

標的組織の従業員がアクセスしそうな Web サイトに罠を仕掛けて，標的組織からアクセスしたときにマルウェアを送り込む攻撃です。攻撃を検知されにくくするため，標的組織以外からのアクセス時には攻撃しないという特徴があります。

・ドライブバイダウンロード攻撃

Web サイトを閲覧したとき，利用者に気付かれないようにマルウェアをダウンロードし，インストールさせる攻撃です。

・フィッシング

金融機関やお店からのお知らせメールを装って，偽の Web サイトの URL を記述して利用者を誘導し，ID，パスワードや個人情報を不正に取得することをフィッシング（phishing）と呼びます。また，この手口でお金を引き出したり，商品を購入したりする詐欺をフィッシング詐欺といいます。

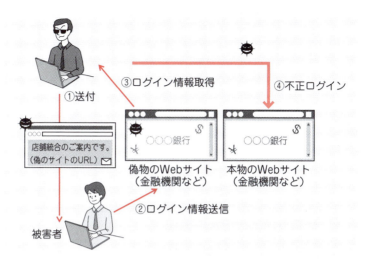

図表3-58 フィッシング詐欺の仕組み

(2) 脆弱性
セキュリティを損なう弱点があることを脆弱性といいます。

①セキュリティホール
システムやネットワークの設計上の不備、オペレーティングシステムやアプリケーションソフトウェアの欠陥（バグ）は**セキュリティホール**と（security hole）と呼ばれ、脆弱性になります。

②人的脆弱性
技術的な脆弱性だけでなく、組織内で行動ルールが整備されていなかったり、ルールがあっても徹底されていない場合、人的脅威につながる人的脆弱性といえます。

③シャドーIT
会社の許可を得ずに、従業員や部門が業務で利用しているIT機器やサービスを**シャドーIT**といいます。これらは、会社で管理できていないため、情報の漏えいや攻撃の踏み台になる可能性があります。

(3) 不正の発生するメカニズム
不正が発生するときには、次に示す**不正のトライアングル**の3要素の全てが存在すると考えられています。

・機会……不正の実行を可能又は容易にする環境
・動機……不正を行おうと決定するときの心理的なきっかけ
・正当化……不正を自ら納得させるための自分勝手な理由付け

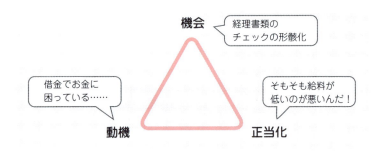

図表3-59　不正のトライアングル

2　情報セキュリティの管理

(1) リスクマネジメント

企業や組織では次の手順でリスクを管理する**リスクマネジメント**を行うことが求められており，全社的に取り組んでいきます。

①**リスクアセスメント**

リスクを洗い出してから，各リスクを分析し，重要度を付け評価します。

- **リスク特定**……どのようなリスクが起こり得るかを，環境に基づいて洗い出します。
- **リスク分析**……各リスクの発生確率や損害の種類や規模を算出し，定量的に分析します。
- **リスク評価**……リスクに損害の発生確率，種類，規模によって重要度を付けます。

②**リスク対応**

リスクアセスメントの評価をもとにして，各リスクの対応方法を検討し，実施します。リスク対応は，リスクコントロールとリスクファイナンスに大きく分けられます。

(a) **リスクコントロール**

直接的なリスクの発生要因を取り除いたり，リスクの発生を低くします。

- **リスク回避**……問題の発生要因を排除して，リスクが発生する可能性のあることを取り去ること
- **リスク低減**……可能な対策を行って，リスクの発生確率を下げること
- **リスク集約**……複数のリスクをまとめて，全体を把握しやすくすること

3.5 セキュリティ

(b) リスクファイナンス

リスクコントロールを実施しても残るリスクや，対応が困難なリスクに対して，資金面での手当てを行うことです。

- **リスク保有**……許容できるリスクと判断し，受け入れること。損失発生時に備え，対応資金を用意しておきます。リスク受容ともいいます。
- **リスク共有**……他者とリスクを共有すること。保険などで損失を充当する**リスク移転**や，業務を外部委託することによる**リスク分散**などが含まれます。

(2) 情報セキュリティマネジメント

情報システムを安全に活用するために，機密性（Confidentiality），完全性（Integrity），可用性（Availability）のCIAを維持し，改善していく活動です。他の特性も含めて整理します。

① **機密性**……許可された正当なユーザだけが情報を利用できること
② **完全性**……情報やその処理方法が完全・正確であること。改ざん・一部欠損などがないこと
③ **可用性**……利用者が必要なときに必要とする情報が確実に利用できること
④ **真正性**（Authenticity）……利用者が正しい本人であることや，情報が偽造されたものではなく正当であること
⑤ **責任追跡性**（Accountability）……事象を後から検証できること
⑥ **否認防止**（Non-Repudiation）……否定できない証拠をもつこと
⑦ **信頼性**（Reliability）……意図する行動と結果が一貫していること

「否認防止」は，「本人がその情報を確かに作成したこと」を証明する仕組みだね
紙の取引では，ハンコやサインにあたるけど，電子取引では，後から勉強するディジタル署名などを使うんだよ

(3) 情報セキュリティマネジメントシステム（ISMS）

情報セキュリティ上の問題には様々なものがあり，個別対策だけでは，組織全体のセキュリティを維持することができません。このため，適切かつ効果的に組織全体のセキュリティを管理する**情報セキュリティマネジメントシステム**（ISMS；Information Security Management System）の確立が求められています。

ISMSの目的は，情報の機密性，完全性，可用性をバランス良く維持・

第3部　技術要素

改善し，リスクを適切に管理している信頼を利害関係者に与えることです。これは，日本産業規格の JIS Q 27001 に基づいて，第三者の認証機関の審査を受けることによって，認証資格を得ることができます。

① PDCA（Plan - Do - Check - Act）サイクル

> PDCA
> サイクル▶

マネジメントサイクルで知られている **PDCA サイクル**は ISMS の活動においても基本となる手法です。※詳しくは第9部を参照

②情報セキュリティポリシ

> 情報
> セキュリティ
> ポリシ▶

情報セキュリティポリシとは，PDCA サイクルの Plan（計画）段階で策定される ISMS を確立するための計画のことです。

- ・基本方針……なぜセキュリティが必要かについて策定し，何をどこまで守るのか，誰が責任者かを明確にします。
- ・対策基準……基本方針で策定した目的を受けて，何を実施しなければならないかについて規定を定めます。
- ・実施手順……対策基準で定めた規程を実施する際に，どのように実施するかについて策定します。

（4）情報セキュリティに関連する組織・機関

新しいマルウェアの被害や再発防止策などの情報は，社会で幅広く共有する必要があるため，複数の組織や機関が活動しています。

> J-CSIP ▶

① J-CSIP（サイバー情報共有イニシアティブ）

政府と民間でサイバー攻撃の情報を共有するための組織で，IPA（情報処理推進機構）が運営しています。

> サイバー
> レスキュー隊▶

②サイバーレスキュー隊（J-CRAT；ジェイ・クラート）

標的型サイバー攻撃の被害拡大防止のため，組織の被害の減らし攻撃が連鎖しないよう支援する活動です。IPA が運営しています。

> NISC ▶

③ NISC（National center of Incident readiness and Strategy for Cybersecurity；内閣サイバーセキュリティセンター）

サイバーセキュリティ基本法に基づき内閣官房に設置された組織で，サイバーセキュリティの確保に関する活動を行っています。

> CSIRT ▶
>
> SOC ▶

④ CSIRT（Computer Security Incident Response Team），**SOC**（Security Operation Center）

企業や団体の中で，情報セキュリティに関する事件や事故が起きたときに，対応を行うチームです。

3 情報セキュリティの対策

(1) 物理的セキュリティ対策
外部からの侵入や盗難，災害などからシステムを保護する対策です。

①入退室管理
情報漏えいの可能性としては，ネットワーク経由のものと，コンピュータを直接操作されてしまうことによるものがあります。後者の直接操作されてしまう対策として有効なのが，**入退室管理**です。これは，コンピュータのある部屋には，部外者が入れないようにし，関係者の入退室も厳重にチェックする方法です。チェックの方法としては，次のようなものがあります。

- IDカードによる認証
- パスワードによる入退室権限の確認
- 監視カメラによる入退室者の監視
- 指紋，網膜，静脈など生体的特徴を利用して個人を認証（**バイオメトリクス認証**）

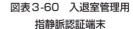

図表3-60　入退室管理用指静脈認証端末

チェックを厳重にする場合には，複数の認証方式を組み合わせる**多要素認証**にしたり，一人ずつ入退出できるよう**セキュリティゲート**を導入します。この仕組みは，入退室の際に前の人についていき，認証を免れる**共連れ**という行為を防止できるようになっています。

②クリアデスク・クリアスクリーン
クリアデスクは，秘密情報を含む書類や取り外し可能な記憶媒体を机の上などに放置しないという考え方です。机から離れるときには，書類や媒体を引出しに格納して施錠するか，常に携帯することによって，盗難や紛失を防止します。

クリアスクリーンは，PCを使った業務や打合せにおいて，PCを離れる際には秘密情報を画面に表示したままにしないという考え方です。具体的には，休止状態から復帰する際にパスワードの入力を要求する設定にして画面を閉じたり，ログオフしたりします。

私たち一人一人の注意が機密情報を守ることにつながるのね

第3部　技術要素

(2) 人的セキュリティ対策

不正行為や盗難などのリスクを軽減するための対策や教育を行います。

①利用者 ID とパスワード管理

最近のように，各現場のパソコンで組織内のいろいろな情報が取り出せるようになると，事務所やコンピュータのある部屋の入退室管理を厳しくするだけでは不十分です。

そのため，許可された人だけが，自分のパソコンや情報機器からデータにアクセスできるようにする認証方法が重要になり，このために使われる情報を**アカウント**といいます。

アカウント▶

利用者 ID ▶

パスワード▶

アカウントによる認証は，**利用者 ID**（ユーザ ID）と**パスワード**の確認で行う方法が一般的です。パスワードは各自でしっかり管理し，他の人に知られないようにする必要があるので，次のような管理基準を作り，組織内で守らせる努力が必要です。

- ・最低文字数と使用可能文字を設定する。例えば，8 文字以上，英数字を混ぜ，大文字と小文字を使用する。
- ・一定期間が経過したら強制的にパスワードを変更させる。
- ・パスワードは誕生日など推測されやすいものや，"AAAAAA"など単純なものを使わない。
- ・パスワードをメモ帳に書いておいたり，見える所に残さない。
- ・パスワードの取扱い上の注意点を，ユーザに教育する。
- ・組織内で定期的にセキュリティ教育や攻撃などの不正行為に対する訓練を行う。

②シングルサインオン

一回システムにログインすると，連携している別のシステムへのログインを省略することができる**シングルサインオン**という認証方式があります。この方式は，ユーザの利便性が向上する反面，パスワードの管理には一層の注意が必要です。

シングル▶
サインオン

③アクセス権の管理

システム内のデータには機密情報も含まれるので，利用者ごとにアクセスできる権限を変えて，利用権限のない人のアクセスを防ぐ仕組みが必要です。そのため，データを目的に応じて適切なフォルダに格納し，そのデータやフォルダに対して，利用者ごとに「読込みだけ」，「読込みと更新」，「追加と削除」，「全ての操作」など，許可する操作をアクセス権として付けます。

(3) 技術的セキュリティ対策

ハードウェア，ソフトウェア，ネットワークに技術的な対策をして，

3.5 セキュリティ

システムや業務などに被害が発生することを防ぎます。

①リモートアクセスのセキュリティ管理

外出先や出張先から社員が情報システムを利用するために，PC や
スマートフォンからアクセスすることがあります。このとき，アクセ
ス権のない人がアクセスできないように，ワンタイムパスワードや
コールバックという手法が使われます。

ワンタイムパスワードは，文字どおり1回限りのパスワードのこと
で，刻々と変化するパスワードを表示する機器やカードを利用者にも
たせておき，そのとき表示されているパスワードを入れないとアクセ
スきないようになっています。

コールバックは，外部からアクセス要求があったら，一度電話を切
り，アクセスされた側からユーザごとに決められた電話番号に掛け直
して接続する方法です。こうすれば，決められた電話番号としか接続
することができないので，他の人がアクセスすることを防ぐことがで
きます。

②ネットワークセキュリティ／ファイアウォール

（a）無線 LAN のセキュリティ

無線 LAN（Wi-Fi）の信号は空中を飛んでいるので，信号が傍
受できれば，アクセス権限がない者による不正アクセスや盗聴が
できてしまうため対策が必要になります。

このための認証や暗号化規格として，WEP や WPA がありま
したが脆弱性が見つかり，現在は **WPA2**（Wi-Fi Protected
Access 2）がよく用いられています。利用できるネットワーク
は SSID や ESSID で区別でき，パスワード入力して使えるよう
になります。なお，パスワードのないネットワークはセキュリティ
対策がされていないため，利用には十分注意が必要です。

（b）ファイアウォール

外部から不正侵入してくる危険を防ぐ仕組みとして広く利用さ
れている手段が**ファイアウォール**（firewall；防火壁）です。

インターネットと LAN との間に設置されデータ通信を管理
し，外部からの攻撃や不正アクセスから内部ネットワークを守り
ます。一般に，サーバの代理役をする**プロキシサーバ**やゲートウェ
イを使い，IP アドレスや通信処理の内容を示す**ポート番号**を調
べることによって，データ（パケット）の通過，または遮断する
アクセス制限を行います（**パケットフィルタリング**）。

ワンタイム
パスワード▶

コールバック▶

WPA2 ▶

ファイア
ウォール▶

プロキシ
サーバ▶

ポート番号▶

パケット
フィルタリング▶

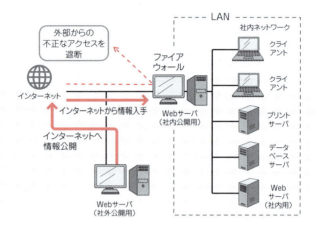

図表3-61　ファイアウォール

(c) DMZ（DeMilitarized Zone）

　さらに外部ネットワークからの攻撃から内部ネットワークを保護する方法として，**非武装セグメント**（**DMZ**；DeMilitarized Zone）と呼ばれるネットワークセグメント（ネットワークの単位）を設けることがあります。

　DMZ は，もともと，紛争地域などで境界に設定される緩衝地帯や非武装地帯のことです。ネットワークの DMZ も同様で，外部ネットワーク（インターネット）と内部ネットワーク（組織内 LAN など）の間に設置される緩衝地帯（非武装地帯）のことを表します。

　DMZ は外部ネットワークと内部ネットワーク双方から，ファイアウォールで分離されています。これによって，外部ネットワークからファイアウォールを通過してこの DMZ に不正アクセスが行われたとしても，内部ネットワークとの間にあるファイアウォールによって，不正アクセスが内部ネットワークに及ぶのを防ぐことができます。

3.5 セキュリティ

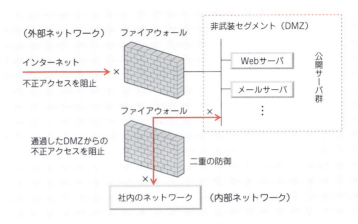

図表3-62　DMZ

③その他の技術的セキュリティ対策

ディジタル
フォレンジックス▶

（a）**ディジタルフォレンジックス**

不正アクセスや情報の持出しなどのコンピュータに関する犯罪の法的な証拠性を確保できるように，原因究明に必要な情報を保全，収集して分析することです。何らかの操作をする前に証拠を保全することが重要です。

ステガノグラフィ▶

（b）**ステガノグラフィ**

ステガノグラフィ（steganography）とは，他のデータの中にメッセージなどの情報を埋め込んでその存在を隠してしまう技術のことで，秘密に通信する目的などで利用されます。

電子透かし▶

（c）**電子透かし**

画像などのディジタルコンテンツの著作権を保護するために，違法コピーを検知できるようにディジタルコンテンツに埋め込まれる情報です。著作権保護以外にも，情報の流出を検知するために，機密情報に埋め込むこともあります。

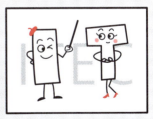

※実際には，"ITEC"の文字は見えないが，データには埋めこまれている。

図表3-63　電子透かしのイメージ

(d) ブロックチェーン

> ブロック
> チェーン

仮想通貨を中心に普及しているブロックチェーンは，データのハッシュ値を数珠（じゅず）つなぎにした上で分散格納し，途中のデータに改ざんがないことをデータ共有する利用者全体で保証する仕組みです。

一部のデータが改ざんされても，取引データの完全性と可用性が確保されるようになっているため，新しいセキュリティ技術として，今後応用範囲が広がっていくと考えられています。

4 暗号技術と認証技術

(1) 暗号技術

ネットワークの途中で通信データが傍受される危険性などを考慮すると，データの盗聴を防ぐためには，パスワードの設定やアクセス管理だけでは十分な対策とはいえません。そこで，使われる技術が暗号化技術です。暗号化の方式には，共通鍵暗号方式と公開鍵暗号方式があります。

①共通鍵暗号方式

> 共通鍵
> 暗号方式
> 暗号化
> 復号
> 秘密鍵
> 暗号方式
> DES
> AES

共通鍵暗号方式は，一つの鍵で暗号化（平文から暗号文を作ること）と復号（暗号文を元に戻す）を行う方式で，一組の送信者，受信者で同じ秘密鍵を使うことから秘密鍵暗号方式とも呼ばれます。鍵は当事者以外の人に知られないように秘密で管理されます。代表的な暗号化規格としては，米国商務省が政府調達基準として選定したDES（Data Encryption Standard；デス）と，新しい方式のAES（Advanced Encryption Standard；エー・イー・エス）があります。

共通鍵暗号方式は，やり取りする相手ごとに別々の鍵をもつ必要があるため，不特定多数の人を送信先にするオンラインショップなどでは管理が大変です。そこで，これを解決するために考えられたのが公開鍵暗号方式です。

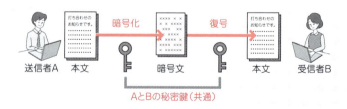

図表3-64　共通鍵暗号方式

②公開鍵暗号方式

公開鍵暗号方式は，公開鍵と秘密鍵という二つの異なる鍵を使用して，データを送る場合は公開鍵を利用して暗号化し，秘密鍵を利用して復号します。

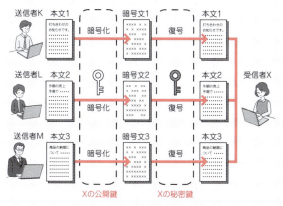

図表3-65　公開鍵暗号方式

送られてきたデータは，受信者の秘密鍵がなければ，他の人は元に戻せないので，暗号化鍵を公開することができます。ただし，復号に使う秘密鍵は本人だけしか利用できないように厳重な管理が必要です。

公開鍵暗号方式の代表的なものとしては，**RSA**（開発者3人の名前の頭文字から命名した）があります。

③ハイブリッド暗号方式

公開鍵暗号方式と共通鍵暗号方式を組み合わせた方式が**ハイブリッド暗号方式**です。

共通鍵暗号方式は，公開鍵暗号方式と比べて暗号化と復号の処理時間が短いので，性能が要求されるメールの暗号化処理などでは共通鍵暗号方式が使われます。しかし，送信者と受信者が同じ共通鍵をもつ必要があるため，ハイブリッド暗号方式では，この共通鍵を使い捨ての鍵として用意し，相手に送るために公開鍵暗号方式を使います。

(2) 電子認証と電子署名

①電子認証

電子認証とは，利用者やデータを送った人が本人であることを電子的に確認することです。不特定多数の人が利用するインターネットでは，データの受信者は送信者が本当に本人であるかどうかを確認でき

ません。このため,何らかの電子認証の仕組みが必要になるわけです。

②電子署名

電子認証のためによく使われるのが,公開鍵暗号方式を利用した電子署名の仕組みです。これは,データを送信するために使った公開鍵暗号化方式の逆の考え方で,秘密鍵で暗号化したデータは公開鍵で復号することができることを利用したものです。

送信者は,本文に加えて送信するデータをハッシュ化(別のデータに変換する処理)したものを,送信者の秘密鍵で暗号化したデータとともに送ります。この添付したデータを,電子署名(ディジタル署名)と呼びます。

受信者は,送られてきた本文をハッシュ化したものと,電子署名を送信者の公開鍵で復号したものとが一致すれば,そのデータは送信者本人が送信ってきたこと,そして,データが途中で改ざんされていないことを確認することができます。なぜなら,この両者が一致するということは,送信者が秘密鍵の所有者であることが証明されたことになるからです。

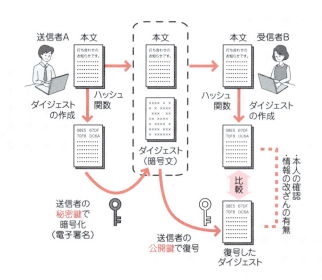

図表3-66 電子認証の仕組み

3.5 セキュリティ

③認証局と公開鍵基盤

電子署名の仕組みでは，公開鍵暗号方式で使う鍵の信頼性を確認する必要があります。ある人の公開鍵を入手したつもりが，その人を装った別人のものであれば，だまされて別の人と通信することになってしまうからです。

そこで，信頼のおける第三者が，誰の公開鍵かを証明する仕組みが考えられました。この第三者機関を，**認証局**（**CA**；Certification Authority）といいます。認証局は，公開鍵に認証局の署名を施して，本人の正しい公開鍵であることを証明し，ディジタル証明書を発行します。

このように，公開鍵の正当性を第三者の認証局が認証して，安全に通信できる仕組みを **PKI**（Public Key Infrastructure；**公開鍵基盤**）といいます。

認証局▶
CA▶
PKI▶
公開鍵基盤▶

5　マルウェア対策（コンピュータウイルス対策）

経済産業省が示した「コンピュータウイルス対策基準」では，**マルウェア**（**コンピュータウイルス**）を，次の機能を一つ以上有するプログラムと定めています。

マルウェア▶
コンピュータ▶
ウイルス

機　能	解　説
自己伝染機能	プログラムやデータ等のファイルの破壊を行ったり，コンピュータに異常な動作をさせたりする機能
潜伏機能	発病するための特定時刻，一定時間，処理回数等の条件を記憶させて，条件が満たされるまで症状を出さない機能
発病機能	自らの機能によって他のプログラムに自らをコピーし，またはシステム機能を利用して自らを他のシステムにコピーすることによって，他のシステムに伝染する機能

図表3-67　ウイルスの3大機能

マルウェア（malware）は，悪意のある（malicious）とソフトウェア（software）を合わせた造語です。

マルウェアには，次のような多種多様なものが存在します。

第3部　技術要素

名　称	特　徴
ウイルス	コンピュータや記憶媒体などに感染する不正なプログラムで，ネットワークや USB メモリなどを経由して入り込み（伝染），一定期間経った後（潜伏），動作を開始します（発病）。
マクロウイルス	表計算やワープロソフトなどで利用できるマクロ言語で作成されているウイルスです。感染した文書ファイルや表計算ソフトのデータファイルを開くことで，ほかのファイルに感染します。
ワーム	自己複製機能をもちます。電子メールに自分の複製を添付するなど，ネットワークを利用して自分から感染を拡大させます。
ボット（BOT）	コンピュータの中に潜み，ネットワークを経由して受け取った命令を実行します。そのため，感染したコンピュータは遠隔操作されてしまいます。
スパイウェア	コンピュータ内部の情報を利用者に気づかれないように外部へ送信します。
キーロガー	キーボードの操作履歴を記録して，利用者が入力したパスワードなどの情報を窃取します。
トロイの木馬	プログラム中に本来の処理に影響を与えないように不正な処理を組み込んだものです。
ランサムウェア	感染した PC 内のファイルを暗号化して，復号するためのパスワードと引き換えに金銭を要求します。

図表3-68　マルウェアの種類

マルウェアに感染すると，ファイルが破壊されたり，処理が正しく行われないなどの被害が出るうえ，伝染機能によって被害が組織全体に広がる恐れがあります。このため，システムの管理者はコンピュータウイルスの予防策をとると同時に，マルウェアに感染した場合には，対応策をすぐにとる必要があります。

マルウェアに対する予防・対応策の例を挙げます。

・他人から渡されたファイルは，必ず**ワクチンソフト**（ウイルスチェック・駆除用ソフトウェア）や**ウイルス対策ソフト**で検査をする。
・インターネットでダウンロードしたファイルや電子メールで送信されてきたファイルも，必ずワクチンソフトでチェックをする。
・ワクチンソフトを全てのパソコンに導入して，定期的なウイルスチェックを行う。
・ワクチンソフトのウイルス情報（**パターンファイル**）は，常に最新のものに更新する。
・ワープロや表計算ソフトなどのマクロが動くソフトは，導入していないマクロが入り込んでいないかチェックをするオプションを設定

188

3.5 セキュリティ

しておく。
- OSや電子メールソフトおよびWebブラウザなどの外部からのデータを受信するソフトウェアは最新版を利用し、外部からの侵入を許す**セキュリティホール**（セキュリティ上の弱点）などがないようにしておく。

セキュリティ
ホール▶

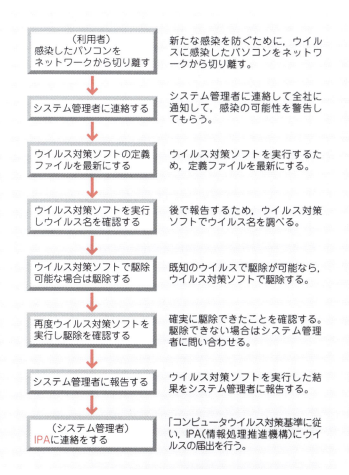

図表3-69　マルウェアに感染したときの対処

第3部　技術要素

第3部　確認問題

問3-1　　　　　　　　　　　　　　　　　　　　　　　　　　（H27秋-IP 問61）

文化，言語，年齢及び性別の違いや，障害の有無や能力の違いなどにかかわらず，できる限り多くの人が快適に利用できることを目指した設計を何というか。

ア　バリアフリーデザイン　　　　　　　　イ　フェールセーフ
ウ　フールプルーフ　　　　　　　　　　　エ　ユニバーサルデザイン

問3-2　　　　　　　　　　　　　　　　　　　　　　　　　　（H31春-FE 問24）

GUI の部品の一つであるラジオボタンの用途として，適切なものはどれか。

ア　幾つかの項目について，それぞれの項目を選択するかどうかを指定する。
イ　幾つかの選択項目から一つを選ぶときに，選択項目にないものはテキストボックスに入力する。
ウ　互いに排他的な幾つかの選択項目から一つを選ぶ。
エ　特定の項目を選択することによって表示される一覧形式の項目から一つを選ぶ。

問3-3　　　　　　　　　　　　　　　　　　　　　　　　　　（H27春-IP 問76）

ストリーミングを利用した動画配信の特徴に関する記述のうち，適切なものはどれか。

ア　サーバに配信データをあらかじめ保持していることが必須であり，イベントやスポーツなどを撮影しながらその映像を配信することはできない。
イ　受信データの部分的な欠落による画質の悪化を完全に排除することが可能である。
ウ　動画再生の開始に準備時間を必要としないので，瞬時に動画の視聴を開始できる。
エ　動画のデータが全てダウンロードされるのを待たず，一部を読み込んだ段階で再生が始まる。

問 3 - 4
(H30秋-IP 問86)

イラストなどに使われている，最大表示色が 256 色である静止画圧縮のファイル形式はどれか。

　ア　GIF　　　　　　イ　JPEG　　　　ウ　MIDI　　　　エ　MPEG

問 3 - 5
(R1秋-IP 問66)

関係データベースにおいて，主キーを設定する理由はどれか。

　ア　算術演算の対象とならないことが明確になる。
　イ　主キーを設定した列が検索できるようになる。
　ウ　他の表からの参照を防止できるようになる。
　エ　表中のレコードを一意に識別できるようになる。

問 3 - 6
(H28春-IP 問95)

表 1 と表 2 に，ある操作を行って表 3 が得られた。行った操作だけを全て挙げたものはどれか。

表 1

品名コード	品名	価格	メーカ
001	ラーメン	150	A 社
002	うどん	130	B 社

表 2

品名コード	棚番号
001	1
002	5

表 3

品名	価格	棚番号
ラーメン	150	1
うどん	130	5

　ア　結合　　　　　　　　　　　　イ　結合，射影
　ウ　結合，選択　　　　　　　　　エ　選択，射影

第3部　技術要素

問3-7
(H31春-IP 問95)

関係データベースの操作を行うための言語はどれか。

ア　FAQ　　　　　イ　SQL　　　　　ウ　SSL　　　　　エ　UML

問3-8
(H24秋-IP 問67)

デッドロックの説明として，適切なものはどれか。

ア　コンピュータのプロセスが本来アクセスしてはならない情報に，故意あるいは
　　偶発的にアクセスすることを禁止している状態
イ　コンピュータの利用開始時に行う利用者認証において，認証の失敗が一定回数
　　以上になったときに，一定期間又はシステム管理者が解除するまで，当該利用者
　　のアクセスが禁止された状態
ウ　複数のプロセスが共通の資源を排他的に利用する場合に，お互いに相手のプロ
　　セスが占有している資源が解放されるのを待っている状態
エ　マルチプログラミング環境で，実行可能な状態にあるプロセスが，OSから割
　　り当てられたCPU時間を使い切った状態

問3-9
(H30秋-IP 問63)

トランザクション処理におけるロールバックの説明として，適切なものはどれか。

ア　あるトランザクションが共有データを更新しようとしたとき，そのデータに対
　　する他のトランザクションからの更新を禁止すること
イ　トランザクションが正常に処理されたときに，データベースへの更新を確定さ
　　せること
ウ　何らかの理由で，トランザクションが正常に処理されなかったときに，データ
　　ベースをトランザクション開始前の状態にすること
エ　複数の表を，互いに関係付ける列をキーとして，一つの表にすること

問3-10
(H23春-IP 問82改)

無線LANの規格はどれか。

ア　CDMA　　　　　　　　　イ　IEEE 802.11ac
ウ　IEEE 802.3　　　　　　エ　ISDN

確認問題

問 3-11
(H31春-IP 問57)

DNS の機能に関する記述のうち，適切なものはどれか。

ア　IP アドレスと MAC アドレスを対応付ける。
イ　IP アドレスとドメイン名を対応付ける。
ウ　IP アドレスを利用してパケット転送の経路を選択する。
エ　アナログ信号とディジタル信号を相互に変換する。

問 3-12
(H23秋-IP 問70)

社外からインターネット経由で PC を職場のネットワークに接続するときなどに利用する VPN（Virtual Private Network）に関する記述のうち，最も適切なものはどれか。

ア　インターネットとの接続回線を複数用意し，可用性を向上させる。
イ　送信タイミングを制御することによって，最大の遅延時間を保証する。
ウ　通信データを圧縮することによって，最小の通信帯域を保証する。
エ　認証と通信データの暗号化によって，セキュリティの高い通信を行う。

問 3-13
(H31春-IP 問73)

LTE よりも通信速度が高速なだけではなく，より多くの端末が接続でき，通信の遅延も少ないという特徴をもつ移動通信システムはどれか。

ア　ブロックチェーン　　　　　　　　イ　MVNO
ウ　8K　　　　　　　　　　　　　　エ　5G

問 3-14
(H22春-IP 問58)

電子メールで使用される MIME（Multipurpose Internet Mail Extensions）に関する記述として，適切なものはどれか。

ア　画像ファイルなどの添付ファイルを電子メールで送る方法
イ　公開鍵暗号方式を用いて，電子メールを暗号化して送る方法
ウ　電子メールの本文を HTML で記述することで，Web ページのようなレイアウトやデザインを実現する方法
エ　メールサーバから利用者の端末に電子メールを転送する方法

第 3 部　技術要素

問 3-15
(H22秋-IP 問74)

URL に関する説明として，適切なものはどれか。

ア　Web ページとブラウザとの通信プロトコルである。
イ　Web ページの更新履歴を知らせるメッセージである。
ウ　Web ページのコンテンツ（本文）を記述するための文法である。
エ　Web ページの場所を示すための表記法である。

問 3-16
(R1秋-IP 問81)

IoT システム向けに使われる無線ネットワークであり，一般的な電池で数年以上の運用が可能な省電力性と，最大で数十 km の通信が可能な広域性を有するものはどれか。

ア　LPWA　　　　イ　MDM　　　　ウ　SDN　　　　エ　WPA2

問 3-17
(H28秋-IP 問62)

セキュリティリスクへの対応には，リスク移転，リスク回避，リスク受容及びリスク低減がある。リスク低減に該当する事例はどれか。

ア　セキュリティ対策を行って，問題発生の可能性を下げた。
イ　問題発生時の損害に備えて，保険に入った。
ウ　リスクが小さいことを確認し，問題発生時は損害を負担することにした。
エ　リスクの大きいサービスから撤退した。

問 3-18
(H25秋-IP 問75)

情報セキュリティの機密性を直接的に高めることになるものはどれか。

ア　一日の業務の終了時に機密情報のファイルの操作ログを取得し，漏えいの痕跡がないことを確認する。
イ　機密情報のファイルにアクアセスするときに，前回のアクセス日付が適正かどうかを確認する。
ウ　機密情報のファイルはバックアップを取得し，情報が破壊や改ざんされてもバックアップから復旧できるようにする。
エ　機密情報のファイルを暗号化し，漏えいしても解読されないようにする。

確認問題

問3-19
(H25秋-IP 問79)

企業内ネットワークからも，外部ネットワークからも論理的に隔離されたネットワーク領域であり，そこに設置されたサーバが外部から不正アクセスを受けたとしても，企業内ネットワークには被害が及ばないようにするためのものはどれか。

ア DMZ　　　　イ DNS　　　　ウ DoS　　　　エ SSL

問3-20
(H28秋-IP 問97)

公開鍵暗号方式と比べた場合の，共通鍵暗号方式の特徴として適切なものはどれか。

ア 暗号化と復号とでは異なる鍵を使用する。
イ 暗号化や復号を高速に行うことができる。
ウ 鍵をより安全に配布することができる。
エ 通信相手が多数であっても鍵の管理が容易である。

問3-21
(R1秋-IP 問88)

バイオメトリクス認証の例として，適切なものはどれか。

ア 本人の手の指の静脈の形で認証する。
イ 本人の電子証明書で認証する。
ウ 読みにくい文字列が写った画像から文字を正確に読み取れるかどうかで認証する。
エ ワンタイムパスワードを用いて認証する。

問3-22
(H25秋-IP 問77)

マルウェアの説明として，適切なものはどれか。

ア インターネットから社内ネットワークへの不正侵入を検知する仕組み
イ コンピュータウイルス，ワームなどを含む悪意のあるソフトウェアの総称
ウ ネットワークを介し，コンピュータ間でファイル共有を行うソフトウェアの総称
エ 話術や盗み聞きなどによって，社内の情報を盗み出す行為

第 3 部　技術要素

問 3 -23
(H31春-IP 問74)

無線 LAN の暗号化方式であり，WEP では短い時間で暗号が解読されてしまう問題が報告されたことから，より暗号強度を高めるために利用が推奨されているものはどれか。

ア　ESSID　　　　　イ　HTTPS　　　　　ウ　S/MIME　　　　エ　WPA2

問 3 -24
(H28秋-IP 問83)

情報システムに対する攻撃のうち，ある ID に対して所定の回数を超えてパスワードの入力を間違えたとき，当該 ID の使用を停止させることが有効な防衛手段となるものはどれか。

ア　DoS 攻撃　　　　　　　　　　　イ　SQL インジェクション
ウ　総当たり攻撃　　　　　　　　　エ　フィッシング

問 3 -25
(H30秋-IP 問61)

PDCA モデルに基づいて ISMS を運用している組織において，運用しているサーバのソフトウェアに対する最新の修正プログラムの有無を，定められた運用手順に従って毎日調べる業務は，PDCA のどのフェーズか。

ア　P（Plan）　　　　イ　D（Do）　　　　ウ　C（Check）　　　　エ　A（Act）

第4部

開発技術

システム，ソフトウェアの開発プロセス，要件定義，システム設計，プログラミング，テストなどの基本的な流れを学んでいきます。代表的な開発手法の概要，意義，目的も考えてみましょう。

4.1 システム開発技術 …………………………… 198
4.2 ソフトウェア開発管理技術 …………………… 226

第4部 開発技術

4.1 システム開発技術

企業内の様々な問題を解決するためにシステムを開発します。長期間に及ぶ大きなプロジェクトになることもあり、失敗は絶対に許されません。一つ一つの工程を確認しながら慎重に進めていきます。システム開発の手順や様々なテスト手法などを、しっかりと理解しておきましょう。その中でも、「要件定義」は大変重要な工程であり、全てはここから始まります。

システム開発（＝ソフトウェア開発）は、いくつかのプロセスを経て行われ、各プロセスには、さらにいくつかの作業が含まれます。プロセス全体、もしくは個々の作業を工程と呼び、この一連の流れを**システム開発ライフサイクル**と呼びます。社会情勢の変化などによって機能の追加や変更が必要になると、開発プロセスは、システム運用・保守から要件定義へ移り、新しいシステム開発へと繰り返されていきます。システム開発ライフサイクルは一般に次の工程からなっています。

▶システム開発ライフサイクル

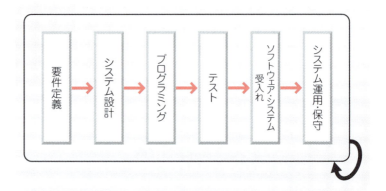

図表 4-1　一般的なシステム開発ライフサイクル

1 モデリング手法

情報システムの開発では，多くの人が関わりを持ちます。こうした関係者（ステークホルダ）の間では，開発する情報システムに対する正しい共通理解が必要になります。そのために，図などを使って，情報システムの機能や扱うデータなどを分かりやすく表現することを **モデリング** と呼びます。情報システム開発で利用されるモデリング手法には，目的に応じていくつかの種類があり，モデリングだけでなく，機能やデータの洗出しや整理にも利用されます。

▶モデリング

> モデリングとは，美術用語で模型を作ること。そこから転じて，ビジネスを見極めて単純化し，それを分かりやすく表現したものをモデリングと呼んでいるのね

(1) データの把握の技法

企業が必要とする情報を，見た目に分かりやすく構造的に記述した図が **E-R 図**（Entity Relationship Diagram；イーアール図）です。
E-R 図は，データとデータの関連を構造的に表します。

▶E-R図

記号	名称	意味
名称	エンティティ（実体）	データ，情報，表を表します。業務において管理の対象となる人や物，場所やサービスを表します。最終的にデータベースに定義される内容です。
関連	リレーションシップ（関連）	データ間の関連を表します。

▶エンティティ

▶リレーションシップ

教授 ── ◇講義◇ ── 学生

図表 4-2　E-R 図

リレーションシップを表す記号のひし形を使わずに，直線，または矢印で関連を表すこともあります。

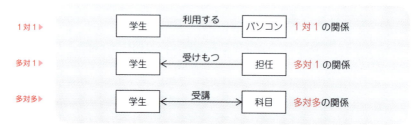

図表 4-3　矢印で表される関連

　この図では一つのパソコンは1人の学生しか使わないので、この学生とパソコンのエンティティの関係は1対1です。これに対して、1人の担任は複数の学生を受けもちますが、1人の学生には1人の担任しかいないので、学生と担任の関係は多対1です。
　そして、1人の学生は複数の科目を受講し、1つの科目も、複数の学生に受講されるので、学生と科目の関係は多対多です。
　担任と学生の関連のように、「一人の担任が何人の学生と関連をもつか」などを表現するものを多重度と呼んでいます。つまり、関連するデータの数を多重度といいます。
　多重度に関して迷ったときは、次の図のように具体的に一つ一つの値を考えて対応関係の線を引くと、間違いがありません。

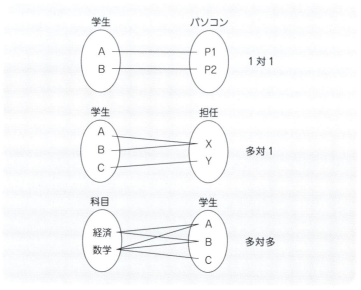

図表 4-4　多重度の具体的な表現

(2) 処理の流れの把握の技法

情報システムを構築するためには，処理されるデータの流れと処理の流れを把握する必要があります。データや処理の流れを把握する図としては**データフロー図**（**DFD**：Data Flow Diagram）と**流れ図**（**フローチャート**；flow chart）が使用されます。

▶データフロー図
▶DFD
▶流れ図
▶フローチャート

①データフロー図

DFDは，プロセスとプロセスの間のデータの流れを表す図です。
データがどのように受渡しをされるか四つの記号を使って表現します。

記号	名称	意味
名称（下線）	データストア	ファイル，データベースなどの表，データの保管を表します。
名称→	データフロー	データの流れ（移動）を表します。
（名称の円）	プロセス	データの加工処理を表します。入力データを出力データに変換します。
名称（枠）	データの源泉／データの吸収	システム外のデータの入力元・情報元（源泉），出力先（吸収）を表します。

▶データストア
▶データフロー
▶プロセス
▶データの源泉，吸収

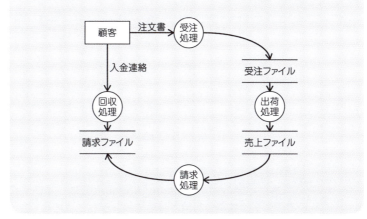

図表 4-5　DFD（データフロー図）の例

②流れ図

　流れ図は，プログラムの設計やシステムの開発などで，処理の流れを表すために，入出力機能や処理機能，条件による分岐などを，記号を用いて表した図のことです（1.2 ②を参照）。

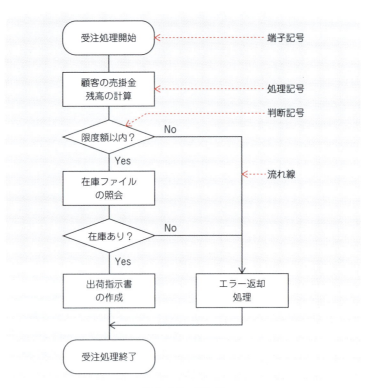

図表4-6　流れ図

(3) オブジェクト指向モデル

UML ▶　　UML（Unified Modeling Language）は，オブジェクト指向によるシステム開発で利用される統一モデリング言語です。UMLはオブジェクト指向技術の標準化団体であるOMG（Object Management Group）で採用されており，事実上の標準となっています。

　UMLには，ユースケース図，クラス図，シーケンス図などのチャートが含まれます。そして，こうしたチャートは，オブジェクト指向以外の開発でのモデリング（分析や設計）にも利用されています。

4.1 システム開発技術

ユースケース図 ▶	**ユースケース図**	システムの振舞い（機能）を表現するもの。このユースケース図からオブジェクトを抽出し，クラス図で表現する。シナリオは，ユースケースでの流れを文章で表現したもの。
シーケンス図 ▶	**シーケンス図**	オブジェクト間の関係について，時間を基準に表現したもの。
	コミュニケーション図（コラボレーション図）	オブジェクト間のメッセージやデータの流れを表現したもの。
クラス図 ▶	**クラス図**	クラスとクラス間の関係を表現したもの。
	ステートマシン図（ステートチャート図）	オブジェクトの状態の移り変わりを表現したもの（状態遷移図）。
	コンポーネント図	ソフトウェアのモジュール構成を表現したもの。
	配置図	ハードウェアにソフトウェアをどのように配置するか表現したもの。

図表 4-7　UML で用いられる図

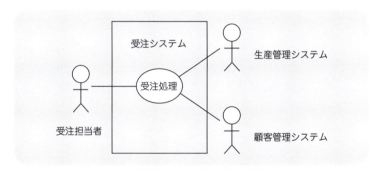

図表 4-8　ユースケース図の例

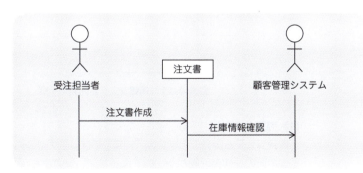

図表 4-9　シーケンス図の例

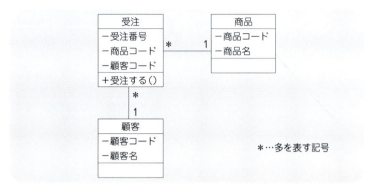

図表 4-10　クラス図の例

2　システム開発の手順

　一般的な情報システムの開発は問題で始まり，要件定義⇒システム設計⇒プログラミング⇒テスト⇒ソフトウェア・システム受入れの工程を経て，システム運用と保守に入ります。
　システム設計の工程にはシステム方式設計，ソフトウェア方式設計，ソフトウェア詳細設計と細かく分かれており，機能別，処理別，実際の開発単位であるプログラム（モジュール）別に内容を決定していきます。

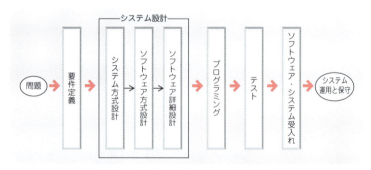

図表 4-11　情報システム開発の手順

(1) 問題とは

　情報システム開発の引き金は「問題」です。例えば，企業などにおいて従業員の「残業時間が多いので減らせないものか」，顧客からの「納期が遅い。もっと早くならないか」，社長からの「営業情報をタイミングよくもらえないか」など。これらの問題を解決するための手段として，情報機器を活用し，情報システムを開発するのです。

(2) 要件定義

システム及びソフトウェアに要求される機能，性能及び内容を明確にするプロセスです。現状の企業内，企業環境における問題点や課題を洗い出し，それを解決するためにどのような情報システムが必要なのかを整理したシステム化計画に基づき，利用者の**要求**を**要件**として定義します。

要求とは，顧客側が考えている「こういうものがほしい／こういうことを実現したい」ということを示した条件です。要件定義は，顧客が抱く要求を，システムとして実現すべき，具体的な機能として落とし込む作業といえます。

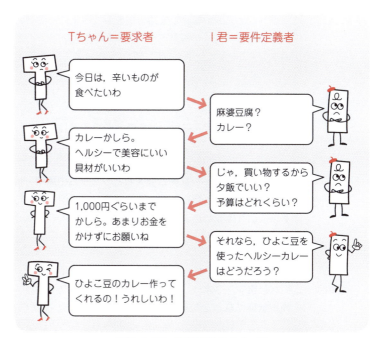

図表4-12　要件定義のイメージ

(3) システム設計

①システム方式設計

要件定義を基に，情報システムの機能を決定します。

ソフトウェア，ハードウェア，人による活動を機能分割して，業務処理フロー作成や画面設計などを行います。

②ソフトウェア方式設計

システム方式設計を基に，ソフトウェアを作成する上で必要となる全ての処理（プログラム）と，その流れを決定し，ソフトウェア要件

第4部　開発技術

を実現させるための設計をします。

③ソフトウェア詳細設計

ソフトウェア詳細設計▶

モジュール▶

プログラム
設計▶

ソフトウェア方式設計を基に，一つのプログラムとして定義された内容を，実際の開発単位である**モジュール**に分割します（モジュール分割）。モジュールは，プログラムを機能ごとに分割したもので，プログラムを構成する部品です。

ソフトウェア詳細設計は，一つ一つのプログラムについて検討するので**プログラム設計**とも呼ばれます。

プログラ▶
ミング

(4) プログラミング

ソフトウェア詳細設計で分割したモジュールごとに，アルゴリズムを設計する「モジュール設計」，プログラム言語を用いてアルゴリズムを記述する「コーディング」，プログラムを機械語に変換する「コンパイル」を行います。

テスト▶

(5) テスト

テストとは，エラーを見つけることを目的として，プログラムを実行する過程です。

(6) ソフトウェア・システム受入れとシステムの運用・保守

システム開発を依頼した側が行うテストが運用テストです。正常に稼働することを確認した上で，問題がなければ受入れを承認します。受入れの承認を経て，システムは納入され，利用者への導入教育（訓練）が行われます。

運用▶

受入れが終了した新しい情報システムは，利用者によって使われることになります。つまり，システムが**運用**状態になったわけです。

保守▶

運用状態になったからといって仕事が終わったわけではありません。システムの不具合の修正，新しい機能の追加などという**保守**（メンテナンス）作業を行いながら，システムを常に最良の状態に保つ必要があるからです。

3　要件定義

要件定義▶

最初に行うのは，**要件定義**です。情報システム構築の基本計画では，システム開発の対象となる業務（仕事）を調査し，問題点などを分析します。また，問題を解決するための解決案を考え，システム開発プロジェクトの実行計画を立案します。さらに，システム設計作業を行うための基準となる要求仕様を作成します。この工程をおろそかにすると，開発

日程が延びてしまったり、予定以上の出費がかさんだり、人手が足りなくなったり、こんなはずではなかったのに……など、システム開発全体に悪影響が出る可能性があるので、極めて重要な工程になります。

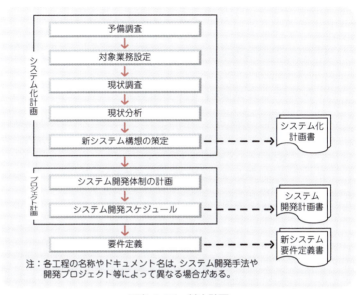

図表4-13　基本計画

(1) システム化計画

システム化計画▶

システム化計画とは、解決すべき問題を分析し、実現可能な解決策を導き出し、意思決定者（社長など）に新システム構想を提案する作業です。調査を十分に行って現実を明らかにし、分析して、理想（あるべきシステムの姿）を求めていきます。

(2) プロジェクト計画

開発プロジェクトの人員、使用するコンピュータや機器、費用などの資源計画を見積もって、開発プロジェクトの体制を明確にし、スケジュールを立案する作業を**プロジェクト計画**と呼びます。

プロジェクト計画▶

(3) 要件定義

要件定義▶

要件定義とは、利用者の要求を、開発する情報システムに取り入れるために、ハードウェア、ソフトウェアなど、システム全般にわたる要件を明確に定義する作業です。結果は**システム要件定義書**にまとめます。

システム要件定義書▶

機能要件▶

要件には、システムに求められる機能に関する**機能要件**と、信頼性や

> 非機能要件

セキュリティなど機能以外の**非機能要件**があります。また，非機能要件の一つであるソフトウェアの品質には，機能を正しく実行できるという

> 機能性

機能性，コンピュータ資源や時間を効率的に利用して処理できるという

> 効率性

効率性，利用者にとって使い易いという**使用性**，故障せずにいつでも使

> 使用性

えるという**信頼性**などの**品質特性**があります。

> 信頼性

・機能要件……処理手順やデータ項目など業務機能に関連する要件

> 品質特性

・非機能要件……性能，信頼性，セキュリティなど機能要件以外の要件

4 システム方式設計（外部設計）

> システム方式設計
> 外部設計

要件定義の次の段階は**システム方式（外部設計）**です。

システム方式設計は，要件定義で作成した要件定義書を基にして，情報システムの機能を決定します。また，機能を実現するために，人間が行う仕事とコンピュータが行う仕事を明確にします。システム方式設計での作業とドキュメントが図表4-14です。

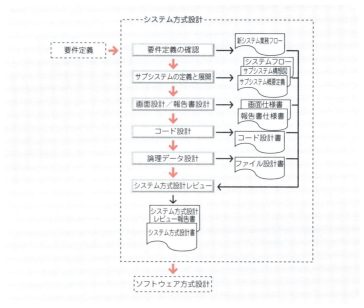

図表4-14 システム方式設計

（1）要件定義の確認

システム化計画で検討し，作成された要件定義書は，システム方式設計を行う前提で情報システムに対する要件を明確にしたものです。要件

業務フロー▶ を確認後，新システムの業務フローを作成し，さらにどのような処理をするのか，まとめておく必要があります（図表 4-15）。

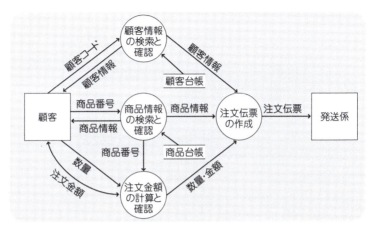

図表 4-15　業務フロー

(2) サブシステムの定義と展開

作成した業務フローを基に，システム開発の効率，業務上の切分けなどを考慮して，いくつかのサブシステムに分割します。

(3) 画面設計・帳票設計

画面設計▶
帳票設計▶
入力・出力▶
概要設計

画面設計と帳票設計は，入力・出力概要設計とも呼ばれ，利用者とコンピュータとのインタフェースを中心に設計します。これらは，システム利用者が，直接，接する重要な部分で，新システムの評価を決めてしまう可能性があるため，利用者の立場を意識して慎重に設計します。

①画面設計

この工程では業務フローなどを基にして，どのような画面が必要になるか検討し，一覧表としてまとめます。また，それぞれの画面に対してデータ項目と画面イメージなどを画面仕様書にまとめます。その際，利用者の熟練度なども考慮し，操作法（対話の方法など）も検討する必要があります。

画面仕様書▶

データを画面から入力する場合などは「誰が」，「いつまでに」，「どこで」，「何を」入力するかを検討することが必要です。この検討結果も画面仕様書にまとめます。

②帳票（出力）設計

帳票（出力）設計では，使用目的に応じて，出力周期，出力タイミング，配付先（最終利用者はどこにいる誰か），発生量，出力内容，

出力媒体（帳票か記録媒体かなど）などを検討する必要があります。その際に重要なことは，「いつ」，「誰に」，「何を（正確で簡潔に）」出力するかを検討することです。検討結果は出力仕様書にまとめます。

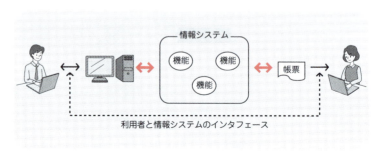

図表4-16　画面・出力設計

コード設計▶　**(4) コード設計**

コードは日常生活の中で頻繁に使われています。例えば，銀行の口座番号，学生番号や社員番号などが代表的です。

①コードの役割
・個々のデータの区別をするために使用する。
同姓同名など，区別がつかない場合，コード化が必要になります。
・データを体系化して管理しやすいようにする。
データの値並びを見ただけで意味が分かると便利で管理しやすくなります。
・データの標準化・単純化に利用する。
長い名前など，無用な入力間違いを引き起こしかねないものもシステム全体で標準化したコードを使用すれば便利です。

②コード設計作業

コード設計は，コード化対象のデータ項目を決定することから始まります。その後で，付番方式を決定します。コード設計の結果はコード設計書にまとめます。

③コードの種類と特徴

順番コード▶　（a）**順番コード**

一定の順序に並べられた項目に対して，一連の番号を割り振る方法です。このコードは項目の数が少ない場合に適していますが，途中追加などができないなど融通がきかない欠点があります。

区分コード▶　（b）**区分コード**

あるデータ項目の中をいくつかの組に分け，各組の順を追って番号を割り振る方法です。このコードは，少ない桁数で多くの内容を

4.1 システム開発技術

表せますが，追加などに備えて十分な検討が必要です。

▶桁別分類
　コード
(c) 桁別分類コード

　データ項目を，大分類，中分類，小分類などに区別し，その分類ごとに，コードの各桁に対応させ一連番号を付ける方法です。このコードは，各桁にそれぞれ意味をもたせます。しかし，ある分類が10個を超える場合には，桁数を増やすなどの工夫が必要となります。

▶表意コード
(d) 表意コード（ニモニックコード：mnemonic code）

▶ニモニック
　コード
　コード化するデータ項目の名称や略称をコードの中に組み込み，コード化したデータから意味を連想しやすくする方法です。人間が理解しやすいコードですが，桁数が多くなる欠点があります。

都道府県コード　日本産業規格コード（JIS X 0401）

01	北海道	13	東京都	25	滋賀県	37	香川県
02	青森県	14	神奈川県	26	京都府	38	愛媛県
03	岩手県	15	新潟県	27	大阪府	39	高知県
04	宮城県	16	富山県	28	兵庫県	40	福岡県
05	秋田県	17	石川県	29	奈良県	41	佐賀県
06	山形県	18	福井県	30	和歌山県	42	長崎県
07	福島県	19	山梨県	31	鳥取県	43	熊本県
08	茨城県	20	長野県	32	島根県	44	大分県
09	栃木県	21	岐阜県	33	岡山県	45	宮崎県
10	群馬県	22	静岡県	34	広島県	46	鹿児島
11	埼玉県	23	愛知県	35	山口県	47	沖縄県
12	千葉県	24	三重県	36	徳島県		

図表 4-17　順番コードの例

101	千代田区	201	八王子市	301	削　　除
102	中央区	202	立川市	302	削　　除
103	港　区	203	武蔵野市	303	瑞穂町
104	新宿区	204	三鷹市	304	削　　除
105	文京区	205	青梅市	305	日の出町

（注）　区：101～199の連番号
　　　　市：201～299の連番号
　　　　町村：301～799の連番号

図表 4-18　区分コードの例

勘定科目コード

1000	資産勘定		
1100	流動資産	1000	大分類コード
1110	現　　金		
1111	当座預金	1100	中分類コード
1112	普通預金		
1113	当座口普通預金	1110	小分類コード
1114	保険口普通預金		
1115	定期積金	1111	細分類コード
1116	定期預金		
1117	そ の 他		
1120	受取手形		
1121	手持手形		
1122	担保手形		
1123	不渡手形		

図表 4-19　桁別分類コード

TV-LC-32	32インチ液晶テレビ
TV-LC-40	50インチ液晶テレビ
TV-LC-55	55インチ液晶テレビ
TV-EL-55	55インチ有機ELテレビ
TV-EL-60	60インチ有機ELテレビ

TV：テレビ　LC：液晶　EL：有機EL
数字：画面サイズ（インチ）

図表 4-20　表意コードの例

211

(5) 論理データ設計

> 論理データ設計
> ファイル・データベース概要設計

この工程は，別名**ファイル・データベース概要設計**とも呼ばれ，どのようなデータをどのようにシステム内に蓄えるかを明確にします。

サブシステム定義と展開で明確にされたインタフェース情報，画面設計・報告書設計で検討された入力・出力データ，さらにコード設計の結果などを踏まえて検討します。設計結果はファイル仕様書にまとめます。

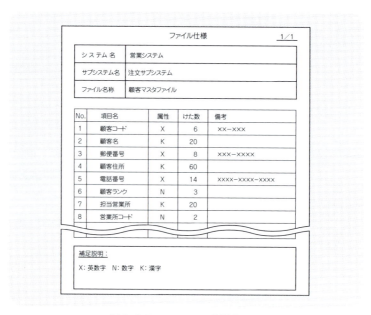

図表 4-21 ファイル仕様書の例

論理データ統計では，将来のシステム拡張を考慮して設計する必要があります。

(6) システム方式設計レビュー

システム方式設計の最後は，今まで行ってきた設計作業の総まとめとして，作成したドキュメントを**レビュー**（検査，批評）します。レビューの結果がよければシステム方式設計書をまとめ，レビュー結果を付け，次の工程につなぎます。問題点があれば，なくなるまでシステム方式設計を続けることになります。

> レビュー
> ウォークスルー

レビューは各工程の終了段階で行われ，その検討会のことを**ウォークスルー**と呼びます。ウォークスルーは設計上のエラーを早期に発見することを目的として行います。

> インスペクション

また、**インスペクション**と呼ばれるレビューもあります。ウォークスルーは相互に対等な参加者が検証し合うレビューですが、インスペクションは、モデレータと呼ばれる責任者に従って、組織的に実行されます。

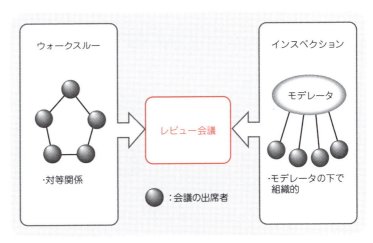

図表 4-22 ウォークスルーとインスペクション

5 ソフトウェア方式設計（内部設計）

> ソフトウェア方式設計

システム方式設計の次は**ソフトウェア方式設計**です。ソフトウェア方式設計では、システム方式設計を基にソフトウェアを作成する上で必要となる全ての処理（プログラム）と、その流れを明確にします。さらに、使用する全ての帳票、画面、ファイルなどの詳細を設計します。図表4-23にソフトウェア方式設計の作業と作成するドキュメントを示します。

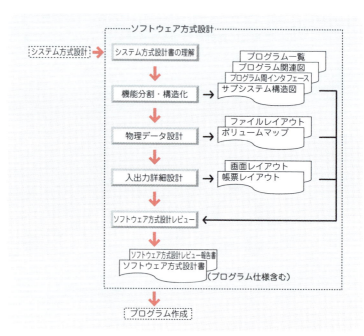

図表4-23　ソフトウェア方式設計

(1) システム方式設計書の理解

　ソフトウェア方式設計は，システム方式設計を基に行われます。したがって，システム方式設計書をよく検討し理解しておく必要があります。

機能分割▶
階層構造化▶

(2) 機能分割・階層構造化

　機能分割・階層構造化とは，システム方式設計書の内容を踏まえて，プログラムを作成する立場からシステムの機能を検討し，整理していくことです。次のような手順で行います。
　①プログラム機能の洗出し（データフローの明確化）
　②機能のグループ化
　③プログラム機能の分割・階層構造化
　④プログラム機能の決定

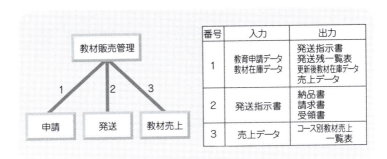

図表 4-24　プログラムの機能の階層構造化（1）

　申請，発送，教材売上というグループではプログラムが大きすぎるため，各機能をさらに分割・段階化していきます。

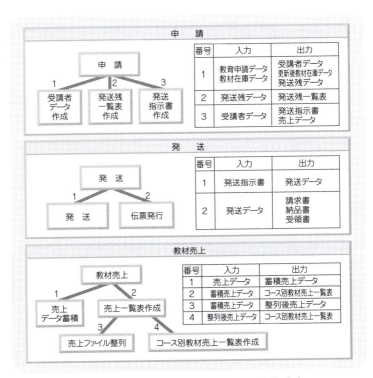

図表 4-25　プログラムの機能の階層構造化（2）

(3) 物理データ設計（ファイル設計）

　システム方式設計で行った論理データ設計を基に，さらに詳細な仕様

を検討し，ファイルレイアウトなどにまとめます。
- ①データの特性分析によって，データ量，変更・発生頻度などのデータ分析を明確にします。
- ②処理形態，処理速度，ファイルの特性，オペレーティングシステムの機能などを踏まえてファイル編成を決定します。
- ③データの特性によって，磁気ディスク，磁気テープなどのファイル格納媒体の決定をします。
- ④レコード内のデータ項目の属性（文字,数字など），大きさ（何桁か），レコードレイアウトの決定をします。

(4) 入出力詳細設計
システム方式設計で行った画面設計・報告書設計を基にして，より詳細な仕様を確定します。

帳票設計▶　**①帳票設計**

用紙の大きさ，文字の大きさと配置，及び編集，罫線の太さなどを検討します。また，原始伝票（データ入力用の伝票）も設計する必要があります。

画面設計▶　**②画面設計**

入力・出力に使用する画面イメージを設計します。各項目のフィールド属性（入力可能・入力不可，色，輝度，反転など），対話の形態（間違い操作の場合のメッセージ,メニュー画面など）などを設計します。

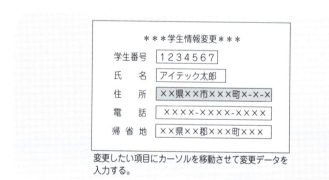

図表4-26　画面設計の例

入力の
チェック方式▶　**③入力のチェック方式**

コンピュータシステムでは，GIGO（Garbage In Garbage Out；ガラクタを入れたらガラクタが出てくる）という言葉があります。データの入力チェックはシステムの信頼性から重要なことです。

④メッセージ設計

画面などに出力するメッセージを設計します。例えば，エラーメッセージなどです。メッセージは操作性を高める重要な要素になります。

(5) ソフトウェア方式設計レビュー

ソフトウェア方式設計の最後は，作成したドキュメントをレビュー(批評)します。レビューの結果がよければソフトウェア方式設計書をまとめ，レビュー報告を付け，次の工程であるプログラム設計工程につなぎます。問題点がなくなるまでソフトウェア方式設計を続けます。

6 ソフトウェア詳細設計（プログラム設計）

ソフトウェア詳細設計（プログラム設計）ではソフトウェア方式設計で明確にしたプログラムの内容を，モジュールに分割します。**モジュール**はプログラムを機能ごとに分割したものでプログラムを構成する部品です。また，モジュール間のインタフェースも設計します。

(1) プログラム構造化設計

ソフトウェア方式設計によって，一つのプログラムとして定義された内容を，実際の開発単位であるモジュールに分割します。また，プログラムの部品化が行われてきているので，共通的に使える部品としてのモジュールを意識して設計する必要があります。**プログラム構造化設計**とは，次の三つの設計作業のことです。

①プログラムを機能や処理内容によって，いくつかの部分（モジュール）に分割する。
②分割したモジュールを**階層構造化**する。
③モジュール間のインタフェースを明確にする。

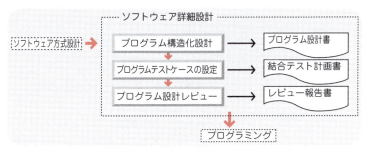

図表4-27　ソフトウェア詳細設計（プログラム設計）

ここまでのシステム開発手順を振り返ってみましょう。

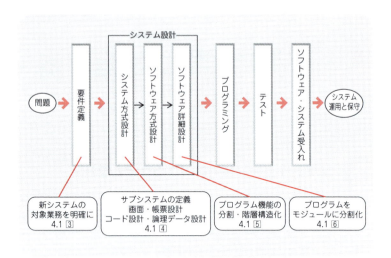

図表 4-28　情報システムの開発手順（まとめ）

ここまでくればプログラム作成作業に移れます。これら一連の流れは，プログラムの構造化設計と呼ばれています。

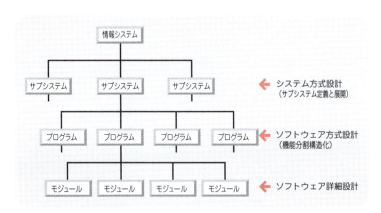

図表 4-29　プログラムの構造化設計

(2) プログラムテストケースの設定

分割されたモジュールを結合させる場合のテスト計画を設定します。したがって，結合テストの事前準備作業です。

(3) ソフトウェア詳細設計レビュー

作成したドキュメントをレビューします。基本的な考え方は各設計段階と同じと考えてよいでしょう。

7 プログラミング

▶プログラミング　　プログラミングには，ソフトウェア詳細設計で分割したモジュールごとに，内部のアルゴリズムを設計し，プログラム言語でコーディングする作業，及び単体テストを設計し，実施する作業が含まれます。図4-30にプログラミング工程の作業と作成するドキュメントを示します。

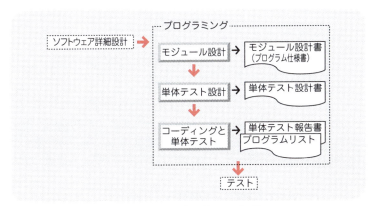

図表4-30　プログラムの作成

▶モジュール設計
(1) モジュール設計

▶モジュール設計書　　ソフトウェア詳細設計で分割されたモジュールの内部のアルゴリズムを設計する作業です。設計結果は**モジュール設計書**にまとめます。

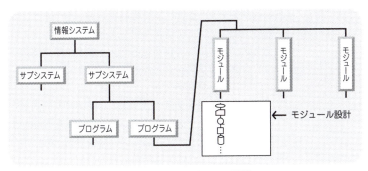

図表4-31　モジュール設計

(2) 単体テスト設計

単体テストでは，モジュール設計どおりに正しく動いていることを確認します。単体テスト設計では，テストケースの設計，テストデータの作成やテスト実施計画などを作成し，単体テスト設計書にまとめます。

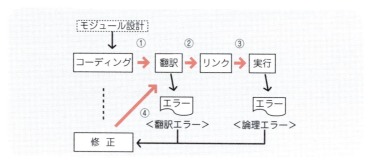

図表4-32　プログラムの作成

(3) コーディングと単体テスト

プログラミング言語を使用してプログラムの**コーディング**を行い，単体テスト計画に従ってモジュールのテストを行って，**デバッグ**します。デバッグとはプログラム中の不具合（**バグ**）を取り除くことです。作業結果は原始プログラムのリストと単体テスト報告書になります。

(4) テストケースの設計

プログラムのテストでは，エラーを見つけるためにプログラムを実行します。しかし，その作業を行う担当者や時間は限られているので，なるべく少ない人数と時間でたくさんのエラーを見つけ出せるようなテストを行う必要があります。また，テストの内容を設計（**テストケース設計**）しておく必要があります。まず，テストケースを設計するときに，対象となるプログラムのとらえ方としてブラックボックステスト，ホワイトボックステストという二つの基本方針があります。

一般に，単体テストのテストケースを設計するときにはホワイトボックステストが，次の節で扱う結合テストなど，単体テスト以外のテストにはブラックボックステストが適用されます。

①**ブラックボックステスト**

ブラックボックステストは，入力したデータに対して，何が出力されるかに着目したテストでプログラムの機能を確認します。

用いられるテスト技法としては，同値分割と限界値分析の二つが代表的なものです。ここではそれぞれの技法の考え方を簡単に紹介しましょう。

・**同値分割**

　仕様書の入力条件に注目して，入力データを結果が異なるグループに分割し，それぞれのグループから代表値を選んでテストケースを設計する方法です。

　図表4-33のように，入力の有効範囲が「10≦入力データ≦18」ならば，この条件に合致するデータが有効同値クラス，この条件に合致しないデータが無効同値クラスです。代表値には，それぞれのグループの真ん中あたりの値を使います。

　同じ結果が出る入力値のグループなのだから，そのうちの一つが確認すれば，残りの値も同じ結果になるはず，という考え方です。

図表4-33　同値分割

・**限界値分析**

　同値分割の考え方を，さらに一歩進めたもので，各グループの境界となる値を限界値と考え，この限界値を各同値グループの代表値として採用するものです。

　設計書に入力の有効範囲が「10≦入力データ≦18」とあっても，うっかり，10＜入力データ＜18とコーディングしてしまうことがあります。この誤りには，限界値分析が有効です。有効同値クラスと無効同値クラスの境界値を使ってテストします。このため，境界値分析とも呼びます。

図表4-34　限界値分析

②ホワイトボックステスト

ホワイトボックステストでは，プログラムの内部構造を示すモジュール設計書やプログラム自体のアルゴリズムに着目してテストを行います。全ての命令を実行するようなテストデータを作成してテストを行います。この基準は命令網羅と呼ばれ，この基準を満足するようにテストケースを設計するということが，ホワイトボックステストの大前提といえます。

命令網羅の他に，分岐網羅（判定条件網羅），条件網羅などの基準がありますが，それぞれプログラム中の分岐命令（IF文など）に着目したものです。

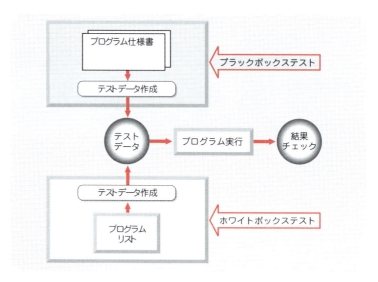

図表4-35　ブラックボックステストとホワイトボックステスト

ブラックボックステストは，プログラム自体を，中身が分からないブラックボックスとみなして，入力と出力だけを見てテストするのね

逆に，ホワイトボックステストは，箱の中身（プログラムの内容）を考慮して，テストデータを準備してテストするんだね

8 テスト

システム開発の最終工程はテストです。この工程では，結合テスト，システムテスト，運用テストといった観点の異なるテストを積み重ねていくことによって，開発したシステム中に潜む不具合（バグ，エラー）を取り除いていきます。このテスト作業を図表4-36に示します。

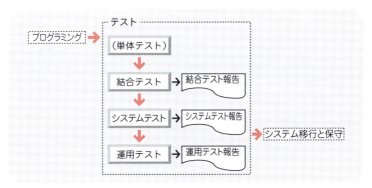

図表4-36 テスト

▶結合テスト

(1) 結合テスト

別々に開発されたモジュール（プログラム）を，実際に結合して行うテストです。モジュール同士のインタフェースの整合性や，モジュールを結合してプログラム単体としての機能についての不都合を取り除くことを目的に行われます。

増加テストでは，結合するモジュールを順次増やすことによって，テストの対象を絞り込みます。増加テストには，上位からモジュールを結合していく**トップダウンテスト**，下位からモジュールを結合していく**ボトムアップテスト**，また，上下から結合していくサンドイッチテストがあります。

▶トップダウンテスト

▶ボトムアップテスト

トップダウンテストでは，まだ結合していない下位モジュールの代わりに**スタブ**と呼ばれる仮のモジュールを使い，ボトムアップテストでは，上位モジュールの代わりをする**ドライバ**と呼ばれる仮のモジュールを使います。増加テストでは，スタブやドライバを使うことによって，全てのモジュール開発が完了していなくても，テストを始められるという利点もあります。

▶スタブ

▶ドライバ

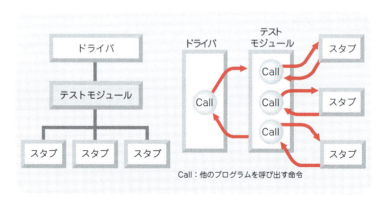

図表 4-37　ドライバとスタブ

(2) システムテスト（総合テスト）

プログラムを組み合わせてサブシステムやシステム全体として，機能の正当性という観点でテストを行い，不都合や誤りを取り除きます。単に機能が正しいことを確認するだけでなく，性能や操作性なども含めていろいろな角度から検証します。

このほかに，例外的な処理や性能の確認，また，大量のデータを投入した場合の動作を確認する負荷テスト，さらには，故意に障害を発生させて行う障害テストなどもシステムテストに含まれます。このテストで，システム開発者側のテストは終了です。想定される全てのケースについてテストしたことになります。

(3) 運用テスト

本番運用と同じ環境やデータを使ってテストします。新システムが業務に有効に活用できるかどうか，また，新システムの運用性に問題がないかなどの観点でテストを行います。したがって，システムの利用者や運用部門がテストの主体となります。

(4) レグレッションテスト

機能変更やバグを除くためにプログラムは修正されますが，機能が複雑に入り組んでいると，プログラムのある部分の修正によって，予期せぬ部分に悪影響が出ることがあります。このため，運用中のプログラムを修正したときには，修正した部分のテストに加えて，修正対象外の部分について影響がないことを確認するテストも必要です。これをレグレッションテスト（退行テスト）と呼びます。

9 レビュー

システム開発の作業は複数人で作業を分担し，並行して進めていくのが普通です。この場合，担当した人だけで作業を進めていくと，思い込みやミスなどで，間違った結果や成果物を出してしまうことがあります。これを防ぐために，各工程の終了時には担当者と関係者が集まって，内容のチェックを行うための▶レビューを行います。また，関係者として利用者も参加して，成果物が要求に合っていることを確認するためのレビューを▶共同レビューと呼びます。

10 ソフトウェア・システムの受入れと保守

外部のベンダなどに依頼して情報システムを開発した場合，依頼した側の利用者が中心となって，実際の運用と同じ条件でソフトウェアを使用して，要求事項を満たしていることを確認する▶受入れテストを行います。このテストで問題がなければ，ソフトウェアの納入を受け，利用者への教育訓練や利用者マニュアルの作成などを行います。これらの作業を，▶ソフトウェア・システムの受入れといいます。

ソフトウェア・システムの納入後は，業務に利用して運用していきます。この期間は長期に及ぶので，その間の法律や社会環境の変化に対応するために，プログラムの修正や変更などを行います。こうした作業は，▶保守と呼ばれます。

また，保守作業は，設計書などのドキュメントをもとに行いますが，保守に必要なドキュメントが揃っていないなどの不備がある場合，動作中のプログラムの内容をもとに設計書などを作成することもあります。このような作業は，通常の開発作業の逆をたどるので，▶リバースエンジニアリングと呼ばれます。

お客様の要求どおりの最適なシステムは，できあがったら完了ではないんだね

そうね。「作っておわり」ではなく，作った後に，システム稼働という本当のはじまりがやってくるのよ

第4部 開発技術

4.2 ソフトウェア開発管理技術

ソフトウェアの開発手法の代表的なモデルを覚えておきましょう。

また,共通フレームも大切な役目を果たしています。例えば,家を建てるときに,関係者が「平米」,「坪」,「6畳分」などと,各自が別々の単位を用いて話しを始めたら,なかなか進みません。このようにソフトウェア開発をスムーズに進めるためにも共通フレームという「共通の物差し」があるのです。

1 ソフトウェア開発モデル

　情報システムの伝統的な開発モデルには,システム開発ライフサイクルの各工程を順番に行うウォータフォールモデルがあります。このモデルは,基幹システムのような大規模なシステムを,長い時間をかけて多くの人数で開発するためのもので,計画通りに作業が進められることを重視しています。その後,変更に対する柔軟性がないというウォータフォールモデルの欠点を補うために,プロトタイプモデルやスパイラルモデルが提案されました。さらに,情報システムの使われ方が変化して,小規模な開発を短期間で行うことが多くなると,少人数のチームによる効率的な作業を目指したRADが出現し,現在は,RADの影響を受けたアジャイルによるソフトウェア開発が多くなっています。

▶ウォータフォールモデル

(1) ウォータフォールモデル（waterfall model）

　システム開発ライフサイクルの各工程を後戻りすることなく,順番に行う方式で,上流工程の完了が確定してから下流工程へ移ります。滝の流れのように一方向の流れであることから,この名前が付いています(図表4-38)。

▶プロトタイピングモデル

(2) プロトタイピングモデル（prototyping model）

　ウォータフォールモデルのように各工程を順番に行うのではなく,先

▶プロトタイプ

に試作品（**プロトタイプ**）として部分的にプログラムを作成し,ユーザ

226

の確認後，詳細な設計を行う手法です（図表4-39）。

　早い段階で，実際に動くプログラムを確認できるので，開発者とユーザとの認識のずれや仕様のあいまいさを排除できる利点があります。しかし，何度もプロトタイピングを繰り返していると開発の効率が落ちるので，期限や，繰返しの回数を決めるなどの工夫が必要になります。

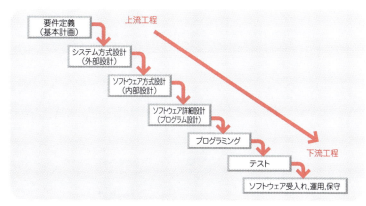

図表4-38　ウォータフォールモデル

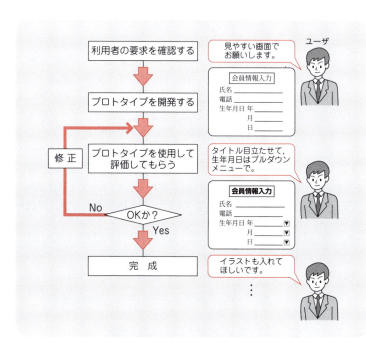

図表4-39　プロトタイピングモデル

(3) スパイラルモデル (spiral model)

ウォータフォールモデルとプロトタイピングの両方の利点を併せもつ手法です。あるシステムが，開発の初期段階で独立性の高いサブシステムに分けられる場合に，サブシステム単位に設計，プログラミング，テストを行い，順次サブシステムごとに繰り返していく手法です。

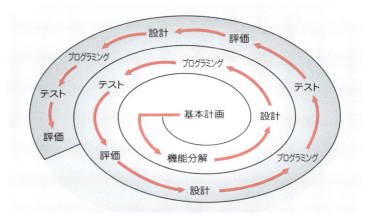

図表 4-40 スパイラルモデル

(4) RAD (Rapid Application Development)

RAD の Rapid は，「速い」，「敏速な」という意味で，「早く，安く，高品質」を目標とした開発モデルです。業務や開発ツールなどを熟知したスキルの高い少人数の開発者が，利用者とともにチームを組んで，要求分析や開発を進めていきます。このとき，タイムボックスと呼ばれる短い期間の開発を繰り返していくことが特徴で，予定の作業が完成しなくても，締め切りを遵守してタイムボックスを終了させ，見直しをして次のタイムボックスに入ります。情報システムを取り巻く環境が変化したため，あまり普及はしませんでしたが，少人数，利用者とのチーム，短期間の開発を繰り返すなど，基本的な考え方は，アジャイルに引き継がれています。

(5) アジャイル開発

アジャイル (agile) とは「俊敏な」という意味で，「ドキュメントよりも，実際に動作するプログラムを」，「計画に従うよりも，変化に対応することを重視する」，「契約交渉よりも，顧客との協調を重視する」などのスローガンのもとに，少人数の開発チームが，イテレーションと呼ばれる短い開発期間を繰り返しながら，変化に柔軟に対応しながら効率

的に開発を進めていきます。

アジャイルと呼ばれる開発手法には，いくつかの種類がありますが，開発技術に重点を置いた **XP（エクストリームプログラミング）** とチームの組織づくりに重点を置いた**スクラム**が代表的です。また，それぞれの開発手法には，**プラクティス**などと呼ばれる，いくつかの実践例（推奨される方法）がありますが，XP のプラクティスとして，次のものがよく知られています。

XP ▶
エクストリーム▶
プログラミング
スクラム▶
プラクティス▶

・**ペアプログラミング**……2 人ペアでプログラミングを行う（1 人はチェックやアドバイス）。

ペア▶
プログラミング

・**テスト駆動開発**……最初に仕様をもとにしたテストケースを設計し，そのテストをクリアするようなプログラムを作成する。

テスト▶
駆動開発

・**リファクタリング**……完成した機能を変えずに，処理効率や保守性を考慮してプログラムを修正（洗練）する。

リファクタ▶
リング

2 ソフトウェア開発手法

大規模なシステム開発の作業では，長期間で多人数となり，費用が増大します。そこで，いかに効率良くソフトウェア開発の作業を進めるかが重要な問題です。代表的なソフトウェア開発手法として，次のものがあります。

(1) 構造化手法

業務や機能は複数の処理で構成されているという考えに基づき，これらを最小単位まで分割することで内容や関連などの構造を明らかにする手法です。最小単位は，通常，一つのことしか含まないため，システム開発の生産性を上げ，ソフトウェアの品質向上，さらに保守作業の軽減をさせることを目的としています。

構造化手法には，企画段階で使う構造化分析と，設計段階で使う構造化設計があります。

構造化分析▶
①構造化分析

機能の洗出しと詳細化を目的に，機能分割をしながら分析をすることです。段階的詳細化（トップダウンアプローチ）とも呼ばれます。開発するシステムをいくつかの部分に分け，さらにそれぞれの部分を，分割していきます。これを何回か繰り返すと分割不能になり，機能の仕様は階層化し，徐々に詳細な仕様が確定します。

構造化分析では，機能間のデータの流れに注目して，それを DFD（4.1 ① (2) 参照）に整理しながら分析を進めます。「機能と機能をつなぐものは，機能間で受渡しされるデータである」という考え方で

第4部　開発技術

す。また，機能は「入力データに対して何らかの加工（変換）を施して，出力データを作り出すもの」という考え方でもあります。

構造化設計▶　②構造化設計

複合設計，機能設計とも呼ばれます。機能をトップダウンアプローチで分割していくと，最小単位はモジュールになります。

このモジュールに一つの機能しかもたせず，ほかのモジュールとの関係を最小にするのが望ましいとされています。結果として品質が向上し，保守が容易になります。

(2) プロセス中心アプローチ（POA；Process Oriented Approach）

業務の機能や処理など，プロセスを中心とした分析・設計手法です。構造化分析の考え方に基づいています。また，この考え方に基づいた図がDFDです。

データ中心
アプローチ▶ ## (3) データ中心アプローチ（DOA；Data Oriented Approach）

システムで扱うデータを中心とした分析・設計手法です。機能は，業務が変わったり，作業する順番が変わったりするなどの利用者事情が多々あります。これに対し，データ構造は滅多に変わることはありません。例えば，名前が住所に変わることはなく，商品個数の入力が数字から漢数字に変わることもありません。電話番号のように桁数が足りなくなって追加することや，項目自体を追加することはありますが，頻繁に起こることではありません。そこで，データ構造を分析し，それぞれのデータに対して，このデータを使う処理には何があるかを，機能として設計する考え方です。この考え方に基づいた図がE-R図（4.1 ① （1）参照）です。

オブジェクト▶
指向 ## (4) オブジェクト指向

データとそのデータに対する操作を一つの**オブジェクト**としてとら
オブジェクト▶ え，オブジェクトごとに分析・設計する手法です。

オブジェクトは，実世界に存在するもののことで，情報システムでは，売上管理を例に挙げると，得意先，営業担当者，商品，注文，倉庫，在
メソッド▶ 庫表などが相当します。また，このオブジェクトには**メソッド**と呼ばれる操作が備わっており，得意先ならば「注文する」，営業担当者であれば「納品日を決める」，在庫表であれば「在庫を減らす」，倉庫であれば「出荷する」，などがあります。

データとメソッドをこのようにオブジェクトとしてまとめることを，
カプセル化▶ **カプセル化**といいます。JavaやC++，C#などのオブジェクト指向言語の基礎となっています。

230

従来のプログラミングでは，データはファイルやデータベース，操作はプログラムと分けて扱っていました。オブジェクト指向では，オブジェクト単位に情報システムを開発します。

カプセル化によって，内部のデータを直接参照したり更新したりすることはできなくなるんだね

逆にいえば，データの内部構造を知らなくてもメソッドを通してデータにアクセスできるので，プログラミングがしやすくなるといえるわね

3 DevOps（デブオプス）

通常は別の組織が行うことの多い情報システムの Development（開発）と，Operations（運用）の作業を協力（場合によっては一体化）して行うことで，情報システムの開発と運用を安全で効率的に行うという考え方や仕組みを，両者の略称を組み合わせ DevOps と呼びます。

▶ DevOps

Web サービスなどでは，新機能の提供や機能のレベルアップなど，短い期間で利用者にリリース（提供）されることが多くなっています。そして，このようなリリースを問題なく行うためには，プログラムの修正だけでなく，リリース作業やその後の運用作業の正確性や効率性も重要です。こうしたことから，DevOps という考え方や仕組みが注目されるようになりました。組織の協力だけでなく，プログラム管理やリリース作業，運用作業などのツールを導入して，正確で効率的な作業が行えるような工夫もされています。

4 共通フレーム 2013
（SLCP-JCF2013；Software Life Cycle Process-Japan Common Frame 2013）

ソフトウェアライフサイクルプロセスの国際規格である ISO/IEC 12207 に準拠した規格です。日本独自の修正を加えており，共通フレームと呼ばれています。

(1) 共通フレームの目的

▶ 共通フレーム

共通フレームの目的は，「共通の物差し」を使うことによって，ソフトウェア開発に関する作業内容や取引を明確にすることです。共通フ

レームを使うことによって、利用者側と開発側、また、取得者（発注者）側と供給者側との間の認識のずれや用語の違いをなくすことができます。また、誰もが同じ認識で作業をしているので、その成果物である見積書や提案書の比較も容易になります。共通フレームの目的には、不透明な取引をなくし、市場の透過性を高めることも含まれています。

(2) 共通フレームの構成

共通フレームはプロセス，アクティビティ，タスク，注記の4階層で定義されています。プロセスは，企画プロセス，システム開発プロセスなど，作業の大分類です。アクティビティは，開発プロセスであれば，要件定義，システム方式設計など，作業の中分類として工程が相当します。タスクは作業内容を表し，注記はさらに詳細な具体的作業項目を示しています。

図表4-41　共通フレームの基本構成

(3) 企画プロセス

企画プロセス▶

なお，**企画プロセス**は，これまで説明してきた情報システム開発の前段階にあたる経営戦略の視点によるプロセスで、経営や事業の目的、目

システム化▶構想　標を達成するために必要なシステム関連の要件やシステム化の方針を**システム化構想**として取りまとめ，その実現のための実施計画であるシステム化計画を立案することを目的としています。

　そのための作業として，情報システム戦略に連動した経営上の課題やニーズを把握し，システム構想を立案するシステム化構想の立案プロセスと，システム化構想の内容を実現するために，システム化対象業務の問題点を分析して課題を定義し，システム化する機能，開発スケジュール及び費用と効果を明らかにする**システム化計画**の立案プロセスを含んでいます。

システム化計画▶

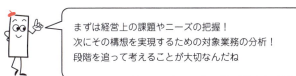

まずは経営上の課題やニーズの把握！
次にその構想を実現するための対象業務の分析！
段階を追って考えることが大切なんだね

第4部 確認問題

問4-1 (H25秋-IP 問40)

システム開発を，システム要件定義，システム方式設計，ソフトウェア要件定義，ソフトウェア方式設計，ソフトウェア詳細設計の順で実施するとき，ソフトウェア詳細設計で初めて決定する項目として，適切なものはどれか。

　ア　コーディングを行う単位となる個々のプログラムの仕様
　イ　ソフトウェアに必要な機能と応答時間
　ウ　対象ソフトウェアの最上位レベルの構造
　エ　複数のソフトウェア間のインタフェースに関する仕様

問4-2 (H24秋-IP 問46)

プログラムの品質を検証するために，プログラム内部のプログラム構造を分析し，テストケースを設定するテスト手法はどれか。

　ア　回帰テスト　　　　　　　　イ　システムテスト
　ウ　ブラックボックステスト　　エ　ホワイトボックステスト

問4-3 (H28春-IP 問43)

システム開発のテストを，単体テスト，結合テスト，システムテスト，運用テストの順に行う場合，システムテストの内容として，適切なものはどれか。

　ア　個々のプログラムに誤りがないことを検証する。
　イ　性能要件を満たしていることを開発者が検証する。
　ウ　プログラム間のインタフェースに誤りがないことを検証する。
　エ　利用者が実際に運用することで，業務の運用が要件どおり実施できることを検証する。

問 4 - 4 (H28春-IP 問42)

システム開発のプロセスには，ソフトウェア要件定義，ソフトウェア方式設計，ソフトウェア結合テスト，ソフトウェア導入，ソフトウェア受入れなどがある。システム開発の関係者を開発者側と利用者側に分けたとき，ソフトウェア受入れで実施する作業はどれか。

ア　開発が完了したソフトウェアを，開発者側が本番環境に配置する。
イ　開発者側が利用者側にヒアリングを行って，ソフトウェアに要求される機能，性能を明確にする。
ウ　ソフトウェアが要件を満たしていて，利用できる水準であることを，利用者側が確認する。
エ　ソフトウェア要件定義書が利用者側のニーズを満たしていることを確認するために，開発者側がレビューを行う。

問 4 - 5 (H30春-IP 問5)

DFDの記述例として，適切なものはどれか。

ア

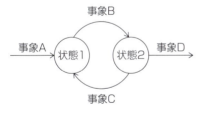

イ

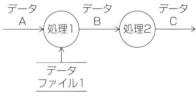

ウ

エ

第4部　開発技術

問4-6
(H25秋-IP 問34)

ソフトウェア開発プロジェクトにおいて，上流工程から順に工程を進めることにする。要件定義，システム設計，詳細設計の工程ごとに完了判定を行い，最後にプログラミングに着手する。このプロジェクトで適用するソフトウェア開発モデルはどれか。

ア　ウォータフォールモデル　　　　イ　スパイラルモデル
ウ　段階的モデル　　　　　　　　　エ　プロトタイピングモデル

問4-7
(R1秋-IP 問49)

アジャイル開発の特徴として，適切なものはどれか。

ア　各工程間の情報はドキュメントによって引き継がれるので，開発全体の進捗が
　　把握しやすい。
イ　各工程でプロトタイピングを実施するので，潜在している問題や要求を見つけ
　　出すことができる。
ウ　段階的に開発を進めるので，最後の工程で不具合が発生すると，遡って修正が
　　発生し，手戻り作業が多くなる。
エ　ドキュメントの作成よりもソフトウェアの作成を優先し，変化する顧客の要望
　　を素早く取り入れることができる。

問4-8
(R1秋-IP 問55)

ソフトウェア開発における DevOps に関する記述として，最も適切なものはどれか。

ア　開発側が重要な機能のプロトタイプを作成し，顧客とともにその性能を実測し
　　て妥当性を評価する。
イ　開発側と運用側が密接に連携し，自動化ツールなどを活用して機能などの導入
　　や更新を迅速に進める。
ウ　開発側のプロジェクトマネージャが，開発の各工程でその工程の完了を判断し
　　た上で次工程に進む方式で，ソフトウェアの開発を行う。
エ　利用者のニーズの変化に柔軟に対応するために，開発側がソフトウェアを小さ
　　な単位に分割し，固定した期間で繰り返しながら開発する。

確認問題

問 4 - 9   (H31春-IP 問54)

ソフトウェア保守に関する説明として，適切なものはどれか。

ア　稼働後にプログラム仕様書を分かりやすくするための改善は，ソフトウェア保
　　守である。

イ　稼働後に見つかった画面や帳票の軽微な不良対策は，ソフトウェア保守ではな
　　い。

ウ　システムテストで検出されたバグの修正は，ソフトウェア保守である。

エ　システムを全く新規のものに更改することは，ソフトウェア保守である。

問 4 -10   (R1秋-IP 問39)

共通フレームの定義に含まれているものとして，適切なものはどれか。

ア　各工程で作成する成果物の文書化に関する詳細な規定

イ　システムの開発や保守の各工程の作業項目

ウ　システムを構成するソフトウェアの信頼性レベルや保守性レベルなどの尺度の
　　規定

エ　システムを構成するハードウェアの開発に関する詳細な作業項目

第5部

プロジェクトマネジメント

システム開発には適切なプロジェクトマネジメントが求められます。どうしたら，資源，予算，納期，リスクを適切に管理して，プロジェクトを成功させることができるのか。ここで考えてみましょう。

5.1 プロジェクトマネジメント …………………………… 240

5.1 プロジェクトマネジメント

システム開発という大きなプロジェクトを成功させるためには，様々なマネジメント（管理）が必要です。

ここではプロジェクトマネジメントの意義，目的，考え方，そのために必要な具体的な手法も，しっかり理解しておきましょう。実際に何らかのプロジェクトに携わることになった場合に求められる事柄がこの章には出てきます。

1 プロジェクトとは

(1) プロジェクトの定義

▶プロジェクト **プロジェクト**は，「独自の製品やサービスを創造するために実施される有期的な業務」と定義されています。相互に関連する**タスク**から構成され，多くの組織が参画して実施される，「一定の期間行われる活動」です。また，ここでいうタスクとは「一つの組織，グループ，個人が実行する短期的な活動」であり，作業を意味します。

▶タスク

PMI（米国プロジェクトマネジメント協会）では，プロジェクトを「独自の成果物，またはサービスを創出するための期限のある活動」と定義しています。

(2) プロジェクトの特徴

一般にプロジェクトと呼ばれる活動には，次のような特徴があります。
① 明確に定義された目標が定められている。
② 必ず開始時点と終了時点がある（有期性）。
③ 永続的でない一時的な組織が担当する一度限りという性格をもつ仕事，または業務である。

▶プロジェクトマネージャ ④ 担当組織は，1人のリーダ（**プロジェクトマネージャ**）と複数の**メンバ**で構成される。

▶メンバ

⑤ 目的を達成するための予算が与えられる。
⑥ 全体はいくつかの工程から成り立っており，全体として大きなライ

フサイクルを形成する(要件定義からシステム運用・保守までといった流れが一般的である)。
⑦ライフサイクルの各段階で必要資源（設備，人員など）が変化する。
⑧予期できない事態が発生することがある。
⑨後工程に行けば行くほど変更・修正の困難度が増す。

明確な予算や期限がないものはプロジェクトとは呼べないんだね

もちろん，はじめから全ての計画をがちがちに組むのは困難だわ。将来の作業はおおまかに計画しつつ，時期が近づいた作業は詳細な計画にしていくことを「段階的詳細化」というのよ

2 プロジェクトマネジメントとは

プロジェクトマネジメントは，プロジェクトを目的どおりに達成するために必要となるいろいろな工夫や努力を実行していく活動です。

プロジェクトの計画としては，必要な仕事の項目の定義，仕事の項目ごとの質と量の定義，必要資源の定義などを含みます。

プロジェクトの実行管理としては，進捗管理，予算と実行結果の対比，問題の分析，調整措置などを含みます。これらの活動の結果，プロジェクトマネジメント活動が成功するということは，次の条件を達成することです。

①期限内に
②予算金額内で
③期待レベルの技術成果の下に
④割当て資源を有効活用して
⑤顧客(利害関係者)が満足して受け入れられる状態で，完了するという結果をもたらすこと

3 PMBOKとプロジェクトマネジメントの五つのプロセス群

PMBOK ▶　PMBOK（Project Management Body Of Knowledge）は米国プロジェクトマネジメント協会（PMI）で標準化されたプロジェクトマネジメントに関する知識体系のガイドラインです。あらゆる分野のプロジェクト活動のマネジメントに適用される考え方や手法がまとめられて

いて，実質的な世界標準になっています。

また，プロジェクトマネジメントに関する手引を提供する ISO 規格として，JIS Q 21500:2018（プロジェクトマネジメントの手引）があります。JIS Q 21500:2018 ではプロジェクトの実施に重要で，かつ，影響を及ぼすプロジェクトマネジメントの概念及びプロセスに関する包括的な手引を提供しています。

プロジェクトマネジメントでは，計画（Plan），実行（Do），チェック（Check），是正（Act）という管理サイクルが常に回っていなければなりません。これを **PDCA** のサイクルと呼びます。そして，ここでは，チェックと是正を監視・コントロールという言葉に置き換えてみます。つまり，プロジェクトマネジメントでは，計画，実行，監視・コントロールのサイクルを回すことが必要になります。このような結果をもたらす一連の活動をプロセスと呼びます。プロジェクトには次図に示すように，五つのプロセス群があります。

▶ PDCA

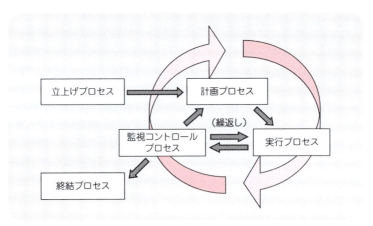

図表 5-1　プロジェクトマネジメントの五つのプロセス群

プロジェクトマネジメントの五つのプロセス群について概要を説明します。

（1）立上げプロセス群

▶ プロジェクト憲章

プロジェクトの開始に必要となる情報を定義し，**プロジェクト憲章**が作成されます。

プロジェクト憲章は，プロジェクトの立上げ時に作成される公式文書です。

プロジェクト憲章はプロジェクトの発足を公式に認可するもので，プ

ロジェクトのニーズを文書化し，プロジェクトの成功基準や要約スケジュール，予算なども含み，プロジェクト全ての計画のベースとなります。

(2) 計画プロセス群

ここでは，プロジェクトがビジネス上の目的を完遂するために作業可能な計画を立案し，それを維持していきます。プロジェクトマネジメントでは，プロジェクトで必要な作業のことを**アクティビティ**といいます。

▶アクティビティ

(3) 実行プロセス群

ここでは，(2) で立てた計画に沿ってプロジェクトを実行します。

(4) 監視・コントロール・プロセス群

ここでは，進捗を監視，測定し，必要であれば是正措置をとり，プロジェクト目標が達成されているかを確認します。

(5) 終結プロセス群

成果物を納めて，プロジェクトを終了します。

4　プロジェクトマネジメント 10 の知識エリア

一般に，製品やサービスの提供に際しては，Q（Quality：品質），C（Cost：コスト），T（Time：納期）が重要といわれています。プロジェクトにおいても，この三つの要素は必ず管理しなければなりません。

また，プロジェクトマネジメントにおいて重要なのが，プロジェクトの範囲（**スコープ**）の管理です。範囲が膨らむと，プロジェクト全体に大きな影響を与えてしまいます。さらに，プロジェクトを行うのは人間なので，人的資源やコミュニケーションの管理が必要になります。プロジェクトの一部を外注する場合には，調達の管理も必要になります。これらも含めて，プロジェクトマネジメントでは，10 の知識エリアについて，五つのプロセス群による PDCA のサイクルを回す必要があります。この 10 の知識エリアは図のようになります。

▶スコープ

スコープを明らかにすることは，「何をどこまでやるか」を明らかにすることなんだね

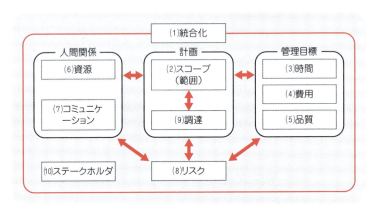

図表 5-2　プロジェクトマネジメント 10 の知識エリア

次に，これらの各領域について簡単に説明します。

プロジェクト統合マネジメント

(1) プロジェクト統合マネジメント

プロジェクトを遂行するための多くの要素を全体にわたってまとめるプロセスで，相反する様々な要求事項を適切に調整し統合するというマネジメントです。

プロジェクトスコープマネジメント

(2) プロジェクトスコープ（範囲）マネジメント

プロジェクトの最終的な目標を達成するために必要なあらゆる作業の範囲と内容を定義し，確実にその作業が実施されることを保証する一連のマネジメントです。具体的には次のような段階に区分されます。

WBS

ここでは，**WBS**（Work Breakdown Structure）と呼ばれる図が使用されることが多く，必要な作業をトップダウンで分析し，階層構造で表現します。

5.1 プロジェクトマネジメント

```
マルチメディアコンテンツ製作プロジェクト

2. 設計
    2.1 目次細目決定 ( 仮 )
    2.2 デザイン方針決定
    2.3 デザイン説明打合せ
        2.3.1 デザインプロトタイプ作成
            2.3.1.1 デザインプロトタイプ 3 パターン
                    作成
            2.3.1.2 プロトタイプ選定条件例作成
            2.3.1.3 プロトタイプグループ内レビュー
        2.3.2 デザインレビュー
        2.3.3 デザイン修正
    2.4 ユーザ仕様目次調整作業
    2.5 詳細設計
```

図表 5-3　WBS の階層化の例（抜粋）

プロジェクト▶
タイム
マネジメント

(3) プロジェクトタイムマネジメント

　プロジェクトを期限内に完結させるためのマネジメントであり，時間，スケジュールを管理することです。

アロー
ダイアグラム▶

ガントチャート▶

　なお，実際のスケジュール管理では作業の順序関係を表す**アローダイアグラム**や**ガントチャート**(Gantt chart)が使われます。ガントチャートは，縦軸を作業項目，横軸を期間として，作業項目ごとに作業の開始・終了時点を含む実施予定期間と実績を横線で表していきます。

　（2）で述べた WBS をガントチャートにすると次のようになります。

ID	WBS番号	タスク名	リソース名	2020年09月		2020年10月
				10 13 16 19 22 25 28	31 03 06 09 12 15 18 21 24 27	30 03 06 09
7	2	2．設計				
8	2.1	2.1目次細目決定(仮)	C			
9	2.2	2.2デザイン方針決定	D			
10	2.3	2.3デザイン説明打合せ				
11	2.3.1	2.3.1デザインプロトタイプ作成				
12	2.3.1.1	2.3.1.1デザインプロトタイプ3パターン作成	D			
13	2.3.1.2	2.3.1.2プロトタイプ選定条件例作成	D			
14	2.3.1.3	2.3.1.3プロトタイプグループ内レビュー	D			
15	2.3.2	2.3.2デザインレビュー	E			
16	2.3.3	2.3.3デザイン修正	D			
17	2.4	2.4ユーザ仕様目次調整作業	U			
18	2.5	2.5詳細設計	C,D			

図表 5-4　ガントチャートの例（抜粋）

　アローダイアグラムについては，9.1 ③ で詳しく解説しますが，ガントチャートと比較して確認しておいてください。各作業を矢線（アロー）で，また作業の接続点を丸印として表し，先行作業と後続作業の関係を把握することができます。

245

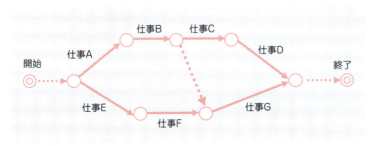

図表 5-5　アローダイアグラム

(4) プロジェクトコストマネジメント

プロジェクトを承認された予算の範囲内で完了させるためのマネジメントです。具体的には次のような段階に区分されます（詳しくは 5.1 ⑤ で説明します）。

- コスト見積り
- 予算設定：全体コスト計画をまとめ，全体コスト見積りを個々の作業項目に割り当て，支出計画を作成する段階
- コストコントロール：進捗を管理し，計画と実績の差異を見つけ出し，必要な変更等の処置を行う段階

(5) プロジェクト品質マネジメント

「品質が悪い」，「要求以上の品質を実現したが，納期に間に合わなかった」といったトラブルが起きないよう，作業プロセスの品質を管理していくことを，品質管理といいます。情報システムの場合も，市場で販売されている商品のように，品質の良し悪しを判定するのはユーザです。そのため，実際にそのシステムを使用するユーザに焦点を当てて，品質を判定し，改善を行います。品質特性といわれる指標では，次の特性が定義されています。

- 機能性：機能が過不足なく，充足していること
- 信頼性：ダウンせずに利用できること
- 使用性：利用者に分かりやすく，使いやすいこと
- 効率性：資源を無駄なく使い，性能が良いこと
- 保守性：変更や修正がしやすいこと
- 移植性：他の環境へ移植しやすいこと

(6) プロジェクト資源マネジメント

プロジェクトに関係する組織の要員が能力を効果的に発揮できる環境を提供するマネジメントです。プロジェクトに参加する要員の役割と責

任に必要なスキルを決定し，参加時期を明確にします。具体的には次の段階に区分されます。

- ・人的資源マネジメント計画
- ・プロジェクトチームの編成
- ・プロジェクトチームの育成
- ・プロジェクトチームのマネジメント

プロジェクトコミュニケーションマネジメント▶

(7) プロジェクトコミュニケーションマネジメント

プロジェクトのあらゆる段階で必要な各種の情報の伝達，収集，相互交流などを円滑に的確に実行するためのマネジメントです。

プロジェクトリスクマネジメント▶

(8) プロジェクトリスクマネジメント

リスクとは，時間やコスト，品質などプロジェクトの目標に影響を与えるリスクのことです。リスクマネジメントは，このプロジェクトのリスクの特定と検証，対策の計画と実施などに関するマネジメントです。具体的には次の六つの段階に区分されます。

- ・リスクマネジメントの計画：プロジェクトのリスクマネジメント活動を定義し必要な資源配分を行う段階
- ・リスクの特定：潜在的なリスクの項目を推定する段階
- ・定性的リスク分析：リスク項目の発生可能性や影響度の大小を定性的に評価分析する段階
- ・定量的リスク分析：特定リスクのほかプロジェクト全体のリスクに関し定量的に発生確率や影響を見積もる段階
- ・リスク対応計画：対応すべき潜在的なリスクに対して，実際に採用する対応策の内容を計画する段階

リスクの対応は，次のように大別できます。事故の発生に備えて，対応マニュアルを作成したり，有事を想定した訓練，リスクマネジメントについての教育などもリスク対応に含まれます。

リスク回避	発生原因そのものを回避します。
リスク軽減	損失を受ける資産を分散させ，影響度を軽減させます。
リスク受容	リスク要因の発生確率や，発生時の影響度を考慮した結果，対策を行わずとも良いと判断します。
リスク保有	有事に備え，企業内で対策費用を準備しておきます。
リスク移転	保険などによって第三者にリスクを移転させます。

図表 5-6　リスク対応

(9) プロジェクト調達マネジメント

プロジェクトの遂行に当たって必要となる外部からの製品やサービスの調達に関するマネジメントです。

(10) プロジェクトステークホルダマネジメント

ステークホルダとは，利害関係者とも訳され，私たちの仕事によって，影響を与え合う全ての人を指します。

図表 5-7　ステークホルダ

プロジェクトステークホルダマネジメントは，プロジェクトの遂行に当たって，企業を取り巻く内外のステークホルダ（利害関係者）との良好な関係を築くためのマネジメントです。具体的には次のような段階に区分されます。

・ステークホルダ特定：全てのステークホルダを洗い出し，役割，知識レベル，期待や影響度などの関連情報を整理する段階
・ステークホルダマネジメント計画：整理されたステークホルダ情報を基に主要ステークホルダの関与度，影響などをプロジェクトマネジメント計画書の構成要素として作成する段階
・ステークホルダエンゲージメントマネジメント：ステークホルダの関与を強化し，ステークホルダの期待を満足させるためのマネジメントを実施する段階
・ステークホルダエンゲージメントコントロール

5.1 プロジェクトマネジメント

5 プロジェクト（システム開発）の見積り手法

費用▶
コスト▶

見積り▶

　プロジェクトの目標達成には，どのくらいの費用（コスト）がかかる
のかを見積もる必要があります。大規模なシステム開発における見積り
業務は開発者側で行う作業ですが，プロジェクトの発注側（システム開
発の依頼側）も見積りに関して基本的な知識を理解しておくことが望ま
しいでしょう。代表的な見積り手法としては次のような手法があります。

(1) ステップ数による見積り

ステップ▶

　過去の類似システムの開発実績などから開発ステップ数を見積もり，
何ステップ（何行）のプログラムになるかを見積もり合計します。その
合計値を，1人のプログラマが1か月に何ステップコーディングでき
るかというステップ生産性で割って，全体の工数を見積もります。従来
は，最も使用されていた見積り方法です。

ファンクション
ポイント法▶

(2) ファンクションポイント法

　システム開発の規模を，そのシステムで開発される機能の内容によっ
て見積もる方法です。ファンクションポイント法での機能とは，次の五
つです。
　　・外部入力　　・外部出力
　　・外部照会　　・内部論理ファイル
　　・外部インタフェースファイル
　それぞれの機能の数を合計し，各機能の複雑さを掛け合わせてシステ
ム開発の規模を見積もります。従来の見積り法と違い，プログラムのス
テップ数を使わないため，GUI中心のシステムや各種の開発ツールを
使用したシステムでも正確な見積りが可能になります。

5

249

確認問題

問5-1 (R1秋-IP 問41)
プロジェクトマネジメントの進め方に関する説明として，適切なものはどれか。

ア　企画，要件定義，システム開発，保守の順番で，開発を行う。
イ　戦略，設計，移行，運用，改善のライフサイクルで，ITサービスを維持する。
ウ　目標を達成するための計画を作成し，実行中は品質，進捗，コストなどをコントロールし，目標の達成に導く。
エ　予備調査，本調査，評価，結論の順番で，リスクの識別，コントロールが適切に実施されているかの確認を行う。

問5-2 (H27春-IP 問41)
PMBOKについて説明したものはどれか。

ア　システム開発を行う組織がプロセス改善を行うためのガイドラインとなるものである。
イ　組織全体のプロジェクトマネジメントの能力と品質を向上し，個々のプロジェクトを支援することを目的に設置される専門部署である。
ウ　ソフトウェアエンジニアリングに関する理論や方法論，ノウハウ，そのほかの各種知識を体系化したものである。
エ　プロジェクトマネジメントの知識を体系化したものである。

確認問題

問5-3
(H25秋-IP 問39改)

プロジェクトマネジメントの活動には，プロジェクト・コスト・マネジメント，プロジェクト・スコープ・マネジメント，プロジェクト・スケジュール・マネジメント，プロジェクト統合マネジメントなどがある。プロジェクト統合マネジメントで実施する内容として，適切なものはどれか。

ア　プロジェクトのスケジュールを作成し，進捗状況や変更要求に応じてスケジュールの調整を行う。

イ　プロジェクトの成功のために必要な作業を，過不足なく洗い出す。

ウ　プロジェクトの立上げ，計画，実行，終結などのライフサイクルの中で，変更要求に対してコスト・期間の調整を行う。

エ　プロジェクトの当初の予算と進捗状況から，費用が予算内に収まるように管理を行う。

問5-4
(H31春-IP 問42)

プロジェクト管理におけるプロジェクトスコープの説明として，適切なものはどれか。

ア　プロジェクトチームの役割や責任

イ　プロジェクトで実施すべき作業

ウ　プロジェクトで実施する各作業の開始予定日と終了予定日

エ　プロジェクトで実施するために必要な費用

問5-5
(H31春-IP 問45)

受託しているシステム開発プロジェクトの期間が半分を経過した時点で，委託元から開発中のシステムへの機能追加の依頼があった。プロジェクトマネージャの行動として，最も適切なものはどれか。

ア　依頼を受け入れ，予算や要員を確保する。

イ　期間の半分を経過した時点での変更は一般的に受け入れられないことを理由に，依頼を断る。

ウ　コストやスケジュールなどへの影響を勘案し，変更管理の手順に従う。

エ　プロジェクトスコープだけに影響するので，速やかにスコープのベースラインを更新する。

第5部　プロジェクトマネジメント

問5-6
(H30春-IP 問48)

プロジェクトマネジメントにおける WBS の作成に関する記述のうち，適切なものはどれか。

ア　最下位の作業は 1 人が必ず 1 日で行える作業まで分解して定義する。
イ　最小単位の作業を一つずつ積み上げて上位の作業を定義する。
ウ　成果物を作成するのに必要な作業を分解して定義する。
エ　一つのプロジェクトでは全て同じ階層の深さに定義する。

問5-7
(H31春-IP 問37)

プロジェクトにおけるリスクマネジメントに関する記述として，最も適切なものはどれか。

ア　プロジェクトは期限が決まっているので，プロジェクト開始時点において全てのリスクを特定しなければならない。
イ　リスクが発生するとプロジェクトに問題が生じるので，リスクは全て回避するようにリスク対応策を計画する。
ウ　リスク対応策の計画などのために，発生する確率と発生したときの影響度に基づいて，リスクに優先順位を付ける。
エ　リスクの対応に掛かる費用を抑えるために，リスク対応策はリスクが発生したときに都度計画する。

第6部

サービスマネジメント

ITサービスを提供する方も受ける方も，何をどんなふうにサービスするのか，してもらえるのか，双方の立場からきちんと理解しておきましょう。また，システム監査の重要性も把握しておく必要があります。

6.1 サービスマネジメント ………………………………… 254
6.2 システム監査 ……………………………………………… 262

6.1 サービスマネジメント

適切なITサービスを受けたり，提供したりするには，受ける方，提供する方ともに，「何をしてくれるのか」，「何をしなくてはならないのか。そのためにはどうすればいいのか」，「どのような基準で実施されるべきなのか」というサービスマネジメントの意義，目的，考え方を理解しなくてはなりません。

サービスレベルの管理を中心に，ITILなどを含めた代表的な考え方や手法についても，頭に入れておきましょう。

1 サービスマネジメントの基礎知識

ITにおけるサービスとは，ITが提供するサービスという意味であり，ユーザ（利用者）に価値を提供するITサービスを指しています。また，サービスマネジメントとは，顧客の要件に基づいて取り決めたサービスレベル合意書に合致するように，ITサービス（計画・開発・提供・維持）を提供していくための仕組み，管理のことです。

(1) JIS Q 20000

JIS Q 20000は，ITサービスマネジメントの適切さを評価するための国際規格であるISO/IEC 20000の日本産業規格です。二部構成となっていて，第1部20000-1：2012はサービスマネジメントシステム要求事項は，国際規格ISO 20000-1に対応し，ITサービスを提供する組織が満たすべきサービスマネジメントシステム（SMS）要求事項を定めたものです。

第2部20000-2：2012は実践のための規範が規定されています。

ITサービスマネジメントを提供する場合には，この規格と表記面での整合性が求められています。

(2) ITIL

ITIL（Information Technology Infrastructure Library）は，英国の政府機関がまとめたITサービス管理，ITサービス運用管理に関す

るベストプラクティス集（最も良い業績の進め方のガイドブック）であり，ITサービスマネジメントにおけるフレームワークの実質的な世界標準として世界各国で採用されています。

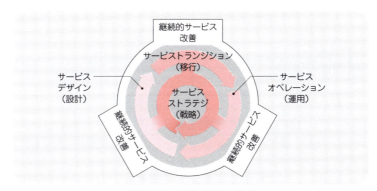

図表 6-1　ITIL書籍の構成

ITサービスマネジメントの国際規格を国内向けに翻訳したものが **JIS Q 20000** です。ITサービスマネジメントを提供する場合には，この規格と表記面での整合性が求められています。

JIS Q 20000 ▶

2 サービスマネジメントシステム

サービスマネジメントシステムの概要について考えてみましょう。

(1) サービスレベル管理

ITサービスマネジメントは，IT部門の業務をサービスととらえ，体系化することによってIT運用の効率化を図り，サービスの品質を高めることを目的とする運用管理です。この中で提供するサービスの品質や範囲のことを**サービスレベル**と呼びます。

サービスレベル ▶

サービスレベル管理 ▶

サービスレベル管理の目的は，提供されるべきITサービスの種類と品質に関して顧客と明確に合意し，それに基づいてサービスを提供することです。このときに重要なことは，現時点で技術的に可能なものに基づく（供給側の都合）よりも，顧客のニーズに基づいて（顧客側が必要な）サービスを目指すことです。

サービスレベル管理を行う際に，重要な役割を果たすのがサービスレベル合意書（**SLA**；Service Level Agreement）です。顧客との間でサービスレベルの達成目標について合意した文書であり，このSLAを基に定期的にサービスの提供レベルをチェックすることになります。

SLA ▶

(2) サービス可用性管理

サービス可用性管理とは災害やシステム障害などの緊急時にもITサービスを継続・維持することです。システムを継続的に利用でき，顧客と合意したITサービスの可用性を実現するために，リソース（資源），手法などを管理していきます。

> ITサービスにおける可用性は，必要とするときに，ITサービスが使えるかどうかなんだね

(3) ITサービス財務管理

ITサービス財務管理は，ITサービスの提供に関するコストを認識し，ITインフラストラクチャやITサービスの変更や新規提供に関する価格とパフォーマンスのバランスを適切にコントロールします。

(4) 需要管理・キャパシティ管理

需要管理は，ITサービスに対するユーザの需要を調査し，需要に対応できるだけのキャパシティを把握します。

一方，キャパシティ管理の目的は，データの処理や保存のために必要なキャパシティ（容量・能力）を，適切な時期に費用対効果の高い方法で提供することです。キャパシティ管理では，リソースを管理し，適正なコストで最適なキャパシティを提供します。

(5) インシデント及びサービス要求管理

▶インシデント管理

インシデント管理は，事象，事故を意味するインシデントの解決と，サービスの提供の迅速な復旧を目指しています。インシデントは，大きく分けると，障害とサービス要求の2つに分類することができます。

・障害
  例）業務アプリケーションの不具合，ウイルス感染など
・サービス要求
  例）操作方法の問合せ，パスワード期限切れの解除要求

インシデントは記録され，その記録の品質が，多くのプロセスの効率性を決定します。インシデント管理は，次のステップで実行されます。

①インシデントの受付けと記録→②分類と初期サポート→③照合→④調査と診断→⑤解決と復旧→⑥クローズ→⑦進捗の監視と追跡

(6) 問題管理

▶問題管理

問題管理は，サービスの提供に当たり，実際に発生したエラーや，発

生する怖れがあるエラーの根本にある原因を識別するため，背景や制度，設備などを調査したり，インシデントデータベースなどの利用可能な記録の調査をしたりします。

インシデント管理の目的はITサービスをいかに早く復旧させるか，問題管理の目的はインシデントの根本的な原因究明にあるのね

(7) 変更管理

変更管理▶　**変更管理**は，装置やソフトウェアなどのIT環境を適切に変更し，変更に起因するインシデントを発生させない（最小化する）ことです。ITサービスの改善や問題管理の結果，IT環境の変更が発生します。変更管理では，その変更を行うことの妥当性を判断し，妥当な場合は変更を行うための方法や手順を計画します。

リリース管理▶　### (8) リリース管理及び展開管理

変更管理において許可された変更を確実に実施します。

(9) 構成管理

構成管理▶　**構成管理**は，ハードウェアやソフトウェアなどのIT環境の構成を適切に管理します。

（5）〜（9）のプロセスのつながりは次の図のようになります。

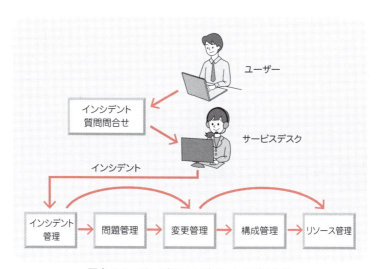

図表6-2　サービスマネジメントのプロセス

第6部　サービスマネジメント

3　サービスの運用

　サービスの運用では，IT サービスを安定して運用するための一連の活動を実施し，次のような役割，機能から構成されています。

(1) サービス（システム）の運用

　IT サービスを安定して運用させるためには，運用を行うための適切な計画や運用効率を上げていくための改善計画が必要となります。安定して使用することができる IT サービス環境の提供は，運用，運用改善計画の立案，運用ルールの確立が最も重要です。

(2) サービスデスク（ヘルプデスク）

サービス
デスク▶
　サービスデスクはユーザからの最初の連絡先です。サービスデスクは IT 部門のフロント・オフィスとしての役目を果たし，顧客との間で合意したサービスレベルの実現をサポートします。また，無関係な質問や簡単に答えられるような質問に回答することで，他の IT 部門の作業負荷を減らします。ヘルプデスクと呼ぶこともあります。

FAQ▶
　サービスデスクでは，**FAQ**（Frequently Asked Questions；頻繁に問合せされる質問と回答の一覧）や経験から問合せに対応しますが，

エスカ
レーション▶
段階的取扱い▶
解決出来ない場合は，専門知識や技術をもった上位スタッフに問合せをして問題を解決します。これを**エスカレーション（段階的取扱い）**といいます。

(3) チャットボット

　チャットボットとは，"チャット"と"ボット"を組み合わせた言葉で，チャット（＝会話する）機能を，ボット（＝自動化する）仕組みです。ユーザとの応答を学習し，システムが会話形式で自動的に問合せに応じる仕組みを導入しているシステムが増えてきています。以前から利用されているヘルプデスクを始め，顧客に対する販売サービスや日常使う電気製品など様々な用途への活用が始まっています。

4　ファシリティマネジメント

ファシリティ▶
マネジメント
　ファシリティマネジメントとは，経営の視点から，建物や設備などの不動産の保有，運用，維持などを最適化し，管理する手法です。IT サービスマネジメントにおいても，情報システムを収容している建物や，その建物内の設備に関して管理を行う必要があり，このファシリティマネジメントは重要な概念になります。

6.1 サービスマネジメント

　建物や設備にかかわるリスクに対しても，どのように対処していくか
が重要なテーマとなります。リスクは，可用性・継続性に関するものと，
セキュリティに関するものに大別されます。

(1) 可用性・継続性に関するマネジメント

　ファシリティマネジメントでは，脅威や脆弱性にはどのようなものが
あるのかを最初に識別しなければなりません。その後で，具体的な対策
を立てていきます。

①脅威

　脅威には，故意的な要因，偶発的な要因，環境的な要因などがあり，
代表的なものを挙げると次のようになります。

- ・故意的な要因：テロリズム，放火
- ・偶発的な要因：停電，電源容量不足，ネットワーク障害
- ・環境的な要因：地震，台風，落雷，洪水

②脆弱性

　脆弱性は多様であり，簡単に分類できません。代表的なものを挙げ
ると次のようになります。

- ・動作環境：建物の構造，不安定な電力配線網
- ・ハードウェア：定期的な保守の不実施，不適切な温度管理
- ・体制：運用規則の不備
- ・人事：劣悪な労働環境

③予防的な対策

　対策には，予防的な対策と事後対応的な対策があります。

（a）物理的な対策

- ・耐震ビルや災害が発生しにくい場所にコンピュータを設置し
  ます。
- ・何か障害が発生した場合でも，サービスが続行できるように，
  バックアップ設備を設置することが有効です。無停電電源装
  置（**UPS**；Uninterruptible Power Supply）や自家発電
  装置を設置すると，停電が発生してもサービスを続行するこ
  とができます。また，コンピュータ本体や通信装置なども二
  重化しておくことが望ましい場合もあります。

UPS ▶

- ・防災設備として，火災や落雷を防ぐために消火設備，避雷針
  などを準備しておきます。

（b）管理的な対策として，各種の障害に対するマニュアルを整備
しておくことや，災害が発生したときに備えて防災訓練等を行っ
ておくことも重要です。

259

④事後対応的な対策

予防的な対策だけでリスクに100％対応することは困難なので，リスクが発生したときの対策を立てておくことも重要です。

(a) コンティンジェンシープラン

▶コンティンジェンシープラン

コンティンジェンシープランはリスクが顕在化したときにとる対策です。想定される被害，具体的な対策，緊急時の組織体制，業務代替方針などを盛り込みます。

(b) バックアップセンタ

緊急時に備え，重要なシステムに関しては，バックアップセンタを設置した方がよい場合もあります。このバックアップセンタには，次の三つの方式があります。

▶ホットサイト方式

・**ホットサイト方式**：現用センタと同じ設備，データの複製を用意し，緊急時にはすぐに処理が切り替えられるような方式です。

▶ウォームサイト方式

・**ウォームサイト方式**：設置のコストを下げるために小型設備を導入したり，データの複製ではなくバックアップの保管をしたりする方式です。復旧に少し時間がかかります。

▶コールドサイト方式

・**コールドサイト方式**：必要な外郭施設だけを遠隔地に確保しておき，緊急時にハードウェア，ソフトウェアなどをもち込み，バックアップセンタとする方式です。サービスの復旧には最も時間がかかります。

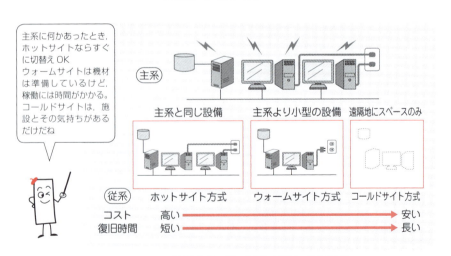

図表6-3　バックアップセンタの方式

6.1 サービスマネジメント

(2) セキュリティに関するマネジメント

セキュリティに関しても，脅威や脆弱性を識別した後に対策を立てることになります。

①代表的な脅威

セキュリティに関する様々な脅威を，故意的な要因，偶発的な要因に分類します。

- ・故意的な要因：施設への侵入，情報設備の盗難，サイバーテロ
- ・偶発的な要因：従業員の操作ミス

②代表的な脆弱性

設備環境の不徹底や記憶媒体の廃棄不備，入退室管理の不備，セキュリティ意識の欠如などセキュリティに関する様々な脆弱性があります。

③予防的な対策

セキュリティに関しては，できる限りその発生を防ぐ必要があり，予防的な対策に重点が置かれます。

- （a）物理的対策
    - ・物理的に鍵をかける：暗証番号の入力や ID カードによる電子ロック。ノートパソコンなどを簡単に持ち運べないように**セキュリティワイヤ**で固定するなど。
    - ・侵入を抑制する：施設の入口に警備員を配置したり，テレビカメラを設置するなど。
- （b）管理的対策
    - ・施設への入退室の記録，管理
    - ・意識付けの徹底
    - ・相互牽制の仕組みの導入など
- （c）人事管理
    - ・メンバの作業内容や勤務状況の把握
    - ・セキュリティ教育の実施

④事後対応的な対策

セキュリティ事故が発生した場合には，直ちに経営トップに報告し，対応方針に従って迅速に対応します。また，場合によっては，監督官庁やマスコミへの対応も必要になります。

セキュリティ
ワイヤ▶

261

6.2 システム監査

「情報システムを使って，悪いこと，間違ったことが行われていないかチェックする」。簡単に言うと，これがシステム監査なんです。情報システムが，適切に構築，運用，保守されていることを点検しますが，情報システムにかかわる人は，システム監査の意義，目的，考え方を理解して実施したり，監査を受けたりしなければなりません。内部統制やITガバナンスについても正しく理解しておきましょう。

1 システム監査とは

(1) システム監査とは

▶システム監査

システム監査とは，情報システムにまつわるリスクのコントロールが適切に整備，運用されているかどうかを当事者から独立した立場で評価し，その結果を監査の依頼者に対して報告する活動です。一般に，システム監査の依頼者は，経営者であることが多いのですが，社内の他の人や組織体の外部からの依頼によって行う場合もあります。

▶システム
監査基準

システム監査を行う際の行動規範として，経済産業省が「**システム監査基準**」を作成し公表しています。システム監査基準では，組織体が情報システムにまつわるリスクのコントロールを適切に整備，運用する目的を次のように定めています。

　　情報システムが，
　　　組織体の経営方針及び戦略目標の実現に貢献するため
　　・組織体の目的を実現するように安全,有効かつ効率的に機能するため
　　・内部または外部に報告する情報の信頼性を保つように機能するため
　　・関連法令，契約または内部規程等に準拠するようにするため

(2) ITガバナンスとシステム監査

システム監査基準には，次のような定義があります。

> システム監査は，情報システムにまつわるリスクに適切に対処し
> ているかどうかを，独立かつ専門的な立場のシステム監査人が点
> 検・評価・検証することを通じて，組織体の経営活動と業務活動
> の効果的かつ効率的な遂行，さらにはそれらの変革を支援し，組
> 織体の目標達成に寄与すること，又は利害関係者に対する説明責
> 任を果たすことを目的とする。

　つまり，企業における情報システムの確立状況を点検し，評価するこ
とが，システム監査の目的だといえます。

2　システム監査基準とシステム管理基準

システム▶
管理基準
　システム監査基準とシステム管理基準を簡単に説明しておきます。

(1) システム監査基準

　システム監査業務の品質を確保し，依頼主にとって有効な監査を効率
良く実施することを目的とした，システム監査人の行為規範です。この
基準は，次に説明するシステム管理基準と同様に平成30年に改定され
ています。
　システム監査基準は，監査実施の流れに沿った表題となっており，実
務への適用を意識した次のような章立てになっています。
　①システム監査の体制整備に係る基準
　　システム監査において，基本となる監査の目的対象の明確化と，シ
　ステム監査人の責任・権限，義務の原則を定めています。
　②システム監査人の独立性・客観性及び慎重な姿勢に係る基準
　　システム監査人に求める要件や職業倫理，守秘義務を定めています。
　③システム監査計画策定に係る基準
　④システム監査実施に係る基準
　⑤システム監査報告とフォローアップに係る基準
　各表題は，基準，主旨，解釈指針で構成されており，記述形式も「す
べきこと」と「することが望ましいこと」が区別され，「誰が，何を，
どのように」するかが具体的に記述されています。

(2) システム管理基準

　システム管理基準は，システム監査において監査人が監査上の判断の
尺度として用いるべき基準と位置付けられています。
　平成30年のシステム管理基準の改定では，情報技術環境の変化，情

報システム設計方法論の変容,情報システムと情報技術の関係への対応,及びITガバナンスへの貢献を踏まえた改定が行われました。

システム管理基準の章立ては,情報システムの企画・開発・運用・保守というライフサイクルの各フェーズで構成されており,これにITガバナンスとアジャイル開発,用語説明表が追加されています。

作業内容ごとに〈主旨〉と〈着眼点〉が追加され,システム監査基準同様,その作業を行う理由や目的,具体的な作業内容が記述されており,システム開発側からすれば作業内容がより明確に,システム監査側からすれば,監査基準がより具体的に定義されたことになります。

3 システム監査人

(1) システム監査人の要件

システム監査基準には,**システム監査人**は,次のような要件を満たす必要があると記述されています。

①外観上の独立性

システム監査人は,システム監査を客観的に実施するために,監査対象から独立していなければならない。監査の目的によっては,被監査主体と身分上,密接な利害関係を有することがあってはならない。

②精神上の独立性

システム監査人は,システム監査の実施に当たり,偏向を排し,常に公正かつ客観的に監査判断を行わなければならない。

③職業倫理と誠実性

システム監査人は,職業倫理に従い,誠実に業務を実施しなければならない。

④専門能力

システム監査人は,適切な教育と実務経験を通じて,専門職としての知識及び技能を保持しなければならない。

「経理部の職員が経理部への監査を行う」などは
外観上と精神上の独立性に反するからダメってことになるわね

(2) システム監査人の義務

システム監査基準には,システム監査人の義務として次のことが記述されています。

①注意義務
　システム監査人は，専門職としての相当な注意をもって業務を実施しなければならない。
②守秘義務
　システム監査人は，監査の業務上知り得た秘密を正当な理由なく他に開示し，または，自らの利益のために利用してはならない。
③品質管理
　システム監査人は，監査結果の適正性を確保するために，適切な品質管理を行わなければならない。

4 システム監査の計画と実施

(1) 監査計画

　システム監査人は，実施するシステム監査の目的を有効，かつ効率的に達成するために，監査手続の内容，時期及，範囲などについて，適切な**監査計画**を立案しなければなりません。監査計画は，事情に応じて適時に修正できるように弾力的に運用しなければなりません。

(2) 監査の手順

　システム監査は，監査計画に基づき，**予備調査**，**本調査**，評価・結論，監査報告の手順によって実施していきます。予備調査は，本調査に先立って監査対象の実態を把握するために行われます。これらを実施する過程で**監査手続書**，**監査調書**を作成します。監査手続書とは，予備調査の結果を踏まえて本調査を実施するための手順・方法などを具体的に記述したものです。監査調書とは，システム監査の全プロセス（計画からフォローアップまで）において監査人が収集した資料類の総称です。

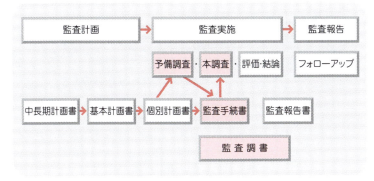

図表6-4　システム監査の手順

(3) 監査証跡と監査証拠

監査証跡▶ **監査証跡**とは、「情報システムの処理過程だけでなく、運用環境を事後的に追跡できる仕組み」のことです。可視性がなくても、合理的な時間内に見読可能な様式で提供できれば、監査証跡（オーディットトレイル）となります。情報システムの監査は、こうした監査証跡に基づいて行われます。

監査証拠▶ **監査証拠**とは、「監査意見を立証するために必要な事実」のことです。したがって、システム監査の実施は、監査証拠を収集する行為であるともいえます。

5 内部統制

(1) コントロール（統制）とは

コントロール▶ **コントロール**という言葉はよく使われますが、それが何を指すかは、
統制▶ 理解しにくいものです。コントロールは日本語では**統制**と訳され、何かに対して、指導や命令をしたり、ルールを決めたり、制限を加えたりすることを指します。企業内の経営管理で使われる場合には、企業の計画やルールに従って社員を行動させる各種の指導、命令などを指します。

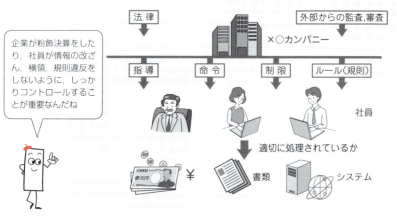

図表 6-5　コントロールのイメージ

(2) レピュテーションリスクの脅威

レピュテーションリスクとは、企業におけるマイナスとなる風評被害です。企業における統制（牽制）が不十分であると、レピュテーションリスクも高くなります。情報社会におけるマイナスのレピュテーションはとても深刻なものであり、企業経営に大打撃を与えてしまいます。レ

ピュテーションリスクの管理は，企業存続につながる重要な管理です。

（3）内部統制とは

内部統制▶

外部統制▶

コントロール（統制）は，企業内部で行われる**内部統制**と，外部の人によって実施される**外部統制**があります。具体的な例としては，次のようなものがあります。

- ・内部統制：伝票入力の二重チェック，上司によるチェック，アクセスコントロール
- ・外部統制：公認会計士による監査，ISO 9000 の審査
    ※ ISO については第 9 部で解説します

（4）内部統制と法律

　企業自らが業務を適正に遂行していくために，体制を構築して運用する仕組みです。企業の健全な運営を実現するために行います。企業の健全な運営を行うためには，業務にはどのような作業があるか，業務プロセスを明確にし，作業実施ルールを決め，そのチェック体制を作ります。また，作業実施ルールやチェック体制を基に，組織や個人の業務範囲，内容，権限，責任などを決めます。これを職務分掌といいます。

　内部統制には企業内部で行われる内部統制と，外部の人によって実施される外部統制があります。

（5）モニタリングの重要性

　モニタリングとは，作業実施ルールに基づき作業が行われているかどうか監視することです。（3）の説明にもあるように，内部統制の仕組みを構築したら，その仕組みが機能し続けるように組織的な監視と評価が必要になります。モニタリングを大別すると，日常的モニタリング（日常業務における監視活動）と独立的評価（監査委員会や内部監査による定期的チェック）があります。

6　IT ガバナンス

IT ガバナンス▶

　IT ガバナンスとは，「企業が競争優位性構築を目的に，IT 戦略の策定・実行をコントロールし，あるべき方向へと導く組織能力（組織・体制・管理プロセス）」です。「政治」，「組織」，「統治」を意味するガバメントという単語の方が馴染み深いかもしれません。ガバナンスも同様に「支配」，「管理」などを意味します。ここでは，IT 戦略を立案し，その戦略が確実に実行されていることをチェックする仕組みを確立するということになります。

第6部 サービスマネジメント

確認問題

問 6 - 1　　　　　　　　　　　　　　　　　　　　　　(H24秋-IP 問44)

ITサービスマネジメントのプロセスに関する説明 a ～ d のうち，適切なものだけを全て挙げたものはどれか。

　a　インシデント管理では障害の復旧時間の短縮を重視する。
　b　変更管理では変更が正しく実装されていることを確認する。
　c　問題管理ではインシデントの根本原因を究明する。
　d　リリース管理ではソフトウェアのライセンス数を管理する。

　ア　a, b　　　　　イ　a, c　　　　　ウ　b, d　　　　　エ　c, d

問 6 - 2　　　　　　　　　　　　　　　　　　　　　　(H30春-IP 問38)

オンラインモールを運営するITサービス提供者が，ショップのオーナとSLAで合意する内容として，適切なものはどれか。

　ア　アプリケーション監視のためのソフトウェア開発の外部委託及びその納期
　イ　オンラインサービスの計画停止を休日夜間に行うこと
　ウ　オンラインモールの利用者への新しい決済サービスの公表
　エ　障害復旧時間を短縮するためにPDCAサイクルを通してプロセスを改善すること

問 6 - 3　　　　　　　　　　　　　　　　　　　　　　(H31春-IP 問49)

情報システムの施設や設備を維持・保全するファシリティマネジメントの施策として，適切なものはどれか。

　ア　インターネットサイトへのアクセス制限
　イ　コンピュータウイルスのチェック
　ウ　スクリーンセーバの設定時間の標準化
　エ　電力消費量のモニタリング

問6-4
(H27春-IP 問1))

組織が経営戦略と情報システム戦略に基づいて情報システムの企画・開発・運用・保守を行うとき，そのライフサイクルの中で効果的な情報システム投資及びリスク低減のためのコントロールを適切に行うための実践規範はどれか。

ア　コンピュータ不正アクセス対策基準
イ　システム監査基準
ウ　システム管理基準
エ　情報システム安全対策基準

問6-5
(H27春-IP 問39)

システム監査における評価に関する記述のうち，適切なものはどれか。

ア　監査証拠がない部分は，推測によって評価する。
イ　監査証拠に基づいて評価しなければならない。
ウ　システム利用部門の意向に従い評価する。
エ　被監査部門の意向に従い評価する。

問6-6
(H29秋-IP 問39)

ソフトウェア保守で実施する活動として，適切なものはどれか。

ア　システムの利用者に対して初期パスワードを発行する。
イ　新規システムの開発を行うとき，保守のしやすさを含めたシステム要件をシステムでどのように実現するか検討する。
ウ　ベンダに開発を委託した新規システムの受入れテストを行う。
エ　本番稼働中のシステムに対して，法律改正に適合させるためにプログラムを修正する。

問6-7
(H27春-IP 問33)

内部統制の観点から，担当者間で相互けん制を働かせることで，業務における不正や誤りが発生するリスクを減らすために，担当者の役割を決めることを何というか。

ア　権限委譲　　　　　　　　　　イ　職務分掌
ウ　モニタリング　　　　　　　　エ　リスク分散

第 6 部　サービスマネジメント

問 6 - 8

(H30春-IP 問40)

IT ガバナンスに関する記述として，適切なものはどれか。

ア　IT ベンダが構築すべきものであり，それ以外の組織では必要ない。

イ　IT を管理している部門が，全社の IT に関する原則やルールを独自に定めて周知する。

ウ　経営者が IT に関する原則や方針を定めて，各部署で方針に沿った活動を実施する。

エ　経営者の責任であり，IT ガバナンスに関する活動は全て経営者が行う。

第7部

システム戦略

単にシステム化さえすればいいのではありません。策定されたシステム戦略に基づいて情報システムを活用し，業務を効率良く進めていくことが企業経営に求められています。

7.1　システム戦略 …………………………………… 272
7.2　システム企画 …………………………………… 282

7.1 システム戦略

システム戦略，あるいは情報システム戦略というのは，IT技術や情報システムを有効活用できるような経営戦略を立てるという考え方です。EAや，業務改善手法であるBPR，BPM，SFAについても学習していきます。

ソリューションビジネスという言葉を聞いたことがありませんか？ここでは，情報システムを使った，かなり突っ込んだ問題の解決法を紹介しています。

1 情報システム戦略

(1) 情報システム戦略とは

▶情報システム戦略

情報システム戦略は，経営戦略の一部です。その情報システム戦略に従って構築されるのが情報システムです。情報システム戦略は，情報技術（IT）を活用した情報システムの面から経営戦略を具体化した中・長期的な戦略といえます。

①情報戦略

経営には情報の活用が欠かせません。経営戦略の一つとして，データ，コンピュータとネットワークといった情報資源を，情報技術（IT）を使って効果的に活用できるようにする情報利用の高度化計画を，情報戦略といいます。

▶SoR
・**SoR**（System of Record）
　顧客管理や受注管理など，情報やデータの記録を中心に考えた戦略です。社内でのみ利用する従来型の情報システムの開発を指しています。

▶SoE
・**SoE**（System of Engagement）
　WebシステムやIoTシステムなど，社外の人や他の何かと繋がることを中心に考えた戦略です。

②情報システム戦略の重要性

情報システム戦略は，他の戦略活動で使われる情報システムの基本的な指針であり，情報システムという企業活動の基盤を生み出す源な

のです。ITを積極的に活用した新たなビジネス分野も創設されており、情報技術をいかに活用するか、その動向をいかに的確に把握するかは、企業の経営に大きく影響するため、情報システム戦略はとても重要です。

情報システム戦略は、企業の全ての業務を対象にしています。通常、業務ごとに、順次、システム化を進めていくことになりますが、その際、それぞれが勝手に構築されると、企業全体としてうまくいかなくなることが考えられます。データ一つとっても、ほかの業務に関連するものであれば、整合性を取る必要があるからです。そのため、各情報システムは情報システム戦略に従って構築され、運用されていかなければなりません。

現在の経営には、情報の活用が欠かせない
つまり、コンピュータやネットワークを使用した情報資源を、ITを使って効果的に活用できるようにすることを大きな意味で情報戦略と呼んでいるのね

そして、企業の情報戦略は、経営戦略と考え方や目標が一致している必要があるんだね

▶エンタープライズサーチ

③**エンタープライズサーチ**

エンタープライズサーチは、企業内に集まる膨大な社内資料を検索し、資産として活用するための社内検索システムです。

この検索システムによって社内情報が一元管理され、多種多様な情報をネットワークやアプリケーションに関わらず検索でき、目的の情報を得ることが可能となります。

▶情報システム化計画

(2) 情報システム化計画

情報システム戦略で決定した業務改善をシステム化するための構想、及び基本方針を立案します。そのために、業務改善の対象業務をさらに細かく分析して、開発の順番を決め、概算コスト・効果・リスクなどシステム化の全体像を明らかにします。

▶エンタープライズアーキテクチャ EA

(3) エンタープライズアーキテクチャ（EA；Enterprise Architecture)

情報システムの企画段階から、ビジネスを実現するためのシステム、及びITインフラまでを統一したアーキテクチャとしてデザインしていこうという考え方です。

全社的な情報化計画に関して経済産業省がまとめたエンタープライズアーキテクチャは，中央官庁や地方自治体における情報化の指針になっていますが，民間企業でも採用されています。この体系に従うと，情報システム戦略は次の手順で策定され，これを繰り返すことで，最終目標からぶれることなく，理想に近づけることができるのです。
① 現在の情報システム，あるいは業務の状況（As-Is）を調べ，問題点があるかどうか分析する。
② 最終的にこうあるとよいという理想となるシステム像（To-Be）を経営戦略に従って描く。
③ ②は最終的な理想ですが，それに向かって近づくための，現実的な目標となるシステム像を描く。
　エンタープライズアーキテクチャは，業務と情報システムをそれぞれ四つに分類（ビジネスアーキテクチャ，データアーキテクチャ，アプリケーションアーキテクチャ，テクノロジアーキテクチャ）して定義し，現状（As-Is）とあるべき姿（理想，To-Be）を明らかにします。
　EAの各階層の役割を「理想の家作り」にたとえると，図 7-1 のようになります。

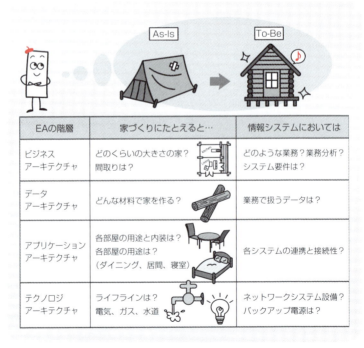

図表 7-1　エンタープライズアーキテクチャ

7.1 システム戦略

2 業務プロセスと業務プロセスのモデリング

情報システム戦略立案のためには,業務の流れがどうなっているか,また,その中でどのような情報が使われているかを明確にしていく必要があります。

(1) 業務の現状分析

与えられた課題や問題を解決するために,業務内容の現状を調査します。調査に当たっては,できるだけ結果を定量的にとらえることが重要となります。

- ・定量的情報:伝票の枚数,売上高など数量化された情報です。
- ・定性的情報:「忙しい」,「クレームが多い」など感覚的な情報です。

業務改善▶

(2) 業務改善

次のようなステップで業務改善を行っていきます。

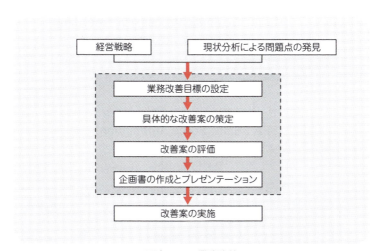

図表 7-2　業務改善

(3) 業務プロセスのモデリング

モデリング
手法▶

このような業務プロセスを分析するに当たって,視覚的に見やすく内容を把握しやすいように表現する**モデリング手法**が使われます。

代表的な表記方法として,データの把握の技法(E-R 図)や処理の流れを把握する技法(DFD),UML などがありますが,これらの手法については,4.1 ① で説明しています。

3 業務改革手法

(1) ビジネスプロセスリエンジニアリング
　　(BPR；Business Process Re-engineering)

BPR は,「ビジネスプロセス（業務の流れ）を根本的に考え直し,抜本的に設計し直す」という業務改善のことです。業務のプロセスを再設計し,情報技術を十分に活用して,企業の体質や構造を抜本的に変革します。つまり,BPR は企業の組織構造を合理的で無駄のない状態へ再構築することです。

(2) ビジネスプロセスマネジメント
　　(BPM；Business Process Management)

業務改善を継続して実施していく活動のことで,業務プロセスを「分析－改善－導入－運用」のサイクルで繰り返し実施していきます。

(3) ビジネスプロセスアウトソーシング
　　(BPO；Business Process Outsourcing)

企業の業務処理自体を外部に委託することです。コールセンタ業務やシステム管理業務などの委託のほか,人事・経理・販売などの間接業務を外部委託することも増えてきています。

(4) セールスフォースオートメーション
　　(SFA；Sales Force Automation)

SFA は,営業支援の業務ソフトウェアで,業務日報,顧客情報管理,案件管理,スケジュール管理などを部門内で一元管理して,営業活動を支援し,業務効率を向上させ,売上,利益の増加や顧客満足度を向上させようとするものです。

図表 7-3　セールスフォースオートメーション

(5) RPA (Robotic Process Automation)

RPA は,人間が PC を操作して手作業で行っている定型業務をソフトウェアによって自動化することに着目して提唱された考え方です。繰り返し行う作業を自動化することによって,業務の省力化や正確化といった効果を期待できます。人工知能（AI）や他のソフトウェアと連携

したり，機械学習をしたりして，予測や判断をするものもあります。働き方改革として注目されている技術です。

シェアリング▶エコノミー

(6) シェアリングエコノミー（sharing economy）

使用していない個人資産を遊休資産といいますが，この遊休資産の貸出しを仲介するサービスをシェアリングエコノミーといいます。遊休資産には，スキルのような無形のものも含まれます。貸主は，遊休資産を貸し出すことで収入を得られ，借主はそうした資産を所有することなく利用できるメリットがあります。空き部屋を活用する民泊もその一つです。ビジネス社会では，外部の優れた適任者に委託することで，自社で遂行するよりも短期間で高品質の成果が出ることを期待し，不足するスキルや資金を社外から集める**クラウドソーシング**が注目されています。

クラウド▶ソーシング

テレワーク▶

(7) テレワーク

テレワークとは，「tele=離れた場所」，「work=働く」という意味を掛け合わせた造語であり，ICT（情報通信技術）を活用した，場所や時間に制約のない柔軟な働き方を指す言葉です。そのため，在宅勤務だけではなく，サテライトオフィスでの勤務や移動中の勤務もテレワークとなります。テレワークでは，オフィスで働くときと同様の活動が可能になるように，社内 SNS やビジネスチャットなどさまざまなツールが活用されています。

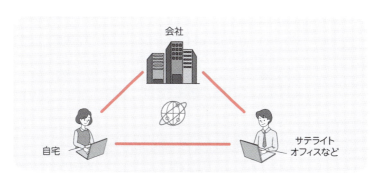

図表 7-4　テレワーク

4　ソリューションビジネス

ソリューションとは問題を解決することですが，ソリューションビジネスでは，顧客の問題点に対する解決策を提案し，情報システムを利用して解決への支援を行います。なお，問題の解決に当たっては，真の問

題点を導き出すため，顧客と信頼関係を作ることが大切になります。情報システムを利用したソリューションでは，システムを自社開発したり，適切なパッケージソフトウェアを導入したり，専門会社のサービスを利用したりします。

(1) アウトソーシング・ASP （Application Service Provider）

ASP ▶

アウトソーシングは企業内の業務の一部，又は全てを社外の外部業者に情報システムを委託し，運用管理してもらうことを指しています。

それに対し ASP は，ネットワークを通じて，標準的な目的に合ったソフトウェア（アプリケーションサービス）を提供すること，またはそのサービスを提供する事業者のことを指します。利用に当たっては，定額制などの課金方式が適用されます。ユーザはブラウザを使って，ASP のサーバにインストールされたアプリケーションソフトウェアを使用します。ASP を利用することによって，ユーザ側でのインストールやメンテナンス作業などが不要になり，初期コストや運用管理コストの削減に効果があるとされます。

ホスティング
サービス ▶

ハウジング ▶
サービス

ASP と似たようなものとして，ホスティングサービス，ハウジングサービスというサービスもあります。ホスティングサービスは，業者のサーバを利用する点は ASP と同じですが，ソフトウェアは自社で購入することになります。ハウジングサービスは，自社でハードウェア及びソフトウェアを購入して，サービス事業者に預けるサービスです。自社で独自の機材を持ち込むので，機材の選定や組合せは自由です。

(2) PoC （Proof of Concept；コンセプト実証，概念実証）

PoC ▶

今までにない手法や新しい技術，またはそれらの今までにない組合せなど，解決策として打ち出されている内容が実際に実行可能かどうかを検証することです。効果（効用），技術的実現性，具体性の観点から検証します。

(3) SOA （Service Oriented Architecture）

SOA ▶

システムをユーザに提供するサービスの集まりとして構築する考え方のことです。企業で運用するための大きなシステムの開発に際して，ネットワーク上に公開されている「サービス」を呼び出して連携させます。ここでいうサービスは，業務単位でまとまった機能を果すソフトウェアのことです。

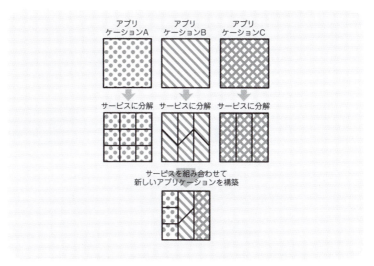

図表 7-5　SOA

(4) クラウドコンピューティング

インターネット上のハードウェア，ソフトウェア，データといったコンピュータ資源を，ネットワークを通じて利用できる仕組みやサービスのことです。システムの拡張にも柔軟に対応でき，低いコストで可用性の高いサービスを受けられるという特長があります。提供されるサービスの構成要素として代表的なものは，次のとおりです。

① SaaS（Software as a Service）

サースと呼ばれます。ネットワークを通じて顧客にアプリケーションソフトの機能を，必要に応じて提供する仕組みのことです。ブラウザを使って，ソフトウェアがインストールされていない顧客のコンピュータから，必要なときに必要なソフトウェアだけ利用できます。
・初期コストやメンテナンス費用が節約できる。
・導入が迅速であり，運用管理をベンダに一任できる。
・柔軟な利用が可能で，急なユーザ数の増減に対応できる。

② PaaS（Platform as a Service）

パースと呼ばれます。アプリケーションを稼働させるために必要なハードウェアや OS などの基盤（プラットフォーム）を，ネットワーク上のサービスとして提供する仕組みです。

③ IaaS（Infrastructure as a Service）

アイアース，イアースと呼ばれます。システムの稼働・運用管理に必要なサーバ，CPU，記憶装置（ストレージ），回線，その他機材な

どの設備一式（基盤，インフラストラクチャ）を，ネットワーク上のサービスとして提供する仕組みです。

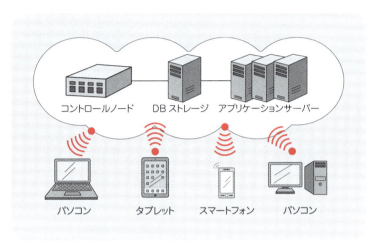

図表7-6　クラウドコンピューティングの例

5　システム活用促進・評価

　情報システム戦略には，情報リテラシを習得し，業務でのデータ活用につなげるための教育計画や啓蒙活動も含まれます。

デジタル▶
トランスフォー
メーション

①**デジタルトランスフォーメーション**（DX；digital transformation）
　デジタルトランスフォーメーションとは「ITの浸透が，人々の生活をあらゆる面でより良い方向に変化させる」という概念です。
　「IoTやビッグデータ，AIなど技術の進展によって，社会や産業，企業，人のあり方や働き方が大きく変化すると言われています。この変化に対して，どのように捉えて対応していくか」，これがデジタルトランスフォーメーションです。
　この"デジタルトランスフォーメーション"や"デジタル革命"と呼ばれる変化は，ビジネスや社会の在り方に大きな影響を及ぼしています。例えば自動車の自動運転の技術開発，VR（Virtual Reality）による手術のシミュレーションや，建築中マンションの完成映像再現による現実感の体験，RPA（Robotic Process Automation）による定型作業の自動化，などもデジタルトランスフォーメーションのモデルです。これらの変化を政府では，18世紀の最初の産業革命以降の4番目の主要な産業時代を示す「**第四次産業革命**」と位置付け，政府主導でデジタル社会や産業への推進を行っています。

第四次
産業革命▶

7.1 システム戦略

②ディジタルディバイド（digital divide）

ディバイド（divide）は「分け隔てる」という意味をもつ単語です。ディジタルディバイド（情報格差）は，情報化社会の進展に伴って，ITを使いこなせる層と，使いこなせない層との間に，取り扱える情報量に差が生じ，それによって収入や就業の機会などに格差が生じる現象を指します。国家や地域間の格差をいうこともあります。

③ゲーミフィケーション

ゲーミフィケーション（Gamification）は，ゲームで用いられる様々な要素をゲーム以外の分野に取り入れて，利用者の興味を引こうとする仕組みです。ポイントやバッジを購買や実績の評価などに導入することで，顧客や従業員の目標達成を動機付けることを目的とします。

④ビッグデータ（big data）

ビッグデータには，デジタル化による桁違いのデータ量（Volume），データの種類がむやみに多いこと（Variety），巨大なデータを高速に処理できること（Velocity）という三つの特徴があります。

現代社会では，無線を含む高速ネットワークの普及，スマートフォンやセンサなどIoT関連機器やクラウド環境の普及，それらを利用した位置情報や行動履歴，インターネットやTVでの視聴・消費行動などに関する情報など，ビッグデータを効率的に収集・共有・処理できる環境が実現されつつあります。

⑤データマイニングとテキストマイニング

データマイニングは，データベースに蓄積されたデータからある種のパターンを見つけ出し，そのパターンから一定のルールを導き出す手法です。

テキストマイニングは，文字列を対象としたデータマイニングです。SNSやアンケート文などのデータを単語や文節で区切り，出現頻度，出現傾向，時系列などを解析することで有用な情報を取り出します。

⑥データサイエンスとデータサイエンティスト

データサイエンスは，データの具体的な内容ではなく，データに共通する性質などを研究する分野です。数学，統計学，データマイニング，機械学習などの手法を使って，データの性質を分析します。

データサイエンティストは，そうして得たデータの性質を元にデータ分析を行う専門家です。

ビッグデータやデータマイニングについては，第3部でも勉強したね

7.2 システム企画

情報システム開発を企画・計画する場合には，利用者も受注者も，手順通りに綿密に立案していかなくてはなりません。なにしろ，社運がかかっていることもあるんですから。

最初に情報システムに求められる要件を定義し，「こんな感じのシステムを年内に」，「こんな感じだと●億円かかって，来年になりますよ」など，RFI，RFP と呼ばれる書類でやり取りしながら，計画をつめていきます。

1 システム化計画立案の手順

情報システムを開発するには，利用者（開発依頼者）と受注者（開発者側，ベンダ）双方で，どの仕事を，いつまでに，いくらの費用をかけて行うのか，また，システムが完成した後の運用や保守をどのようにするかといったことを，決める必要があります。

このようなことを決めていくには，利用者と受注者が，同じ考え方・言葉を使って，行き違いや誤解がないように進めていくことが重要です。このための「共通の物差し」として利用できる一連の取決めが，独立行政法人情報処理推進機構で制定した共通フレーム（4.2 ③ 参照）です。

(1) システム企画と要件定義のプロセス

共通フレームでは，次のような作業（プロセス）を行いながら，利用者の要求を具体的なシステムの要件にまとめ，システム開発を進めていくこととしています。

①システム企画プロセス
　・システム化構想の立案：現在の業務分析，技術動向調査，対象業務の明確化，利用者要求明確化など
　・システム化計画の立案：対象業務の内容と課題確認，業務モデルの作成，全体開発スケジュールの作成，プロジェクト推進体制の策定など

7.2 システム企画

②要件定義プロセス

・利害関係者要件の定義と確認：業務要件の定義，機能要件，及び非機能用件の定義，要件の合意と承認など

システム化計画▶ **(2) システム化計画**

企画プロセスでは，情報システム戦略で決定した業務改善をシステム化するための構想，及び基本方針を立案します。そのために，業務改善の対象業務を更に細かく分析して，開発の順番を決め，概算コスト・効果・リスクなどシステム化の全体像を明らかにします。

①費用対効果

システム化にかかる総コストに対して，どれくらいの効果が期待できるかを費用対効果として調べます。

立派な情報システムを完成させたものの，企業活動に必要な資金が底をついてしまったのでは，せっかく作った情報システムを活用することはできません。また反対に，その情報システムを活用して利益を得られないのであれば，戦略そのものが間違っていたということになります。

②リスク分析

社会情勢が変化したり，システム開発が計画どおりに進まなかったり，予想以上にコストがかかったりするなど，システム開発の遂行を妨げる要素はたくさんあります。リスク分析では，こうした要素をリスクとして洗い出し，実際に発生する確率と損失の大きさを検討します。

2 要件定義

要件定義▶ **要件定義**とは，経営戦略やシステム戦略，利用者の要求やニーズなど，システム化計画で明らかになった内容に基づいて，システムに求める機能と要件を定義する作業です。何のために，何を作るのかを明確に定義し，情報システムを開発する受注者に伝えなければ，目的と合致するものは得られません。また，自分が開発する立場であれば，正しく要件を理解する必要があります。

そのためには，要件定義を中心としたシステム企画の意義や具体的な手順について，正しく理解していることが求められ，利用者の要求の調査及び分析には時間を割きます。さらに，情報システムができ上がってからクレームとならないように，定義した内容について関係者の承認を得ます。要件には機能要件と非機能要件があります。

機能要件▶ ・**機能要件**：処理手順やデータ項目など業務機能に対する要件

非機能要件▶ ・**非機能要件**：性能，信頼性，セキュリティなど機能要件以外の要件

3 調達計画・実施

(1) 調達の流れ

調達▶ 　調達は,必要なものを得ることを意味します。情報システムの開発は自社で行う場合もありますが,自社だけでは人員やスキルが不足する場合は,作業の全部,または一部を外部の企業に委託します。ここでは,外部に作業を委託することを調達と呼びます。調達の流れと必要な書類について理解しておきましょう。

①情報提供依頼

　考え得る手段や技術動向に関する情報を集めるために,開発者側(ベンダ)にシステム化の目的や業務概要を示して,情報提供を依頼します。依頼する場合は,**情報提供依頼書**(RFI;Request For Information)を作成して,開発者側に配布します。

情報提供依頼書▶
RFI▶

②提案依頼

　開発者側に対して,導入システムの概要や提案依頼事項,調達条件などを示し,提案書の提出を依頼します。**提案依頼書**(RFP;Request For Proposal)を作成して,開発者側に配布します。

提案依頼書▶
RFP▶

	記載項目	内容
1	システム要件	要件定義で作成したシステム要件をまとめたもの
2	適用範囲	今回委託する作業の範囲
3	入札に対する指示事項	入札の手続など,入札に関する指示事項
4	システム,ソフトウェア製品またはサービスの一覧	委託するシステム,ソフトウェア製品やサービスの内容の一覧
5	用語及び条件	RFPで使用している用語の定義と調達の条件
6	外部委託契約に関する管理	契約の手続や条件など契約に盛り込む内容や管理方法
7	技術的制約事項	稼働環境など技術的な制約条件

図表7-7　RFPの記載項目

RFIによって,まずは最新技術やベンダの実績などの情報を集めてから,RFPで具体的なシステム提案を募るんだね

③選定基準の作成

　開発者側はそれぞれの　特長を活かした提案をしてくることが予想できます。どこに調達するかを決定するには，経営戦略に基づく選定基準が必要です。

④提案内容の比較評価及び調達先の決定

　開発者側から送られてきた提案書と見積書を，選定基準に基づき評価し，調達先を決定します。

提案書▶　　**提案書**は，開発者側が RFP を基に検討したシステム構成や開発手法を記述した文書です。

見積書▶　　**見積書**は，開発者側が提案した内容について見積もった文書です。システムの開発，運用，保守などにかかる費用が全て書かれており，とても重要です。

⑤契約締結

　委託内容について，開発者側と契約を取り交わします。

グリーン調達▶　**(2) グリーン調達**

　グリーン調達とは，国や地方公共団体，企業などが，製品やサービスの調達に際して，環境負荷が小さい製品やサービスを優先して選ぶ取組みです。なお，生産者の観点ではグリーン調達と呼ぶが，消費者の観点ではグリーン購入という。

第7部　システム戦略

第7部　確認問題

問7-1
(H29秋-IP 問26)

情報システム戦略の立案に当たり，必ず考慮すべき事項はどれか。

ア　開発期間の短縮方法を検討する。
イ　経営戦略との整合性を図る。
ウ　コストの削減方法を検討する。
エ　最新技術の導入を計画する。

問7-2
(H28春-IP 問27)

企業の業務と情報システムの現状を把握し，目標とするあるべき姿を設定して，全体最適を図りたい。このときに用いられる手法として，適切なものはどれか。

ア　DOA（Data Oriented Approach）
イ　EA（Enterprise Architecture）
ウ　OOA（Object Oriented Analysis）
エ　SOA（Service Oriented Architecture）

問7-3
(H28秋-IP 問2)

BPR に関する記述として，適切なものはどれか。

ア　業務の手順を改めて見直し，抜本的に再設計する考え方
イ　サービスの事業者が利用者に対して，サービスの品質を具体的な数値として保証する契約
ウ　参加している人が自由に書込みができるコンピュータシステム上の掲示板
エ　情報システムを導入する際に，ユーザがベンダに提供する導入システムの概要や調達条件を記述した文書

問7-4
(H31春-IP 問19)

RPA（Robotic Process Automation）に関する記述として，最も適切なものはどれか。

ア　ホワイトカラーの定型的な事務作業を，ソフトウェアで実現されたロボットに代替させることによって，自動化や効率化を図る。

イ　システムの利用者が，主体的にシステム管理や運用を行うことによって，利用者のITリテラシの向上や，システムベンダへの依存の軽減などを実現する。

ウ　組立てや搬送などにハードウェアのロボットを用いることによって，工場の生産活動の自動化を実現する。

エ　企業の一部の業務を外部の組織に委託することによって，自社のリソースを重要な領域に集中したり，コストの最適化や業務の高効率化などを実現したりする。

問7-5
(H27春-IP 問20)

クラウドコンピューティング環境では，インターネット上にあるアプリケーションやサーバなどの情報資源を，物理的な存在場所を意識することなく利用することが可能である。次のサービスのうち，このクラウドコンピューティング環境で提供されるサービスとして，最も適切なものはどれか。

ア　SaaS　　　　　　　　　　　　イ　エスクロー
ウ　システムインテグレーション　　　エ　ハウジング

問7-6

デジタルトランスフォーメーション（digital transformation）の説明として，誤った記述はどれか。
(オリジナル)

ア　過去の気象データと提携企業から提供される天気予報データをもとに販売予測を行い，商品の仕入れや配送手配などの一連業務をデータ入力から自動化し運用している。

イ　建設会社で高層ビル作業員の教育のためVR（Virtual Reality：バーチャルリアリティ）システムを構築し作業の仮想トレーニングを実施している。

ウ　今後，日本では急激に労働者が高齢化し，変革への対応は難しいといえることから，最新IT導入は控えるべきである。

エ　スマートフォンアプリによるサービスの提供として，育児服，育児用ベッド，ベビーカーなどの遊休資産を貸出しする仲介サービスを実施した。

第 7 部　システム戦略

問 7-7
(H28春-IP 問1)

　連結会計システムの開発に当たり，機能要件と非機能要件を次の表のように分類した。a に入る要件として，適切なものはどれか。

機能要件	非機能要件
・国際会計基準に則った会計処理が実施できること ・決算処理結果は，経理部長が確認を行うこと ・決算処理の過程を，全て記録に残すこと	・最も処理時間を要するバッチ処理でも，8 時間以内に終了すること ・　　　　　　　　a ・保存するデータは全て暗号化すること

　ア　故障などによる年間停止時間が，合計で 10 時間以内であること
　イ　誤入力した伝票は，訂正用伝票で訂正すること
　ウ　法定帳票以外に，役員会用資料作成のためのデータを自動抽出できること
　エ　連結対象とする会社は毎年変更できること

問 7-8
(H29春-IP 問18)

　システム開発において作成される RFP に記載される情報に関する記述として，最も適切なものはどれか。

　ア　IT ベンダが発注側企業に，開発期間の見積りを示す。
　イ　IT ベンダが発注側企業に，調達条件を示す。
　ウ　発注側企業が IT ベンダに，導入システムの概要を示す。
　エ　発注側企業が IT ベンダに，開発体制を示す。

第8部

経営戦略

どの企業にも経営戦略があり，それに従って，情報システムが構築されます。このため，経営戦略を深く理解し，目的を実現できるようなシステムを導入することが求められます。

- 8.1 経営戦略マネジメント ………………………… 290
- 8.2 技術戦略マネジメント ………………………… 303
- 8.3 ビジネスインダストリ ………………………… 308

8.1 経営戦略マネジメント

プロ野球を例に,経営戦略を考えてみましょう。球団は様々な工夫をしてチケットや広告の増収を目指します。球場を改築し,地元の観客を動員し,ファンのニーズに合わせたグッズも開発します。優勝を狙うため実績のある監督,コーチ,選手を入団させることも必要です。そんな様々な戦略の中でも,チームの勝利は非常に重要なこと。その日の勝利をもたらしてくれるのは選手の働きと優れた戦術です。

1 経営戦略の基礎

(1) 経営戦略とは

経営戦略▶　**経営戦略**とは,企業として成功するための活動方針,企業方針です。世の中には多くの企業が存在し,いわば「競争」をしているということから「戦略」という言葉が使われるのです。戦略とは,競争におけるその場の対応技術（戦術）ではなく,長期的な視点でいかに戦い抜くかという「作戦計画」です。経営においても,様々な状況をいかに勝ち抜いていくかということが重要になっており,経営戦略の良し悪しが企業の成否を決定してしまうといっても過言ではありません。

　企業は何らかの目的をもって設立されます。その目的が,その企業の経営目標です。また,経営者はその企業を経営するに当たり,独自の経営理念をもつべきです。経営戦略とは,この経営目標と経営理念をベースとして,企業がそれを実現させ,かつ長期的に存続・発展させるためにもつべき経営上の考え方,作戦です。

ビジネス目標を達成するための What（目的,方向付け）が戦略で,How to（手段,方法）が戦術ということだね

290

8.1 経営戦略マネジメント

(2) 経営戦略のレベル

経営戦略は必要に応じて全社戦略, 事業戦略, 機能別戦略などにブレークダウンされます。

①全社戦略

組織全体の統合的戦略です。製品ポートフォリオ戦略（扱う製品・サービスの市場でのポジショニングを把握し, 投資・撤退などを決める戦略）, 成長戦略（企業が成長するためにどの領域を目指し, 何を実行していくべきかを明確にしていく戦略）などがあります。

②事業戦略

各事業レベルの戦略です。各種の事業別の競争戦略などがあります。

③機能別戦略

生産, 販売, 人事, 財務, 研究開発などの機能別（職能別）の戦略です。部門運営の基本となる戦略です。

(3) 経営戦略の要素

経営理念▶ **①経営理念（アイデンティティ）**

企業の存在目的と組織の価値基盤を示すものです。

総合ビジョン▶ **②総合ビジョン（未来像）**

将来を見据えた企業の進むべき方向を示すものです。

事業領域▶ **③事業領域（ドメイン）**

理念とビジョンに基づき企業活動を行う事業の領域を定めたものです。

コアコンピタンス▶ **④コアコンピタンス（得意技）**

他社にない企業の中核となる力です。企業のもつ技術力や営業チャネル（営業や販売の経路のこと）などのほか, 組織学習力などの社内潜在力も評価して, 得意な部分を認識することです。

リスクマネジメント▶ **⑤リスクマネジメント**

経営を進めていく上でのリスク（危険）の識別とその評価, そして対応までも含めます。

評価指標▶ **⑥評価指標**

経営戦略目標の達成状況を評価するための指標です。

フィードバックプロセス▶ **⑦フィードバックプロセス**

経営戦略が随時チェックされ, 実行段階の状況に応じて修正されるような学習プロセスのことです。

(4) 経営戦略の策定

企業の置かれている外部環境の変化には, その企業にとって歓迎できる状況（**機会**）もあれば, 敬遠したい状況（**脅威**）もあるでしょう。経

機会▶

脅威▶

営戦略を策定するには, これらの状況に対して, 企業内部の資源や組織

291

第8部　経営戦略

の能力を効果的に当てはめることが必要になります。

全社戦略，事業戦略，機能別戦略のどのレベルの戦略にも共通して，戦略の策定は，次の手順で行うとよいとされています。

①企業（事業，機能）の経営理念，経営目標の設定

企業が社会に対してどうありたいか，どうあるべきか（経営理念）を明確にし，その下で組織の具体的な行動指針として，競争優位を実現する目標を設定します。

②環境・資源分析

企業の環境には，外部環境（政治・経済環境や市場動向など）と内部環境（生産力や財務力など）があります。これらの環境要素と企業の保有する資源や能力を把握し，分析します。分析には，後述するSWOT分析やベンチマーキングの手法も用いられます。これらの分析によって，企業が優位に立てる事業領域を明確にします。

③戦略の策定と評価・選択

戦略の具体的な案をいくつか策定して評価し，最適なものを選択します。

④戦略の実行

選択した戦略を実行するために，経営資源を戦略単位に予算配分します。

(5)　競争戦略（ポジショニング戦略）

競争戦略においては，経営資源を基にマーケットにおける自社の位置付けを4種類に分け，それぞれにふさわしい経営戦略目標を定義したものです。

リーダ▶

・**リーダ**企業（主導者）

シェアそのものの拡大が利益の拡大に直結するため，マーケットシェアの拡大を目指します。

チャレンジャ▶

・**チャレンジャ**企業（挑戦者）

トップシェアを占めていないため，リーダになることを目指します。

フォロワ▶

・**フォロワ**企業（追随者）

特別な独自性がなく，チャレンジャのようなトップシェアを目指す経営資源もないので，利益確保を維持するために業務プロセスの最適化を図ります。

ニッチャ▶

・**ニッチャ**企業（隙間開拓者）

特定分野（ニッチ）の製品・サービスに経営資源を集中することで，収益を高め，独自の地位を獲得することを目指します。

市場とシェアにおいて、前記の4種類を分類すると次のようになります。

市場／シェア	大	小
高い	リーダ戦略	ニッチ戦略
低い	チャレンジャ戦略	フォロワ戦略

図表 8-1　ポジショニング戦略

(6) 企業買収等

最近は経営戦略の一環として、企業の合併、買収、分割など、他企業と資本関係をもつことが多くなり、これを **M&A**（Mergers（合併）and Acquisitions（買収））と呼びます。

合併は、複数の企業が合併契約を締結し、法定の手続を経た上で合体して一つになることです。通常はどちらかの会社が存続会社になり、もう一方の会社は消滅することになります。

買収は、買収者が現在の株主から株式を買い取って新たに株主となり、その会社の「所有」者として経営をコントロールすることです。特定の株式会社の経営権を得ることを目的として、買付け価格（株式の買取り価格）や株数、買付け期間などを公表して、株式市場以外の不特定多数の株主から株式を買い集める制度のことを **TOB**（Take Over Bid; 株式公開買付け）といいます。

一方、**MBO**（Management Buy Out；自社株買収）は、経営者が自社の株式の大半を買い取ることで経営権を取得することです。株式を非上場化することによって敵対的買収に備えたり、経営自由度を高めたり、経営者として独立するために行われます。

日本において、一定量以上の証券取引を行う場合は、公開買い付けを行うことが義務付けられているんだよ

このような合併や買収以外に、企業間の関係を強化することを一般に**アライアンス**と呼びます。資本関係をもたずに契約でアライアンスを行うことを、業務提携といい、ライセンス契約を結び技術を利用する技術提携、**OEM契約**（相手先ブランド製造；Original Equipment Manufacturing）を結び生産する生産提携、販売契約を結び販売する販売提携などがあります。

OEMは発注元である企業から見れば、自社で扱う製品にもかかわら

ず生産ラインをもたなくて済むため，コスト削減できるメリットがあり，生産を行う企業から見れば提携先への供給分を含め大量生産することでコストを削減できるメリットがあります。生産価格が低いことから海外メーカに OEM を求めるケースも多くあります。

(7) 販売網の充実

自動車や家電製品，化粧品のように，メーカが資本力を基に，独自に系列化された流通経路，販売網（販路）をもつことがあります。1 社で複数の販路をもつ場合は，それぞれの販路を販売系列，もしくは**販売チャネル**と呼びます。

▶販売チャネル

このうち，卸売業に相当する業者は，販売代理店（ディーラ）と呼ばれています。小売業に相当する業者には，特約販売店や**チェーンストア**があります。

▶チェーンストア

チェーンストアには資本関係で結ばれているレギュラーチェーンのほかに，ボランタリーチェーンやフランチャイズチェーンがあります。

▶ボランタリーチェーン

・**ボランタリーチェーン**：自己資金で，共同仕入などを行ってメリットを共有する目的で，自発的に結び付いたチェーン組織

▶フランチャイズチェーン

・**フランチャイズチェーン**：チェーン本部との契約によって結ばれ，本部の指導と統制を受けるチェーン組織

初のフランチャイズはアメリカ生まれのケンタッキー・フライド・チキンなんだって

日本ではコンビニやハンバーガショップの多くがフランチャイズ型の事業展開をしているわね

2 経営戦略目標・経営戦略立案の手法

経営戦略の目標立案のためのいくつかの手法を紹介します。

▶KGI
▶KPI

(1) KGI（Key Goal Indicator；主要目標達成指標）と KPI（Key Performance Indicator；主要業績評価指標）

企業は，経営戦略に基づいて事業を進めるために，基本的な経営目標やビジネス戦略を決定し，これを具体的な業務プロセスに反映させます。

8.1 経営戦略マネジメント

こうした戦略や戦術の成果を示す定量的な目標値をKGIといいます。KGIは経営目標として定量的に設定し，その成果達成の度合いを判断できるようにするものです。

KGIを達成するために，主要な成功要因を設定して実施計画に反映させますが，こうした重要な要因をCSF（重要成功要因；Critical Success Factor）といいます。

CSFは予測される事業の変化や技術革新の中で，自社の経営目標を達成するための必要条件を抽出したものです。CSFを分析することで，事業が成功するための主要な要因を明らかにすることができます。

そして，この設定されたCSFに対応する業績評価尺度をKPIといいます。KPIは，具体的な業務プロセスの成果を測定し評価するために設定される測定可能な指標のことです。

(2) 3C分析

3C分析とは，自社の経営環境と，外部環境である市場状況との異なる視点から分析することによって経営戦略の立案に用いる技法です。3Cとは，顧客（Customer），競合相手（Competitor），自社（Company）を指しています。

(3) SWOT分析

経営環境を外部環境と内部環境から分析する方法です。自社の強み（Strengths），弱み（Weaknesses），機会（Opportunities），脅威（Threats）の頭文字を取った略語で，この四つの要素を経営の外部環境と内部環境から分析して自社の強みを維持し，弱みを克服する手法です。次のようなマトリックスを使います。

	好影響	悪影響
内部	強み（Strengths）	弱み（Weaknesses）
外部	機会（Opportunities）	脅威（Threats）

図表 8-2　SWOT 分析

(4) ベンチマーキング

経営戦略を立案するに当たって，自社の製品や業務システムなどを，他の優れた企業の手法と比較分析し，自社の問題点を明らかにして，それによって改革を進めようとする方法です。単なる調査ではなく，継続的な測定方法を確立し，他社での最高の実現状態（ベストプラクティス）を自社にスピーディに採り入れるべきとされています。

(5) PPM戦略技法

プロダクトポートフォリオマネジメント（**PPM**；Product Portfolio Management）は，市場の成長性と占有率に基づいて，資源の必要性と貢献度を分析する手法です。市場の成長率の高低と市場占有率の高低によるマトリックス上を「花形」，「金のなる木」，「問題児」，「負け犬」に分け，製品を位置付けして分析するものです。

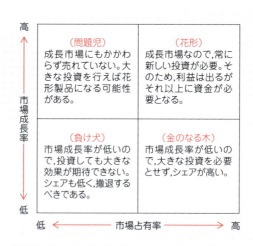

図表8-3　プロダクトポートフォリオマネジメント

(6) バランススコアカード（Balanced Score Card；BSC）

企業活動を「学習と成長の視点」，「顧客の視点」，「社内ビジネスプロセスの視点」，「財務的視点」という四つの視点でとらえ，それらのバランスを保ちながら，企業の業績をコントロールしていくことを目指します。この四つの視点それぞれについて，達成すべき基本的な戦略目標を定め，この目標を実現していく行動を推進し，その達成度を定期的に評価することによって，経営戦略の実現を目指します。

3　経営管理システム

経営管理システムの代表的なものを紹介します。

(1) バリューチェーンマネジメント（value chain management）

バリューチェーンマネジメントは，企業活動を個別の価値活動に分解し，各活動の付加価値について分析する管理手法です。商品やサービスが消費者へ到達するまでの生産・提供過程の各段階において，価値とコ

8.1 経営戦略マネジメント

ストが連鎖的に蓄積されていくという価値連鎖（バリューチェーン）の考え方に基づいて企業の業務環境の分析を行い, 経営戦略に役立てます。

(2) TQM（Total Quality Management: 総合的品質管理）と TQC（Total Quality Control: 全社的品質管理）

TQM 及び TQC とは, 品質管理の様々な手法を全社的に展開し, 製品の品質向上を目指す品質管理手法です。TQM で使用される方針管理とは, 企業の目標達成のために, 継続的な改善を進めていく活動を指しています。

(3) ERP（Enterprise Resource Planning）

ERP は, 企業経営で行ってきた従来の手法を改め, 企業全体として保有する情報や人材などの経営資源を有効に活用するため, これらを統合管理し効率化を実現するための手法です。ERP を実現する具体的な手段としては, 人事管理や在庫管理, 財務管理や販売管理などの基幹業務を統合的に処理し, そこで生じる情報を一元的に管理するソフトウェアとして ERP パッケージを活用することが一般的となっています。

(4) シックスシグマ

シックスシグマは, 統計分析手法などを活用して, 製品の製造やサービスの提供における業務プロセスの問題点や欠陥を取り除き, 品質を高めて顧客満足度を高めることを目的とした経営改革手法です。品質の管理限界に標準偏差（σ ; シグマ）の 6 倍（6σ）を用いることからシックスシグマと呼ばれています。

(5) ナレッジマネジメント（knowledge management）

ナレッジマネジメントとは, 企業活動の中で得られる様々な情報を社内で共有し, 効率的に業務を行うための手法です。これを実現するためのシステムとしては, FAQ 型の情報共有システムなどがあります。こうしたシステムを導入することによって, 社内に散在する文書や業務知識, ノウハウなどの情報が一元管理されることになり, 業務の属人性を低くし, 問題解決力を高めることになります。

(6) 顧客満足と CRM

顧客に関する情報を集めて, それを商品計画や販売促進に役立てることを**顧客管理**と呼びます。販売競争では顧客に関する情報をどれだけ多くもっているかがカギとなります。顧客には, 既に取引のある顕在的な顧客, つまり得意先のほかに, 取引が期待できる潜在的な顧客, つまり

297

第8部 経営戦略

見込客があります。その見込客情報をどれだけ取り込めるかも大切です。

顧客情報を顧客データベースにもち，販売促進や，信用チェックなどの販売活動支援に使います。

顧客満足▶
CS▶

また，顧客をいかに満足させるか，**顧客満足**（**CS**；Customer Satisfaction）を意識することが，重要となっています。顧客満足度（顧客満足の度合い）を意識した経営をCS経営と呼びます。CS経営では，企業と顧客との接点の情報を広く蓄積し，これをベースとして顧客との良好な関係を構築し維持していくということが基本要素となっています。これを，**カスタマリレーションシップマネジメント**（**CRM**；Customer Relationship Management）と呼んでいます。例えば，顧客との対応情報を一元化して，顧客からの問合せの応答時間を短縮するなど，顧客満足度を上げ，顧客との良好な関係を構築，維持していく手法です。

カスタマリレー
ションシップ
マネジメント▶
CRM▶

SCM▶

(7) SCM

製品が計画されてから消費者に届くまで，設計，製造（資材調達も含みます），在庫，出荷，流通などの経路には多くの機能があり，多くの企業が関係しています。これをサプライチェーン（供給連鎖）といいます。この間の製品に関する情報を共有することで，全体として適切な流れになるように改善を進めるシステムを**サプライチェーンマネジメント**（**SCM**；Supply Chain Management）と呼んでいます。サプライチェーン全体で納期や流通コストの短縮を目指し，情報システムを利用して，モノの流れを総合的に管理します。

サプライ▶
チェーン
マネジメント
SCM▶

4 マーケティング

マーケティング▶

マーケティングの定義はいろいろありますが，米国マーケティング協会は，「マーケティングとは，顧客，依頼人，パートナー，社会全体にとって価値のある提供物を創造・伝達・流通・交換するための活動，一連の制度，過程」と定義しています。現代の社会では，貨幣を伴わない交換というのはあまり行われないので，一般には，商品や製品を販売するための一連の活動を指して，マーケティングといいます。

(1) マーケティング分析
① RFM分析

Recency（直近購買日），Frequency（購買頻度），Monetary（購買金額）の三つの指標で顧客をグループ化し，グループごとの特徴を分析します。それぞれの頭文字からRFM分析と呼ばれています。グ

ループの特徴をとらえることによって，効率的なマーケティングが可能になり，顧客を分析することで，優良顧客を知ることができます。

R（直近購買日）は最近だけれどF（購買頻度）が低い顧客には，再来店を促す特典を送ったり，Fが高かったけれどRが古い顧客には，競合他社に流れていないか調査をしたり，顧客の特性に応じた対応が可能になるのね

②アンゾフの成長マトリクス

イゴール・アンゾフが提唱した事業の拡大の検討に有効なフレームワークであり，図のように縦軸に「市場」，横軸に「製品」をとり，4象限に分類し事業の拡大（成長）の方向性の検討に利用します。

		製品	
		新規	既存
市場	新規	多角化	市場開拓
	既存	製品開発	市場浸透

図表 8-4　アンゾフの成長マトリクス

(2) マーケティング・ミックス

個々の企業にとって，マーケティングの目的は，市場需要を開拓することです。この目的を達成するための切り口として広く一般的に使われているのが**マーケティング・ミックス**です。

・販売側の視点に基づくもの

4P：どんな製品を（Product）
　　　いくらで売るか（Price）
　　　どこで売るか（Placement）
　　　どのように宣伝するか（Promotion）

・顧客側の視点に基づくもの

4C：どんな価値があるか（Customer value）
　　　いくらなら払うか（Customer Cost）
　　　流通の利便性（Convenience）
　　　情報をどう受け取るか（Communication）

販売側の視点に基づく4Pと顧客側の視点に基づく4Cは次のように対応しています。

要素	4C（顧客側の視点）	4P（販売側の視点）
製品	Customer value （購買者にとっての価値）	Product （製品そのものの品質・魅力）
価格	Customer cost （購買者の負担する費用）	Price （製品価格）
流通 （チャネル）	Convenience （購入方法の簡便さ）	Place （販売方法）
プロモーション	Communication （情報伝達）	Promotion （広告宣伝）

図表 8-5　マーケティングミックスにおける 4C・4P の対応

(3) プロダクトライフサイクル

製品が市場に受け入れられる状況を，導入期，成長期，成熟期，衰退期の四つの段階でとらえる考え方がプロダクトライフサイクルです。

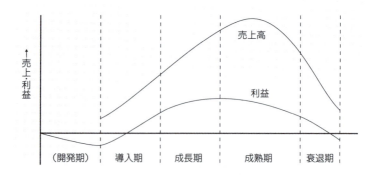

図表 8-6　プロダクトライフサイクルの例

① 導入期

需要は部分的で新規需要開拓がポイントとなります。大きな開発投資を回収するために価格は，一般に高くなります。

② 成長期

市場が製品の価値を認識し始める段階です。売上は伸びますが，投資も必要となります。価格を低下させることは可能ですが，競争も激しくなります。

8.1 経営戦略マネジメント

③成熟期

この期に入ると需要が最大となり，いくつか特徴のあるものに分化していきます。競争は激化し，価格は一層低下します。

④衰退期

需要が減って多くの企業が撤退する段階です。需要が縮小するので，代替市場への進出なども考慮されます。

（4）マイケル・ポーターの競争戦略

経営学者のマイケル・ポーターは，『競争戦略』の中で，競争優位を獲得するための基本的な戦略として，次の三つの戦略を挙げています。

コストリーダ
シップ戦略▶
①コストリーダシップ戦略

コスト低減を目指し，より安い価格を競争の源泉として市場開拓を図る戦略です。

差別化戦略▶
②差別化戦略

市場の動向に合わせ，顧客にとって価値のある特有な性質をもつ製品やサービスを武器にして，競争相手との違いを強調して市場開拓を図る戦略です。

ニッチ戦略▶
③ニッチ戦略

大きく進出する競争相手が，まだいない特有の市場領域で，企業競争の隙間を狙って一定のシェアを獲得する戦略です。

（5）マーケティング戦略

①プッシュ・プル戦略

プッシュ戦略▶
・**プッシュ戦略**：積極的に製品を売り込むための販売促進活動で，新製品の拡大展開の時期などによく用いられる手法です。消費者に対して販売員が詳しく製品の説明を行ったり，サンプルを配布するなどの直接的な働きかけを行ったりします。

プル戦略▶
・**プル戦略**：消費者が自ら特定の製品を望むように仕向けるマーケティング方法で，マスコミを利用した大々的な広告・宣伝などによって消費者の購買意欲を高め，指名買いをするように誘導します。

ブランド戦略▶
②ブランド戦略・ブランド拡大戦略

ブランドの知名度を武器とした戦略です。企業が新製品を展開する際に，成功している既存のブランド名を別の商品区分の新製品にも適用することで，ブランドの範囲を拡大するものです。すでに存在するブランドに新分野を外付けするため，ブランドエクステンションとも呼ばれています。

コモディティ化▶
③コモディティ化

コモディティ化とは，それぞれに特徴のあった競合製品のブランド

力や機能，品質の差がなくなり，個性が失われて差別化ができない状況を指します。製品が一般化することで，消費者は価格や入手のしやすさなどだけが製品の選択基準としてしまいます。

> カニバリ
> ゼーション

④**カニバリゼーション**（cannibalization）

　カニバリゼーションは「共食い」という意味で，同じ企業の類似した複数の商品やサービスがお互いに顧客を取り合ってしまうことを表します。良くないことのように思えますが，商品が少しずつ似ていても全体として幅広い顧客の希望に沿う商品を揃えることによって，他社に顧客を取られず自社商品の中で購入してもらう戦略として使われる場合もあります。

(6) マーケティング手法
①マーケティング形態

> マス
> マーケティング

・**マスマーケティング**：大量生産，大量販売を行うために，全ての消費者を対象に行う画一的なマーケティング活動です。

> ダイレクト
> マーケティング

・**ダイレクトマーケティング**（直販）：売り手側が流通を介さずに広告などによって消費者に直接，販売するマーケティングです。

訪問販売，通信販売，テレビショッピング，インターネットショッピングなどはダイレクトマーケティングといえるわね

> セグメント
> マーケティング

・**セグメントマーケティング**：市場をニーズなどに応じてセグメント化（分類）し，セグメント化されたそれぞれの市場に対応したマーケティング分析を行います。

> ソーシャル
> マーケティング

・**ソーシャルマーケティング**：企業の利益追求だけを目的とするのではなく，社会貢献を意識したマーケティング活動です。

> オピニオン
> リーダ

②**オピニオンリーダ**

　オピニオンリーダは，業界や地域，組織集団などにおいて，役職や権限がないにも関わらず，集団としての意識や判断，行動などに大きな影響力をもつ人物を指します。マーケティングの成功のためには，オピニオンリーダに対する適切なアプローチが欠かせないものとされています。

> オムニチャネル

③**オムニチャネル**

　店舗販売や通販サイトなど複数の接点（チャネル）から商品の注文や購入ができるようにすることです。オムニ（omni-）は，“全ての”の意味です。

8.2 技術戦略マネジメント

自社独自の優れた製品，サービスをもっているということは強みです。これを余すことなく活かしていくことが技術戦略です。このためには，もう一度，自社の技術の優位性を再確認する必要があるかもしれません。

産学官連携は，ときどきニュースにもなっているように大学や高校などが行う研究を企業が支える仕組みです。技術戦略の一つの形ですが，この時点で競争が始まっているんですね。

1 技術開発戦略とは

技術開発戦略▶

技術開発戦略とは，他者との競争を考慮して自社のポジションを明確にし，継続的に競争力を高めることができるように，製品そのものの技術（製品技術）と，その製品を効率良く生産していくための技術（製法技術）の開発に関する優先順位を定めることです。

MOT▶

このように技術を戦略的にマネジメントしていく経営手法を **MOT** といいます。MOT とは Management Of Technology の略で，一般に技術経営と訳されます。最近は，このような手法や考え方を学ぶためのプログラムも開発され，これらの教育プログラムのことを指して MOT と呼ぶ場合も多くなっています。

この技術開発戦略に基づいて組織体としての技術開発の取組み強化と開発活動の効率化を目的として策定されるのが，技術開発の指針となる

技術ロードマップ▶

技術ロードマップです。

(1) 技術開発戦略の目的

企業が発展していくためには，技術開発に対する投資とともにイノベーションを促進して，技術開発と市場のニーズとを結びつけ，事業を成功へ導くことがとても重要です。技術開発戦略の考え方として，次のような用語を理解しておきましょう。

イノベーション▶

①**イノベーション**

イノベーション（innovation）とは革新，刷新などの意味で，「企

303

業の躍進に繋がった」,「競合他社との差別化を図れた」などの,根源的な変革のことを意味します。変革をどう起こすかによって,プロセスイノベーション,プロダクトイノベーション,オープンイノベーションなどと,それぞれ別の名称で呼ばれることもあります。

▶プロセスイノベーション
プロセスイノベーション:製品を企画,製造,販売サービスを提供する業務の過程(プロセス)を根本的に刷新することでコスト,品質,生産性を飛躍的に改善すること

▶プロダクトイノベーション
プロダクトイノベーション:画期的な製品やサービスを新たに創造することで差別化を実現すること

▶オープンイノベーション
オープンイノベーション:産学官連携など異業種,異分野が持つ技術やアイデア,サービス,スキル,研究データ,知識などを組み合わせて,革新的なビジネスモデル,研究成果,製品開発,サービス開発,組織改革,行政改革,地域活性化などにつなげること

また,既存技術の向上によってシェアを確保することに注力した企業が,革新的な技術を用いた製品に市場のシェアを奪われてしまう現象を**イノベーションのジレンマ**といいます。

▶イノベーションのジレンマ

▶ハッカソン
②ハッカソン

ハッカソン(hackathon)という言葉はハック(hack)とマラソン(marathon)を合わせた混成語で,ソフトウェア開発者が,一定期間集中的にプログラム開発やサービスの考案などを共同して行う場のことです。

また,大手企業が広く外部から参加者を集めて自社の製品やサービスに役立つアイデアを競わせたり,ベンチャーキャピタル(投資会社)による出資対象の選定に利用されたりしています。

ハッカー(hacker)というとネットワークからの不正侵入者など悪い人をイメージしてしまうけど,本来は,コンピュータや電子技術などの深い知識を持ち,新たな課題の解決などに積極的に取り組む人達のことを指すんだね!

(2) 技術開発の経済的価値

▶キャズム
①キャズム

キャズム(chasm)とは深い溝という意味です。ハイテク製品や技術が市場に浸透する際に,それを阻む深い溝が生じるとするマーケティング理論を指します。

製品を購入する顧客に関して,ハイテク製品や技術を早く取り入れる層と,製品や技術を遅く取り入れようとする層では価値観が大きく

②魔の川，死の谷，ダーウィンの海

研究開発型の事業は，「研究→製品開発→事業化→市場形成」という段階を辿ります。次の段階に進むためには，さまざまな障壁（関門）がでてきます。

魔の川とは，製品化の目処が立たず，研究に費やしたコストがムダになるなど，製品開発にたちはだかる障壁です。

死の谷（valley of death；デスバレー）とは，時間をかけて行ってきた研究開発が，資金調達の問題から実用化に至らないなど，事業化にたちはだかる障壁です。最近では，資金調達の問題以外の様々なリソース（人や材料）の不足や，法律・制度などの外的な要因なども含めて，研究開発の結果が事業化・製品化に活かせない状態や，その原因全般を指すようになりました。

一方のダーウィンの海は，研究開発の結果を生かした事業化・製品化が成功して新製品が開発されても，既存の商品や他の企業を相手にした競争が待ち受けている状態など，市場形成にたちはだかる障壁です。

図表8-7　魔の川，死の谷，ダーウィンの海

(3) 技術開発戦略関連するさまざまな手法

①ビジネスモデルキャンバス

ビジネスモデルキャンバス（Business Model Canvas）とは，世界中の企業や組織で利活用されているフレームワークで，頭文字をとってBMCということもあります。主にビジネスモデル（儲ける仕組み）を構築する際に考える必要のある九つの要素（顧客セグメント（CS），顧客との関係（CR），チャネル（CH），提供価値（VP），キーアクティビティ（KA），キーリソース（KR），キーパートナー（KP），コスト構造（CS），収入の流れ（RS））を分類し，図式化します。

企業の究極の目的は，存続し続けることによって，利害関係者（顧客，取引先，従業員，国家など）に貢献することです。企業にとっては，事業が収益を上げるための仕組みがあるかどうかが重要になって

第8部　経営戦略

きており，このビジネスモデルを考えたり，分析したりするときに使われるツールがビジネスモデルキャンパスです。

リーンスタートアップ ▶

②リーンスタートアップ

リーンスタートアップ（lean startup）は「無駄がない」という意味の"リーン"と，「起業」を意味する"スタートアップ"を組み合わせた混成語です。

リーンスタートアップでは，コストをかけずに最低限の製品，サービスや機能を持った試作品を短期間で作り，顧客に提供して反応を観察します。そして，その観察結果を分析して，製品やサービスが市場に受け入れられるかどうかを判断し，試作品やサービスに改善を施したり，機能などを追加して再び顧客に提供します。

このサイクルを繰り返すことで，成功につながらない（非本質的な）要素に対する時間・資金・あるいは情熱などを省くことができ，起業や新規事業の成功率が飛躍的に高まるといわれています。

API エコノミー ▶

③ API エコノミー

API エコノミーは，システム間を連携させる API（Application Programing Interface）を通じて，既存のサービスやデータをつなぎ，新たなビジネスや価値を生み出す仕組みです。API 経済圏とも呼ばれます。

API が提供されていれば，IT 企業などの担当者は，その部分を独自に開発する必要がなくなるため，プログラム開発を効率よく進めることができます。

API エコノミーでは，公開されている API によって，異なるビジネスやサービスをつなぎ，それらをベースにした新たなビジネスやサービスが提供されます。この身近な例としては，店舗や企業などの所在地を地図上に示す際によく利用される，"Google Maps API"などが挙げられます。

2 技術開発戦略の立案手順

技術開発戦略の策定手順は，大きく次の三つに分かれます。

（1）技術の抽出

自社が保有している技術について，利益に関連すると思われるものを洗い出します。

また，今後事業化していくべき技術について，競争相手のもつ技術や他業界の技術，研究途中の技術の中から検討します。

8.2 技術戦略マネジメント

(2) 技術動向の予測と選定

どのような技術も成熟したと考えてはいけません。常に，変化するものととらえます。

その際，一般に，需要がなければ技術に変化は生じないものであり，社会情勢の変化やマーケティングも意識する必要があります。その上で，どの変化が自社にとって有用かを検討します。自社の得意分野であるか，継続的な利益をもたらすか，先発者に優位をもたらすか，などに着目して技術を選び出します。このとき，様々な分析手法が用いられます。選定した技術に対して，さらに，コスト，差別化，業界構造に対する影響度を調査・予測します。

(3) 評価と優先順位付け

（2）で調査・予測した結果を評価して，優先順位を決定します。

(4) 技術戦略に関する用語

デザイン思考▶ ①**デザイン思考**

デザイン思考とは，イノベーションのための方法論で，過去のデータや経験だけに頼らず，ユーザの声を聞くことで，人間中心に問題発見・問題解決に取り組む方法です。自社や自分が視点ではなく，人や社会といった第三者を視点とし，人間中心にイノベーションを実現させます。

デザイン思考では，

問題を発見 ⇒ ユーザの課題を詳細に描く

⇒ 解決策探求 ⇒ 解決策を試す

という流れでイノベーションを実現します。

また，途中で間違いに気がついても修正ができない直線的な進め方ではなく，状況に応じてそれぞれのプロセスを繰り返すことが前提となっています。さまざまな角度から問題発見と問題解決を繰り返す中で，成果を出すための行動を展開していくのがデザイン思考の特徴です。

産学官連携▶ ②**産学官連携**

大学や公的研究機関などの研究成果である技術を，共同研究や共同開発といった形で民間企業が実用化していこうという連携の試みのことです。

8.3 ビジネスインダストリ

インダストリ (industry) は産業, 工業の意味ですが, ビジネスインダストリと言われても, ちょっと意味が分かりにくいですね。

POSシステム, カンバン方式, 電子商取引, ICカード, SNS, 組込みシステムなど。「企業活動の中で情報システムがこんなに使われているんだ」っていうことを実感してみてください。

1 ビジネスシステム

(1) 販売・流通・サービス

経済活動は, 基本的には生産者と消費者から成り立っています。生産者が作り, 消費者が使うという図式です。生産者の商品を消費者のニーズ (必要性) に結び付ける手段として商業が発生しました。

商業は販売業, 流通業, サービス業としてとらえることができます。有形の商品を扱う場合が販売で, 無形の商品を扱う場合がサービスです。また, 商品の移動に重点を置くと流通となります。そして, 情報技術 (IT) の進展に伴い, 商業の形態にも大きく変わってきています。

(2) 物流・金流・商流

▶物流
▶金流
▶商流

販売流通の情報システムは**物流, 金流, 商流**の三つに分けて考えると理解しやすいでしょう。物流とは「物」, つまり商品や原材料の流れであり, 金流とは企業活動に伴う「金」の流れです。また, 受注や発注など, 取引に関する「情報」の流れを商流といいます。

しかし, それぞれの流れに時差が発生するため, 注意が必要です。「情報」は通信などによって瞬時に移動しますが,「物」はそれなりの移動時間がかかり, その代金としての「金」は掛売りにすると移動は後から

▶販売管理
システム

になります。**販売管理システム**の中の, 物流・金流・商流を見てみると, おおむね図表 8-8 のような流れになります。

取引の基本的な流れ (フロー) は発注, 仕入, 受注, 出荷, 売上, 請

求，代金回収ですが，この中に物流，金流，商流があります。

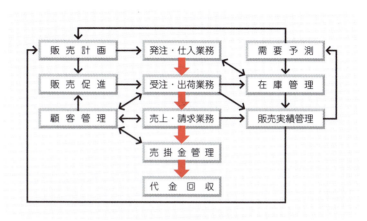

図表8-8　販売管理システム

(3) 流通経路

流通経路▶　生産者から消費者に至る商品の流れる経路を**流通経路**といいます。図表8-9は流通経路を示したものです。

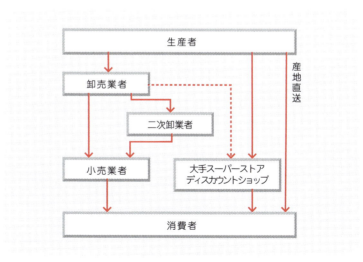

図表8-9　流通経路

販売業は卸売業と小売業に大きく分けられます。卸売業とは仕入れた商品を他の販売業者に販売する業者であり，小売業とは仕入れた商品を

最終消費者に販売する業者です。卸売業は何段階にも渡って存在する場合があり，その場合は一次卸業者，二次卸業者などと呼ばれています。
　一方，大規模なスーパーマーケットチェーンや大型ディスカウントショップなどでは，卸売業者を介さず，独自に産地やメーカと契約して商品を作らせ，販売する場合があります。また，生産者が，直接消費者に販売するような産地直送，産地直売といった流通形態もあります。

(4) ビジネス分野の代表的なシステム

ビジネス分野の代表的なシステムとしては，次のようなものがあります。

① **POS**（Point Of Sale）システム

小売業向けの情報システムです。POS 端末（POS レジとも呼びます）で商品に付いているバーコードを読み取ることで，料金の計算のほか，販売に関する情報を店内のネットワークを経由してホストコンピュータに送信する仕組みです。販売に関する情報とは，例えば，購買時間，性別，年齢層などで，売れ筋や購買層の分析など，マーケティングや商品開発などに利用します。

② **GPS**（Global Positioning System；全地球測位システム）応用システム

GPS 端末と GPS 衛星を連動させ，人や物の位置を特定する仕組みです。GPS 応用システムは，GPS 機能を組み込んだ情報システムです。物流システムで，輸送車両の位置を特定するためなどに使われています。

③ **ETC**（Electronic Toll Collection；自動料金収受システム）

ETC は，ETC 車載器によって，有料道路の通行料金精算の機能をもつシステムです。通行料金精算は，クレジットカードの機能を利用します。

④ **トレーサビリティシステム**

トレーサビリティとは，経過をたどれるということです。商品がある地点を通過するごとに，日時や場所などの管理情報を書き込んでおけば，その商品がどういう経路を通ってどこにあるのかを瞬時に確認できます。

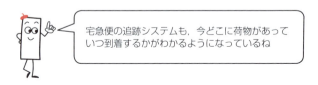

宅急便の追跡システムも，今どこに荷物があっていつ到着するかがわかるようになっているね

⑤スマートグリッド

スマートグリッドとは，スマートメータ（太陽光発電などによる発電量や家庭内の消費電力をリアルタイムに把握し電力会社に送信できる仕組み）などを利用して，停電防止や送電調整を行うことで電力の安定供給を実現する電力網のことです。

スマートメータの利用で，太陽光発電や風力発電など発電量が不安定で分散された電力消費を制御し，有効活用できるようになります。

⑥クラウドファンディング

不特定多数の人がインターネットを経由して，出資（財源の提供）を行うことです。ソーシャルファンディングとも呼ばれます。

(5) AI

AI（Artificial Intelligence；人工知能）は提唱者であるジョン・マッカーシーによると「知的な機械，特に，知的なコンピュータプログラムを作る科学と技術」とされています。人間の判断・識別・予測・作文などの知的活動をコンピュータによって実現するものです。

①ニューラルネットワーク

ニューロン（neuron）と呼ばれる脳の神経細胞をモデル化したもので，情報を入力する入力層と，結果を出力する出力層の間をエッジ（信号線）でつないだものです。多層の場合，入力層，出力層の間に，隠れ層とも呼ばれる中間層を設けます。

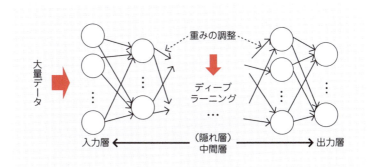

図表 8-10　ニューラルネットワーク

AIは，各エッジが伝える信号に対する重みを調整し，適切な出力（結果）が得られるようにすることで知識を得ていきます。例えば，物体を識別する場合に，形，大きさ，色，質感などの入力情報に対して，正しく識別ができるようにそれぞれの重み付けを調整することが学習

第8部　経営戦略

で，正しく識別できるようになった状態が知識です。実際には，これ
ほど単純ではありませんが，学習と知識とはこのようなイメージです。

機械学習▶　②**機械学習**

　　機械学習は，IoT（Internet of Things）の利用や SNS の情報な
どから数値，テキスト，画像，音声など多量のデータ（ビッグデータ）
を用いることで，AI 自体が人間のように学習し，特定のパターン，ルー
ルや知識を見つけ出すことです。

ディープ▶　・**ディープラーニング**（deep learning）は深層学習とも呼ばれ，AI
ラーニング　　が自身で学習して知識を獲得していく機械学習の一つで，多層の
　　　　　　　ニューラルネットワークと，ビッグデータのような大量のデータの
　　　　　　　活用を前提としています。

2　エンジニアリングシステム

(1) 生産システム

①生産とは

　　生産システムは生産技術と生産管理に分けて考えることができま
す。生産技術には計測と制御，自動化技術が含まれ，生産管理には生
産計画，資材管理，品質管理，原価計算が含まれます。

生産▶　　**生産**とは，消費者のニーズに合った製品を研究開発して，それを製
造することです。そのためには人（Man），機械（Machine），資金
（Money），技術（Method），資材（Material）が必要です。これを

生産の5M▶　**生産の5M** と呼んでいます。なお，**研究開発**（Research and

研究開発▶　Development）は **R & D** とも呼ばれています。

R & D▶　②BTO（Build To Order）

　　注文を受けてから製品の組立てを行って出荷する，受注生産のこと
です。顧客のニーズに対応したカスタマイズを実現できます。

ジャストインタイム　③**ジャストインタイム生産方式**（**JIT**；Just In Time）
生産方式▶

JIT▶　　製品の製造工程における中間在庫（仕掛在庫）をできるだけ減らす
ために，生産ラインにおいて後の工程が自分の生産量に合わせて必要
な部品を前の工程に発注して調達する方式です。注文を受けた前の工
程は引き渡した量だけを生産・補充し，従来のように見込みだけで部
品の在庫をもつことによる不良在庫の増加を防止できます。トヨタ自

カンバン方式▶　動車が開発した**カンバン方式**が有名です。

ファブレス▶　④**ファブレス**

　　ファブレスは，工場をもたない製造会社のことであり，自社では工
場や生産設備を保有せずに製品の企画・設計，マーケティング活動だ
けを行い，他の製造メーカに生産を委託するビジネスモデルです。ま

た，より経営のスリム化を図るため，設計やマーケティング活動なども他社に委託する場合もあります。ファブレスは，英語のfab（fabrication facility，製造施設）とlessを組み合わせた造語です。

(2) 様々なエンジニアリングシステム

一般に，生産工程における作業は，受注や需要予測に基づく材料の手配，生産計画とその実施，在庫管理と注文の引当て，出荷といった要素によって構成されています。これらの作業に情報システムを使って予定と実績を分析し，問題点を見つけ，解決策を検討し，実施します。現在は，自動化装置の進歩，情報処理能力の向上，ネットワークの普及による即時性の向上などによって，大量生産の利点と個別対応の利点とを併せもつような総合オンライン生産管理の概念が生まれています。

▶ファクトリオートメーション
▶FA

① ファクトリオートメーション（FA；Factory Automation）
FAは，主に，加工のプロセスを自動化することを表しています。
② CAD/CAM/CAE

▶CAD
・CAD（Computer Aided Design）：コンピュータを使って機械や部品の設計・製図の定型的作業を支援するシステムです。

▶CAM
・CAM（Computer Aided Manufacturing）：コンピュータを使って，製造業務を支援するシステムです。CADシステムから受け取った設計情報や，関連データベースから得た情報を基に工程設計を行い，装置への指示プログラムや作業指示表などを出力します。

▶CAE
・CAE（Computer Aided Engineering）：設計工程の初期段階で，設計や設計の解析評価を支援するシステムです。例えば，CADで製図したものが，適切な形であるかを解析することもあります。

以上を一連の流れで行う製造工程をまとめて，CAD/CAM/CAEと表しています。

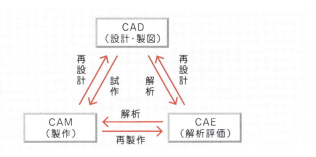

図表8-11　CAD/CAM/CAEの流れ

第 8 部　経営戦略

MRP ▶　　③ MRP
　　　中間製品（ほかの製品の部品として使われる製品）の製造に必要な時間，各部品の必要量など，製造開始までにかかる調達時間を求め，最適な調達計画を立てるシステムです。必要なものを，必要な時期に，必要な量だけ納入する生産形態を目標にした，CIM の機能の一部です。単独のシステムとして利用されることもあります。

④ PDM
PDM ▶　　　PDM（Products Data Management）は，製品に関するデータ（設計から製造，出荷にまで限らず，顧客における使用状態まで含めた情報）を，大きなデータベースとして管理するものです。製品のライフサイクル全体の情報を一元管理することで業務を改善します。

3 e ビジネス

EC ▶　　**(1) 電子商取引（EC；Electronic Commerce）**
　　　コンピュータネットワーク上で電子的に決済情報を交換して行う商取引です。インターネットの普及によって一般消費者を対象とした電子商取引が急速に拡大しています。そこで，取引するもの同士の関係から図表 8-12 のように分類して呼ぶことがあります。

用語	解　説
B to B	企業間の取引（B2B とも表現する）
B to C	企業対消費者の取引。C は Consumer（顧客）の意味
C to C	消費者同士の取引
G to B	政府・自治体対企業間の取引。G は Government の意味
G to C	政府・自治体対個人間の取引。C は Citizen（市民）の意味
G to G	政府及び行政機関内の取引
O to O	実店舗販売とインターネット販売を組み合わせた取引

図表 8-12　取引の分類

(2) 電子データ交換（EDI）
　　　企業間でコンピュータネットワークを介して，電子的に受発注，輸送，
電子データ
交換 ▶　決済などのビジネス文書をやり取りすることを，**電子データ交換**（EDI；
EDI ▶　Electronic Data Interchange）と呼びます。このようなやり取りを
プロトコル ▶　成立させるには，通信のための共通の取決め（**プロトコル**）が必要となります。

314

8.3 ビジネスインダストリ

フィンテック▶ **(3) フィンテック**

主に銀行や信販会社が担ってきた各種サービスにITが融合した技術のことです。例えば，コンビニエンスストア業界による銀行業への進出は，その一例です。その他，ポイントカードやマイレージなど，企業ごとに発行されていた擬似的な貨幣を，企業間で相互融通させる仕組みとして電子マネーがあります。決済に関しては，スマートフォンを用いてオンラインで行うサービスなどが普及しています。

(4) ICカード

① ICカード（IC card）

図表8-13　ICカード

磁気カードと同じ形状のカードの中に，マイクロコンピュータや半導体メモリを内蔵したもので，最近では，記憶機能に加えて処理機能をもつものなどが開発されています。会社の社員証や入館証のほか，キャッシュカード，クレジットカードにも利用されています。

ICカードには，次のような特長があります。

(a) 磁気カードに比べ記憶容量が非常に大きい（文字データで数千〜数万）。
(b) マイクロコンピュータを内蔵したICカードでは，不正な読出し・書込み・改ざんを防止できる。
(c) 暗号化などでセキュリティ管理することによって不正使用を防止できる。

非接触
ICカード▶ **②非接触ICカード**

薄型のアンテナとICチップを内蔵したカードで，記録された情報の読出しと書込みは電磁波を出す機器に近づけることによって行います。定期や電子マネー用のカードとして使われています。また，個人認証機能を付けて，社員証や入退室管理用としても使われています。

鉄道などの改札を通るとき，Suica，PASMO，ICOCAなど，みんな，利用しているね。瞬時にデータを読み取って，データが書き換わっているんだよ

(5) RFID

非接触ICカードのように，電磁波を利用した無線通信で情報の読込
RFID▶ み／書込みをする技術を総称してRFID（Radio Frequency IDentification）といいます。情報は1ミリにも満たない非常に小さいICチッ

第8部　経営戦略

プに記録されていて，IC タグと呼ばれます。

店頭で販売する商品に IC タグを付けて，生産者情報や流通経路情報など，情報が書き込める利点を活かした利用方法が注目されています。

(6) インターネット広告

インターネットでは，情報が無料で閲覧できる代わりに，そこに広告を掲載して収益を得るのが一般的になってきています。このインターネット広告には次のような種類があります。

アフィリエイト▶

①アフィリエイト

Web サイトやメールマガジンなどが企業サイトへリンクを張り，閲覧者がそのリンクを経由して当該企業のサイトで会員登録をしたり商品を購入したりすると，リンク元サイトの主催者に報酬が支払われるという広告手法です。

リスティング広告▶

②リスティング広告

特定のキーワードで検索を行ったときに，そのキーワードと関連する広告のタイトルが表示される仕組みがリスティング広告です。キーワード連動広告とも呼ばれます。

また，広告を目的とした Web サイトは，多くの人にみてもらう必要があります。そのためには，関連するキーワードで検索したときに検索エンジンで上位に表示されることが最も有効な対策になります。このように，特定のキーワードが入力されたときに，検索エンジンで

SEO 対策▶

上位に表示されるような対策をとることを，**SEO 対策**（Search Engine Optimization）と呼びます。具体的には，該当するキーワードをページの中（ヘッダなど）にできる限り取り入れる，関連するページからのリンクを増やすなどの方法がとられます。

③レコメンデーション

インターネットショッピングにおいて，個人がアクセスした Web ページの閲覧履歴や商品の購入履歴を分析し，関心のありそうな情報を表示して別商品の購入を促すマーケティング手法です。

バナー広告▶

④バナー広告

バナー広告は，Web サイトに広告用画像（バナー画像）を貼り付けておき，それを閲覧者がクリックすることによって広告主の Web サイトへリンクさせる，インターネット広告の一種です。

バナー広告は商業用 Web サイトでは有償として設置されることが一般的であり，閲覧者がクリックした回数によって，広告主が一定金額を広告の掲示先の Web サイト開設者へ支払うクリック保証型や，閲覧者が広告主の Web サイトで商品等を購入した場合だけに課金される成果報酬型など，複数の課金スタイルがあります。

8.3 ビジネスインダストリ

⑤**オプトインメール広告**

オプトは英語で「選択する」という意味で，あらかじめ広告メールを受信することに「承諾」を選択した人にだけ送るメール広告のことです。反対に，受信者の同意なしに一方的に送りつける広告メールのことを，オプトアウト（opt out）メール広告といいます。

（7）ロングテール

ロングテールとは，インターネットを利用した商品販売における販売動向を表すキーワードの一つです。陳列スペースが必要ないインターネット販売では，販売機会の少ない商品でも数多く取り揃えることができます。販売機会の少ない商品を，数多く販売することで，結果的に売上額の総額が大きくなる場合があり，これをロングテールと呼びます。

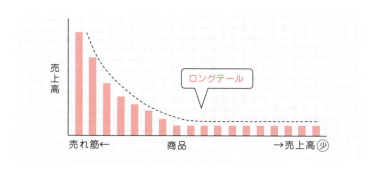

図表 8-14　ロングテール

4　IT ネットワークの有効活用

インターネットなどが高速かつ廉価で利用できるようになったことで，ビジネスの流れが変わり，新しいコミュニケーションの仕組みも発展してきています。次のような利用方法にも注目しておきましょう。

（1）SOHO（Small Office Home Office；ソーホー）

会社と自宅や郊外の小さな事務所を IT ネットワークで結んで仕事場にしたもの，あるいは，IT ネットワークを活用して自宅や小さな事務所で事業を起こすことを SOHO と呼びます。通勤のために生じる時間的，経済的なムダが省けるという利点がありますが，業務管理やコミュニケーションで問題が生じないようにする必要があります。

(2) インターネット上でのコミュニケーション手段

インターネットを利用することによって，従来とは異なり，非常に広範囲の人たちと次のような様々なコミュニケーションを取ることが可能になりました。

①チャット

リアルタイムに文字ベースの会話を行うシステムです。実際の会話のように短い文章をリアルタイムにやり取りします。

②ブログ

個人や数人のグループで運営され，日々更新される日記的な Web サイトです。通常の Web ページよりも簡単に更新，追加ができる点が特徴です。

③ SNS（Social Networking Service）

人と人とのつながりを促進・サポートする，コミュニティ型の Web サイトです。イベントなどへは，誰でも自由に参加できるのではなく，既存の参加者から招待されると参加できるシステムを採用しているものが多いです。

みんながやっている Facebook，LINE，Instagram なども SNS だね 世界中とつながっているんだよ

図表 8-15　SNS の画面

5　IoT システム・組込みシステム

(1) IoT システム

IoT ▶　IoT（Internet of Things）は，通信機器や産業機器，自動車など様々な「モノ」がインターネットに接続し，モノ同士が相互に情報をやり取りして，データ処理や新しいサービスを実現する技術であることを 3.4 ネットワークで説明しました。

IoT は，様々なデータを正確に測定するセンサ技術，小さい電力で遠

隔地のデータを収集可能にする無線通信やインターネット技術，組込み
システムなどの進展によって，可能になった仕組みといえます。広範囲
に設置した機器をネットワーク経由で制御し，データを収集・処理して
活用できるようになったことが特長といえます。

① IoT の活用例

　IoT は金融・農業・医療・物流・エネルギーなどの分野で活用が進
んでいます。代表的な例を挙げます。

　　・販売データのリアルタイム収集

　　　センサ付きの商品陳列棚で売れ筋商品をリアルタイムで把握す
　　　る。

　　・自動車の走行データの収集と活用

　　　走行履歴やブレーキなどの制御情報，事故の場所や発生原因な
　　　どのデータから事故の減少，渋滞緩和，CO_2 排出減少などに活
　　　用する。

　　・医療や健康関連データの蓄積と活用

　　　現在の生体情報や生活習慣データ，診断結果などを共有し活用
　　　する。

② IoT 機器（IoT デバイス）

　利用される機器としてはセンサとアクチュエータが代表的ですが，
最近では次のような機器を利用して応用範囲が広がっています。

　　・ドローン（drone）

　　　無人で遠隔操作や自動制御できる航空機の総称で，自律飛行機
　　　能を持つことが特徴です。人が行けない場所の情報収集で活躍し
　　　ており，今後は荷物配達の自動化などへの応用が期待されていま
　　　す。

　　・コネクテッドカー（connected car）

　　　自動車にインターネット通信の機能を持たせて，日常生活の中
　　　の情報端末として，いろいろな情報を提供する道具として活用す
　　　る機器としての意味を持っています。

③ IoT の課題

　データの活用範囲が広がり便利になる IoT は，今後も進展が期待
されていますが，収集したデータのセキュリティや法律上の問題，デー
タ活用のための協力関係の構築など，課題が残っています。

(2) 組込みシステムとは

　組込みシステムは，産業機器や家電製品などに内蔵したコンピュータ
によって，特定の機能を実現するシステムのことで，エンベデッドシス
テム（embedded system）とも呼ばれます。

第8部　経営戦略

　例えば，自動車ではエンジン制御や衝突防止・自動運転装置などに非
常に多くのコンピュータが使われ，高級乗用車では数千万行になるソフ
トウェアが組み込まれ，大規模な業務のソフトウェア量に匹敵するとさ
れています。組込みシステムの適用分野の例を挙げます。

適用分野	利用例
家庭	家電製品，スマートスピーカ，セキュリティ機器
屋外	自動販売機，信号機，防犯カメラ
オフィス	コピー機，セキュリティ機器
通信	スマートフォン，ルータ，無線システム
工場	工業用ロボット，FA機器，自動倉庫
交通	自動車，通行量測定，列車運行監視
医療	X線CT，MRI装置，手術支援ロボット
教育・娯楽	電子黒板，ゲーム機，電子ブック

図表8-16　組込みシステムの分野

(3) 組込みシステムの特徴

　組込みシステムのソフトウェアは，PCや大型コンピュータではなく，
各種機器に搭載されたCPU上で動くため，次のような特徴をもってい
ます。
①厳しいリソース制約
　メモリ容量に制約がある場合が多く，プログラムの大きさに制約が
加えられる場合が多いです。
②高い信頼性
　量産品が多く，プログラムに問題があると大規模なリコールが発生
する可能性があるため，高度な品質が求められます。
③リアルタイム制御
　定められた時間の中で制御・処理が完了するように要求され，その
ため，リアルタイムOSといわれる制御に特化したオペレーティン
グシステムが使われます。ただし，全てのデータを即時に処理するわ
けではありません。

第8部 確認問題

問8-1 (H25秋-IP 問11)

経営理念に関する記述のうち，最も適切なものはどれか。

ア　1～2年ごとに見直し，修正するものである。
イ　企業の使命や存在意義を表したものである。
ウ　経営計画や経営方針を具体化したものである。
エ　社是，社訓などに明文化されていないものである。

問8-2 (H24秋-IP 問19)

企業を，市場における競争上の地位によって，リーダ，チャレンジャ，フォロワ，ニッチャに分類したとき，チャレンジャの戦略の特徴として，最も適切なものはどれか。

ア　市場における自社の実力を見極め，リーダ企業に追従することによってシェアよりも安定的な利益確保を優先する。
イ　消費者へ新しい商品や使い方を提案し，市場規模の拡大を図るとともに品ぞろえを拡充しシェアを維持・拡大する。
ウ　上位企業が狙わない特定市場を攻略する。限られた経営資源を集中し，その市場における優位性を確保・維持する。
エ　リーダ企業がまだ強化していない地域や分野を攻略するなどの施策を採る。リーダ企業と対決することもあるが，下位企業のシェアを奪うこともある。

第 8 部　経営戦略

問 8 - 3
(H26秋-IP 問8)

TOB の説明として，最も適切なものはどれか。

ア　経営権の取得や資本参加を目的として，買い取りたい株数，価格，期限などを
　　公告して不特定多数の株主から株式市場外で株式を買い集めること
イ　経営権の取得を目的として，経営陣や幹部社員が親会社などから株式や営業資
　　産を買い取ること
ウ　事業に必要な資金の調達を目的として，自社の株式を株式市場に新規に公開す
　　ること
エ　社会的責任の遂行を目的として，利益の追求だけでなく社会貢献や環境へ配慮
　　した活動を行うこと

問 8 - 4
(H27春-IP 問5)

KPI の説明として，適切なものはどれか。

ア　企業目標の達成に向けて行われる活動の実行状況を計るために設定する重要な
　　指標
イ　経営計画で設定した目標を達成するための最も重要な要因
ウ　経営計画や業務改革が目標に沿って遂行され，想定した成果を挙げていること
　　を確認する行為
エ　商品やサービスの価値を機能とコストの関係で分析し，価値を向上させる手法

問 8 - 5
(H24春-IP 問24)

シックスシグマ活動に関する説明として，適切なものはどれか。

ア　仕事のプロセスで発生する可能性がある障害をあらかじめ予測し，対応策を計
　　画する。
イ　職場のメンバでグループを作り，職場内で発生する様々な問題を継続的に解決
　　する。
ウ　対象とする業務の品質を数値化し，そのばらつきを抑制することによって，業
　　務品質を改善する。
エ　品質に関する活動を手順化・文書化・記録化することによって，品質の保証と
　　顧客満足の向上を図る。

確認問題

問8-6
(H24秋-IP 問26)

マーケティングミックスの4Pの一つであるプロモーションの戦略には，プッシュ戦略とプル戦略がある。メーカの販売促進策のうち，プル戦略に該当するものはどれか。

ア　商品知識やセールストークに関する販売員教育の強化
イ　販売員を店頭へ派遣する応援販売の実施
ウ　販売金額や販売量に応じて支払われる販売奨励金の増額
エ　販売店への客の誘導を図る広告宣伝の投入

問8-7
(H27春-IP 問17)

企業の商品戦略上留意すべき事象である"コモディティ化"の事例はどれか。

ア　新商品を投入したところ，他社商品が追随して機能の差別化が失われ，最終的に低価格化競争に陥ってしまった。
イ　新商品を投入したところ，類似した機能をもつ既存の自社商品の売上が新商品に奪われてしまった。
ウ　新商品を投入したものの，広告宣伝の効果が薄く，知名度が上がらずに売上が伸びなかった。
エ　新商品を投入したものの，当初から頻繁に安売りしたことによって，目指していた高級ブランドのイメージが損なわれてしまった。

問8-8
(H27秋-IP 問18)

マーケティングにおけるセグメンテーションとして，消費者を，商品購入に対する態度で分類することがある。オピニオンリーダと呼ばれる消費者の商品購入に対する態度として，適切なものはどれか。

ア　商品が普及した後に，その商品に関する自分の評価を友人や知人に伝える。
イ　商品の購入を決めるに当たって，友人の評価や世間の評判を参考にする。
ウ　新商品の販売開始を待って，友人や知人に先駆けて入手することに意欲を燃やす。
エ　新商品を販売初期の段階で購入し，その商品に関する情報を友人や知人に伝える。

第 8 部　経営戦略

問 8 -9

(H30秋-IP 問22)

製品の製造におけるプロセスイノベーションによって，直接的に得られる成果はどれか。

ア　新たな市場が開拓される。
イ　製品の品質が向上する。
ウ　製品一つ当たりの生産時間が増加する。
エ　歩留り率が低下する。

問 8 -10

(R1秋-IP 問30)

デザイン思考の例として，最も適切なものはどれか。

ア　Web ページのレイアウトなどを定義したスタイルシートを使用し，ホームページをデザインする。
イ　アプローチの中心は常に製品やサービスの利用者であり，利用者の本質的なニーズに基づき，製品やサービスをデザインする。
ウ　業務の迅速化や効率化を図ることを目的に，業務プロセスを抜本的に再デザインする。
エ　データと手続を備えたオブジェクトの集まりとして捉え，情報システム全体をデザインする。

問 8 -11

(H29秋-IP 問22)

クラウドファンディングの事例として，最も適切なものはどれか。

ア　インターネット上の仮想的な記憶領域を利用できるサービスを提供した。
イ　インターネットなどを通じて，不特定多数の人から広く寄付を集めた。
ウ　曇りや雨が多かったことが原因で発生した損失に対して金銭面での補償を行った。
エ　大量の情報の中から目的に合致した情報を精度高く見つける手法を開発した。

確認問題

問 8-12
(R1秋-IP 問21)

ディープラーニングに関する記述として，最も適切なものはどれか。

ア　営業，マーケティング，アフタサービスなどの顧客に関わる部門間で情報や業務の流れを統合する仕組み

イ　コンピュータなどのディジタル機器，通信ネットワークを利用して実施される教育，学習，研修の形態

ウ　組織内の各個人がもつ知識やノウハウを組織全体で共有し，有効活用する仕組み

エ　大量のデータを人間の脳神経回路を模したモデルで解析することによって，コンピュータ自体がデータの特徴を抽出，学習する技術

問 8-13
(H25秋-IP 問9)

インターネットを利用した広告において，あらかじめ受信者からの同意を得て，受信者の興味がある分野についての広告をメールで送るものはどれか。

ア　アフィリエイト広告　　　　　　　イ　オーバーレイ広告
ウ　オプトアウトメール広告　　　　　エ　オプトインメール広告

問 8-14
(H25秋-IP 問16)

a～dの機器のうち，組込みシステムが実装されているものを全て挙げたものはどれか。

a　飲料自動販売機　　　　　　　b　カーナビゲーション装置
c　携帯型ゲーム機　　　　　　　d　携帯電話機

ア　a, b　　　　　イ　a, b, c, d　　　ウ　a, c, d　　　エ　b, c

第9部

企業と法務

企業活動を支援する情報システムについて考えていきます。情報システムは，会計，販売，製造など基幹業務に関する知識が必要で，経営に大きく関係する重要なものです。法律の知識も求められます。

9.1 企業活動 ………………………………………… 328
9.2 法務 …………………………………………………… 351

9.1 企業活動

企業とは，経営理念を掲げながら，常に利益を求めて永続的に活動をしていくものです。社会への貢献，使命や役割を果たしながら，株主によい決算報告するためにヒト，モノ，カネ，情報を有効に活用していきます。

企業活動を行っていくためには，組織を理解し，その中で発生している問題を一つ一つ解決していかなければなりません。そのための手法もここで紹介しています。

1 会社の仕事の仕組み

(1) 経営理念と経営戦略

経営戦略▶　会社をどのように経営していくかは，**経営戦略**によって決まりますが，この経営戦略を確立するためには，どの分野で活動するのかという「戦いの場」を明確にしておく必要があります。どんな大企業であっても世界全体をターゲットにすることは不可能です。自社のターゲットを明確に定め，重点的に攻略していくことが経営戦略の基本です。ターゲット
経営理念▶　を定めるときにベースになるものが**経営理念**や**企業ミッション**です。
企業ミッション▶

```
経営理念,企業ミッション
        ↓
      経営戦略
        ↓
     中長期経営計画
        ↓
      年度経営計画
```

図表 9-1　経営理念，経営戦略と経営計画

経営理念は，組織がもつ価値観や信念，組織の存在及び活動目的，それら基になる考え方のことです。

会社の経営は，この経営理念がベースになり，それを基に経営戦略，中長期経営計画が策定され，さらに，年度経営計画が策定されます。経営計画の中で，企業が進むべき目標が設定されています。

(2) 経営資源

企業は，資本家から資本を集めて経営資源を手に入れ，それを有効に活用して利益を上げていくことを求められています。**経営資源**とは，会社を運営していくために必要となるものであり，「**ヒト**」，「**モノ**」，「**カネ**」，「**情報**」が四大経営資源です。したがって，企業の経営者は保有する「ヒト」，「モノ」，「カネ」「情報」をできる限り有効に活用していくことが求められています。また，これらの資源を，より有効に活用していくために，**情報システム**が活用されていくことになります。

経営資源のひとつである「ヒト」は，従業員の能力やスキル，または，取引先・顧客などの**ステークホルダ**との関係構築などが重要な要素となります。そのために企業は従業員の健康管理を行いながら，労働力を確保する健康経営を行う必要があります。ステークホルダとは，利害関係者という意味で，影響を受けたりする個人や組織を指しています。

①コーポレートブランド

コーポレートブランドは，企業のもつブランド力を指します。企業名から製品やサービスの品質イメージを連想させることで競争優位性をもたらすことを目的としています。

②ダイバーシティ

ダイバーシティとは，"多様性"を意味しており，ビジネス分野では，国籍，年齢，性別など，個人や集団における相違点を競争原理の一つとして活用する考え方を指しています。

③ワークライフバランス（work life balance；仕事と生活の調和）

ワークライフバランスは，やりがいや充実感を感じながら仕事上の責任を果たし，家庭生活などにおいても人生の各段階に応じて様々な生き方を選択できるなど，多様かつ柔軟な働き方を目指す考え方です。

④企業活動における学習の考え方

・**OJT**（On the Job Training）/**Off-JT**（Off the Job Training）

OJT とは，日常の業務を通じて，上司や先輩が職務を遂行する上で必要な知識や技能を計画的，継続的に修得させる職場内訓練のことをいいます。OJT では，集合教育に比べてコストが安く，従業員の個性に応じてきめ細やかな教育が可能となります。これに対して，Off-JT（Off the Job Training）は，日常の業務から離れ，外部の

第9部　企業と法務

講師や教育担当者による集合教育の形態で実施される職場外訓練です。

▶アダプティブ
ラーニング

・**アダプティブラーニング**

　アダプティブ（adaptive）という言葉は「適応する」という意味ですが，アダプティブラーニング（adaptive learning）は，学習する人の理解度や得意・不得意な内容を調べ，次に学習するのに最適な内容や演習問題を提示できるようにして，効率良く学習目標に到達できるよう最適化した学習方法です。

▶コーチング

・**コーチング**

　質問や簡単なアドバイスを投げかけ，自ら目標に向かって行動を起こすように仕向ける社員育成方法です。

▶メンタリング

・**メンタリング**

　コーチングと同様に，対話によって気づきや自発的な行動を促すようなコミュニケーションによる育成方法ですが，それに加えて，悩みの相談や心の整理など，メンタルにかかわる部分の支援を行います。

▶HRテック

・**HRテック**（HR Tech）

　HRテックは，HR（Human Resource；人的資源）とTechnology（技術）を合わせた造語で，ITを応用して，さらに戦略的に人材を獲得・育成・管理していく試みです。

　HRテックは，企業の労務管理，給与計算，人事管理や，福利厚生，教育・研修，従業員の満足度向上，採用（労働力獲得）などの業務を管理担当者の経験や勘に頼らず，AI（人工知能）やモバイル通信，クラウドサービス，データ分析能力の向上（アナリティクス）などの技術を生かして，効率的に業務を進めると共に，経営上最適な効果をもたらすシステムやサービスなどの試みです。

(3) 企業の仕事の流れ

　企業の仕事の流れは，「資源を調達し，加工し，最終的に販売していくこと」です。したがって，企業の仕事の流れを理解するには，どの時点でどのような資源が調達され，どう使われているかに着目していくと理解しやすいでしょう。

①製造業の業務の流れ

▶購買
▶生産
▶販売

　製造業の場合には，一般に企業内の購買部門が外部から原料を購入して（**購買**），それを製造部門が加工し（**生産**），でき上がった製品を営業部門が売ります（**販売**）。そのときの販売代金から支払った原料費や各種の経費を引いた額が利益になります（マイナスの場合は損失）。

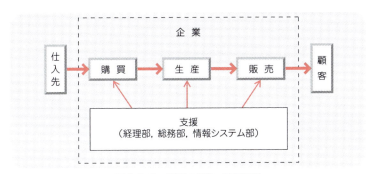

図表 9-2　業務の流れ（製造業）

②流通業の業務の流れ

　流通業の場合には，製造業にあった機能のうち"生産"の部分がないことになり，"販売"の部分が機能の大きな部分を占めることになります。この"販売"の部分をさらにブレークダウンしてみましょう。

在庫引当▶
ピッキング▶

　図表9-3で，"**在庫引当**"は，顧客から受注した商品の在庫を確認する作業のことで，"**ピッキング**"は出荷するための商品を倉庫の棚から取り出すことです。

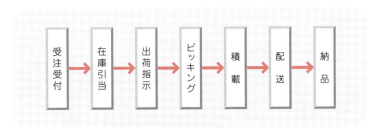

図表 9-3　販売業務の流れ

③商取引における書類の流れ

　一般的な商取引においては，顧客との間で間違いなく取引を行うために，図表9-4のような書類がやり取りされます。

見積書▶
発注書▶
注文請書▶

　"**見積書**"は顧客が注文しようとしている商品の値段がいくらになるかを知らせる書類で，この内容でよければ"**発注書**"を発行して販売会社に注文を出します。"**注文請書**"は販売会社が顧客からの注文を確認して，確かに受注したことを知らせる書類で，業態によっては省略される場合もあります。また，"**検収書**"は顧客が納品された商品を確認して，正しい商品が納入されたことを通知するための書類で，これを受けて販売会社は"**請求書**"を送ります。

検収書▶

請求書▶

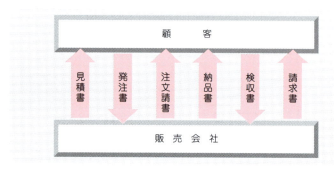

図表 9-4　商取引における書類の流れ

(4) 経営管理

① PDCA サイクル

仕事をうまくこなしていくためには，場当たり的な進め方ではなくで，**マネジメントサイクル**（management cycle）をきちんと回すことが重要になります。

マネジメント▶
サイクル

図表 9-5　PDCA サイクル

Plan ▶　　仕事を行うためには，まず計画（**Plan**）を立てることが重要です。計画を立てずに仕事を行っても，決してよい結果は得られません。多くの人は仕事を行うときに，何らかの計画を立てていますが，大切な
Do ▶　　ことは文書化しておくことです。次に，計画に従って，業務を実行（**Do**）します。そして，実行した実績（結果）をしっかり把握することが重
Check ▶　　要です。把握した実績と計画とを比較して，評価（**Check**）します。もし，実績が計画を下まわれば，何らかの問題が発生していることに
Act ▶　　なりますので，その問題を解決するための是正措置（**Act**）を行う必要があります。

PDCA　　この Plan － Do － Check － Act の流れをマネジメントサイクル，
サイクル▶　　または **PDCA サイクル**と呼びます。これがきちんと回れば，企業の

活動は少しずつ改善されることになります。

BCP ▶ ② BCP（Business Continuity Plan；事業継続計画）

災害や事故などが発生した場合にも，可能な範囲で事業の継続ができるように，事前に策定された計画のことをBCPといいます。BCPは，普段からの対策を含め，事業の継続やそのための復旧に重点を置いた計画となっています。事業継続にあたっては，BCPだけではなく，実際の運用や訓練，改善など一連のプロセスが必要となりますが，こ

BCM ▶ の一連のプロセス管理をBCM（Business Continuity Management；事業継続管理）と呼んでいます。

MBO ▶ ③ MBO（Management Buy Out；自社株買収）

MBOは，経営者が自社の株式の大半を買い取ることで経営権を取得することです。株式を非上場化することによって敵対的買収に備えたり，経営自由度を高めたり，経営者として独立するために行うことです。

HRM ▶ ④ HRM（Human Resource Management；HRM）

企業の資源の一つである人材を育成したり活用したりすることで，人材を中長期的に有効活用することを目的とするマネジメント手法です。

タレント▶
マネジメント
⑤ タレントマネジメント

企業におけるタレントマネジメントとは，従業員が所有する能力・資質・スキルなどの情報を人事管理の一部として一元管理することです。これによって企業の中で横断的に人材開発を行うことができ，戦略的な人材配置が可能となります。

2 仕事と組織

（1）組織はなぜ必要か

企業の仕事は1人で行うことはできません。企業は，仕事を効率的

組織 ▶ に行うために，業務を組織で分担させています。この組織は，社長など経営者が中心となって決めていくことになります。

株主総会 ▶ 会社は，最終的には株主のものであり，最終的な意思決定は株主総会で行うことになりますが，通常は，株主総会で選出された取締役会で意思決定されます。会社の仕事を行う最高責任者である社長もこの取締役会で選出され，日常の会社の仕事はこの社長の指揮の下で行われます。

社長は，会社の仕事を行う最高責任者ですが，実際の仕事を社長自身が行うわけではありません。社長は，仕事が最も効率良く行われるように，役割分担を行い，遂行していくための組織を作り，責任者を決めます。そして，組織を任された責任者は，任せられた役割を，最も効率良く行えるように，さらにその組織の中を細かい組織に分けていきます。

社長の役割は，実際の業務を行うではなく，編成した組織に必要な経営資源（ヒト，モノ，カネ，情報）を割り当てることだといえます。

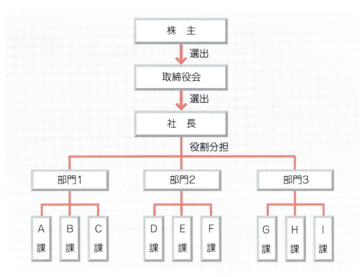

図表 9-6　会社の組織

(2) ライン部門とスタッフ部門

組織を構成する各部門は，大きくライン部門とスタッフ部門に分けることができます。**ライン部門**は，購買，生産，販売という企業の基幹業務に直接かかわる部門のことです。**スタッフ部門**は，ライン部門を支援する部門であり，総務部，経理部，情報システム部門などが該当します。

▶ライン部門
▶スタッフ部門

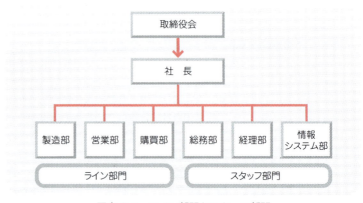

図表 9-7　ライン部門とスタッフ部門

(3) 仕事を遂行するための組織

仕事を遂行するための組織形態には，職能別組織，プロジェクト型組織，マトリックス型組織などがあります。

①職能別組織

職能別組織▶

職能別組織とは，職務の機能（職能）ごとに組織された組織形態です。例えば，販売活動を行う人たちを集めて販売部という組織を作るように職能別に専門的に担う組織単位を基にした組織構造です。

組織の統制は階層構造で，権限はトップに集中する傾向があります。

②プロジェクト型組織

プロジェクト型組織▶

特定のプロジェクトのために，社内・社外から広く人を集めて組織化されたものが**プロジェクト型組織**です。プロジェクト型組織は，プロジェクトの発足と同時に組織され，完了すれば解散します。

利点は，権限・責任体制が明確になることです。欠点は要員配置が非効率になる可能性があることや，今まで所属していた組織から離れるためにメンバに不安感が出やすいことです。

図表9-8　プロジェクト型組織

③マトリックス型組織

マトリックス型組織▶

人材を通常の職能別組織に所属させたままで，特定のプロジェクトメンバの一員としての役割ももたせ，プロジェクトリーダの指揮系統の下で作業を行わせる形態を**マトリックス型組織**と呼びます。

職能別組織とプロジェクト型組織の両方の利点を併せもつ面もありますが，職能部門の管理者とプロジェクトリーダの二人の上司の指示が食い違ったりすると混乱が起きるという欠点があります。

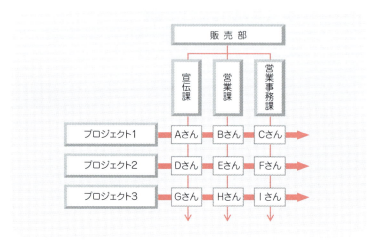

図表 9-9　マトリックス型組織

(4) トップの職務分担

日本の企業でも，トップの職務分担に応じて，次のような呼称を用いることが多くなっています。

- **CEO**（Chief Executive Officer）
  主席執行役員のことです。日本の企業では，通常，社長に対応します。
- **CIO**（Chief Information Officer）
  主席情報担当役員のことです。日本の企業では，情報システム担当取締役に対応します。情報戦略立案などを行います。
- **CFO**（Chief Financial Officer）
  主席財務担当役員のことです。日本の企業では，経理担当取締役に対応します。

3　問題発見の技法

(1) 仕事の改善の必要性

仕事を進めていくと，いろいろな問題が出てきます。特に商品の品質にかかわる問題や，顧客からのクレームなどには，迅速に対処していく必要があります。また，厳しい競争の中で企業が生き残るためには，常に仕事の効率を改善し，コストダウンを図っていかなければなりません。

仕事を改善していくためには，どこに問題があるのかを発見し，改善すべき点を明確にする必要があります。この問題発見の技法にもいろいろな方法があります。

9.1 企業活動

データ収集▶ **(2) データ収集の技法**

問題点を明らかにするためにはデータを収集して分析する必要があります。データを収集する技法には，次のようなものがあります。

面接調査▶ **①面接調査（インタビュー）**

インタビュー▶ 現場の担当者や責任者に会い，業務について，直接，聞き取りを行うことです。1人ずつ個別に面接する場合，グループで面接する場合などがあります。詳細で具体的な情報を得ることができますが，調査に時間がかかるのが難点です。面接に当たっては，前もって質問事項を準備し，相手に伝えておくと調査が効率的に行えます。

ブレーン
ストーミング▶ **②ブレーンストーミング（brainstorming）**

「批判禁止」，「自由奔放」，「質より量」，「結合・便乗歓迎」の四つのルールの下に，会議形式で斬新なアイディアを発想することです。

ルール	解　説
批判禁止	他人のアイディアや意見を批判しない。
質より量	短時間にできるだけ多くのアイディアや意見を出すようにする。
自由奔放	奔放な意見を歓迎する。奇抜なものでも，どんどんアイディアを出すようにする。
結合・便乗歓迎	他人のアイディアに便乗して，さらに発展したアイディアを出していく。

図表9-10　ブレーンストーミングのルール

アンケート▶
調査 **③アンケート調査**

調査する項目を設定したアンケート用紙を作成して，回答者の意見を収集し，傾向を把握します。

観察調査▶ **④観察調査**

業務が実際に行われている現場を観察することで，客観的な業務の状況が分かります。場合によっては，カメラやビデオで現場を撮影しておくことも有効です。

資料調査▶ **⑤資料調査**

実際の業務で使用している帳簿や伝票などの資料を調査して，データを収集することです。資料には，明文化された規定，マニュアル，報告書，各種管理帳票などがあります。現在はインターネットのWebページから，いろいろな情報を収集することもできますが，信憑性については十分に注意する必要があります。

(3) 問題を整理・分析するための方法

収集したデータは，整理・分析することによって，そのデータのもつ

第 9 部　企業と法務

意味や，真の問題を把握することができます。問題の整理・分析の方法
としては，次のようなものがあります。

①KJ法

KJ法▶　　KJ法は，文化人類学者の川喜田二郎氏が問題解決のために提唱し
た方法です。事実や意見を短い文章で表現し，それをカードに書いて，
グループ化することによって，データを整理・分析する方法です。
　　KJ法は次のような手順で行われます。

手　順	解　説
1．データ収集	観察やインタビュー調査，ブレーンストーミングなどでデータを収集する。
2．カード作成	収集したデータを具体的な表現でカードに記入する。このときに1枚のカードに1項目のみ記入するように注意する。
3．グルーピング	カードを見ながら，似ているカードをグループ化する。
4．見出し作り	グルーピングしたカードに，その内容を表す見出しを記入する。
5．図解	グループごとにカードを模造紙などに貼り付け，グループ間の相関関係を枠や矢印で表現する。
6．文書化	図を見ながら，ストーリを作り，必要に応じて文書化する。

図表 9-11　KJ 法の手順

②デシジョンテーブル

デシジョン
テーブル▶　　デシジョンテーブル（decision table；決定表）は，ある問題に

決定表▶　ついて起こる可能性がある全ての条件と，条件に対応する行動を表に
まとめて整理・分析します。次の四つの部分から構成されています。
・条件表題欄：判定しなければならない全ての条件を記述します。
・行動表題欄：特定の条件が満たされた場合に実行すべき処理を全て
　　　　　　　記述します。
・条件記入欄：条件表題欄に記入した条件の組合せをY（Yes），N（No）
　　　　　　　で表します。
・行動記入欄：条件記入欄に記入した組合せに対応する行動の該当欄
　　　　　　　にXを記入します。

条件表題欄		Y	Y	N	N	N	N	条件記入欄
	9:00〜17:00	Y	Y	N	N	N	N	
	22:00 すぎ	N	N	Y	Y	N	N	
	平日	Y	N	Y	N	Y	N	
行動表題欄	時間給　 800 円	X	−	−	−	−	−	行動記入欄
	時間給 1,000 円	−	X	X	−	X	−	
	時間給 1,200 円	−	−	−	X	−	X	
	深夜手当	−	−	X	X	−	−	

図表 9-12　デシジョンテーブルの例（アルバイト代）

③デシジョンツリー

デシジョンツリーと，意思決定の分岐点や発生し得る可能性の分岐点をツリー状に洗い出し，それぞれの選択肢の期待値を比較検討することで採用すべき選択肢を決定するために利用します。

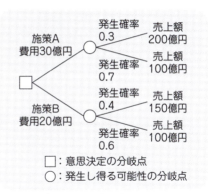

図表 9-13　デシジョンツリー

(4) QC 七つ道具

QC（Quality Control）とは，統計的な手法を利用して問題発生原因などを整理・分析するための手法で，製造業の品質改善運動の中で利用されてきました。この手法を活用した現場主導の品質向上のための活動が QC サークルです。我が国では，この活動が活発になって品質が向上し，製造技術が世界一になった一つの要因とも言われています。

▶QC 七つ道具

QC 活動で使用されてきた具体的な手法が **QC 七つ道具**で，製造業に限らず，問題の整理・分析の手法として広く使用されています。

①特性要因図

▶特性要因図

特性要因図は，特性（結果）と，それに影響を及ぼすと思われる要因の関係を整理して，魚の骨のような形に体系的にまとめたもので，結果に対してどのような原因が関連しているかを明確にするために使います。魚の骨のような図になるため，フィッシュボーンチャートとも呼ばれます。

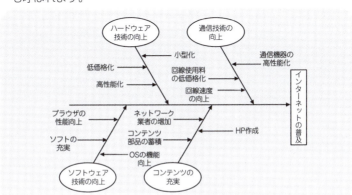

図表 9-14　特性要因図

第9部　企業と法務

(a) 特性を書き，特性に向かって大きな矢印（背骨）を引く。

(b) 特性に大きな影響を与える要因の中でも大きなものを挙げ，背骨に向かって矢印（大骨）を引く。

(c) 大骨に対して考えられる要因を書き込み（中骨，小骨），要因を整理する。

②パレート図

パレート図▶　パレート図は，横軸に項目を，縦軸に件数や売上高の値を取り，値の大きいものから順に並べて棒グラフで表し，その累積率を折れ線グラフで表したものです。

ABC分析▶　パレート図の応用として，ABC分析があります。これは値の大きいものから順番に並べ，累積比率80%までの項目をA，累積比率90%までの項目をB，その他をCというようにグループ分けして管理します。例えば，不良の発生原因をABC分析し，Aグループのものを重点的に解決すれば，80%の不良を解決できるわけです。

③ヒストグラム

ヒストグラム▶　ヒストグラムは，データの範囲をいくつかに細分化し，データの分布状態を棒グラフで表したものです。ヒストグラムを作成することで，データの分布状況，中心値，ばらつき具合がひと目で分かります。

④散布図

散布図▶　散布図とは，相互に関係があると思われる二つの特性値をグラフの横軸と縦軸にとり，該当する点を記入したものです。二つの特性値の間に相関関係があるかどうかを判断できます。相関関係とは，2組のデータの関連性のことで，片方の値が変化したときに，それに伴って，もう片方の値も変化する傾向があれば相関関係があります。

正の相関関係▶　散布図で点が右肩上がりに分布する場合は，「正の相関関係」があり，片方の値が増加すればもう片方の値も増加する傾向をもちます。逆に，

負の相関関係▶　右肩下がりに分布する場合は，「負の相関関係」があり，片方の値が増加するともう片方の値は減少する傾向をもちます。

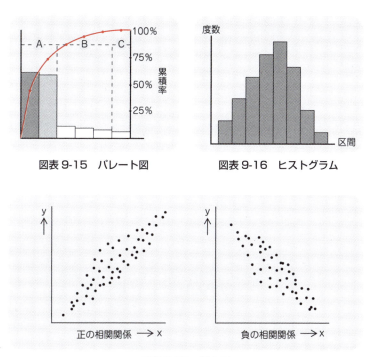

図表 9-15　パレート図　　図表 9-16　ヒストグラム

図表 9-17　散布図

⑤チェックシート

チェックシートは，項目の確認を目的として作成された表のことです。大きく分けて記録用と点検用があります。記録用チェックシートは，データをいくつかの項目別に分類して，チェックできるようにした表です。点検用チェックシートは，確認しておきたい事項を書き並べた表のことです。目的やチェックの対象の項目によって様々なものがあり，特に決まったフォーマット（様式）はありません。

	男性	女性
20歳未満	ᛂᛂ ᛂᛂ II	ᛂᛂ
20歳代	ᛂᛂ ᛂᛂ ᛂᛂ ᛂᛂ ᛂᛂ	ᛂᛂ ᛂᛂ ᛂᛂ ᛂᛂ II
30歳代	ᛂᛂ ᛂᛂ	ᛂᛂ ᛂᛂ IIII
40歳以上	ᛂᛂ	IIII

図表 9-18　チェックシート（来店者調査）

⑥層別

層別▶　層別は,得られたデータや調査結果などを,それらに共通の条件や項目でグループ分けすることです。層別に分けることで,漠然としているデータの特徴をはっきりさせることができます。通常はデータを層別で分けた後,パレート図やヒストグラムを利用して分析します。

⑦管理図

管理図▶　管理図は,異常の発生を確認するための図で,データの取るべき値を中心として,特性の変動の大きさを折れ線グラフで表します。取るべき値を中心線とし,許容できる上限を上方管理限界線,下限を下方管理限界線として明示し,異常値を発見できるようにしたものです。

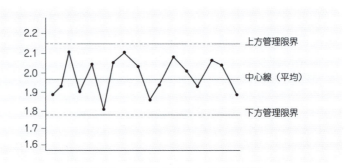

図表9-19　管理図（ステンレス棒測定値）

(5) 新QC七つ道具

新QC七つ道具▶　新QC七つ道具は,QC七つ道具と同様に,統計的な手法を利用して問題発生原因などを整理・分析するための手法です。QC七つ道具が主に定量的データ（数値で表すことができるデータ）の分析に使用されるのに対し,新QC七つ道具は主に定性的データ（数値で表せないデータ）の分析に使用されます。

①連関図法

連関図法▶　連関図法は,原因－結果,目的－手段という関係で事象を整理して,複雑に入り組んでいる問題の因果関係,構造を整理します。

②系統図法

系統図法▶　系統図法は,目的に対し,手段をツリー状に多段に展開して,目的達成のための手段を系統的に導き出す手法です。連関図法がネットワーク上の連鎖であるのに対し,系統図法はツリー状の連鎖になっている点が異なります。

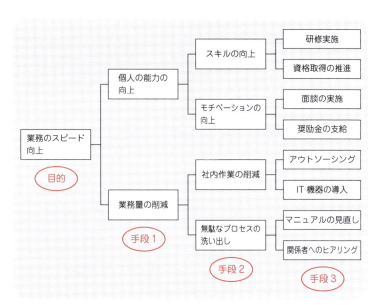

図表 9-20　系統図法

③親和図法

親和図 ▶　　親和図は，混沌とした事象や，まだ考えがまとまっていない事象を整理し，まとめるための図です。

錯そうした問題点や，まとまっていない意見，アイディアなどを整理していきます。

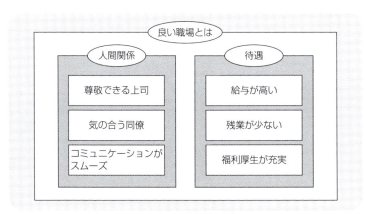

図表 9-21　親和図法

④マトリックス図法

マトリックス図法は，行に属する要素と列に属する要素で構成する2次元の表に基づいて問題点の分析を行います。行と列の交点の関係に着目して，問題を整理していきます。

⑤マトリックスデータ解析法

マトリックスデータ解析法は，数値データで表される項目間の特性や関連性を縦，横の軸を使った分布図などで表します。

	評価		
	効果	実現性	ランク
方法1	○	○	1
方法2	○	△	2
方法3	△	○	3
方法4	△	△	4
方法5	○	×	5

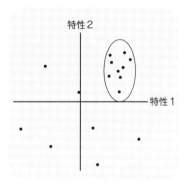

図表 9-22　マトリックス図法　　　図表 9-23　マトリックスデータ解析法

⑥ PDPC（Process Decision Program Chart）法

PDPCは，目的を達成するための途中の手段や施策が達せられなかったときの結果を予測して，目的を達成するためのプロセスを，できる限り望ましい方向へ導く方策を事前に検討して整理します。

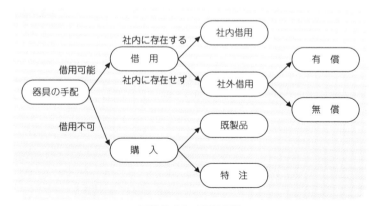

図表 9-24　PDPC 法

⑦アローダイアグラム

アローダイアグラムは，作業の内容と日程の流れを矢印で表した図です。**PERT**（Program Evaluation and Review Technique）という日程計画法の中で使用されることからPERT図（パート図）とも呼ばれます。仕事全体の進行状況を把握して，工程上で日程に余裕がない経路を発見し，事前に問題点を明確にしておくために使用します。

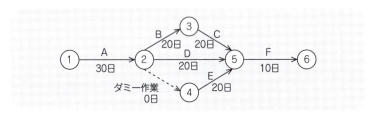

図表9-25　アローダイアグラム

アローダイアグラムの工程上で最も時間がかかる工程経路を**クリティカルパス**と呼びます。クリティカルパスは，最早開始日と最遅開始日から求められます。最早開始日は，最初の工程から順番にいつ作業を開始していけばよいかを求めていきます。最遅開始日は逆に最終完了日から逆算して，いつまでに終わればよいかを求めていきます。図表9-26ではクリティカルパスは，A → C → E → Gになります。また，ダミー作業とは，作業の順序を示すだけに使われるもので，工数0の作業と考えることもできます。

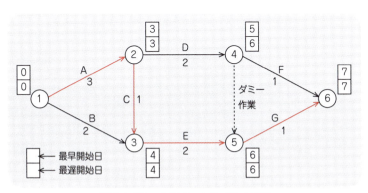

図表9-26　クリティカルパスの計算

第9部　企業と法務

4　企業会計と財務

　　企業は「ゴーイング・コンサーン」という言葉でいわれるように，将来にわたって，無期限に事業を継続し，廃業や財産整理などをしないことを前提とする必要があります。継続的に事業活動を行うことを前提に，通常，1年に1回，利益を計算して，株主などの関係者に示す必要があります。これを**決算**と呼びます。そして企業は，毎期の経営の結果を**財務諸表**として整理します。財務諸表の目的は次のとおりです。

決算▶

財務諸表▶

　　①経営者への情報提供
　　②株主への情報提供
　　③債権者への情報提供
　　④国・地方公共団体への情報提供（税金の申告）
　　⑤従業員・労働市場への情報提供

貸借対照表▶

損益計算書▶

キャッシュ▶
フロー計算書

　　財務諸表には，**貸借対照表**，**損益計算書**，**キャッシュフロー計算書**などがありますが，それぞれの作成目的は次のようになります。

　　①貸借対照表　→　財政状態（財産；ストック）を明らかにする。
　　②損益計算書　→　経営成績（利益；フロー）を明らかにする。
　　③キャッシュフロー計算書→手持ち現金(キャッシュ)が増えたか減ったかを明らかにする。

(1) 貸借対照表

貸借対照表▶

資産▶

　　貸借対照表は，企業の資産の状況を示した表です。左側の部分（借方）と右側の部分（貸方）に分かれています。借方は企業の保有している**資産**の状況を表しています。これに対して，貸方はその資産を調達するための資金をどのように調達したかを表しています。

流動資産 （1年以内に現金化される資産 ・正常営業循環過程にあるものを含む）	流動負債 （1年以内に支払い期限の到来する負債 ・正常営業循環過程にあるものを含む）
固定資産 （1年を越えて活用されることで現金化される資産）	固定負債 （1年を越えて支払期限の到来する負債）
	自己資本 （返済を要しない資本調達）

図表 9-27　貸借対照表

　　図表9-27のように，企業の保有している資産は，1年以内に現金化できる流動資産と，建物などの長い期間をかけて現金化する固定資産に分類して表示することになっています。これに対して，資金の調達方

純資産▶
負債▶

法は大きく自己資本による調達（**純資産**）と借入（**負債**）による調達に分類でき，借入による調達は1年以内に返済しないといけない流動負債と1年以上の長期にわたって返済する固定負債に分類されます。

①流動比率

流動比率は，企業の短期の支払い能力を示すもので，流動資産/流動負債×100%で表現されます。理想的にはこの値が200%以上であることが健全経営ということでは望ましい状態です。100%以下になると要注意となります。

②固定比率

固定比率は，自己資本に対する固定資産の比率であり，固定資産/純資産×100%で表現されます。自己資本でいかに固定資産を調達しているかを示し，少ない方が有利ですが，一般には100%以下とすることは困難です。

③投資利益率（ROI；Return On Investment）

投資利益率とは，「ROI」と呼ばれる収益性を表す指標であり，その投資でどれだけの利益があったのかを示します。投下した総資本がどのくらいの効率で利益を生み出しているかがわかります。経常利益/総資本×100%で表現されます。

(2) 損益計算書

損益計算書▶
売上総利益▶
営業利益▶
経常利益▶

損益計算書は，企業の損益状況を示した表で，最初に売上高を表示し，そこから売上原価を引いた**売上総利益**（第一の利益），そこから販売費，及び一般管理費を引いた**営業利益**（第二の利益），さらにそこから利子などの営業外損益を加減した**経常利益**（第三の利益）を表示します。

科目	収益種類	利益のキーワード
売上高		
期首商品棚卸高		
当期商品仕入高		
期末商品棚卸高		
売上原価		
売上総利益	第一の利益	創造力で作るもの
販売費及び一般管理費		
営業利益	第二の利益	活動力で作るもの
営業外収益		
営業外費用		
経常利益	第三の利益	企業活動の結果

図表9-28　損益計算書

ここで，売上原価は，次のように計算されます。

売上原価＝期首商品棚卸高＋当期商品仕入高−期末商品棚卸高

(3) 損益分岐点

企業の利益は，売上高から費用を引いて求められます。

利益＝売上高−費用

費用には売上高に比例して増加する変動費と売上高に関係なく一定である固定費に分類できます。これを使用して，利益を計算します。

利益＝売上高−（変動費＋固定費）

変動費という項目は，売上高に比例するので，変動費率という項目を使用し変動費の式を表すと，次のようになります。

変動費＝売上高×変動費率

これらを使用して，利益を表すと次のようになります。

利益＝売上高−（売上高×変動費率＋固定費）
＝売上高×（１−変動費率）−固定費

損益分岐点▶ **損益分岐点**は，利益が０になる売上高，つまり売上高と費用が等しくなる点です。

計算式で表すと次のようになりますが，今は覚える必要ありません。大事なことは利益が０になる売上高，つまり，損益分岐点は利益も損失も出ない，（儲けも損もない）トントンの状態の部分だということです。

０＝売上高×（１−変動費率）−固定費

$$（損益分岐点）売上高＝\frac{固定費}{１−変動費率}＝\frac{固定費}{１−\dfrac{変動費}{売上高}}$$

この関係を，図で表すと図表9-29のようになります。

売上が小さいときは，売上高よりも費用（固定費と変動費の合計）が多く，利益がマイナスになりますが，損益分岐点のところで，売上と費用が等しくなり，そこを超えると売上高が費用を上回り利益が出るようになります。

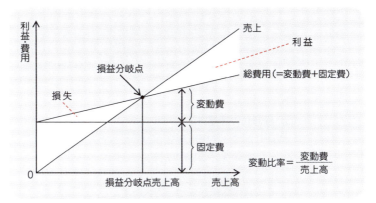

図表 9-29 損益分岐点

ぼくがお饅頭を作って，お店に販売してもらうとしよう
売れても売れなくても，お店には，3,000円を支払う約束になっているよ
お饅頭1個の値段は120円。材料，光熱費などで1個作るのに60円かかる。
いくつ売れたらいいんだろう？

1個売れたとき利益　　120 − 60 = 60（円）
x個売れたときの利益　（120 − 60）x = 60x（円）
でも，お店に払う分があるから，こういうことになるわね
　　60x（円）= 3,000（円）
　　　　x = 50
お饅頭が50個売れればトントン，つまり損も儲けもない状態よ。
まさに，ここが損益分岐点ってことになるのね

(4) 減価償却費の計算

建物や機械などの固定資産は複数年にわたって使用されるものなので，費用を全てその年度で処理してしまうことは，利益を正しく計算する上で適切とはいえません。そこで，その建物や機械を使用する年数（これを耐用年数といいます）に分割して計上します。これが**減価償却費**です。

▶減価償却費

代表的な減価償却費の計算方法として，定額法と定率法があります。

▶定額法

・**定額法**：耐用年数の期間中に資産の価値が一定額ずつ減少するものと考えて計算する方法です。各年度の償却額は，次のとおりです。

減価償却費 =（取得価額）÷ 耐用年数

第9部　企業と法務

定率法▶　　・**定率法**：その年の価額に一定の率を掛けて償却額を計算する方法です。定率法は期首の帳簿価額に応じて償却額が変化するので，始めは償却額が大きいですが，年数が経つにつれて償却額がだんだん小さくなります。計算式は次のようになります。

減価償却費＝（取得原価－減価償却累計額）×償却率

(5) 棚卸しの評価方法

棚卸し▶　　**棚卸し**とは，実際に存在する商品等の在庫を調べることですが，この際にその金額を評価しなければなりません。仕入れをしたときの金額が変化した場合には残っている商品をいくらで仕入れたものと考えるかで，その評価金額が変わってきます。この評価方法としては，次のものが使われます。図表 9-30 を使って考えてみます。

	仕入単価	仕入個数	払出個数	在庫個数	移動平均単価	移動平均在庫金額
1日	100円	50		50	100	5,000円
5日			30	20	100	2,000円
10日	120円	60		80	115	9,200円
20日			40	40	115	4,600円
30日	110円	10		50	114	5,700円

図表 9-30　1か月の商品の動きと棚卸評価の例

先入先出法▶　　**①先入先出法**
先に仕入れたものから先に払い出したと考える方法です。
残っている在庫は，110 円が 10 個と 120 円が 40 個になるので，合計 5,900 円となります。

後入先出法▶　　**②後入先出法**
後から仕入れたものから払い出したと考える方法です。
残っている在庫は，100 円が 20 個と 120 円が 20 個，110 円が 10 個になるので，在庫金額は 5,500 円になります。

移動平均法▶　　**③移動平均法**
仕入れがあるごとに，平均の仕入額を計算しなおす方法です。
10日時点の移動平均単価：(100×20＋120×60)÷80＝115円
30日時点の移動平均単価：(115×40＋110×10)÷50＝114円
30 日時点での在庫金額：114 × 50 ＝ 5,700 円

総平均法▶　　**④総平均法**
仕入れたものの価格合計を仕入れたものの数量合計で割って単価を求める方法です。

9.2 法務

人は法律の中で生きています。法律に違反してから,「えっ,そんな法律あったの?」では済まされません。知らなかったでは,法律は皆さんを許してくれません。

個人はもちろんのこと,社会的責任を果たすべき企業には,知的財産権,労務,セキュリティ,契約について遵守することが,常に求められます。法律を正しく理解して,情報システムを運用していくことが重要です。

1 企業経営とコンプライアンス

▶コンプライアンス

　コンプライアンス (compliance) という言葉を耳にしませんか。「法令遵守」を意味し,「コンプライアンス経営」というと,法律や企業倫理を遵守した経営という意味になります。

　最近は,企業の法律遵守や倫理重視の姿勢が強く求められてきており,法律を犯した企業は消費者からの強い反発によって存続が危うくなる例も多く出ています。企業としても経営者や従業員による不祥事の発生を抑制する策を講じる必要があります。

　情報システムの世界でも,知的財産,労務面,セキュリティ面,契約面で,多くの法律がかかわるようになってきており,情報システムに携わる人たちも,法律について正しい知識をもち,情報システムの運用,管理に従事する必要があります。

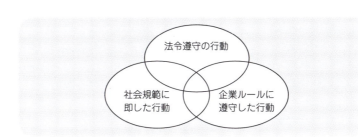

図表9-31　コンプライアンスの範囲

第9部　企業と法務

CSR ▶ 　　コンプライアンスに関連して，**CSR**（Corporate Social Responsibility）という言葉も使用されます。これは，「企業の社会的責任」とも呼ばれ，事業活動において利益を優先するだけでなく，顧客，株主，従業員，取引先，地域社会などの様々なステークホルダとの関係を重視しながら果たす社会的責任のことを指します。具体的には，安全で高品質な製品・サービスの提供，環境への配慮，社会的公正・倫理にかなった活動などが挙げられます。

　　このように企業は単に法律を守るというだけでなく，社会的な倫理観をもつことや，社会に貢献することが求められています。

コーポレート ▶
ガバナンス
　　また，**コーポレートガバナンス**（corporate governance）という言葉も使用されるようになってきました。ガバナンスは「統治」という意味で，議会・政府・裁判所の相互のチェック・アンド・バランス（抑制と均衡）を意味しています。コーポレートガバナンスとは企業内部の組織・権限，取締役会の運営，企業の意思決定の仕組みを指す言葉です。狭義で使われる場合は，取締役会及び外部監査人による経営者の監視と監督を指します。

　　コンプライアンスが遵守されているという前提で，コーポレートガバナンスという仕組み作りが実施されます。

2　知的財産に関する法律

　　知的財産とは，例えば，小説，楽曲，絵画といった「著作物」，独創的な「発明」や「考案」，優れた「デザイン」，商品やサービスの目印となる「商標」など，人間の知的活動の成果のことです。これらの知的財産については，一定期間，創作者の権利が認められ，それぞれ法律によって保護されています。**知的財産権**の分類とそれを保護対象とする法律は，

知的財産権 ▶
図表9-32 のとおりです。

知的財産権 （知的所有権）	（工業的保護）	産業財産権（工業所有権） （特許権，実用新案権，意匠権，商標権）	特許法，実用新案法，意匠法，商標法
		商号	商法
		不正競争要因 （商品表示・形態，営業秘密）	不正競争防止法
	（文化的保護）	著作者の権利 （著作財産権，著作者人格権）	著作権法
		著作隣接の権利 （著作隣接権）	著作権法

図表 9-32　知的財産権の分類

352

9.2 法務

　ここでは，著作権，産業財産権（工業所有権），不正競争防止法について，概略を説明します。

(1) 著作権

著作権▶
著作権法▶

　著作権は，小説や絵画，楽曲などの著作物を，その権利者が独占的・排他的に支配して利益を受ける権利であり，**著作権法**によって保護されています。この権利の発生については，我が国では申請や登録の手続きを要しない無方式主義を採用しています。

　著作物とは，「思想または感情を創作的に表現したものであって，文芸，学術，美術または音楽の範囲に属するもの」としています。

①著作権の種類

　著作権の種類を整理すると次のようになります。

　　・著作財産権：複製権，上演権，演奏権，展示権，上映権，二次的著作物の利用に関する原著作者の権利など
　　・著作者人格権：公表権，氏名表示権，同一性保持権など

②保護対象

　保護対象となるのは，著作物，実演，レコード，放送，有線放送です。プログラムなども著作権法による保護の対象となりますが，保護対象となるのはプログラムの表現そのものであり，アルゴリズム，ノウハウなどは保護の対象となりません。

　ソフトウェアの著作権に関しては，次の点がポイントになります。

・保護対象となるもの
　・プログラムの表現そのもの
・保護の対象にならないもの
　・プログラム言語：プログラムを表現する手段としての文字その他の記号及びその体系
　・規約：特定のプログラムにおけるプログラム言語の用法に関する特別の約束
　・アルゴリズム
・データベースは，情報の選択や体系的な構成に創造性があるもののみ保護される。
・法人の従業員が職務上作成したプログラムの著作権は，原則として法人に帰属する。
・バックアップ用の複製（自己利用に必要なソフトウェアの複製）は認められる。

---

③保護期間

　著作権の保護期間は，個人の場合では死後 70 年，法人の場合では公表後 70 年が保護期間です。

第9部　企業と法務

映画の著作物については，公表後（創作後 70 年間公表されなかっ
たときには，創作後）70 年間が保護期間です。

④ Web サイト上の情報

インターネットの Web サイトの内容は著作物として扱われま
す。Web サイトの内容は，たとえ実際のアクセスが本人だけであっ
ても，不特定多数の人がアクセスする可能性があるので，広く一般
に公表されたことになるからです。

したがって，許可なく他の著作者の著作物を勝手に Web 上で使
うことは，著作権法違反になります。また，他の Web サイトの内
容は，自由に使ってもよいという断りのない限り，勝手にコピーし
て自分のサイトに使うことも著作権法違反になります。

(2) 産業財産権（工業所有権）

産業財産権を保護する法律には，特許法，実用新案法，意匠法，商標
法があります。

①特許法

特許法▶

特許法は，発明の保護及び利用により，その考案を奨励し，もって
産業の発達に寄与することを目的とする法律です。

発明とは，自然法則を利用した技術的思想の創作のうち，高度のも
のを指します。発明は，特許庁に特許出願し，特許査定され，特許料
を納付して，特許登録原簿に特許権の設定の登録がなされて，特許権
が発生します。これによって，発明したものを独占的に生産したり，
使用，譲渡，貸渡，展示したりできます。

特許権の存続期間は，特許出願の日から 20 年です。

著作権と特許権とは図表 9-33 のような違いがあります。

	著作権	特許権
法の主旨	文化の発展	産業の発展
保護対象	創造性ある表現	アイディア
発　　生	創作時	特許庁に出願，審査を通過し登録されたとき
権利の侵害	「知らなかった」で済む。	「知らなかった」で済まされない。

図表 9-33　著作権と特許権の違い

②実用新案法

実用新案権▶

実用新案権は，産業上，利用できるアイディア（物品の形状，構造
または組合せに関するものに限る）に対する権利であり，実用新案法
は産業の発達に寄与することを目的とする法律です。

アイディアのことを日本語で考案ともいいますが，考案は自然法則

354

を利用した技術的思想の創作のことです。

これは，実用新案登録を特許庁に出願（同時に登録料を納付）して，実用新案権の設定が登録されます。

実用新案権の存続期間は，実用新案登録出願の日から 10 年です。

③意匠法

意匠法▶

意匠法は，意匠の保護及び利用を図ることにより，意匠の創作を奨励し，もって産業の発達に寄与することを目的とする法律です。

意匠とは，デザインのことで，物品，物品の部分，物品の組合せの形状，模様もしくは色彩，またはこれらの結合であって，視覚を通じて美感を起こさせるものです。

意匠は，意匠登録を特許庁に出願し，登録査定が行われた後，登録料を納めることで意匠権の設定が登録され，意匠権が発生します。

意匠権の存続期間は，意匠権の設定の登録日から 20 年です。

④商標法

商標法▶

商標法は，商標を保護することにより，商標の使用をする者の業務上の信用の維持を図り，もって産業の発達に寄与し，あわせて需要者の利益を保護することを目的とする法律です。

トレードマーク▶

商標（**トレードマーク**）とは，事業者が自己の取り扱う商品やサービスを他者の商品やサービスと区別するために，その商品やサービスについて使うマーク，目印のようなものです。それは，文字，図形，記号，立体的形状，あるいはこれらの結合，これらの色彩との結合で，目に見えるものです。商品に表示されている「登録商標」は，商標登録を受けている商標のことです。

商標は，その商標の登録を特許庁に出願し，登録査定が行われた後，登録料を納めることで商標権の設定が登録され，商標権が発生します。

存続期間は，登録日から 10 年で，何回も更新できます。

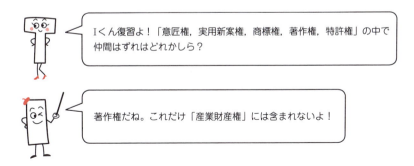

Iくん復習よ！「意匠権，実用新案権，商標権，著作権，特許権」の中で仲間はずれはどれかしら？

著作権だね。これだけ「産業財産権」には含まれないよ！

（3）ビジネスモデル特許

コンピュータシステムを利用した新たなビジネスモデルを考案し，こ

第9部　企業と法務

れを実現したとき，このビジネスモデルは特許法に基づく特許権の対象として認められる場合があります。この特許権のことを，ビジネスモデル特許といいます。

ビジネスモデル特許の対象として認められるものには，次の条件を満たす必要があります。

・発明である（従来にはなかった新たなビジネスモデル）
・新規性がある（そのビジネスモデルが公に知られていない）
・進歩性がある（従来の技術の転用ではない）

(4) 不正競争防止法

他人の商品などの表示と誤認させるような行為，他人の商品を模倣する行為，営業秘密を不正に取得する行為などを，不正競争行為と呼びます。これを防止することに関する法律が，**不正競争防止法**です。商品などの表示（氏名，商号，商標，ドメイン名など）や形態，及び営業秘密を保護対象としています。

不正競争防止法▶

営業秘密は，**トレードシークレット**とも呼ばれ，「秘密として管理されている（秘密管理性）生産方法や販売方法その他有用な（有用性）技術上あるいは営業上の情報で，公然と知られていないもの（非公知性）」と定義されています。

営業秘密▶

**トレード▶
シークレット**

3　労働に関する法律

労働に関する法律には，職業安定法，労働者基準法，労働者派遣法，男女雇用機会均等法，育児休業法などがあります。

情報処理の分野では，システム開発プロジェクトなどに参加するため，情報処理技術者を他の企業へ派遣する事業が増えています。ここでは，派遣労働者を保護する労働者派遣事業法について説明します。

労働者派遣法▶ ### (1) 労働者派遣法（労働者派遣事業法）

労働者派遣事業法（正式には，「労働者派遣事業の適正な運営の確保及び派遣労働者の保護等に関する法律」）は，派遣労働者の就業に関する条件の整備等を図り，派遣労働者の雇用安定と福祉増進に寄与することを目的とする法律です。

次のような条件，禁止事項があります。

・労働者を派遣するには，厚生労働省の認可が必要です。
・二重派遣は禁止されています。
・労働者は，派遣先ではなく派遣元（派遣会社）と雇用契約を結びます。

356

・労働者への指揮命令権は，派遣先の管理者にあります。
・労働者が派遣先で開発した成果物の著作権は，原則として派遣先に帰属します。

(2) 労働形態

労働派遣と比べられる労働形態に，請負，出向などがあります。それぞれの違いは，図で表すと分かりやすいでしょう。

①労働者派遣

労働者派遣とは，派遣事業者自らが雇用する労働者を，派遣契約を交わした派遣先事業者の指揮・命令，管理の下で派遣先の事業者のための労働に従事させることです。労働者は派遣元の事業者とは雇用関係にありますが，派遣先の事業者との雇用関係はありません。

②請負

請負とは，注文主の注文に従って，請負事業者が自らの裁量と責任の下に自己の雇用する労働者を使用して労働の結果としての仕事の完成を目的するもの（民法）です。請負では，注文主と労働者の間に指揮・命令関係も雇用関係もありません。

請負契約では，仕事の完成について財政上，法律上の全ての責任を負うことになります。

③出向

出向とは，出向元の事業者と何らかの関係を保ちながら，出向先の事業者との間において，新たな雇用関係に基づき相当期間継続に勤務する形態をいいます。出向には，在籍型と移籍型があります。

④委任

委任とは，法律行為をなすことを他人に委託することです。法律行為以外の委託は準委任といい，法律的には委任と同じ扱いがなされます。委任は請負と異なり，仕事の完成責任は負いませんが，過失責任は負います。

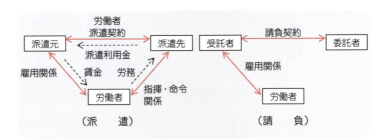

図表 9-34　労働形態

第9部　企業と法務

ソフトウェア開発を外部の企業に委託する場合の契約形態としては，請負，委任，派遣の三つの形態があります。

請負契約▶　**請負契約**とは「仕事を完成させることを約束」をする契約です。報酬は目的物の引渡しと同時に行われることになります。仕事を完成させることに責任がありますので，引き渡した製品やサービスに瑕疵（欠陥）があったときは，注文者は請負人に対し，相当の期限を定めて瑕疵の補瑕疵担保責任▶　修を請求することができます（瑕疵担保責任）。

委任契約▶　**委任契約**は一定の事務を処理することを相手方に委託し，相手方がその目的の範囲内である程度の自由裁量の権限をもって，独立して一定の事務処理を行うことを承諾し，その対価としての報酬を支払う形態を指します。請負契約との違いは，完成責任をもたないことです。その代わり，善管注意義務といって，善良なる管理者の注意をもって委任事務を処理しなければなりません。

派遣契約▶　これに対して，**派遣契約**は，派遣先の指揮命令に従って作業をする形態です。派遣契約では，完成責任や善管注意義務などはありません。

	請負契約	委任契約	派遣契約
仕事の完成責任	有り	通常無し	無し
指揮命令	受託者	受託者	派遣先
欠陥不良の責任	瑕疵担保責任（通常1年）	瑕疵担保責任は原則として無い（善管注意義務の責任は負う）	瑕疵担保責任は無し

図表 9-35　請負，委任，派遣の違い

4　セキュリティ関連法規

(1) サイバーセキュリティ基本法

サイバーセキュリティ基本法は，世界的規模で発生しているサイバー攻撃などの脅威を背景として，サイバーセキュリティを確保するために2014年に国会成立した法律です。国や地方公共団体の責務や施策の基本となる事項や，サイバーセキュリティ戦略本部を設置することなどを定めています。

サイバーセキュリティの対象とする情報は，電子的方式によって，記録，発信，伝送，受信される情報に限ると規定されています。

(2) 不正アクセス禁止法

不正アクセス▶　**不正アクセス禁止法**（正式には，「不正アクセス行為の禁止等に関する法律」）は，他人のパスワードやユーザIDを無断で使用し，企業や
禁止法

政府などのコンピュータに"ネットワークを通じて"不正にアクセスすることを禁じた法律です。ネットワーク経由でない不正アクセスは，この法律では対象にしていないので注意が必要です（ほかの法律で罰せられます）。

①不正アクセス行為

不正アクセス行為とは，次の行為です。

- ・ID 及びパスワードなどの不正な使用により，本来の使用者になりすまして，不正にコンピュータを使用する行為
- ・アクセス制御機能の施されているコンピュータであっても，例えば，セキュリティホール（コンピュータの安全対策上の不備）を攻撃することで，アクセス権限のないコンピュータ資源へのアクセスする行為

②不正アクセス行為を助長する行為

この法律では，①のような不正アクセスを助長する行為も，罰則の対象としています。例えば，他人の ID やパスワードなどを第三者に教えることも助長行為といえます。

③アクセス管理者の義務

システム管理者は，担当システムが不正アクセスされないように，常に適切な管理措置を講じる必要があることを定めています。

(3) 刑法

刑法のうち，コンピュータ犯罪にかかわる法律をコンピュータ犯罪防止法と呼び，ウイルス作成罪などを規定しています。

ウイルス作成罪（不正指令電磁的記録に関する罪）は，悪用を目的とするコンピュータウイルスの作成，提供，所持などに適用される罪です。

コンピュータにかかわる違法行為としては，次のような行為があります。

違法行為	違法行為の例
電磁的記録不正作出及び供用	・会社の経理システムに不正な情報を入力して，事務処理を誤らせる。
支払用カード等電磁的記録不正作出及び供用罪	・偽造したキャッシュカードやクレジットカードを使用して現金を不正に引き出す。 ・ネットバンキングシステムに偽りの情報を与えて，不正な振込や送金をさせる。
電子計算機損壊等業務妨害	・コンピュータを物理的に破壊する。 ・Web サイトのコンテンツを改ざんする。
電子計算機使用詐欺	・ネット銀行システムに架空の送金情報を入力して，財産上の利益を不正に得る。
電磁的記録毀棄	・電子媒体を不正に廃棄する。 ・システム上のデータを不正に削除する

図表 9-36　コンピュータにかかわる違法行為

第9部　企業と法務

（4）製造物責任法（PL法）

製造物責任法▶　　**製造物責任法**は，消費者を保護するための法律です。消費者が製品の欠陥によって生命・身体・財産に危害や損害を被った場合，製造業者などが損害賠償責任を負うことを定めています。PL法での欠陥は，製品の特性から通常有するべき安全性を欠くことを指します。そのため，製造業者に過失がない場合でも，製品の欠陥で被害が発生した場合は，製造業者は責任を問われます。

　　また，製造業者は，実際に製造を行った業者だけでなく，加工又は輸入した者のほか，その製品に製造業者と認める氏名などを表示した者を指します。

個人情報▶　　### （5）個人情報保護法（個人情報の保護に関する法律）
保護法
　　個人情報の適切な取扱いに関する基本理念を定め，国及び地方公共団体の責務を規定し，さらに民間の個人情報取扱事業者の義務などを定めた法律です。個人情報取扱事業者とは，個人情報を保有する全ての事業者です。個人情報を1件でも保有していれば，個人情報保護法の適用対象となります。

個人情報▶　　**個人情報**とは，「生存する個人に関する情報であって，当該情報に含まれる氏名，生年月日その他の記述等により特定の個人を識別することができるもの」に加えて「指紋認識データや顔認識データ，パスポート番号，免許証番号のような特定の個人を識別できる個人識別符号を含む情報」と定義しています。

　　次の六つの原則から成り立っています。

義務の名称	解説
利用方法の制限	利用目的を特定し，その範囲内で使用することを本人に公表すること
適正取得	利用目的を明示して，取得すること
正確性確保	常に正確な内容に保つこと
安全確保	流出，盗難，紛失などを防止すること
透明性確保	本人からの求めによって開示，訂正などができ，目的以外の利用は本人からの申し出によって停止できることなど
第三者提供の制限	本人の同意を得ないで個人データを第三者に提供してはいけないことなど

図表 9-37　個人情報保護法の原則

・第三者提供の制限の例外
　　ビッグデータ分析といったパーソナルデータの利活用のために，個
匿名加工情報▶　　人を識別できないように匿名化したデータ（**匿名加工情報**）を本人の

360

同意なしで第三者に提供することはできます。ただし，匿名加工情報を他の情報と照合するなどして，本人を識別する行為は禁止されています。

要配慮▶
個人情報

・**要配慮個人情報**

　個人情報保護法における要配慮個人情報とは，「本人の人種，信条，社会的身分，病歴，犯罪の経歴，犯罪により害を被った事実その他本人に対する不当な差別，偏見その他の不利益が生じないようにその取扱いに特に配慮を要するものとして政令で定める記述等が含まれる個人情報」と定義されてます。

マイナンバー法▶

(6) マイナンバー法

　マイナンバー制度を施行するための法律です。マイナンバー法（行政手続きにおける特定の個人を識別する番号の利用等に関する法律）では，マイナンバー（個人番号）を，個人を特定する情報と定義し，その上で，前述した個人情報にマイナンバーを加えたものを特定個人情報と定義しています。また，パートやアルバイトを含む全ての従業員がマイナンバーをもつため，それら情報も特定個人情報と定義されます。

プロバイダ責任▶
制限法

(7) プロバイダ責任制限法

　プロバイダ責任制限法（特定電気通信役務提供者の損害賠償責任の制限及び発信者情報の開示に関する法律）は，Web サイトの掲示板にプライバシや著作権を侵害する書込みがあった場合などの事例に対し，プロバイダや掲示板の運営者の責任範囲を定めた法律です。

特定▶
電子メール法

(8) 特定電子メール法

　迷惑メールを防止するために，不特定多数の相手に広告メールを送信する場合の義務などを定めた法律です。受信者がメールの配信を希望しないという意思表明をした場合，それ以降の配信を停止するという義務が発生します。

サイバー▶
セキュリティ経営
ガイドライン

(9) サイバーセキュリティ経営ガイドライン

　経営者のリーダーシップの下で，サイバーセキュリティ対策を推進するためのガイドラインです。サイバー攻撃から企業を守る観点で，次のように経営者が認識する必要のある「3 原則」，及び経営者が情報セキュリティ対策を実施する上での責任者となる担当幹部（CISO 等）に指示すべき，「重要 10 項目」などがまとめられています。

第9部　企業と法務

5　取引に関する法律

(1) ソフトウェアライセンス

ライセンス
契約▶
　パソコンのソフトウェアなどは，通常，ライセンス契約に基づいてそのソフトウェアを使用する権利を得ます。

　ライセンス契約は，ソフトウェア・プロダクトの使用許諾に関する契約のことで，通常，ソフトウェアを購入することは，この使用許諾権を入手することと等しいことになります。市販のソフトウェアパッケージの包装を解いたときに使用許諾契約が成立する形態を，シュリンクラッ

シュリンク
ラップ契約▶
プ方式（シュリンクラップ契約）と呼びます。また，Web ページ内に使用許諾契約内容を提示し，「承諾してダウンロード」などのように，同意したユーザによるクリックで使用許諾契約が成立する形態を，ク

クリック
ラップ契約▶
リックラップ方式（クリックラップ契約）と呼びます。ライセンス契約には，使用許諾の範囲などによって，図表 9-38 のようなものがあります。

ライセンスの種類	解　説
マシン固定ライセンス	契約した特定のコンピュータのみで使用できるもの
ユーザ固定ライセンス	契約した特定のユーザのみ利用できるもの
サイトライセンス	特定の場所内（事業所等）で一定数コピーして使えるもの
ボリュームライセンス	企業などソフトウェアの大量購入者向けに，マスタを提供して，インストールの許諾数をあらかじめ取り決めるもの
サーバライセンス	ネットワークのサーバにインストールされたソフトウェアを，クライアントが読み込んで使用できるもの
コーポレートライセンス	会社全体で，一定数の範囲内で自由に使用できるもの

ボリューム
ライセンス▶

図表 9-38　ライセンス契約の種類

アクティ
ベーション▶
①アクティベーション
　アクティベーション（activation）とは，ある機能をアクティブ（有効）にするという意味で，ソフトウェアを購入してインストールした後に，「これは正規の手続きで取得したソフトウェアです」ということを示すために行われる認証処理です。不正コピーをして入手したソフトウェアのインストールや契約台数以上の PC にインストールすることなどを防止するために導入されています。

サブスク
リプション▶
②サブスクリプション
　ソフトウェアの販売方法は，永続的に使える買取り方式が主流でしたが，ソフトウェアも情報提供サービスと同じように一定期間の利用権を購入する方式が広まりつつあります。

一定期間の利用権だけを購入し，継続利用する場合には契約を更新する販売方式をサブスクリプション（subscription）方式といいます。

サブスクリプション方式の利点としては，契約期間中のソフトウェアのバージョンアップ費用がかからないことや，使い始めにかかる費用を購入する場合に比べて抑えられること，などがあります。

資金決済法▶ **(2) 資金決済法**

　情報通信技術の発達や利用者ニーズの多様化によって，プリペイドカードや電子マネーといったさまざまな決済方法が導入されています。これらの資金決済システムの変化に対応するため，2010年4月に資金決済に関する法律が資金決済法です。

(3) 金融商品取引法

　金融商品取引法は，有価証券の発行及び金融商品等の取引等を公正にし，有価証券の流通を円滑にするほか，金融商品等の公正な価格形成等を図ることを目的とした法律です。

(4) リサイクル法

　リサイクル法は，一般にパソコンリサイクル法と呼ばれるもので，正式名称は「資源の有効な利用の促進に関する法律」です。

　業務用パソコンだけでなく，家庭用パソコンの回収と再資源化がパソコンメーカに義務付けられたことから，パソコンリサイクル法と呼ばれています。

(5) 下請法（下請代金支払遅延防止法）

　下請事業者を保護するための法律です。親事業者に対して，下請事業者の成果物を受領した日から60日以内に代金を支払うことや，作業内容を書面で交付することなどを義務付けています。また，成果物の受領を拒むことや，代金を減額すること，親事業者の指定する物を強制して購入させることなどを禁止しています。

6　標準化関連

　世界中の国々で利用されるITのシステムは，共通して使えるようにいろいろな取決めを行って標準化される必要があります。標準化を行う場合には，各国の団体の意見や要望を取り入れ，調整してまとめる団体の役割が重要になってきます。ここでは，標準化を行っている団体と代表的な標準化規格について理解しましょう。

第9部　企業と法務

(1) 標準化組織

①国際的な標準化団体

ISO ▶

国際標準化 ▶
機構

・ISO (International Organization for Standardization； 国際標準化機構)

各国の代表的標準化機関から構成される国際標準化機関で，電気及び電子技術分野を除く全産業分野（鉱工業，農業，医薬品など）に関する国際規格の作成を行っています。

IEC ▶

国際電気標準 ▶
会議

・IEC (International Electrotechnical Commission；国際電気標準会議)

各国の代表的標準化機関から構成される国際標準化機関で，電気及び電子技術分野の国際規格の作成を行っています。

・ITU (International Telecommunication Union；国際電気通信連合)

無線通信と電気通信分野における，各国間の標準化と規制を確立することを目的とした団体です。ITU-T（国際電気通信連合電気通信標準化部門）は，通信分野の標準策定を行う部門です。

IEEE ▶

・IEEE (The Institute of Electrical and Electronics Engineers, Inc.；米国電気電子学会)

アメリカに本部がある世界最大の電気・電子関係の技術者組織です。"アイトリプルイー"と呼ばれます。

②各国（地域）の標準化団体

ANSI ▶

米国規格協会 ▶

・ANSI (American National Standards Institute；米国規格協会)

アメリカの代表的な標準化団体で，設立は1918年です。

・BSI (British Standards Institution；英国規格協会)

イギリスの標準化団体で，設立は1901年です。

・ECMA (European Computer Manufacturer Association；ヨーロッパ電子計算機工業会)

ヨーロッパにおける情報通信技術に関する標準を策定する団体で"エクマ"と読みます。1994年，国際的な立場を反映して，Ecma International の名称に変更されました。

③日本の標準化団体

・JSA (Japanese Standards Association；(財) 日本規格協会)

日本の標準化団体です。"工業標準化及び規格統一に関する普及並びに啓発等を図り，技術の向上，生産の能率化に貢献すること"を目的としています。

JISC ▶

日本産業標準
調査会 ▶

・JISC (Japanese Industrial Standards Committee；日本

9.2 法務

産業標準調査会）

経済産業省に設置されている工業標準に関する審議会です。JIS（Japanese Industrial Standards；日本産業規格）の制定・改正などに関する審議や，工業標準，JIS マーク表示制度，試験所登録制度など工業標準化の促進に関する答申や，ISO や IEC など国際規格開発への参加などの活動を行っています。

④ 特定分野に関する標準化団体

- IETF（Internet Engineering Task Force）
  インターネットの各種技術の標準化を進めている任意団体です。ここで策定された技術仕様は RFC として公表されます。
- OMG（Object Management Group）
  オブジェクト指向技術の標準化を進めている団体です。
- W3C（World Wide Web Consortium）
  WWW で利用される技術の標準化を進めている団体です。
- itSMF（IT Service Management Forum）
  IT サービスマネジメントに携わる企業団体に交流の場を提供し，情報システムの運用管理基準である ITIL の普及を推進するために非営利団体として設立された会員制フォーラムです。各国に展開され，日本では，itSMF Japan が活動しています。

⑤ デファクトスタンダード

JIS や ISO などの公的な機関が定めた標準ではなく，メーカなどが定めた基準が一般に受け入れられて，事実上の標準となったものをデファクトスタンダードと呼びます。特定メーカの製品の市場シェアが非常に大きい場合，他のメーカも戦略上この製品の規格に追従した結果その製品のシェアがますます広がり，事実上の標準規格となります。

デファクトスタンダードとなることは，市場を独占した状態であり，競争を有利に進めることが可能になるね

(2) 標準化の規格

① 品質マネジメントシステム，開発プロセス，取引プロセスの標準化

ISO 9000 シリーズ（JIS Q 9000 シリーズ）は，製品（工業製品，サービスを含む）の供給者が品質保証のために行うべきことを規定した品質マネジメントシステムの国際規格で，3 種類の規格で構成されています。

365

- ISO 9000（JIS Q 9000）「品質マネジメントシステム－基本及び用語」
- ISO 9001（JIS Q 9001）「品質マネジメントシステム－要求事項」
- ISO 9004（JIS Q 9004）「品質マネジメントシステム－パフォーマンス改善の指針」

②環境及びセキュリティ評価の標準化

▶環境マネジメントシステム

環境マネジメントシステムは，組織のマネジメントシステムの一部として，環境方針を策定して実施し，環境側面を管理するために用いられます。**ISO 14000**（JIS Q 14000）**シリーズ**は，環境マネジメントシステムを中心として，環境パフォーマンス評価，環境ラベル，ライフサイクルインパクトアセスメント，環境適合設計，監査のための指針などから構成されています。

▶ISO 14000 シリーズ

③ ISO/IEC 15408（JIS X 5070）情報技術セキュリティ評価基準

ISO/IEC 15408 は，情報技術に関するセキュリティの評価基準を定めた国際規格で，日本では JIS X 5070 として規格化されています。

④ ISO/IEC 27000（JIS Q 27000）シリーズ

ISO/IEC 27000 シリーズは，情報セキュリティマネジメントに関する国際規格です。

(a) ISO/IEC 27001（JIS Q 27001）「情報技術－セキュリティ技術－情報セキュリティマネジメントシステム－要求事項」

ISMS 適合性評価基準における認証基準として用いられる規格です。

(b) ISO/IEC 27002（JIS Q 27002）「情報技術－セキュリティ技術－情報セキュリティマネジメントの実践のための規範」

情報セキュリティマネジメントを企業が実践するための規範を示した国際規格です。

IT における標準化としては，第 2 部 2.1 で勉強した QR コードがあるよ。僕たちが見慣れたあのコードも標準化の一つなんだね

標準化にでてくる規格番号をすぐに覚えるのは大変だけど，大切なのは，どのような要素が標準化されているかということよ
品質，環境，セキュリティなどについては，
国際的にも国内でも標準化された知識があるということね

確認問題

第9部　確認問題

問9-1
(R1秋-IP 問12)

企業の経営理念を策定する意義として，最も適切なものはどれか。

ア　企業の経営戦略を実現するための行動計画を具体的に示すことができる。
イ　企業の経営目標を実現するためのシナリオを明確にすることができる。
ウ　企業の存在理由や価値観を明確にすることができる。
エ　企業の到達したい将来像を示すことができる。

問9-2
(H29春-IP 問25)

企業が，異質，多様な人材の能力，経験，価値観を受け入れることによって，組織全体の活性化，価値創造力の向上を図るマネジメント手法はどれか。

ア　カスタマーリレーションシップマネジメント
イ　ダイバーシティマネジメント
ウ　ナレッジマネジメント
エ　バリューチェーンマネジメント

問9-3
(H31春-IP 問41)

システムのテスト中に発見したバグを，原因別に集計して発生頻度の高い順に並べ，累積曲線を入れた図表はどれか。

ア　散布図　　　イ　特性要因図　　　ウ　パレート図　　　エ　ヒストグラム

第 9 部　企業と法務

問 9 - 4
(H31春-IP 問18)

貸借対照表を説明したものはどれか。

ア　一定期間におけるキャッシュフローの状況を活動区分別に表示したもの
イ　一定期間に発生した収益と費用によって会社の経営成績を表示したもの
ウ　会社の純資産の各項目の前期末残高，当期変動額，当期末残高を表示したもの
エ　決算日における会社の財務状態を資産・負債・純資産の区分で表示したもの

問 9 - 5
(H30秋-IP 問27)

ある商品を表の条件で販売したとき，損益分岐点売上高は何円か。

販売価格	300 円／個
変動費	100 円／個
固定費	100,000 円

ア　150,000　　　イ　200,000　　　ウ　250,000　　　エ　300,000

問 9 - 6
(H29春-IP 問10)

PC のオペレーティングシステムを構成するプログラムを知的財産として保護する法律はどれか。

ア　意匠法　　　　　イ　回路配置法　　　ウ　実用新案法　　　エ　著作権法

問 9 - 7
(R1秋-IP 問25)

経営戦略上，IT の利活用が不可欠な企業の経営者を対象として，サイバー攻撃から企業を守る観点で経営者が認識すべき原則や取り組むべき項目を記載したものはどれか。

ア　IT 基本法
イ　IT サービス継続ガイドライン
ウ　サイバーセキュリティ基本法
エ　サイバーセキュリティ経営ガイドライン

問 9-8　　　　　　　　　　　　　　　　　　　　　　　　　　　（H29秋-IP 問89）

　ソフトウェアの不正利用防止などを目的として，プロダクト ID や利用者のハードウェア情報を使って，ソフトウェアのライセンス認証を行うことを表す用語はどれか。

　　ア　アクティベーション　　　　イ　クラウドコンピューティング
　　ウ　ストリーミング　　　　　　エ　フラグメンテーション

索　引

数字・記号

1000BASE-T（センベースティー）… 152
100BASE-TX
（ヒャクベースティーエックス）……… 152
10BASE2（テンベースツー）………… 152
10BASE5（テンベースファイブ）…… 152
10BASE-T（テンベースティー）……… 152
10GBASE-T
（テンギガベースティー）…………… 152
10進数（ジュッシンスウ）…………… 14
16進数（ジュウロクシンスウ）………… 17
1次キャッシュ（イチジキャッシュ）…… 65
1対1（イチタイイチ）……………… 200
1の補数（イチノホスウ）…………… 20
2次キャッシュ（ニジキャッシュ）……… 65
2進数（ニシンスウ）………………… 14
2の補数（ニノホスウ）……………… 20
2分探索（ニブンタンサク）…………… 44
3C分析（サンシーブンセキ）………… 295
3D（スリーディー）………………… 122
3Dスキャナ（スリーディースキャナ）… 74
3Dプリンタ（スリーディープリンタ）… 77
4C（ヨンシー）……………………… 299
4K（ヨンケー）……………………… 118
4P（ヨンピー）……………………… 299
5G（ファイブジー）………………… 160
5大装置（ゴダイソウチ）…………… 60
8K（ハチケー）……………………… 118
8進数（ハチシンスウ）……………… 18

A

ABC分析（エービーシーブンセキ）… 340
Act（アクト）……………………… 332
ADSL（エーディーエスエル）……… 159
AES（エーイーエス）……………… 184
AI（エーアイ）……………………… 311
AND（アンド）………………… 27, 140
Android（アンドロイド）………… 95, 100
ANSI（アンシ）……………………… 364
Apache HTTP Server
（アパッチエイチティーティーピーサーバ）
……………………………………… 100
APIエコノミー
（エーピーアイエコノミー）………… 306

AR（エーアール）…………………… 122
ASC（アセンディング）…………… 144
ASCIIコード（アスキーコード）……… 23
ASP（エーエスピー）……………… 278
AVG（アベレージ）………………… 143

B

BCM（ビーシーエム）……………… 333
BCP（ビーシーピー）……………… 333
BLE（ビーエルイー）……………… 169
Bluetooth（ブルートゥース）……… 71
BPM（ビーピーエム）……………… 276
BPO（ビーピーオー）……………… 276
BPR（ビーピーアール）…………… 276
bps（ビーピーエス）……………… 157

C

CA（シーエー）……………………… 187
CAD（キャド）……………………… 313
CAE（シーエーイー）……………… 313
CAM（シーエーエム）……………… 313
CD-R（シーディーアール）………… 67
CD-ROM（シーディーロム）………… 67
CD-RW
（シーディーアールダブリュー）……… 67
CEO（シーイーオー）……………… 336
CFO（シーエフオー）……………… 336
CG（シージー）…………………… 117
Check（チェック）………………… 332
CIA（シーアイエー）……………… 170
CIO（シーアイオー）……………… 336
CMY（シーエムワイ）……………… 77
CMYK（シーエムワイケー）………… 77
COUNT（カウント）……………… 143
CPU（シーピーユー）…………… 60, 62
CRM（シーアールエム）……… 297, 298
CS（シーエス）……………………… 298
CSF（シーエスエフ）……………… 295
CSIRT（シーサート）……………… 178
CSR（シーエスアール）…………… 352
CSS（シーエスエス）……………… 111

D

DBMS（ディービーエムエス）……… 129

371

DDos 攻撃（ディードスコウゲキ）‥‥‥ 173
DES（デス）‥‥‥‥‥‥‥‥‥‥‥‥‥ 184
DESC（ディセンディング）‥‥‥‥‥‥ 144
DevOps（デブオプス）‥‥‥‥‥‥‥ 231
DFD（ディーエフディー）‥‥‥‥‥‥ 201
DHCP（ディーエイチシーピー）‥‥‥ 164
DMZ（ディーエムゼット）‥‥‥‥‥ 182
DNS（ディーエヌエス）‥‥‥‥‥‥‥ 163
DNS キャッシュポイズニング
　（ディーエヌエスキャッシュポイズニング）
　‥‥‥‥‥‥‥‥‥‥‥‥‥‥‥‥‥ 174
Do（ドゥー）‥‥‥‥‥‥‥‥‥‥‥‥ 332
DoS 攻撃（ドスコウゲキ）‥‥‥‥‥ 173
dpi（ディーピーアイ）‥‥‥‥‥‥‥ 76
DRAM（ディーラム）‥‥‥‥‥‥‥‥ 101
DVD（ディーブイディー）‥‥‥‥‥‥ 68
DVD-R（ディーブイディーアール）‥‥‥ 68
DVD-RAM（ディーブイディーラム）‥‥ 68
DVD-ROM（ディーブイディーロム）‥‥ 68

E

EA（イーエー）‥‥‥‥‥‥‥‥‥‥‥ 273
EC（イーシー）‥‥‥‥‥‥‥‥‥‥‥ 314
EDI（イーディーアイ）‥‥‥‥‥‥‥‥ 314
EEPROM（イーイーピーロム）‥‥‥‥ 102
ERP（イーアールピー）‥‥‥‥‥‥‥ 297
E-R 図（イーアールズ）‥‥‥‥‥‥‥ 199
ESSID（イーエスエスアイディー）‥‥‥ 156
ETC（イーティーシー）‥‥‥‥‥‥‥ 310
EUC コード（イーユーシーコード）‥‥‥ 24

F

FA（エフエー）‥‥‥‥‥‥‥‥‥‥‥ 313
FAQ（エフエーキュー）‥‥‥‥‥‥‥ 258
FIFO（エフアイエフオー）‥‥‥‥‥‥ 34
Firefox（ファイアフォックス）‥‥‥‥ 100
FTP（エフティーピー）‥‥‥‥‥‥‥ 168
FTTH（エフティーティーエイチ）‥‥‥ 159

G

GIF（ジフ）‥‥‥‥‥‥‥‥‥‥‥‥ 120
GPS（ジーピーエス）‥‥‥‥‥‥‥‥ 310
GPU（ジーピーユー）‥‥‥‥‥‥‥‥ 62
GROUP BY（グループバイ）‥‥‥‥ 143
GUI（ジーユーアイ）‥‥‥‥‥‥ 94，112
GUI 管理（ジーユーアイカンリ）‥‥‥‥ 93

H

HDMI（エイチディーエムアイ）‥‥‥‥ 70
HRM（エイチアールエム）‥‥‥‥‥ 333
HR テック（エイチアールテック）‥‥‥ 330
HTML（エイチティーエムエル）
‥‥‥‥‥‥‥‥‥ 49，111，120，167
HTTP（エイチティーティーピー）‥‥‥ 168
HTTPS
　（エイチティーティーピーエス）‥‥‥ 168
Hz（ヘルツ）‥‥‥‥‥‥‥‥‥‥‥‥ 63

I

IaaS（アイアース，イアース）‥‥‥‥ 279
IEC（アイイーシー）‥‥‥‥‥‥‥‥ 364
IEEE（アイトリプルイー）‥‥‥‥ 150，364
IEEE 802.11
　（アイトリプルイーハチマルニーテンイチイチ）
　‥‥‥‥‥‥‥‥‥‥‥‥‥‥‥‥‥ 152
IEEE 1394
　（アイトリプルイーイチサンキューヨン）
　‥‥‥‥‥‥‥‥‥‥‥‥‥‥‥‥‥ 70
IMAP4（アイマップフォー）‥‥‥‥‥ 165
iOS（アイオーエス）‥‥‥‥‥‥‥‥‥ 95
IoT（アイオーティー）‥ 75，168，318
IoT ネットワーク
　（アイオーティーネットワーク）‥‥‥ 168
IP（アイピー）‥‥‥‥‥‥‥‥‥‥‥ 163
IPv4（アイピーブイフォー）‥‥‥‥‥ 162
IPv6（アイピーブイシックス）‥‥‥‥ 162
IP-VPN（アイピーブイピーエヌ）‥‥‥ 158
IP アドレス（アイピーアドレス）‥‥‥ 162
IrDA（アイアールディーエー）‥‥‥‥ 71
ISBN コード（アイエスビーエヌコード）
‥‥‥‥‥‥‥‥‥‥‥‥‥‥‥‥‥‥ 74
ISMS（アイエスエムエス）‥‥‥‥‥ 177
ISO（アイエスオー）‥‥‥‥‥ 149，364
ISO 9000 シリーズ
　（アイエスオーキュウセンシリーズ）‥‥ 365
ISO 14000 シリーズ
　（アイエスオーイチマンヨンセンシリーズ）
　‥‥‥‥‥‥‥‥‥‥‥‥‥‥‥‥‥ 366
ISP（アイエスピー）‥‥‥‥‥‥‥‥ 162
ITF コード（アイティーエフコード）‥‥‥ 74
IT ガバナンス（アイティーガバナンス）
‥‥‥‥‥‥‥‥‥‥‥‥‥‥‥‥‥‥ 267

索引

J

JAN コード（ジャンコード）················· 74
J-CSIP（ジェイシップ）····················· 178
JIS（ジス） ····························· 365
JISC（ジェーアイエスシー）············· 364
JIS Q 20000（ジスキューニマン）··· 255
JIS 漢字コード（ジスカンジコード）······ 24
JIS コード（ジスコード）···················· 23
JIT（ジット）···························· 312
JPEG（ジェイペグ）························ 120

K

KGI（ケージーアイ） ····················· 294
KJ 法（ケージェーホウ） ················· 338
KPI（ケーピーアイ） ····················· 294

L

LAN（ラン）····················· 148，150
LAN アダプタ（ランアダプタ）··········· 154
LCD（エルシーディー）····················· 76
LIFO（エルアイエフオー）··················· 35
Linux（リナックス）·············· 95，100
LPWA（エルピーダブリューエー）······· 169
LTE（エルティーイー）···················· 160

M

M&A（エムアンドエー） ················· 293
MAC（マック）···························· 154
MAX（マックス）·························· 143
MBO（エムビーオー） ········· 293，333
MFLOPS（メガフロップス） ············· 84
MIDI（エムアイディーアイ）············· 120
MIME（マイム）···························· 165
MIN（ミニマム）·························· 143
MIPS（ミップス）·························· 84
MOT（エムオーティー）··················· 303
MP3（エムピースリー）··················· 120
MPEG（エムペグ）························ 120
MPEG1（エムペグワン）··················· 120
MPEG2（エムペグツー）··················· 120
MPEG4（エムペグフォー）··················· 120
MRP（エムアールピー）··················· 314
MTBF（エムティービーエフ）············· 85
MTTR（エムティーティーアール）········· 85
MVNO（エムブイエヌオー）·············· 160
MySQL（マイエスキューエル）········· 100

N

NAND（ナンド）·························· 29
NFC（エヌエフシー）····················· 72
NIC（ニック）····························· 154
NISC（エヌアイエスシー） ··············· 178
NOR（ノア）······························ 29
NoSQL（ノーエスキューエル）············· 146
NOT（ノット）···················· 28，140
NTP（エヌティーピー）···················· 164

O

OCR（オーシーアール）···················· 73
OEM 契約（オーイーエムケイヤク）··· 293
Off-JT（オフジェーティー）·············· 329
OJT（オージェーティー）··············· 329
OMR（オーエムアール） ················· 73
OR（オア）···················· 28，140
ORDER BY（オーダーバイ）············· 144
OS（オーエス）···························· 90
OSI（オーエスアイ）····················· 149
OSI 基本参照モデル
（オーエスアイキホンサンショウモデル）
································· 149
OSS（オーエスエス）···················· 99

P

PaaS（パース）···························· 279
PC（ピーシー）···························· 58
PCI Express
（ピーシーアイエクスプレス）·············· 63
PDCA（ピーディーシーエー）············ 242
PDCA サイクル
（ピーディーシーエーサイクル）
································· 178，332
PDF（ピーディーエフ）··················· 120
PDM（ピーディーエム）·············· 314
PERT（パート）·························· 345
PKI（ピーケーアイ）····················· 187
Plan（プラン）···························· 332
PMBOK（ピンボック）··················· 241
PNG（ピング）···························· 120
PoC（ピーオーシー）····················· 278
POP3（ポップスリー）··················· 164
POS（ポス）····························· 310
PostScript（ポストスクリプト）··· 77
ppm（ピーピーエム）··················· 76
PPM（ピーピーエム）··················· 296

373

Q

QC 七つ道具
（キューシーナナツドウグ）·············· 339
QR コード（キューアールコード）········· 74

R

RAD（ラッド）································· 228
RAM（ラム）·································· 101
R & D（アールアンドディー）··········· 312
RDB（アールディービー）················ 124
RFI（アールエフアイ）··················· 284
RFID（アールエフアイディー）····· 72, 315
RFP（アールエフピー）··················· 284
RGB（アールジービー）···················· 75
ROM（ロム）································· 102
RPA（アールピーエー）··················· 276
RSA（アールエスエー）··················· 185

S

SaaS（サース）····························· 279
SCM（エスシーエム）····················· 298
SCSI（スカジー）··························· 71
SDN（エスディーエヌ）··················· 156
SDRAM（エスディーラム）··············· 101
SELECT 文（セレクトブン）·············· 138
SEO 対策（エスイーオータイサク）····· 316
SFA（エスエフエー）····················· 276
SGML（エスジーエムエル）··············· 50
SIM カード（シムカード）················ 161
SLA（エスエルエー）····················· 255
S/MIME（エスマイム）··················· 166
SMTP（エスエムティーピー）············ 164
SOA（エスオーエー）····················· 278
SoC（エスオーシー）····················· 103
SOC（ソック）····························· 178
SoE（エスオーイー）····················· 272
SOHO（ソーホー）························· 317
SoR（エスオーアール）··················· 272
SQL（エスキューエル）··················· 137
SQL インジェクション
（エスキューエルインジェクション）··· 174
SRAM（エスラム）························· 101
SSD（エスエスディー）···················· 67
SSID（エスエスアイディー）············· 156
SSL/TLS
（エスエスエルティーエルエス）········· 167
SUM（サム）······························· 143

SWOT 分析（スウォットブンセキ）······ 295

T

TCO（ティーシーオー）···················· 89
TCP（ティーシーピー）··················· 163
TCP/IP（ティーシーピーアイピー）··· 163
Thunderbird（サンダーバード）········· 100
TOB（ティーオービー）··················· 293
TQC（ティーキューシー）················· 297
TQM（ティーキューエム）················ 297

U

UML（ユーエムエル）····················· 202
Unicode（ユニコード）···················· 24
UNIX（ユニックス）························ 94
UPS（ユーピーエス）····················· 259
URL（ユーアールエル）··················· 167
USB（ユーエスビー）······················ 70
USB 3.0（ユーエスビーサンテンゼロ）··· 70
UX デザイン
（ユーエックスデザイン）················· 110

V

VGA（ブイジーエー）······················ 76
VoIP（ボイプ）····························· 159
VoLTE（ボルテ）··························· 160
VPN（ブイピーエヌ）····················· 158
VR（ブイアール）························· 121
VRAM（ブイラム）························· 66

W

W3C（ダブリューサンシー）·············· 365
WAN（ワン）························· 148, 157
WBS（ダブリュービーエス）············· 244
Web（ウェブ）····························· 167
Web アクセシビリティ
（ウェブアクセシビリティ）·············· 113
Web カメラ（ウェブカメラ）············· 75
Web サーバ（ウェブサーバ）·············· 82
Web デザイン（ウェブデザイン）········ 111
Wi-Fi（ワイファイ）······················ 152
Windows（ウィンドウズ）··············· 94
WPA2（ダブリューピーエーツー）······· 181
WWW（ワールドワイドウェブ）········· 167

X

XML（エックスエムエル）··········· 50, 120
XOR（エックスオア）······················ 29

索 引

XP（エックスピー）	229

ア

アーカイバ	121
アイコン	111
アカウント	180
アクセシビリティ	113
アクセス権設定	96
アクセス速度	66
アクセスポイント	156
アクチュエータ	77
アクティビティ	243
アクティベーション	362
アジャイル	228
値	125
アダプティブラーニング	330
圧縮	121
後入先出法	350
後入れ先出し方式	35
アトリビュート	125
アドレス	154
アナログ回線	157
アフィリエイト	316
アプリケーションソフトウェア	91
網型データベース	123
アライアンス	293
アルゴリズム	36
アローダイアグラム	245, 345
アンケート調査	337
暗号化	184

イ

イーサネット	151
意匠法	355
イテレーション	228
移動平均法	350
イニシャルコスト	89
委任	357
委任契約	358
イノベーション	303
イノベーションのジレンマ	304
イメージスキャナ	74
インクジェットプリンタ	77
インシデント管理	256
インスペクション	213
インターネット	148, 161
インターネット VPN	158
インターネット接続サービス事業者	162

インタビュー	337
インタプリタ	48
インデックス	131
イントラネット	148

ウ

ウイルス作成罪	359
ウイルス対策ソフト	188
ウィンドウ	112
ウォークスルー	212
ウォータフォールモデル	226
ウォームサイト方式	260
受入れテスト	225
請負	357
請負契約	358
打切り誤差	25
売上総利益	347
運用	206
運用コスト	89
運用テスト	224

エ

営業秘密	356
営業利益	347
液晶ディスプレイ	76
エクストリームプログラミング	229
エスカレーション	258
エッジコンピューティング	169
演算装置	60
エンタープライズアーキテクチャ	273
エンタープライズサーチ	273
エンティティ	199

オ

応答時間	92
応用ソフトウェア	91
オーサリング	119
オーバヘッド	84
オープンイノベーション	304
オープンソースソフトウェア	99
オピニオンリーダ	302
オブジェクト	230
オブジェクト指向	230
オプトインメール広告	317
オペレーティングシステム	90
オムニチャネル	302
重み	14

375

カ

改ざん	171
回線利用率	156
階層型データベース	123
階層構造化	214, 217
外部キー	125
外部設計	208
外部統制	267
可逆圧縮方式	120, 121
拡張現実	122
瑕疵担保責任	358
カスタマリレーションシップマネジメント	
	298
仮想化	83
仮想記憶方式	93
仮想マシン	83
合併	293
稼働率	86
カニバリゼーション	302
カネ	329
金のなる木	296
カプセル化	230
株主総会	333
画面仕様書	209
画面設計	209, 216
画面遷移図	114
可用性	177
環境マネジメントシステム	366
関係演算	127
関係データベース	124
監査計画	265
監査証跡	266
監査証拠	266
監査調書	265
観察調査	337
監査手続書	265
完全性	177
ガントチャート	245
カンバン方式	312
管理図	342

キ

偽	26
キー	40, 124
キーボード	73
キーロガー	173
記憶装置	60

ギガ	61
機会	291
機械学習	312
企画プロセス	232
企業ミッション	328
技術開発戦略	303
技術的脅威	172
技術ロードマップ	303
基数	14
基数変換	15
基数法	14
機能性	208
機能分割	214
機能要件	207, 283
揮発性	64, 101
基本ソフトウェア	90
機密性	177
機密保護	92
キャズム	304
キャッシュフロー計算書	346
キャッシュメモリ	65
キュー	34, 81
行	125
脅威	291
共通鍵暗号方式	184
共通フレーム	231
共同レビュー	225
業務改善	275
業務フロー	209
共有制御	129
キロ	61
金流	308

ク

区切り文字	165
区分コード	210
クライアント	79
クライアント仮想化	83
クライアントサーバシステム	79
クラウドコンピューティング	82, 279
クラウドソーシング	277
クラウドファンディング	311
クラス図	203
クラッキング	171
クリアスクリーン	179
クリアデスク	179
グリーン調達	285
繰返し構造	39

索 引

クリックラップ契約	362
クリティカルパス	345
グループ化	143
グローバルアドレス	163
クロスサイトスクリプティング	174
クロスチェック	87
クロック	63

ケ

経営資源	329
経営戦略	290, 328
経営理念	291, 328
経常利益	347
系統図法	342
ゲートウェイ	155
ケーブル	154
ゲーミフィケーション	281
桁別分類コード	211
結合	128, 142
結合子	38
結合テスト	223
決算	346
決定表	338
限界値分析	221
減価償却費	349
研究開発	312
検収書	331

コ

コアコンピタンス	291
公開鍵暗号方式	185
公開鍵基盤	187
光学式マーク読取り装置	73
光学式文字読取り装置	73
交換法	40
更新後ログ	132
更新前ログ	132
更新履歴	132
構成管理	257
構造化設計	230
構造化分析	229
構造体	33
購買	330
効率性	208
コーチング	330
コーディング	220
コード	22
コード設計	210

コード体系	22
コーポレートガバナンス	352
コーポレートブランド	329
コールドサイト方式	260
コールバック	181
顧客管理	297
顧客満足	298
国際電気標準会議	364
国際標準化機構	364
誤差	25
個人情報	360
個人情報保護法	360
コスト	249
コストリーダシップ戦略	301
コモディティ化	301
コンティンジェンシープラン	260
コントロール	266
コンパイラ	48
コンパイル	48
コンピュータウイルス	187
コンピュータグラフィックス	117
コンプライアンス	351

サ

差	127
サーバ	58, 79
サーバ仮想化	83
サービスデスク	258
サービスレベル	255
サービスレベル管理	255
在庫引当	331
サイバーセキュリティ経営ガイドライン	
	361
サイバーレスキュー隊	178
財務諸表	346
先入先出法	350
先入れ先出し方式	34
索引	131
サブスクリプション	362
サブディレクトリ	95
サプライチェーンマネジメント	298
差別化戦略	301
産学官連携	307
散布図	340

シ

シーケンス図	203
シェアウェア	99

377

シェアリングエコノミー……………… 277
磁気ディスク…………………………… 66
事業領域………………………………… 291
資金決済法……………………………… 363
資産……………………………………… 346
辞書攻撃………………………………… 173
システム開発ライフサイクル………… 198
システム化計画……… 207, 233, 283
システム化構想………………………… 233
システム監査…………………………… 262
システム監査基準……………………… 262
システム監査人………………………… 264
システム管理基準……………………… 263
システムテスト………………………… 224
システム方式設計………… 205, 208
システム要件定義書…………………… 207
シックスシグマ………………………… 297
実表……………………………………… 126
実用新案権……………………………… 354
死の谷…………………………………… 305
シノニム………………………………… 44
シフト…………………………………… 30
ジャーナルファイル…………………… 132
射影……………………………………… 128
ジャストインタイム生産方式………… 312
シャドー IT …………………………… 175
集合……………………………………… 27
集合演算………………………………… 127
集合関数………………………………… 143
集中処理方式…………………………… 79
終了条件………………………………… 37
主キー…………………………………… 125
主記憶管理……………………………… 93
主記憶装置……………………………… 64
出向……………………………………… 357
出力装置………………………………… 60
シュリンクラップ契約………………… 362
順次構造………………………………… 39
純資産…………………………………… 347
順番コード……………………………… 210
障害復旧………………………………… 129
使用性…………………………………… 208
冗長化…………………………………… 87
商標法…………………………………… 355
情報……………………………………… 329
情報システム…………………………… 329
情報システム化計画…………………… 273
情報システム戦略……………………… 272

情報セキュリティポリシ……………… 178
情報セキュリティマネジメントシステム
………………………………………… 177
情報提供依頼書………………………… 284
情報バリアフリー……………………… 113
商流……………………………………… 308
初期コスト……………………………… 89
職能別組織……………………………… 335
処理記号………………………………… 37
ショルダーハック……………………… 171
シリアル ATA ………………………… 70
シリアルインタフェース……………… 69
資料調査………………………………… 337
真………………………………………… 26
新 QC 七つ道具 ……………………… 342
シングルサインオン…………………… 180
シンクロナス DRAM ………………… 101
真正性…………………………………… 177
伸長……………………………………… 121
人的脅威………………………………… 171
信頼性……………… 84, 177, 208
真理値表………………………………… 27
親和図…………………………………… 343

ス

スイッチングハブ……………………… 154
スーパーコンピュータ………………… 58
スーパーマルチドライブ……………… 68
スキャベンジング……………………… 171
スクラム………………………………… 229
スクリーンセーバ……………………… 76
スクロールバー………………………… 115
スコープ………………………………… 243
スター型………………………………… 151
スタック………………………………… 35
スタッフ部門…………………………… 334
スタブ…………………………………… 223
スタンドアロン………………………… 147
ステークホルダ………………………… 329
ステガノグラフィ……………………… 183
ステップ………………………………… 249
ストリーミング………………………… 117
ストレージ仮想化……………………… 83
スパイウェア…………………………… 173
スパイラルモデル……………………… 228
スパムメール…………………………… 166
スマートグリッド……………………… 311
スマートデバイス……………………… 59

索引

スマートフォン……………………………… 59
スループット……………………………… 84, 91
スレッド…………………………………… 92

セ

正規化…………………………………… 135
請求書…………………………………… 331
制御装置…………………………………… 60
生産…………………………………… 312, 330
生産の5M…………………………………… 312
製造物責任法…………………………… 360
正の相関関係…………………………… 340
整列……………………………………… 40
セーブ…………………………………… 132
積……………………………………… 127
責任追跡性……………………………… 177
セキュリティゲート……………………… 179
セキュリティホール…………………… 175, 189
セキュリティワイヤ……………………… 261
セグメントマーケティング……………… 302
絶対パス指定……………………………… 96
接頭語……………………………………… 61
全角文字…………………………………… 24
線形探索…………………………………… 43
センサ……………………………………… 75
選択……………………………………… 128
選択構造…………………………………… 39
選択法……………………………………… 41

ソ

総合ビジョン…………………………… 291
相対パス指定……………………………… 96
挿入法……………………………………… 42
総平均法…………………………………… 350
層別……………………………………… 342
添字……………………………………… 32
ソーシャルエンジニアリング…………… 171
ソーシャルマーケティング……………… 302
ソート……………………………………… 40
組織……………………………………… 333
ソフトウェア・システムの受入れ……… 225
ソフトウェア詳細設計………………… 206, 217
ソフトウェア方式設計………………… 205, 213
ソリッドステートドライブ……………… 67
損益計算書……………………………… 346, 347
損益分岐点……………………………… 348

タ

ダーウィンの海………………………… 305
ターミネータ…………………………… 151
ターンアラウンドタイム……………… 84, 92
貸借対照表……………………………… 346
ダイバーシティ………………………… 329
退避……………………………………… 132
第四次産業革命………………………… 280
ダイレクトマーケティング……………… 302
対話型処理………………………………… 78
多次元配列………………………………… 33
タスク…………………………………… 240
タスク管理………………………………… 92
多対1…………………………………… 200
多対多…………………………………… 200
タッチパネル……………………………… 73
棚卸し…………………………………… 350
タプル…………………………………… 125
タブレット………………………………… 59
多要素認証……………………………… 179
タレントマネジメント………………… 333
段階的取扱い…………………………… 258
探索……………………………………… 43
探索キー…………………………………… 43
端子記号…………………………………… 37
単体テスト……………………………… 220
端末……………………………………… 147

チ

チェーンストア………………………… 294
チェックシート………………………… 341
チェックディジット…………………… 115
チェックボックス……………………… 115
逐次探索…………………………………… 43
知的財産権……………………………… 352
チャレンジャ…………………………… 292
中央処理装置…………………………… 60, 62
注文請書………………………………… 331
調達……………………………………… 284
帳票設計………………………… 116, 209, 216
直列接続…………………………………… 86
直列伝送…………………………………… 69
著作権…………………………………… 353
著作権法………………………………… 353

ツ

ツイストペアケーブル………………… 150

テ

提案依頼書	284
提案書	285
ディープラーニング	312
定額法	349
デイジーチェーン	71
ディジタル回線	157
ディジタルカメラ	75
ディジタル署名	186
ディジタルディバイド	281
ディジタルフォレンジックス	183
ディスクキャッシュ	65
ディスプレイ	76
定率法	350
ディレクトリ	95
ディレクトリ名	168
データウェアハウス	146
データ記号	38
データ構造	32
データサイエンス	281
データ収集	337
データストア	201
データ操作言語	138
データ中心アプローチ	230
データ定義言語	137
データの源泉，吸収	201
データフロー	201
データフロー図	201
データベース監視	129
データベース管理システム	129
データベースサーバ	82
データベース退避データ	132
データマイニング	146，281
テーブル	125
テキストボックス	115
デザイン思考	307
テザリング	161
デシジョンテーブル	338
デジタルトランスフォーメーション	280
デスクトップ仮想化	83
テスト	206
テスト駆動開発	229
テストケース設計	220
デッドロック	131
デバイスドライバ	77
デバッグ	220
デファクトスタンダード	365

ト（continued from left）

デフォルトゲートウェイ	161
デュアルシステム	87
デュプレックスシステム	88
テラ	61
テレワーク	277
電子署名	186
電子透かし	183
電子データ交換	314
電子認証	185
伝送効率	156
伝送時間	156
伝送路	148

ト

同軸ケーブル	150
統制	266
同値分割	221
特性要因図	339
特定電子メール法	361
匿名加工情報	360
特許法	354
ドット	24
ドットインパクトプリンタ	76
トップダウンテスト	223
トナー	77
ドメイン名	165，168
共連れ	179
ドライバ	223
ドライブバイダウンロード攻撃	174
トレーサビリティシステム	310
トレードシークレット	356
トレードマーク	355
トロイの木馬	172

ナ

内部統制	267
流れ図	36，201
流れ線	38
ナノ	61
なりすまし	171
ナレッジマネジメント	297

ニ

二重更新	129
ニッチ戦略	301
ニッチャ	292
日本産業規格	365
日本産業標準調査会	364

ニモニックコード	211
入出力管理	93
入退室管理	179
ニューラルネットワーク	311
入力勧誘	111
入力・出力概要設計	209
入力設計	114
入力装置	60
入力のチェック方式	216
ニューロン	311
認証局	187

ネ

熱転写式プリンタ	76
ネットワーク	147
ネットワーク型データベース	123

ノ

ノード	147

ハ

バーコード	74
バーコードリーダ	74
パーソナルコンピュータ	58
バーチャルリアリティ	121
ハードディスク	66
バイオメトリクス認証	179
買収	293
媒体	38
排他制御	130
排他的論理和	29
バイト	22, 61
バイナリサーチ	44
ハイパーテキスト	167
ハイパーリンク	167
ハイブリッド暗号方式	185
配列	32
ハウジングサービス	278
バグ	220
パケット交換	158
パケットフィルタリング	181
派遣契約	358
バス	62
バス型	151
バス幅	62
パスワード	180
パスワードリスト攻撃	173
パソコン	58

パターンファイル	188
ハッカソン	304
ハッシュ関数	44
ハッシュ法	44
バッチ処理	78
発注書	331
バナー広告	316
花形	296
ハブ	154
パブリックドメインソフトウェア	99
バブルソート	40
パラレルインタフェース	70
バランススコアカード	296
バリアフリー	113
バリューチェーンマネジメント	296
パレート図	340
半角文字	24
判断記号	37
販売	330
販売管理システム	308
販売チャネル	294
汎用コンピュータ	58

ヒ

ピアツーピア	80
ビーコン	156
非可逆圧縮	120
非可逆圧縮方式	121
光回線	157
光ファイバケーブル	150
非機能要件	208, 283
ピコ	61
ビジネスモデルキャンパス	305
ヒストグラム	340
非接触ICカード	315
ピッキング	331
ビッグデータ	145, 281
ビット	13
ピット	67
ビット演算	30
ビットパターン	13
ビット／秒	157
否定	27
ビデオメモリ	66
ヒト	329
否認防止	177
非武装セグメント	182
秘密鍵暗号方式	184

ビュー表	126
ヒューマンインタフェース	110
ヒューマンインタフェース定義	113
表	125
費用	249
表意コード	211
評価指標	291
標的型攻撃	174
品質特性	208
品質マネジメントシステム	365

フ

ファイアウォール	181
ファイル拡張子	96
ファイルサーバ	81
ファイル・データベース概要設計	212
ファイル名	168
ファクトリオートメーション	313
ファシリティマネジメント	258
ファブレス	312
ファンクションポイント法	249
フィードバックプロセス	291
フィールド	125
フィッシング	174
フィンテック	315
フールプルーフ	87
フェールセーフ	87
フェールソフト	87
フォールトトレラント	87
フォロワ	292
不揮発性	64
復元	132
復号	184
複合キー	125
負債	347
不正アクセス禁止法	358
不正アクセス行為	359
不正競争防止法	356
不正指令電磁的記録に関する罪	359
不正のトライアングル	175
プッシュ戦略	301
物理的脅威	171
物流	308
負の相関関係	340
プライベートアドレス	163
プラグアンドプレイ	77
プラクティス	229
ブラックボックステスト	220

フラッシュメモリ	69, 102
フランチャイズチェーン	294
ブランド戦略	301
フリーソフト	99
ブリッジ	154
フリップフロップ回路	103
プリンタ	76
プリントキュー	81
プリントサーバ	81
ブルートフォース攻撃	173
ブルーレイディスク	68
プル戦略	301
プルダウンメニュー	115
ブレーンストーミング	337
フローチャート	36, 201
プロキシサーバ	181
プログラミング	206, 219
プログラム構造化設計	217
プログラム設計	206, 217
プロジェクト	240
プロジェクト型組織	335
プロジェクト計画	207
プロジェクト憲章	242
プロジェクトコストマネジメント	246
プロジェクトコミュニケーションマネジメント	247
プロジェクト資源マネジメント	246
プロジェクトスコープマネジメント	244
プロジェクトステークホルダマネジメント	248
プロジェクトタイムマネジメント	245
プロジェクト調達マネジメント	248
プロジェクト統合マネジメント	244
プロジェクト品質マネジメント	246
プロジェクトマネージャ	240
プロジェクトリスクマネジメント	247
プロセス	201
プロセスイノベーション	304
プロセス管理	92
プロセッサ	62
プロダクトイノベーション	304
プロダクトライフサイクル	300
ブロックチェーン	184
プロトコル	148, 314
プロトコル名	168
プロトタイピングモデル	226
プロトタイプ	226
プロバイダ責任制限法	361

索引

分散処理方式‥‥‥‥‥‥‥‥‥‥‥‥‥ 79

ヘ

ペアプログラミング‥‥‥‥‥‥‥‥‥ 229
平均故障間隔‥‥‥‥‥‥‥‥‥‥‥‥ 85
平均修復時間‥‥‥‥‥‥‥‥‥‥‥‥ 85
併合‥‥‥‥‥‥‥‥‥‥‥‥‥‥‥‥ 45
米国規格協会‥‥‥‥‥‥‥‥‥‥‥ 364
並列接続‥‥‥‥‥‥‥‥‥‥‥‥‥‥ 86
並列伝送‥‥‥‥‥‥‥‥‥‥‥‥‥‥ 70
ペタ‥‥‥‥‥‥‥‥‥‥‥‥‥‥‥‥ 61
ヘッドマウントディスプレイ‥‥‥‥ 122
ヘルツ‥‥‥‥‥‥‥‥‥‥‥‥‥‥‥ 63
ヘルプ‥‥‥‥‥‥‥‥‥‥‥‥‥‥ 112
ヘルプ機能‥‥‥‥‥‥‥‥‥‥‥‥ 115
変更管理‥‥‥‥‥‥‥‥‥‥‥‥‥ 257
ベン図‥‥‥‥‥‥‥‥‥‥‥‥‥‥‥ 27
変数‥‥‥‥‥‥‥‥‥‥‥‥‥‥‥‥ 32
ベンチマーキング‥‥‥‥‥‥‥‥‥ 295
ベンチマーク‥‥‥‥‥‥‥‥‥‥‥‥ 84

ホ

ポインタ‥‥‥‥‥‥‥‥‥‥‥‥‥‥ 34
ポインティングデバイス‥‥‥‥‥‥‥ 73
ポート番号‥‥‥‥‥‥‥‥‥‥‥‥ 181
保守‥‥‥‥‥‥‥‥‥‥‥‥ 206, 225
保守容易性‥‥‥‥‥‥‥‥‥‥‥‥‥ 84
補助記憶装置‥‥‥‥‥‥‥‥‥‥‥‥ 64
ホスティングサービス‥‥‥‥‥‥‥ 278
ポストスクリプト‥‥‥‥‥‥‥‥‥‥ 77
ボタン‥‥‥‥‥‥‥‥‥‥‥‥‥‥ 115
ボット‥‥‥‥‥‥‥‥‥‥‥‥‥‥ 172
ホットサイト方式‥‥‥‥‥‥‥‥‥ 260
ホットプラグ‥‥‥‥‥‥‥‥‥‥‥‥ 70
ボトムアップテスト‥‥‥‥‥‥‥‥ 223
ボランタリーチェーン‥‥‥‥‥‥‥ 294
ボリュームライセンス‥‥‥‥‥‥‥ 362
ホワイトボックステスト‥‥‥‥‥‥ 222
本調査‥‥‥‥‥‥‥‥‥‥‥‥‥‥ 265

マ

マーケティング‥‥‥‥‥‥‥‥‥‥ 298
マーケティング・ミックス‥‥‥‥‥ 299
マージ‥‥‥‥‥‥‥‥‥‥‥‥‥‥‥ 45
マイクロ‥‥‥‥‥‥‥‥‥‥‥‥‥‥ 61
マイクロプロセッサ‥‥‥‥‥‥‥‥‥ 62
マイナンバー法‥‥‥‥‥‥‥‥‥‥ 361
マウス‥‥‥‥‥‥‥‥‥‥‥‥‥‥‥ 73

マクロウイルス‥‥‥‥‥‥‥‥‥‥ 188
負け犬‥‥‥‥‥‥‥‥‥‥‥‥‥‥ 296
マザーボード‥‥‥‥‥‥‥‥‥‥‥‥ 62
交わり‥‥‥‥‥‥‥‥‥‥‥‥‥‥‥ 27
マスク ROM‥‥‥‥‥‥‥‥‥‥‥ 102
マスマーケティング‥‥‥‥‥‥‥‥ 302
待ち行列‥‥‥‥‥‥‥‥‥‥‥‥‥‥ 34
マトリックス型組織‥‥‥‥‥‥‥‥ 335
マネジメント‥‥‥‥‥‥‥‥‥‥‥ 244
マネジメントサイクル‥‥‥‥‥‥‥ 332
魔の川‥‥‥‥‥‥‥‥‥‥‥‥‥‥ 305
マルウェア‥‥‥‥‥‥‥‥‥ 172, 187
マルチウィンドウ‥‥‥‥‥‥‥‥‥ 112
マルチコアプロセッサ‥‥‥‥‥‥‥‥ 62
マルチスレッド‥‥‥‥‥‥‥‥‥‥‥ 93
マルチタスク‥‥‥‥‥‥‥‥‥‥‥‥ 92
マルチメディア‥‥‥‥‥‥‥‥‥‥ 117
丸め誤差‥‥‥‥‥‥‥‥‥‥‥‥‥‥ 25

ミ

水飲み場型攻撃‥‥‥‥‥‥‥‥‥‥ 174
見積り‥‥‥‥‥‥‥‥‥‥‥ 246, 249
見積書‥‥‥‥‥‥‥‥‥‥‥ 285, 331
ミドルウェア‥‥‥‥‥‥‥‥‥‥‥‥ 91
ミリ‥‥‥‥‥‥‥‥‥‥‥‥‥‥‥‥ 61

ム

結び‥‥‥‥‥‥‥‥‥‥‥‥‥‥‥‥ 27
無線 LAN‥‥‥‥‥‥‥‥‥‥‥‥‥ 152
無線 LAN ルータ‥‥‥‥‥‥‥‥‥‥ 156

メ

命題‥‥‥‥‥‥‥‥‥‥‥‥‥‥‥‥ 26
命令ミックス‥‥‥‥‥‥‥‥‥‥‥‥ 84
メインフレーム‥‥‥‥‥‥‥‥‥‥‥ 58
メインメモリ‥‥‥‥‥‥‥‥‥‥‥‥ 65
メガ‥‥‥‥‥‥‥‥‥‥‥‥‥‥‥‥ 61
メソッド‥‥‥‥‥‥‥‥‥‥‥‥‥ 230
メッセージ設計‥‥‥‥‥‥‥‥‥‥ 217
メニュー‥‥‥‥‥‥‥‥‥‥‥‥‥ 111
メニュー階層図‥‥‥‥‥‥‥‥‥‥ 114
メモリ‥‥‥‥‥‥‥‥‥‥‥‥‥‥‥ 65
面接調査‥‥‥‥‥‥‥‥‥‥‥‥‥ 337
メンタリング‥‥‥‥‥‥‥‥‥‥‥ 330
メンバ‥‥‥‥‥‥‥‥‥‥‥‥‥‥ 240

モ

モジュール‥‥‥‥‥‥‥‥‥ 206, 217

383

モジュール設計 ················· 219
モジュール設計書 ············· 219
モデリング ····················· 199
モデリング手法 ·············· 275
モニタリング ····················· 85
モノ ······························· 329
問題管理 ························ 256
問題児 ·························· 296

ユ

有機 EL ·························· 76
ユーザ管理 ······················ 92
ユーザビリティ ················ 112
ユーザ名 ························ 165
ユースケース図 ··············· 203
ユニバーサルデザイン ········· 113

ヨ

要求 ····························· 205
要件 ····························· 205
要件定義 ········· 205，206，207，283
要素 ························ 27，32
要配慮個人情報 ················ 361
予備調査 ························ 265

ラ

ライセンス契約 ················ 362
ライブマイグレーション ········· 83
ライン部門 ····················· 334
ラジオボタン ···················· 115
ランサムウェア ················· 188
ランニングコスト ················· 89

リ

リアルタイム処理 ················ 78
リーダ ·························· 292
リーンスタートアップ ············ 306
リスクアセスメント ·············· 176
リスク移転 ···················· 177
リスク回避 ···················· 176
リスク共有 ···················· 177
リスクコントロール ·············· 176
リスク集約 ···················· 176
リスク対応 ···················· 176
リスク低減 ···················· 176
リスク特定 ···················· 176
リスク評価 ···················· 176
リスクファイナンス ·············· 177

リスク分散 ···················· 177
リスク分析 ···················· 176
リスク保有 ···················· 177
リスクマネジメント ·········· 176，291
リスティング広告 ··············· 316
リスト ····························· 34
リバースエンジニアリング ········ 225
リピータ ························ 154
リピータハブ ···················· 154
リファクタリング ················ 229
リフレッシュ ···················· 101
流通経路 ························ 309
利用者 ID ······················· 180
リリース管理 ···················· 257
リレーショナルデータベース ······ 124
リレーションシップ ·············· 199
リング型 ························ 151

ル

ルータ ·························· 155
ルートディレクトリ ··············· 95
ループ端記号 ····················· 37
ループ名 ·························· 37

レ

レイヤ 2 スイッチ ··············· 155
レイヤ 3 スイッチ ··············· 155
レーザプリンタ ··················· 77
レグレッションテスト ············· 224
レコード ···················· 33，125
レスポンスタイム ············· 84，92
列 ····························· 125
レビュー ·················· 212，225
連関図法 ························ 342
レンダリング ···················· 117

ロ

労働者派遣 ···················· 357
労働者派遣法 ··················· 356
ロード ·························· 132
ローミング ······················ 161
ロールバック処理 ··············· 132
ロールフォワード処理 ··········· 133
ログデータ ···················· 132
ログファイル ···················· 132
ロングテール ···················· 317
論理 ····························· 26
論理演算 ·························· 26

索　引

論理演算回路	103
論理積	27
論理値	27
論理データ設計	212
論理和	27

ワ

和	127
ワークライフバランス	329
ワーム	173
ワイルドカード	97
ワクチンソフト	188
ワンタイムパスワード	181

385

引用書籍

◇落合和雄・倉田嘉奈・アイテック教育研究開発部著；「IT パスポート入門　第 2 版」株式会社アイテック，2012 年

◇アイテック IT 人材教育研究部著；「アルゴリズムの基礎　第 2 版」，株式会社アイテック，2013 年

◇アイテック IT 人材教育研究部著；「コンピュータシステムの基礎　第 17 版」，株式会社アイテック，2017 年

◇アイテック IT 人材教育研究部著；「IT パスポート　試験対策書　第 4 版」，株式会社アイテック，2019 年

参考文献

◇独立行政法人 情報処理推進機構 技術本部 ソフトウェア・エンジニアリング・センター編著；「共通フレーム 2013 ～経営者，業務部門とともに取組む「使える」システムの実現～」，2013 年

◇独立行政法人 情報処理推進機構「『IT パスポート試験』シラバス（Ver.4.1）」，2020 年

◇独立行政法人 情報処理推進機構「『基本情報技術者試験（レベル 2）』シラバス（Ver.7.1）」，2020 年

写真提供

◇株式会社アイ・オー・データ機器

◇インテル株式会社

◇エレコム株式会社

◇日本マイクロソフト株式会社

◇株式会社日立産業制御ソリューションズ
　（図表 3-60 入退室管理用指静脈認証端末（FVA-100））

◇株式会社バッファロー

◇パナソニック株式会社

（50 音順）

編著者

◇アイテック IT 人材教育研究部

　落合　和雄　　倉田　嘉奈
　石川　英樹　　小口　達夫
　山浦菜穂子　　田村美弥子
　青山　奈津

イラスト

◇スズキ ケイコ

わかりやすい！IT 基礎入門　第 3 版

編著 ■ アイテック IT 人材教育研究部
発行日 ■ 2020 年 8 月 5 日　第 3 版　第 1 刷
発行人 ■ 土元　克則
発行所 ■ 株式会社アイテック
　〒 108-0074　東京都港区高輪 2-18-10　高輪泉岳寺駅前ビル
　電話　03-6824-9010
　https://www.itec.co.jp/
DTP・印刷 ■ 株式会社ワコープラネット

本書を無断複写複製（コピー）すると著作者・発行者の権利侵害になります。
落丁本・乱丁本はお取り替えいたします。

© 2020 ITEC Inc. 703111-10WP
ISBN978-4-86575-231-1 C3004 ￥1800E

正誤表のご案内

書籍内の記述に，誤りと思われる箇所がございましたら，以下よりご確認ください。

● 既刊書籍の正誤表のご確認方法

アイテックWebサイトより，正誤表の掲載をご確認ください。

https://www.itec.co.jp/learn/errata/

● 正誤のお問い合わせについて

上記に正誤表の掲載がない場合，又は該当箇所の掲載がない場合は，アイテックサービスデスクにお問い合わせください。お問い合わせの際は，書名（第○版第△刷），ページ数，ご質問内容，ご連絡先をお知らせください。

アイテックWebサイト　お問い合わせフォーム

https://www.itec.co.jp/contact

※回答まで，1週間程度お時間を要する場合がございます。
※正誤のお問い合わせ以外の，学習相談，受験相談にはご回答できかねますので，ご了承ください。

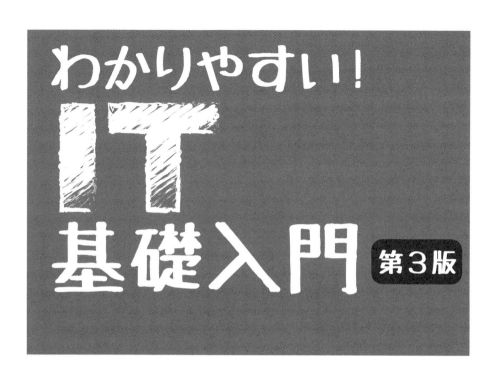

確認問題 解答・解説

第1部

問1-1 エ　　　　2バイトで1文字表す場合,何種類の文字まで表せるか (H25秋-IP 問76)

1バイトは8ビットなので,2バイトは16ビットである。1ビットで0か1の2種類の値を表すので,16ビットでは,$2^{16} = 65,536$ 種類の文字を表現することができる。したがって,(エ)が正解である。

問1-2 ウ　　　　80億個の番号を創出するのに最低限必要な桁数 (R1秋-IP 問82)

電話番号体系をテーマにした問題であるが,単純に数学の問題として解くことができる。まず,020に続く1桁は1～3及び5～9からしか指定できないので,8通りの表現しかできない。この時点で,要件である80億個の8通り部分は確保できるので,あとは10億個が10進数の何桁で表現できるかを考えればよい。1,000,000,000と,ゼロが九つで,10億なので,020の3桁,8通りの表現しかできない1桁,10億に該当する9桁を足した13桁が必要な桁数になる。したがって,(ウ)が正解である。

問1-3 エ　　　　2進数を10進数に表現 (H22春-IP 問52)

2進数の1.101の各桁に基数の重みを掛けて10進数に変換すると,次のようになる。

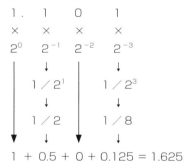

したがって,(エ)が正解である。

問1-4 ウ　　　　16進数の10進数変換 (H24秋-IP 問79)

16進数は,1桁で10進数の0～15までを表すために,1桁を0～9とA～Fの16種類で表す。また,16進数を10進数で表す場合には,いったん2進数で表すと分かりやすい。

第1部　基礎理論

10進数	0	1	2	3	4	5	6	7	8	9	10	11	12	13	14	15
16進数	0	1	2	3	4	5	6	7	8	9	A	B	C	D	E	F
2進数	0000	0001	0010	0011	0100	0101	0110	0111	1000	1001	1010	1011	1100	1101	1110	1111

16進数のA3は，2進数で（1010 0011）$_2$である。これを10進数で表すと

$2^7 + 2^5 + 2^1 + 2^0 = 128 + 32 + 2 + 1 = 163$

となる。したがって，（ウ）が正解である。

問1-5　ウ
ランプの点灯パターン (H28春-IP 問98)

5個のランプのうち2個以上のランプが点灯しているパターン数を考えるためには，ランプが2個点灯しているパターン数，3個点灯しているパターン数，4個点灯しているパターン数，5個点灯しているパターン数の足し算で求めることができる。なおn個の中からr個を選び出す際のパターン数は以下の公式を用いて解くことができる。ここで！は階乗を示す。例えば5！は5×4×3×2×1を示す。

$$_nC_r = \frac{n!}{(n-r)!r!}$$

これを用いると，5個のランプのうち，2個が点灯しているパターンは，以下の式が成り立ち10となる。

$$_5C_2 = \frac{5 \times 4 \times 3 \times 2 \times 1}{(3 \times 2 \times 1) \times (2 \times 1)} = 10$$

次に，3個のランプが点灯しているパターンであるが，これは2個のランプが消灯しているパターンともいえ，これは2個のランプが点灯しているパターンとパターン数は同じになるはずなので，10と分かる。

なお，5個のランプのうち4個のランプが点灯しているパターンは5である（5個のランプのうち，1個のランプが消灯しているパターンが5なので）ことは，公式を使わなくてもすぐに分かる。同様に5個のランプのうち5個のランプを選び出すパターンが1であることは計算しなくても分かる。

したがって，10 + 10 + 5 + 1 = 26の26通りを示す（ウ）が正解である。

問1-6　ウ
真理値表で示される論理演算式 (H25秋-IP 問64)

選択肢に出てくる論理演算式は次のような意味をもっている。

OR：二つの入力のうち，どちらか一方が1，または，どちらも1のとき出力が1となる。それ以外の場合は，出力は0である。

AND：二つの入力のうち，どちらも1のときだけ出力が1となる。それ以外の場合は，出力は0である。

NOT：入力が0のとき出力は1，入力が1のとき出力は0となる。

002

このことから，選択肢の論理演算を真理値表で表すと次のようになる。

ア	x AND y	
x	y	z
0	0	0
0	1	0
1	0	0
1	1	1

イ	NOT(x AND y)	
x	y	z
0	0	1
0	1	1
1	0	1
1	1	0

ウ	NOT(x OR y)	
x	y	z
0	0	1
0	1	0
1	0	0
1	1	0

エ	x OR y	
x	y	z
0	0	0
0	1	1
1	0	1
1	1	1

したがって，（ウ）が正解である。

問1-7　ウ　　　　　　　　　　　ビットごとの論理積をとった結果 (H30秋-IP 問79)

演算対象となる二つの値を下図のように値A，値Bとする。ビットごとの論理積をとると，値Aが0であるビット（2進数の1桁に相当）の演算結果は0，値Aが1であるビットの値は値Bと同じになる。

	例1	例2	例3	例4
値A	11111111	11111111	11110000	11111111
値B	10101010	00000000	00001111	11110000
演算結果	10101010	00000000	00000000	11110000

データXの8ビットと，00001111を並べた際に，先頭4ビットは，00001111の各ビットが0なので，データXの先頭4ビットが0と1のどちらでも0000になる。

一方で，末尾の4ビットは，00001111の各ビットが1なので，データXの末尾の4ビットのままとなる。したがって，（ウ）が正解である。

ア：データXと11110000をビットごとに論理積演算すると，選択肢の説明と同様になる。

イ：データXと00001111をビットごとに論理和演算すると，選択肢の説明と同様になる。

エ：データXと11110000をビットごとに論理和演算すると，選択肢の説明と同様になる。

問1-8　イ　　　　　　　　　　　ベン図の該当部分の検索条件 (H29秋-IP 問98)

ベン図の網掛け部分は，BかCの領域（B or C）であり，かつ，Aではない領域（not A）を指している。したがって，（イ）の (not A) and (B or C) が正解である。

その他の検索条件式をベン図で表したものは次のとおりである。

ア (not A) and (B and C)　　ウ (not A) or (B and C)　　エ (not A) or (B or C)

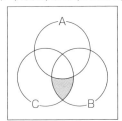 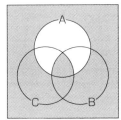 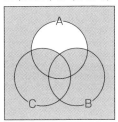

問1-9　イ　　　　　　　　　　　　　　　　　　　アルゴリズムの説明 (H25春-IP 問53)

アルゴリズム（algorithm）とは，コンピュータに，ある特定の目的を達成させるための処理手順のことをいう。アルゴリズムをプログラミング言語で表現したプログラムによって，コンピュータで処理手順が実行される。したがって，正解は（イ）である。

ア：「コンピュータが直接実行可能な機械語に，プログラムを変換するソフトウェア」は，コンパイラ（翻訳プログラム）と呼ばれる。

ウ：「コンピュータに対する一連の動作を指示するための人工言語の総称」とは，プログラミング言語のことである。

エ：「コンピュータを使って，建築物や工業製品などの設計をする」のは，CAD（Computer Aided Design）である。

問1-10　ウ　　　　　　　　　　　　　　　　POP操作で取り出される品物の順番 (R1秋-IP 問62)

スタックは英語で「積む」を意味しており，コンピュータでは，複数のデータを格納していくと，最後に格納したデータからしか取り出せない構造を指す。PUSHはこのスタックへの品物の格納，POPはスタックからの品物の取出しを示している。

問題では，a，b，cという順に到着する品物を取り出す順番として不可能なものが問われている。その際のPUSHとPOPはどのような順番でもよいことになる。

ア：a，b，cの取出し順は，PUSH，POP，PUSH，POP，PUSH，POPというように，積上げと取出しを1個ずつ行うことで実現可能である。

イ：b，a，cの取出し順は，PUSH，PUSH，POP，POP，PUSH，POPで可能になる。

ウ：最初にcを取り出すには，a，b，cと積み上げる必要があり，そうしてしまうと，必然的にc，b，aとしてしか取り出せなくなるので，不可能な取出し順となる。

エ：c，b，aの取出し順は，PUSH，PUSH，PUSH，POP，POP，POPで可能になる。したがって（ウ）が正解である。

問1-11 ア

流れ図におけるデータの比較回数 (H27秋-IP 問48)

流れ図で，テストデータの値の範囲がAのものが10件，Bのものが30件，Cのものが50件，その他のものが10件の合計100件ある場合に，xに合致するもの，yに合致するもの，zに合致するものとしてそれぞれA，B，Cのどれを当てはめると，全体の比較回数を少なくすることができるか，という問題である。

この処理内容は，出現頻度が高いものを「xか？」でYes方向に行くようにした方が全体の比較回数が少なくなる。これは出現頻度が高いものを「zか？」でYesになるようにすると，「xか？」，「yか？」を無駄に多く通ることから想像がつく。すると，「xか？」がYesになるデータ区分をC，「yか？」がYesになるデータ区分をB，「zか？」がYesになるデータ区分をAにすれば，全体の比較回数が最低になると分かる。

問題では全体で100件のデータがあり，それぞれの比較処理でYes，Noに進むデータ件数は次のようになる。

① xか？ → データ区分Cか？……Yesが50件，Noが50件
② yか？ → データ区分Bか？……Yesが30件，Noが20件
③ zか？ → データ区分Aか？……Yesが10件，Noが10件

この結果から，比較回数の合計は最低で，50 + 50 + 30 + 20 + 10 + 10 = 170回となり，（ア）が正解である。

問1-12 エ

流れ図の空欄aに入る字句 (H23秋-IP 問91改)

画像を右に90度回転させた場合に，四隅の画素は次のように移動する。

① 1行1列 → 1行7列
② 1行7列 → 7行7列
③ 7行1列 → 1行1列
④ 7行7列 → 7行1列

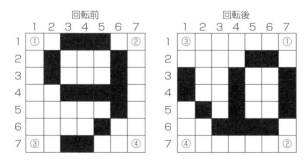

流れ図では，行を変数i，列を変数jで表している。選択肢のiとjに四隅の行と列の値を代入して，先に示したような結果になるかどうかを確認すると，次のようになる。

第1部　基礎理論

ア：i＝1，j＝1（1行1列）　→　7行1列　…　×

イ：i＝1，j＝1（1行1列）　→　7行1列　…　×

ウ：i＝1，j＝1（1行1列）　→　1行7列　…　○

　　i＝1，j＝7（1行7列）　→　1行1列　…　×

エ：i＝1，j＝1（1行1列）　→　1行7列　…　○

　　i＝1，j＝7（1行7列）　→　7行7列　…　○

　　i＝7，j＝1（7行1列）　→　1行1列　…　○

　　i＝7，j＝7（7行7列）　→　7行1列　…　○

　したがって，（エ）が正解である。

　なお，繰返し処理は二重ループになっており，iが1（1行目）のときに，jは1から7（1列目から7列目）まで変化しながら画素を移動する処理を繰り返す。j＝7の処理が終わるとiは2（2行目）となり，jは再び1（1列目）に初期化されて7（7列目）まで変化しながら画素を移動する。

　iは1から7まで，jも1から7まで変化するので，移動する画素は，縦7画素×横7画素＝49画素分となる。

解答解説

第2部

問2-1　ア　　　　　　　　　　　　　　　数を分かりやすく表現するための接頭語 (H31春-IP 問66)

　各接頭語が 10 の何乗になるかを正確に覚えておく必要がある。主な接頭語として次のものがある。

テラ（T）　10^{12}　　　　ミリ（m）　　　10^{-3}
ギガ（G）　10^9　　　　　マイクロ（μ）　10^{-6}
メガ（M）　10^6　　　　　ナノ（n）　　　10^{-9}
キロ（k）　10^3　　　　　ピコ（p）　　　10^{-12}

　問題文にあるように，10^{-3} はミリ（m），10^3 はキロ（k）を表している。10^{-9} と 10^9 は，ナノ（n）とギガ（G）を表しているため，（ア）が正解である。

問2-2　ア　　　　　　　　　　　　　　　　　　PCのCPUに関する記述 (H31春-IP 問97)

　CPU内部の各回路が処理を行う際にタイミングを合わせるために利用される信号をクロックと呼ぶ。さらに，クロックの速さ（時間当たりの発生数）をクロック周波数と呼ぶ。
　「1GHzCPU」はクロック周波数が 1GHz ということであり，CPU 内部で 1 秒間に 10 億回（1×10^9）発生している。したがって，（ア）が適切である。
イ：「32 ビット CPU」や「64 ビット CPU」のビットは，CPU が一度に処理できるデータの長さを指す。処理速度を示しているのではない。
ウ：キャッシュは，演算装置から近い順に一次キャッシュ，二次キャッシュという構成で高速化を図る。容量の大きさの順位ではない。
エ：コア数は，マルチコアプロセッサ内に搭載されているプロセッサの数を示し，デュアルコアは 2 個，クアッドコアは 4 個，オクタコアは 8 個を指す。

問2-3　ウ　　　　　　　　　　　　　　　記憶階層における記憶装置の組合せ (R1秋-IP 問60)

　コンピュータの記憶装置には幾つかの階層があり，「読み書きの速度は早いが記憶容量が小さいもの」から「読み書きの速度は遅いが記憶容量が大きい」ものまでの階層分けとなる。コンピュータの記憶装置は，次表のように分類でき，（ウ）が適切である。

007

第2部　コンピュータシステム

名称	設置箇所	特長
キャッシュメモリ	一次キャッシュは CPU の中	極めて高速，SRAM（Static Random Access Memory）で構成される
主記憶（メモリ）	コンピュータの基板上	高速，DRAM（Dynamic Random Access Memory）で構成される
補助記憶装置（HDD，SSD，DVD）	コンピュータの筐体内部	SRAM，DRAM と比べて低速

問2-4　ア　　　　　　　　　　　　　　　　　　　　　　スキャナの説明 (H25秋-IP 問78)

スキャナ（scanner）は，紙面を走査することによって，画像を読み取ってディジタルデータに変換する装置なので，（ア）が正解である。イメージスキャナともいう。

イ：「底面の発光器と受光器によって移動の量・方向・速度を読み取る」装置は，光学式マウスである。マウスの読取り方式には光学式のほかに，レーザ式，ボール式などがある。

ウ：「ペン型器具を使って盤面上の位置を入力する」装置は，ディジタイザやタブレットである。大型で精度の高いディジタイザは CAD で用いられ，小型な装置をタブレットという。

エ：「指で触れることによって画面上の位置を入力する」装置は，タッチパネルである。タッチスクリーンともいう。

問2-5　ア　　　　　　　　　　　　　　　　　　　　　　　　　　NFC (H30秋-IP 問66)

NFC（Near Field Communication）は，その名のとおり近距離での通信規格である。具体的には，非接触型 IC カードや，スマートフォンの非接触型 ID 機能などがあり，10cm程度の近距離で通信を行うことで電子マネー機能などを実現している。したがって，（ア）が正解である。

イ：IEEE 802.11 シリーズや，Wi-Fi として標準化された無線通信規格に関する説明である。

ウ：IrDA（Infrared Data Association）に関する説明である。

エ：米軍が提供する GPS（Global Positioning System）や，日本が運用している衛星による位置測定サービスに関する説明である。

問2-6　ア　　　　　　　　　　　　　　　　　　　　　　サーバ仮想化の特長 (R1秋-IP 問74)

サーバの仮想化は，主に 1 台の物理サーバ上で複数の論理的なサーバを稼働させる目的で利用されている。サーバスペースや消費電力を削減できるほか，物理的資源を，需要に応じて配分を変化させることができる。したがって，（ア）が適切である。

イ：ブレードサーバに関する記述である。ブレードは，筐体（箱）に抜き差しできるサーバのことである。

ウ：スタンドアロンサーバに関する記述である。

エ：デュアルシステムに関する記述である。

問2-7 エ

システムの性能指標としては，スループット，レスポンスタイム，ターンアラウンドタイムがある。スループットはシステムのトータル性能を示す指標で，単位時間当たりに処理できる仕事量を表す。

レスポンスタイムは，リアルタイム処理において，コンピュータに処理要求を出して，最初の応答が返ってくるまでの時間である。また，ターンアラウンドタイムは，利用者が処理を依頼してから結果のすべてを受け取るまでの時間のことで，主にバッチ処理の性能指標として用いられる。

ベンチマークテストとは，実際に標準的なプログラムを実行させて，CPU やシステム全体の処理性能を評価することである。

なお，シミュレーションとは，実際に実験できない現象をコンピュータなどで予想したり，現実に似た状況を再現したり，模擬的に実行することをいう。

以上から，空欄 a にはターンアラウンド（タイム），空欄 b にはスループット，空欄 c にはベンチマークテストが入る。したがって，（エ）が適切である。

問2-8 ウ

システムの稼働率は，次の式で求められる。
・装置 S と T が直列に接続されている場合：(装置 S の稼働率) × (装置 T の稼働率)
・装置 S と T が並列に接続されている場合：1 − (1 −装置 S の稼働率) × (1 −装置 T の稼働率)

システム Y では装置 B と装置 C が並列に接続されているので，システム Y の稼働率は，
1 − (1 − 0.6) × (1 −装置 C の稼働率) となる。

システム X は，装置 A だけなので，稼働率は，装置 A の稼働率の 0.8 となる。

これらのことから，システム X と Y の稼働率を同じにするためには，

　　1 − (1 − 0.6) × (1 −装置 C の稼働率) = 0.8

となる装置 C の稼働率を求めればよい。

　　1 − 0.4 × (1 −装置 C の稼働率) = 0.8
　　1 − 0.4 + 0.4 ×装置 C の稼働率 = 0.8

装置 C の稼働率 = (0.8 − 1 + 0.4) ÷ 0.4 = 0.5

となるので，装置 C の稼働率を 0.5 にすればよい。したがって，（ウ）が正解である。

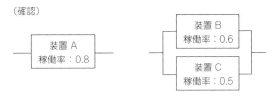

009

第2部　コンピュータシステム

問2-9　ウ　　　　　　　　　　　ファイルの階層構造に関する字句の組合せ (R1秋-IP 問83)

　階層型ファイルシステムでは，ファイルを階層構造にして格納する。ファイルを格納する入れ物をディレクトリと呼び，これにはファイル以外に別のディレクトリも入れ子で格納することができる。

　階層型ファイルシステムでは，利用者が現在参照しているディレクトリを，カレントディレクトリと呼ばれるパス名で管理している。絶対パス名とは，階層構造のファイルシステム上で，あるディレクトリやファイルのパス名を，最上位のディレクトリから記述したものである。階層型ファイルシステムでの最上位のディレクトリをルートディレクトリと呼ぶ。一方，相対パス名とは，階層構造のファイルシステム上で，あるディレクトリやファイルのパス名を，カレントディレクトリからの相対的な位置関係で表現したものである。したがって，（ウ）が適切な組合せである。

問2-10　ア　　　　　　　　　　　ワイルドカードに一致する文字列 (H23秋-IP 問73)

　ワイルドカードは，任意の文字又は文字列を表す特殊な文字として使用されるものである。ただし本問にもあるように，任意の1文字を表すもの，任意の0文字以上の文字列を表すもの，任意の1文字以上の文字列を表すものを区別して定義しているプログラムが多い。ここでは，"%" が任意の文字列（0文字以上），"_" が任意の1文字を表すという条件と，与えられた "%イ%ン_" という文字列を見比べると，"_" が任意の1文字であるという点が最も重要となる。すなわち，最後から2文字目が "ン" であるものに限られる。すると，この時点で（ア）の「アクセスポイント」と（エ）「リバースエンジニアリング」に限られることが分かる。そして，"%イ%ン_" を振り返ると，"イ" が入っている必要もあることが分かる。したがって，（ア）が正解である。

問2-11　ア　　　　　　　　　　　OSに関する記述 (H25秋-IP 問70)

　OS（Operating System）は，キーボード入力，メモリ管理，ディスプレイへの表示など，コンピュータに必要な基本的な処理機能を提供する。1台のPCに複数のOSをインストールしておき，起動時にOSを選択することもできるので，（ア）が正解である。

イ：OSはPCを稼働させるための基本ソフトウェアであり，PCの起動後もOSは機能し
　　続ける。

ウ：OSは必ずしもグラフィカルなインタフェースをもつ必要はなく，コマンドを入力して
　　行うことができる操作もある。

エ：OSは，ハードディスクドライブだけでなく，USBやCD，DVDドライブから起動す
　　ることも可能である。特にハードディスクに障害が発生したときには，別の媒体からOS
　　を起動する必要がある。

右上: 解答解説

問2-12　ア
OSSに関する記述 (H28秋-IP 問76)

　OSS（Open Source Software）は，ソースコードが開示され自由な再配布が許可され
ているソフトウェアの総称である。OSS のライセンス形態には，GPL（GNU Public
License）や，BSD（Berkeley Software Distribution），Apache License など，幾つ
かあるが，いずれのライセンス形態にも共通する定義として，ソースコードに手を加えたも
のを再配布することができる点が挙げられる。したがって，（ア）が正解である。

イ：OSS に対する有償の保守サポートを行う企業もあるが，これを受けるかどうかは，利
　　用者側の自由である。

ウ，エ：OSS の著作権は放棄されていないが，著作者が動作保証の責任を負うことはない。

問2-13　ア
メモリに関する説明 (H30春-IP 問76)

　メモリ（主記憶装置）は，一般に DRAM（Dynamic Random Access Memory）とい
う部品から構成されている。この DRAM はキャパシタという蓄電可能な回路の集まりであ
り，電気を蓄えることでデータを保持しているが，一定時間が過ぎると蓄えていた電気が放
電されてなくなってしまうため，リフレッシュという再書込み処理が必要になる。したがっ
て，（ア）が正解である。

イ：ROM（Read Only Memory）は，読込みだけが可能な記憶装置や記憶媒体を指す。代
　　表例としては，CD-ROM や DVD-ROM が挙げられる。

ウ：SRAM（Static Random Access Memory）は，フリップフロップ回路という通電
　　状態を保持する回路から構成されており，DRAM よりも高速な動作が可能だが，消費電
　　力が DRAM よりも多く，製造コストも高いため，キャッシュメモリなど，比較的容量の
　　少ない記憶装置に使用される。SRAM は電気が供給されなくなると，データが消えてしま
　　うため，揮発性メモリに分類される。

エ：フラッシュメモリは，電源の供給がなくなってもデータが保持される不揮発性メモリで，
　　電気的に書換えが可能である。USB メモリや SSD（ソリッドステートドライブ）の構成
　　部品である。

011

第3部　技術要素

第3部

問3-1　エ　　　　　　　　　　　　　　　快適に利用できることを目指した設計 (H27秋-IP 問61)

　文化，言語，年齢及び性別の違いや，障害の有無などに関わらず多くの人が快適に利用できることを目指した設計をユニバーサルデザインという。具体的にはボタンの動作内容を文字ではなく図形で示すことで，言語が異なっていても理解できて使えたり，目の不自由な人のために音声による操作ができるようにしたりといった設計がこれにあたる。したがって，（エ）が正解である。

ア：バリアフリーデザインは，ユニバーサルデザインの基になった考え方で，障害者や高齢者など体が不自由な人でも快適に利用できることを目指した設計である。

イ：フェールセーフは，システムに障害が発生した際に安全な方向に向けるという設計手法で，電子レンジで加熱中にドアを開けたら過熱を中断するといった例が挙げられる。

ウ：フールプルーフは，誤った入力値などによってシステムが誤作動をすることがないように入力値をチェックし，入力値が許容範囲外である場合には，エラー表示をして利用者に知らせるといった仕組みである。「人間は間違えるもの」という前提を置き，致命的な間違いにならないように設計することを指す。

問3-2　ウ　　　　　　　　　　　　　　　　　　　ラジオボタンの用途 (H31春-FE 問24)

　GUI（Graphical User Interface）は，パソコンの Windows や Macintosh などに採用されているヒューマンインタフェースである。画面上のアイコンをマウスなどのポインティングデバイスで指定することによって，キーボードからコマンドを入力するのと同様の処理を行うことができる。ラジオボタンは，選択画面の一方法で，同時には選択することのできない（排他的な）パラメタの内容を指定するときに使われる。したがって，（ウ）が適切である。

〔ラジオボタンの例〕

```
─ 表示オプション ─────
┌──────────────────┐
│ ○ 表示しない        │
│ ◉ 一部分を表示      │
└──────────────────┘
```

ア：選択項目から複数の項目を同時に選択できる "チェックボックス" の記述である。

イ：選択項目にないものは，テキストボックスに直接文字入力して指定できる "コンボボックス" の記述である。

エ：一覧で表示された選択項目の中から選ぶ "リストボックス" の記述である。

問3-3　エ　　　　　　　　　　　　　　　ストリーミングを利用した動画配信の特徴 (H27春-IP 問76)

　ストリーミングとは，主に動画データや音声データなどの再生方式として使われ，データ

解答解説

の転送と再生を並行して行う。全てのデータをダウンロードしなくても再生できる特徴がある。したがって、（エ）が正解である。

ア：データの転送と再生を並行して行うことができるため、生中継のようにイベントやスポーツを撮影しながら配信し、受信側で再生することもできる。

イ：リアルタイム性を重視する（ア）の生中継のようなデータ配信形態の場合、受信データの部分的な欠落があった際に、データの再送を待つよりも、その部分を諦めて、その後のデータを時間通りに再生させる方式が採られる。

ウ：本来は、データの転送と同時に再生を開始したいが、通信速度がインターネットのように不安定な場合、ある程度の時間分のデータを受信側でバッファに溜めてから再生を開始する。このための準備に数秒から数十秒の時間がかかるのが一般的である。

問3-4　ア
最大表示色が256色である静止画圧縮のファイル形式 (H30秋-IP 問86)

GIF（Graphics Interchange Format）は、高速な圧縮が可能な画像の保存形式である。256色までしか扱えないので、写真よりイラストの保存などに向いている。複数の画像を一つのファイルに格納できるので、アニメーションの表示も可能である（アニメーションGIF）。したがって、（ア）が正しい。

イ：JPEG（Joint Photographic Experts Group）は、カラー静止画像の圧縮方式である。

ウ：MIDI（Musical Instrument Digital Interface；電子楽器のディジタルインタフェース）は、異なるメーカの電子楽器間で音楽データを統一的に扱えるように策定された、音をディジタル化する方法の規格である。音程、音の長さ、音の強弱、音色やメッセージフォーマットなどを規定している。

エ：MPEG（Moving Picture Experts Group）は、カラー動画の圧縮方式である。

問3-5　エ
関係データベースで主キーを設定する理由 (R1秋-IP 問66)

関係データベースの主キーを設定する理由は、表中のレコード（行）を一意に識別することである。したがって、（エ）が正解である。主キーは、一つのフィールドでも複数のフィールドの組合せでもよい。また、主キーの値として、NULL（ナル；空値）をもつことができない。

ア：主キーの設定が、算術演算の対象とならないことを示すわけではない。算術演算の対象となるかどうかは表中の列の属性によって、明確になる。

イ：関係データベースでは、主キーも含め、主キー以外の列も検索できる。

ウ：主キーは他の表から、外部キーとして参照可能となる。

問3-6　イ
表からの抽出方法 (H28春-IP 問95)

表1と表2から、表3の内容を得る方法が問われているが、カラム（列）方向と、レコー

013

第3部　技術要素

ド（行）方向に分けて抽出結果を確認していく。

　まず，カラム方向では，表3のカラムが「品名」，「価格」，「棚番号」から成っていることが分かる。このうち「品名」，「価格」は表1の表に含まれているが，表1のうち「品名コード」，「メーカ」は表3に含まれていない。このため，カラムを絞り込む射影が行われていると分かる。次に，表3に含まれる「棚番号」は，表2に含まれているため，表1と表2を結合していることが分かる。したがって，（イ）が正解である。

　なお，行方向を見ると，表1の品名「ラーメン」，「うどん」に該当するレコードが，表3のレコードになっており，表2もこの「ラーメン」，「うどん」に該当する品名コード「001」，「002」で構成されているため，レコードを絞り込む選択は行われていない。

問3-7　イ　　　　　　　　　　　　　　　　関係データベースの操作を行うための言語 (H31春-IP 問95)

　SQL（Structured Query Language）は，関係データベースに対して，データ定義やデータ操作を行う際に利用される言語である。したがって，（イ）が正解である。

ア：FAQ（Frequently Asked Questions）とは，過去にあった問合せと回答をまとめ，利用者に公開することで，問合せなどを減らすようにする仕組みである。

ウ：SSL（Secure Socket Layer）は，TCP通信を暗号化するための暗号化方式である。

エ：UML（Unified Modeling Language）は，主としてオブジェクト指向分析・設計のためのモデリングに関する設計上の表現を標準化した統一モデリング言語である。

問3-8　ウ　　　　　　　　　　　　　　　　　　　　　　デッドロックの説明 (H24秋-IP 問67)

　複数のプロセス（処理）が共通の資源を排他的に利用する場合に，お互いに相手のプロセスが占有している資源が解放されるのを待っている状態をデッドロックという。デッドロックが起きると，プロセスが互いに待ち状態となり，処理が先に進まなくなってしまう。したがって，（ウ）が正解である。

ア：アクセス権に基づくアクセス制御によるものである。

イ：利用者アカウントを使用不可にするロックアウトによるものである。

エ：実行が他のプロセスに移り，CPUの処理を待つことを意味している。

問3-9　ウ　　　　　　　　　　　　トランザクション処理におけるロールバックの説明 (H30秋-IP 問63)

　トランザクション処理とは，主にデータベース操作における一連のまとまりの処理を指す。トランザクション処理中に行ったレコードの参照や更新に関して，その一貫性を保つために，正常に終了する場合には全ての更新をコミット（確定）させる。一方で，トランザクション処理中に何らかのエラーが発生した際には，そのトランザクション処理中に行った先行操作を全て取り消すことで，データに不整合が発生することを防止する。この取り消す操作をロールバック（巻戻し）という。したがって，（ウ）が正解である。

解答解説

ア：排他制御に関する説明である。

イ：トランザクション処理のコミットに関する説明である。

エ：表の結合操作に関する説明である。

問3-10　イ
無線LANの規格 (H23春-IP 問82改)

無線LANは，赤外線を使用するものと，電波を使用するものがあり，前者の伝送可能範囲は数m程度，後者は数十mから百m程度である。そのため，電波を使用する方式が広く普及している。伝送速度は，数Gビット／秒以上の実効速度をもつIEEE 802.11acが最新である。複数のアンテナを使って通信することで高速化を図り，通信方式によって速度を定めている。したがって，（イ）が正解である。

ア：CDMA（Code Division Multiple Access）は，携帯電話で利用されている規格である。

ウ：IEEE 802.3は，有線のLANであるイーサネットLANの伝送路に関する規格である。

エ：ISDN（Integrated Service Digital Network）は，ディジタル通信の国際標準規格である。

問3-11　イ
DNSの機能 (H31春-IP 問57)

DNS（Domain Name Server）は，ドメイン名（xxxx@itec.co.jpなど）とIPアドレスの対応関係の情報をもっており，IPアドレスとドメイン名を対応付けることができる。このIPアドレスは2進数であり，人間には分かりにくい。そこで，その代わりに意味のある文字列で表したドメイン名を用いる。したがって，（イ）が適切である。

ア：DHCP（Dynamic Host Configuration Protocol）サーバなどの機能のことである。

ウ：routeコマンドの機能のことである。

エ：モデムという通信機器の機能である。

問3-12　エ
VPNに関する記述 (H23秋-IP 問70)

VPN（Virtual Private Network）は，インターネットなどの公衆網を通じて仮想的な専用ネットワークを構築するための技術であり，物理的に専用線を敷設するのに比べて大幅にコストを削減できるため，広く普及している。不正アクセス防止のために認証技術，通信データの隠蔽化，改ざん防止のために暗号化を施している。したがって，（エ）が最も適切である。

ア：マルチリンク，マルチホーミングに関する記述である。

イ：QoS（Quality of Service）に関する記述である。QoSに対応したネットワーク機器では，遅れの許されない通信を優先することで遅延の発生を抑えている。しかし，インターネットなど，速度が保証されない回線上ではあまり効果がない。

ウ：通信データの圧縮率は，データの内容によって一定ではないため，通信データを圧縮しても最小の通信帯域を保証することはできない。

015

第3部　技術要素

問3-13　エ　　　　　　　　　　　　　　　　　　　　LTEよりも通信速度が高速な移動通信システム (H31春-IP 問73)

　5G（第5世代移動通信システム）は，今後の移動通信に求められる要求条件を考慮して，高速・大容量化，超多数端末接続，超低遅延，超高信頼性を目標として検討が進められている移動通信システムである。したがって，（エ）が正解である。

　5Gが目標としている性能は次のとおりである。

　・通信速度……最大10Gビット／秒以上
　・応答速度を示す遅延時間……1ミリ秒以下
　・端末の同時接続数……1平方キロメートル当たり100万台

ア：ブロックチェーンは，取引履歴などのデータとハッシュ値の組を順次つなげて記録した分散型台帳を，ネットワーク上の多数のコンピュータで保有し管理する技術を指す。

イ：MVNO（仮想移動体通信事業者；Mobile Virtual Network Operator）とは，移動体通信網サービスを提供する事業者のうち，実際の通信設備をもたず，他の通信事業者の設備を借用している事業者を指す。

ウ：8Kは，フルハイビジョンや4Kを超える超高画質の次世代映像規格である。フルハイビジョンや2K（1080p，約207万画素）に比べて，8K（4320p，約3318万画素）の画素数は16倍である。

問3-14　ア　　　　　　　　　　　　　　　　　　　　　　　　　　　　　MIMEの役割 (H22春-IP 問58)

　MIMEは，データの型を示すフィールドを挿入することで，文字コードの種類を明示したり，音楽や映像などのデータ属性を明示したりすることが可能で，マルチメディア情報をはじめ，多様な形式のデータを添付ファイルとして交換できる。したがって，（ア）が適切である。

イ：公開鍵暗号方式を用いた電子メールの仕組みとしては，PGP（Pretty Good Privacy），SMIME（Secure MIME）などがある。

ウ：HTMLメールに関する記述である。

エ：通常，メールサーバから利用者の端末に電子メールを転送する際には，POPやIMAPといったプロトコルが用いられる。

問3-15　エ　　　　　　　　　　　　　　　　　　　　　　　　　　　　　　URL (H22秋-IP 問74)

　URL（Uniform Resource Locator）は，インターネット上の場所を示すための表記法である。URLの構成を示す。

　http://www.itec.co.jp/book/index.html
　　①　　　　②　　　　③　　　④

　①はプロトコル名，②はドメイン名，③はディレクトリ名，④はファイル名を表す。したがって，（エ）が適切である。

ア：HTTPに関する記述である。

イ：RSS（RDF Site Summary）に関する記述である。RSSは，Webページの更新状況
や内容の概要をXMLベースの文書形式にまとめて配信する技術である。

ウ：HTMLに関する記述である。

問3-16　ア
IoTシステム向けに使われる無線ネットワーク (R1秋-IP 問81)

IoTシステムは，広い施設の中や農地などに設置される事例が多く，長距離通信が必要と
される。また，電源をバッテリーに頼る物が多く，さらにこのバッテリーの交換周期も数か
月から1年と非常に長い。このため，通信機能として，省電力性や数km，数十kmに及ぶ
通信が必要とされている。具体的な通信規格として，Sigfox，LoRa WAN，NB-IoT，
LTE-Mなどがあるが，これらをカテゴリーとしてまとめた呼称がLPWA（Low Power
Wide Area）である。したがって，（ア）が正解である。

イ：MDM（Mobile Device Management；モバイル端末管理）は，スマートフォンやタ
ブレットといったモバイル端末を管理するためのシステムを指す呼称である。

ウ：SDN（Software Defined Network）は，直訳すると，ソフトウェア定義によるネッ
トワークであるが，様々なベンダが提供するスイッチングハブ（スイッチ）やルータ，ファ
イアウォールといったネットワーク機器の設定や，状態管理を統一された制御用プロトコ
ルにて行う手法を指す。

エ：WPA2は，無線LANの暗号化の規格である。当初はWEP（Wired Equivalent Privacy）
という規格があったが，暗号通信の解読や鍵の漏えいの脆弱性が発見されると，WPA
（Wi-Fi Protected Access）という，さらに強固な暗号化通信規格が登場した。しかし
それでも脆弱性が発見され，現在はWPA2が主流で，さらに新しい規格としてWPA3
も登場している。

問3-17　ア
リスクへの対応 (H28秋-IP 問62)

リスク対応におけるリスク低減とは，リスク要因の発生確率を低減させ，リスク発生時の
損害を少なくするような試みを指す。セキュリティ対策を行って，問題発生の可能性を下げ
ることは，リスク低減にあたる。したがって，（ア）が正解である。

イ：リスク発生時の損害を第三者に転嫁する，リスク共有（リスク移転）の一例である。

ウ：リスクの発生をそのまま受け容れる，リスク受容の一例である。

エ：リスクの原因そのものを回避する，リスク回避の一例である。

問3-18　エ
情報セキュリティの機密性 (H25秋-IP 問75)

情報セキュリティの機密性は，アクセス許可をもつ人だけが情報にアクセスできることで
保たれる。機密情報のファイルを暗号化しておくと，許可された人しか解読できない可能性
が高いので，漏えいしても解読されにくくなり機密性を高めることになる。したがって，（エ）

第3部　技術要素

が正解である。

ア：「一日の業務の終了時に機密情報のファイルの操作ログを取得し，漏えいの痕跡がないこ
　　とを確認する」ことは，機密性の確認であり，機密性を直接的に高めることにはならない。

イ：「機密情報のファイルにアクセスするときに，前回のアクセス日付が適正かどうかを確認
　　する」ことは，機密性の確認であり，機密性を直接的に高めることにはならない。

ウ：「機密情報のファイルはバックアップを取得し，情報が破壊や改ざんされてもバックアッ
　　プから復旧できるようにする」のは，可用性を高めるために行われる。

問3-19　ア　　　　　　　　　　　　不正アクセスを受けて被害が及ばないようにするもの (H25秋-IP 問79)

　DMZ（DeMilitarized Zone；非武装地帯）は，企業内ネットワークからも，外部ネットワー
クからも論理的に隔離されたネットワーク領域であり，そこに設置されたサーバが外部から
不正アクセスを受けたとしても，企業内ネットワークには被害が及ばないようにするための
ものである。したがって，（ア）が正解である。

イ：DNS（Domain Name System）は，ホスト名から対応する IP アドレスを求めるシス
　　テムである。Web サイトにアクセスするときに指定するアドレスやメールアドレスは，
　　DNS を利用して IP アドレスに解決されている。

ウ：DoS（Denial of Service；サービス妨害）は，プロトコルの特性やソフトウェアの脆
　　弱性を利用して，サーバサービスを妨害する攻撃のことである。

エ：SSL（Secure Sockets Layer）は，TCP/IP ネットワーク上で暗号化通信を行うた
　　めのプロトコルである。

問3-20　イ　　　　　　　　　　　　　　　　　共通鍵暗号方式の特徴 (H28秋-IP 問97)

　共通鍵暗号方式は，暗号化と復号に同じ鍵を使う仕組みである。このため，直接会えない
相手に鍵を送る場合，途中で第三者に鍵を知られない方法で鍵を送ることが，理論的に難し
くなる。この共通鍵暗号方式の課題を解決するために発明されたのが，公開鍵暗号方式であ
り，暗号化と復号に別の鍵を使う方式である。

　同じ鍵の長さで暗号化，復号処理を行う場合，共通鍵暗号方式の方が処理が単純で，公開
鍵暗号方式よりも高速になる。したがって，（イ）が正解である。

ア，ウ：公開鍵暗号方式の特徴である。

エ：共通鍵暗号方式を用いて多数の人数で暗号通信を行う場合，通信するペア（送信者，受
　　信者）ごとに鍵を用意する必要があるため，鍵の管理が難しくなる。

問3-21　ア　　　　　　　　　　　　　　　　バイオメトリクス認証の例 (R1秋-IP 問88)

　バイオメトリクス認証（生体認証）は，利用者一人一人に固有の生体要素を認証に利用す
るものの総称である。具体的な例としては，指紋認証，静脈認証，声紋認証，顔認証などが

挙げられる。生体要素を認証にするため，所持品や記憶が不要であることが利点になる。したがって，（ア）が適切である。

イ：公開鍵暗号方式を用いた認証である。

ウ：CAPTCHA（キャプチャ）と呼ばれる認証である。システムの操作者が人間であり，コンピュータによる自動処理ではないことを検証する目的で使用される。

エ：専用の小型装置や，スマートフォンの専用アプリを利用して，分単位や利用単位で変化するパスワード（暗証番号）を用いて認証する方式である。インターネットバンキングなどで利用されている。

問3-22　イ
マルウェアの説明 (H25秋-IP 問77)

コンピュータウイルス，ワーム，トロイの木馬，スパイウェアなどを含むソフトウェアの総称をマルウェア（malware；malicious software；悪意のあるソフトウェア）という。したがって，正解は（イ）である。

ア：「インターネットから社内ネットワークへの不正侵入を検知する仕組み」は，侵入検知システム（IDS；Intrusion Detection System）である。

ウ：「ネットワークを介し，コンピュータ間でファイル共有を行うソフトウェアの総称」は，ファイル共有ソフトウェアである。

エ：「話術や盗み聞きなどによって，社内の情報を盗み出す行為」は，ソーシャルエンジニアリングである。

問3-23　エ
暗号強度を高めるため推薦されている無線LANの暗号化方式 (H31春-IP 問74)

WEP（Wired Equivalent Privacy）は，無線 LAN の暗号化通信に関する規格の一つである。問題文にもあるとおり，WEP では，短い時間で暗号が解読されてしまうといった暗号化アルゴリズムの脆弱性などが指摘されており，最近は WPA2（Wi-Fi Protected Access 2）が，無線 LAN の暗号化通信での規格として推奨されている。したがって，（エ）が正解である。

ア：ESSID（Extended Service Set Identifier）は，無線 LAN の論理空間を識別するための識別子である。通常，無線 LAN のアクセスポイントは，アクセスポイントを識別するための ESSID をビーコンという信号として周囲に伝えている。

イ：HTTPS（Hyper-Text Transfer Protocol Secure）は，Web ブラウザと Web サーバ間の通信プロトコル HTTP（Hyper-Text Transfer Protocol）を SSL/TLS 上で行うためのプロトコルであり，https:// で始まる URL へのアクセスで利用されている。

ウ：S/MIME（Secure / Multipurpose Internet Mail Extensions）は，公開鍵暗号方式を用いたメールの暗号化方式である。

第3部　技術要素

問3-24　ウ　　　　　　　　　　　IDの使用停止が有効な防衛手段となるもの (H28秋-IP 問83)

　ある ID に対して所定の回数を超えてパスワードの入力を間違えたとき，当該 ID の使用を停止させることは，パスワードとして想定される全ての文字列の組合せを試すような攻撃に対して有効な防衛手段となる。このような攻撃を総当たり攻撃という。したがって，（ウ）が正解である。

ア：DoS 攻撃（Denial of Service 攻撃；サービス停止攻撃）は，サービスの停止を狙い，サーバの OS や Web アプリケーションのセキュリティホールを突いてソフトウェアを異常停止や誤動作させたり，大量の通信パケットを送り付けることで故意に負荷を引き起こしサーバをダウンさせたりする攻撃である。

イ：SQL インジェクションは，Web アプリケーションなど，後ろに DBMS（DataBase Management System；データベース管理システム）が接続されているアプリケーションのデータ入力欄に，不正な SQL を混ぜることで，データの不正取得や，破壊を引き起こす攻撃である。

エ：フィッシングは，偽物の Web サイトに攻撃対象者を誘導し，正規の Web サイトへのログインに必要な ID やパスワードといった情報を盗み出す攻撃である。

問3-25　イ　　　　　　　　　　　修正プログラムの有無を調べるPDCAのフェーズ (H30秋-IP 問61)

　PDCA は，Plan（計画），Do（実行），Check（検証），Act（改善）というサイクルを表す用語であり，PDCA サイクルを繰り返すことによって，継続的な改善を行うことを示している。ソフトウェアに対する最新の修正プログラムの有無を，定められた運用手順に従って毎日調べる業務は，もともと計画された業務を実行する Do のフェーズといえる。したがって，（イ）が正解である。

解答解説

第4部

問4-1　ア　　　　　　　　　　　　　　　　　　　ソフトウェア詳細設計で決定する項目 (H25秋-IP 問40)

　ソフトウェア詳細設計は，ソフトウェア方式設計書を基に各プログラムの詳細な仕様を作成する工程である。コーディングを行う単位となる個々のプログラムの仕様は，ソフトウェア詳細設計で初めて決定する項目なので，(ア) が正解である。

イ：ソフトウェアに必要な機能と応答時間は，ソフトウェア要件定義で決定する。ソフトウェア要件定義は，ソフトウェアに必要な機能や能力を要件として定義する工程である。

ウ：対象ソフトウェアの最上位レベルの構造は，ソフトウェア要件定義で決定する。

エ：複数のソフトウェア間のインタフェースに関する仕様は，ソフトウェア方式設計で決定する。ソフトウェア方式設計は，ソフトウェア要件定義書を基にソフトウェアに必要な内部機能を定義する工程である。

問4-2　エ　　　　　　　　　　　　　プログラム構造を分析しテストケースを設定するテスト手法 (H24秋-IP 問46)

　ホワイトボックステストは，プログラムの品質を検証するために，プログラム内部のプログラム構造に着目して，テストケースを設定するテスト手法である。したがって，(エ) が正解である。内部の構造を検証しながらテストするため，すべての命令や条件分岐を実行できるテストデータを作成する。

ア：回帰テストは，システムの変更を行った際に，その変更によって不具合が生じていないかを検証するテストである。

イ：システムテストは，システム要件定義の仕様どおりにシステムが動作するかを検証するために，システム全体に対して行うテストである。

ウ：ブラックボックステストは，入力した値に対して期待される値が出力されるかを検証するテストである。内部の構造を見ずにテストすることから，ブラックボックステストと呼ばれる。

問4-3　イ　　　　　　　　　　　　　　　　　　　　　　システムテストの内容 (H28春-IP 問43)

　システム開発のテストで検証する内容は，要件定義に基づく設計のとおりにプログラムが作成されていることと，誤った動作をしないことである。最初に行う単体テストでは，個々のプログラムが設計のとおりに作成されていて誤りがないことを検証する (ア)。結合テストでは，誤りがないことを検証したプログラムとプログラムの間で，正しくデータの受渡し (インタフェース) ができることを検証する (ウ)。結合テストでは，インタフェースについてだけテストを行うので，個々のプログラムの機能に誤りがないことは単体テストで検証してお

021

第4部　開発技術

く必要がある。これで，個々のプログラムに誤りがなく，プログラム間のインタフェースにも誤りがないことが分かったので，次のシステムテストでは，性能要件を満たしていることを検証する（イ）。例えば，正しく動作するプログラムであっても，処理に時間が掛かりすぎれば業務に支障を来してしまうので，プログラムのことが分かっている開発者がその性能を検証する。最後に，機能も性能も誤りがないことが確認できたプログラムの運用テストを行う。運用テストでは，利用者が実際にそのプログラムを使用し，業務が要件どおり実施できることを検証する（エ）。したがって，（イ）が適切である。

問4-4　ウ　　　　　　　　　　　　　　　　　ソフトウェア受入れで実施する作業 (H28春-IP 問42)

　システム開発の関係者を開発者側と利用者側に分けたとき，利用者側の主な役割はソフトウェアに要求する機能や性能を提示すること，及び完成したソフトウェアがその要求や性能を満たしているかどうかを確認することである。また，開発者側の主な役割は，利用者の要求する機能や性能をソフトウェア要件として定義し，それに基づきソフトウェアを作成・テストすること，及び開発が完了したソフトウェアを本番環境に配置し利用者が使えるようにすることである。

　ソフトウェア受入れはシステム開発の最後の位置し，利用者が，開発が完了したソフトウェアが業務で利用できる水準であるかどうかを確認するプロセスである。利用者は，ソフトウェアに要求した機能や性能が満たされていること，操作方法などを確認し，問題がなければこれを受け入れる。問題があった場合は，受入れをせず，開発者側に問題部分の作り直しを要求する。したがって，（ウ）が正解である。

ア：ソフトウェア導入で実施する作業である。

イ：ソフトウェア要件定義で実施する作業である。

エ：ソフトウェア要件定義で実施する作業である。ソフトウェア要件定義書のレビューは利用者側が行う。利用者の提示したニーズ（機能や性能）を満たしているかどうかは，利用者にしか判断できない。

問4-5　イ　　　　　　　　　　　　　　　　　　　　DFDの記述例 (H30春-IP 問5)

　DFD（Data Flow Diagram；データフロー図）は，処理と処理の間のデータの流れに着目し，データがどのように受渡しをされているかを次図の四つの記号を用いて表現する。業務で使用する書類や帳票などの受渡しの関係を図形化し，業務内容を把握しやすくすることで，分析や検討を行うために使用される。

名称	データストア	ファイル，データベースなどの表，データの保管を表す。
名称 →	データフロー	データの流れ（移動）を表す。
(名称)	プロセス	データの加工処理を表す。 入力データを出力データに変換する。
名称	データの源泉 データの吸収	システム外のデータの入力元・情報元（源泉），出力先（吸収）を表す。

したがって，（イ）が正解である。

ア：状態遷移図である。時間の経過や行動の発生など，イベント（状況変化）に応じて変化する状態の動きを表現するのに用いる。

ウ：E-R 図（Entity Relationship Diagram；実体関連図）である。関係データベースの設計で用いられ，データ分析のためのモデリング技法の一つである。

エ：フローチャートである。プログラムの流れを示すのに用いられる。

問4-6　ア　　　　　　　　　　　　　　　　　　　　ソフトウェア開発モデル (H25秋-IP 問34)

ソフトウェア開発において，上流工程から順に工程を進め，要件定義，システム設計，詳細設計の工程ごとに完了判定を行い，最後にプログラミングに着手するソフトウェア開発モデルは，ウォータフォールモデルなので，（ア）が正解である。ウォータフォールとは「滝」という意味で，滝のように上流から下流へ工程を進めていく。大規模な開発でよく使われるソフトウェア開発モデルである。

イ：スパイラルモデルは，システムを幾つかのサブシステムに分けて，サブシステム単位で一連の開発工程を行う開発モデルである。

ウ：段階的モデルは，優先度の高い機能から順に開発を行い，徐々にシステムの規模を拡大していく開発モデルである。

エ：プロトタイピングモデルは，上流工程でプロトタイプ（試作品）を作成し，顧客がその試作品を確認しながらシステムの仕様を決定していく開発モデルである。

問4-7　エ　　　　　　　　　　　　　　　　　　　　　アジャイル開発の特徴 (R1秋-IP 問49)

アジャイル開発は，軽量で柔軟性の高いソフトウェア開発を目指した手法である。アジャイルとは，"俊敏，すばやい"といった意味であり，ビジネス目標の変化に柔軟に対応するために短いプロセスを反復して開発を進めていく。最初は最低限の機能だけを完成し，顧客部門や開発チームとレビューを行いながら，要求の変更や追加に柔軟かつ素早く対応する。このサイクルを繰り返すことで完成度を高めていくことができる。したがって，（エ）が適切である。

ア，ウ：ウォータフォール型のシステム開発の特徴である。

イ：プロトタイプ型のシステム開発の特徴である。

023

第4部　開発技術

問4-8　イ
DevOpsに関する記述 (R1秋-IP 問55)

　DevOps（デブオプス）は，情報システムの開発側と運用側が協力して作業を行うことで，短期間に開発を終えて，製品の販売や利用を開始する開発手法である。通常は独立している情報システムの開発側（Development）と運用側（Operations）が協力して作業を行うことで，機能の導入や更新とその運用開始を迅速に行おうという考え方や取組みである。開発側と運用側が密接に連携することが重要である。したがって，（イ）が最も適切である。

ア：プロトタイプを作成し，性能を実測して妥当性を評価してから開発するのは，プロトタイプモデルである。

ウ：プロジェクトマネージャがその工程の完了を判断した上で次工程に進む方式は，ウォータフォールモデルである。

エ：利用者のニーズの変化に柔軟に対応するために，固定した期間で繰り返しながら開発を行うのは，アジャイルである。

問4-9　ア
ソフトウェア保守に関する説明 (H31春-IP 問54)

　ソフトウェア保守とは，本番稼働中（運用中）のシステムに対してソフトウェアの修正や変更を実施する活動である。システムの安定稼働，情報技術の進展や経営戦略の変化，法律改正に対応するために行い，修正保守，変更保守，改良保守などがある。

　稼働後にプログラム仕様書を分かりやすくするための改善は，ソフトウェア保守であるので，（ア）が適切である。

イ：稼働後に見つかった画面や帳票の軽微な不良対策は，ソフトウェア保守の中で改修する場合が一般的である。

ウ：システムテストで検出されたバグの修正は，システム運用開始以前の開発工程で行う修正のため，ソフトウェア保守には該当しない。

エ：システムを全く新規のものに更改することは，新規システムの導入であり，ソフトウェア保守には該当しない。

問4-10　イ
共通フレームの定義に含まれているもの (R1秋-IP 問39)

　共通フレーム（SLCP-JCF；Software Life Cycle Process - Japan Common Frame）は，ソフトウェア，システム，サービスに関係する人が"同じ言葉を話す"ことを目的として共通の枠組みを提供し，ソフトウェアの構想から廃棄までの企画，要件定義，開発，運用，保守のライフサイクルを通して各工程に必要な作業内容を包括的に規定したものである。したがって，（イ）が適切である。

ア：共通フレームには，システム開発の成果物の文書化に関する規定の記載はない。

ウ：共通フレームには，ソフトウェアの信頼性レベルや保守性レベルなどの尺度の規定の記載はない。

エ：共通フレームには，ハードウェア開発に関する作業項目の記載はない。

024

解答解説

第5部

問5-1　ウ　　　　　　　　　　　　　　プロジェクトマネジメントの進め方に関する説明 (R1秋-IP 問41)

　プロジェクトマネジメントの進め方について，選択肢の適切さを確認していくと次のように
なる。

ア：企画→要件定義→システム開発→保守の順番で行うのは，情報システム開発の進め方の
　　順番である。

イ：戦略→設計→移行→運用→改善のライフサイクルは，IT サービスマネジメントのライフ
　　サイクルの順番である。

ウ：プロジェクト開始時は，プロジェクト目標を明確にし，目標を達成するためのプロジェ
　　クト計画を作成する。プロジェクトの進行中は，品質，進捗具合，コストなどが計画通り
　　に進められているかを管理しながら，プロジェクト目標を達成へと近づけていく。したがっ
　　て，この内容はプロジェクトマネジメントの進め方として適切である。

エ：予備調査→本調査→評価→結論の順番で，リスクを識別し，コントロールの適切性を確
　　認するのは，システム監査で実施する内容である。

問5-2　エ　　　　　　　　　　　　　　　　　　　　　PMBOKの説明 (H27春-IP 問41)

　PMBOK（Project Management Body of Knowledge）は，米国プロジェクトマネジ
メント協会（PMI）で標準化されたプロジェクトマネジメントに関する知識体系のガイドラ
インである。あらゆる分野のプロジェクト活動のマネジメントに適用できる考え方や手法が
まとめられていて，実質的なデファクトスタンダードになっている。したがって，（エ）が正
解である。

ア：CMMI（Capability Maturity Model Integration）の説明である。

イ：PMO（Project Management Office）の説明である。

ウ：SWEBOK（SoftWare Engineering Body Of Knowledge）の説明である。

問5-3　ウ　　　　　　　　　　　　　　　　プロジェクト統合マネジメント (H25秋-IP 問39改)

　PMBOK（Project Management Body of Knowledge；プロジェクトマネジメント知
識体系）では，プロジェクトのプロセスを管理対象別に分類している。この中の一つである「プ
ロジェクト統合マネジメント」では，プロジェクトの立上げ，計画，実行，終結などのライ
フサイクルの中で，変更要求に対してコスト・期間の調整を行うので，正解は（ウ）である。

ア：プロジェクトのスケジュールを作成し，進捗状況や変更要求に応じてスケジュールの調
　　整を行うのは，「プロジェクト・スケジュール・マネジメント」である。

025

第5部　プロジェクトマネジメント

イ：プロジェクトの成功のために必要な作業を，過不足なく洗い出すのは，「プロジェクト・スコープ・マネジメント」である。

エ：プロジェクトの当初の予算と進捗状況から，費用が予算内に収まるように管理を行うのは，「プロジェクト・コスト・マネジメント」である。

問5-4　イ
プロジェクト管理におけるプロジェクトスコープ (H31春-IP 問42)

プロジェクトスコープは，成果物として提供されるサービスや成果物を完成させるために必要な作業全般を含む，プロジェクトの作業範囲の総称である。スコープに定義された作業を全て完了すればプロジェクトは完成する。しかし，スコープの定義が曖昧だったり，過不足があったりすると，実施すべき作業も曖昧になり，必要な作業が漏れていたり，不要な作業をして予算を無駄に使ったりしてしまう。そのため，プロジェクト管理においては，スコープを定義し，必要な全ての作業が過不足なく確実に実行されるように管理する。したがって，（イ）が適切である。

問5-5　ウ
プロジェクトマネージャとしての適切な行動 (H31春-IP 問45)

開発中のシステムへの機能追加の依頼があった場合は，追加機能要件に伴うコストやシステム開発スケジュールを考慮し，変更管理の手順に従い，プロジェクトマネージャは行動すべきである。変更管理プロセスでは，機能追加の可否を含め，機能追加要件内容，優先順位など変更要求が評価される。したがって，（ウ）が最も適切である。

ア：システムへの機能追加内容に係る要件や工数などを確認せず，依頼を受け入れるべきではなく，変更管理手順に従い判断すべきことである。

イ：システムへの機能追加は，プロジェクト期間の理由だけで判断することはできない。

エ：システムへの機能追加は，プロジェクトスコープだけでなく，プロジェクトコストやプロジェクト資源，システム品質にも影響が出てくる可能性があるため，スコープベースラインだけの更新では不十分である。

問5-6　ウ
WBSの作成 (H30春-IP 問48)

WBS（Work Breakdown Structure）は，システム開発の成果物を作成するために行う作業を分解し，階層構造で記述したものである。作業を階層構造に分解することを，「WBSを作成する」という。何階層に分解するなどの決まりはないが，分解することで作業をより具体的な内容として定義することができる。作業内容が具体的に定義されていれば，プロジェクトメンバは，間違えることなく作業することができる。したがって，（ウ）が正解である。

ア：最下位には，具体的な作業内容が定義される。

イ：上位の作業を分解して，最小単位の作業を定義することである。

エ：階層の深さは分解する作業によって異なる。

大分類	中分類	小分類	タスク
計画		開発計画書	
設計	外部設計	外部設計書	
	内部設計	内部設計書	
製造	プログラミング	ソースコード	
	試験	試験計画書	
		試験実施報告書	

表　WBS の一例

問5-7　ウ　　　　　　　　　　　　　プロジェクトにおけるリスクマネジメント (H31春-IP 問37)

　プロジェクトにおけるリスクとしては，納期までにシステムが完成しないことや，完成したシステムに問題があることなどが挙げられる。このようなリスクが発生すると，ユーザの業務の支障を来すので，場合によっては損害賠償を求められることもある。そのため，リスクマネジメントとして，回避，転嫁（移転），軽減（分離），受容（保有）などの対策をとる。リスクマネジメントでは，発生する確率と発生したときの影響度に基づいて，リスクに優先順位を付けてリスク対応策の計画を行う。したがって，（ウ）が最も適切である。

ア：プロジェクト進行中に発見されるリスクもあるので，プロジェクト開始時点において全てのリスクを特定することはできない。

イ：リスクが発生した場合には，各リスクに対して，リスク低減，リスク回避，リスク共有（移転），リスク受容などのリスク対応のうち，いずれかを選択するので，全てのリスクを回避するわけではない。

エ：リスク対応策はプロジェクト発足時に計画し，プロジェクト進行に従って，その都度見直しを行う。

第6部　サービスマネジメント

第6部

問6-1　イ　　ITサービスマネジメントのプロセスに関する説明 (H24秋-IP 問44)

　ITサービスマネジメント（ITSM；IT Service Management）とは，システム運用管理部門の業務を利用者の立場から"ITサービス"ととらえ，体系化することで効率化を図り，適切なコストでサービスの品質を高める運用管理の仕組みのことである。

　ITSMのサービスサポートは，五つのプロセス（インシデント管理，問題管理，構成管理，変更管理，リリース管理）と一つの機能（サービスデスク）から構成される。

　問題文中の記述が適切か否かを検討すると，次のようになる。

a：インシデント管理では，障害の復旧時間の短縮を重視する。→適切である。

b：変更管理では変更が正しく実装されていることを確認する。→適切とはいえない。変更管理では，変更作業に伴うリスクを洗い出し，変更作業の管理と，リリース管理プロセスにこの変更作業の情報を引き継ぐための承認を行う。

c：問題管理ではインシデントの根本原因を究明する。→適切である。

d：リリース管理ではソフトウェアのライセンス数を管理する。→適切とはいえない。リリース管理では，変更管理プロセスで承認された変更作業を実際に行う。

　したがって，aとcが適切なので，（イ）が正解である。

問6-2　イ　　SLAで合意する内容 (H30春-IP 問38)

　SLA（Service Level Agreement；サービスレベル合意（書））は，ITサービス提供者（オンラインモールの運営者）と利用者（ショップのオーナ）との間で結ばれる，具体的な数値（サービスレベル）を用いたサービスの内容とその提供範囲に関する合意(書)である。数値というと稼働率や復旧時間を連想するが，計画的に行うメンテナンスの日付や，そのためにサービスが使えなくなる時間帯なども該当する。ITサービス提供者からすれば，サービスを停止するがサービスレベルの低下には含めないでほしいという意図があり，利用者からすれば，メンテナンスは必要なので，営業時間に影響しない時間帯であればかまわないという思惑の合意である。したがって，（イ）が適切である。

ア：外部委託先と合意する内容である。

ウ：必要に応じて公表する内容である。

エ：ITサービス提供者が実施する内容である。

問6-3　エ　　ファシリティマネジメントの施策 (H31春-IP 問49)

　ファシリティは，"設備"という意味であり，ファシリティマネジメントは，情報システム

028

解答解説

を最良の状態で利用するために，情報処理関連の設備や環境を管理維持することである。

　情報システムに関するファシリティとしては，データセンタをはじめとする情報システム用施設の構造やパーティショニング（区画分け），電源設備，空調設備などを指す。これらに故障や不備があった場合，例えば，電源設備が故障したら，サーバを稼働させることができず，情報システムを利用することができなくなってしまう。よって，施策としては電力消費量のモニタリングなどが必要となる。したがって，（エ）が適切である。

ア～ウ：情報セキュリティマネジメントの施策である。

問6-4　ウ　　　　　　　　　　　　　　　　　　情報システム実践規範 (H27春-IP 問1)

　システム管理基準の「前文」に「システム管理基準は，組織体が主体的に経営戦略に沿って効果的な情報システム戦略を立案し，その戦略に基づき情報システムの企画・開発・運用・保守というライフサイクルの中で，効果的な情報システム投資のための，またリスクを低減するためのコントロールを適切に整備・運用するための実践規範である」とある。システム管理基準は，多様化・複雑化した今日の情報システムにまつわる様々なリスクを適切に管理し，組織体の IT ガバナンスを実現するため，システム管理の具体的基準を定め，システム監査の実施の効果を強調している。したがって，（ウ）が正解である。

ア：コンピュータ不正アクセス対策基準は，経済産業省が「コンピュータ不正アクセスによる被害の予防，発見及び復旧並びに拡大及び再発防止について，企業等の組織及び個人が実行すべき対策」についてをとりまとめたものである。

イ：システム監査基準は，経済産業省が策定した，システム監査業務の品質を確保し，有効かつ効率的に監査を実施することを目的として策定されたシステム監査人の行為規範である。

エ：情報システム安全対策基準は，経済産業省が「情報システムの機密性，保全性及び可用性を確保することを目的として，自然災害，機器の障害，故意・過失等のリスクを未然に防止し，また発生したときの影響の最小化及び回復の迅速化を図るため，情報システムの利用者が実施する対策項目」を示したものである。

問6-5　イ　　　　　　　　　　　　　　　システム監査における評価に関する記述 (H27春-IP 問39)

　システム監査は，被監査部門や利用部門などシステムの関係者とは独立した第三者の立場であるシステム監査人が，システムが適切に構築，運用，保守されていることを幅広い観点から点検するものである。システム監査人の行動規範であるシステム監査基準 3.1 監査証拠の入手と評価には「…監査結果を裏付けるのに十分かつ適切な監査証拠を入手し，評価しなければならない」とある。よって，システム監査における評価は，システム監査人が入手した監査証拠に基づくものでなければならない。したがって，（イ）が適切である。

ア：システム監査人は事実に基づき評価をしなければならない。

ウ，エ：システム監査基準 2.2 精神上の独立には「偏向を排し，常に公正かつ客観的に監査

029

第6部　サービスマネジメント

判断を行わなければならない」とあり，システム監査人が関係者の意向に従い評価をすることはない。関係者の意向に従ってしまっては，第三者であるシステム監査人がシステム監査を実施した意味がなくなってしまう。

問6-6　エ　　　　　　　　　　　　　　　　　　ソフトウェア保守で実施する活動 (H29秋-IP 問39)

　ソフトウェア保守とは，本番稼働中（運用中）のシステムに対してソフトウェアの修正や変更を実施する活動である。システムの安定稼働，情報技術の進展や経営戦略の変化，法律改正に対応するために行い，修正保守，変更保守，改良保守がある。法律改正に適合させるためにプログラムを修正することは，変更保守に該当する。したがって，（エ）が適切である。

　ちなみに，修正保守はプログラムの不具合や不備を修正すること，改良保守は仕様変更を行うことである。

ア：システム運用で実施する活動である。

イ：システム方式設計で実施する活動である。

ウ：システムの受入れで実施する活動である。

問6-7　イ　　　　　　　　　　　　　内部統制の観点から担当者の役割を決めること (H27春-IP 問33)

　内部統制は，企業自らが業務を適正に遂行していくために，体制を構築して運用する仕組みである。また，内部統制は企業の健全な運営を実現するために行われ，財務報告の信頼性を確保することを目的としている。そのために，業務にはどのような作業があるか業務プロセスを明確にし，作業実施ルールを決め，そのチェック体制を整備する。その際，作業実施ルールに基づき，業務における不正や誤りが発生するリスクを減らすために，特定の一人が過度の権限をもたないように担当者の役割を決めることを職務分掌という。例えば，受注伝票の入力では，起票した受注伝票を承認する人と入力する人を分けることで，架空の伝票が入力されることを防止する。したがって，（イ）が正解である。

ア：権限委譲は，自分の権利を第三者に譲り渡すことである。職務分掌の決定を無視する行為であり，内部統制に含まれる業務ではしてはいけないことである。

ウ：モニタリングは，作業実施ルールに基づき作業が行われているかどうか監視することである。

エ：リスク分散は，損失を受ける資産を分散させることでリスクが発生した際の影響度を軽減することである。

問6-8　ウ　　　　　　　　　　　　　　　　　　　ITガバナンスに関する記述 (H30春-IP 問40)

　ガバナンス（governance）は，支配，統治を意味する言葉である。IT ガバナンスとは，情報システム戦略を策定し，実行を統制（コントロール）することで企業が競争能力を高めるために必要な組織能力を指す。そのため，情報システム戦略の策定は非常に重要である。

各部署が勝手に決めてよいわけではなく，経営方針に基づくものでなければ組織能力を高めることにつながらない。まず，経営者が経営方針としてITに関する原則や方針を定める必要がある。そして，各部署は，この方針に沿った情報システム戦略を策定し，その戦略を実現させるべく活動を実施する。したがって，（ウ）が適切である。

ア：ITを利用する側にも必要である。ITベンダへの情報システム開発の発注は，情報システム戦略に基づいて，ITガバナンスの一環として行うものである。

イ：ITを管理している部門が全社に周知するが，その内容は，経営者が定めた原則や方針に基づくものでなければならない。

エ：経営者の責任ではあるが，活動は経営方針の下，各部署が行う。

第7部　システム戦略

第7部

問7-1　イ　　　　　　　　　　　　　情報システム戦略の立案で必ず考慮すべき事項 (H29秋-IP 問26)

　情報システム戦略とは，企業の経営戦略実現のためのコンピュータシステムによる戦略のことである。経営戦略に基づいた情報システムの最適化方針を決定することを目的に策定される。

　つまり，情報システム戦略の立案に当たっては，経営戦略との整合性を必ず考慮するべきである。したがって，（イ）が正解である。

問7-2　イ　　　　　　　　　　　　　　　　　　　　　　　全体最適化手法 (H28春-IP 問27)

　EA（Enterprise Architecture；業務・システム最適化計画）は，企業の業務と情報システムの現状を把握し，目標とするあるべき姿を設定して，業務とITの両方を同時に改革し全体最適を図る手法である。したがって，（イ）が正解である。

ア：DOA（Data Oriented Approach；データ中心アプローチ）は，データ構造やデータの流れに着目して設計するシステム設計手法である。

ウ：OOA（Object Oriented Analysis；オブジェクト指向分析）は，システムをオブジェクトの集まりとして捉えて設計する手法である。

エ：SOA（Service Oriented Architecture；サービス指向アーキテクチャ）は，システムのソフトウェアの一部を共通のサービスとして部品化し，それらのサービスを必要に応じて組み合わせることで，新たなシステムを構築する設計手法である。SOAを採用することによって，柔軟性のあるシステム開発が可能となる。

問7-3　ア　　　　　　　　　　　　　　　　　　　　　　　　　　BPR (H28秋-IP 問2)

　BPR（Business Process Reengineering）とは，業務の処理能力とコストの効率を高めるために，企業内の業務プロセスを合理的で無駄のない状態へと再構築することである。BPRによって，既存の組織形態や業務の手順などを改めて見直し，高い効率を実現するために抜本的に設計し直す活動が行われる。したがって，（ア）が正解である。

イ：サービスの事業者が利用者に対して，サービスの品質を具体的な数値として保証する契約は，SLA（Service Level Agreement；サービスレベル合意書）である。これによって，主に信頼性，可用性，セキュリティ面でサービスの範囲が明確になる。契約以上のサービス品質を求められ，トラブルとなるといったリスクを回避できる。

ウ：参加している人が自由に書込みができるコンピュータシステム上の掲示板は，BBS（Bulletin Board System）である。日本で有名な掲示板として「2ちゃんねる」などがある。

エ：情報システムを導入する際に，ユーザがベンダに提供する導入システムの概要や調達条件を記述した文書は，RFP（Request For Proposal；提案依頼書）である。システムの概要（システム化の目的と背景，業務フロー，予算など），提案依頼事項（システム構成，性能条件，導入スケジュール，教育訓練，納品条件など），提案方法，保証要件，契約に関する事項などが記載される。

問7-4　ア
RPA(Robotic Process Automation)　(H31春-IP 問19)

RPA（Robotic Process Automation）は，人間が PC を操作して手作業で行っている定型業務を，ソフトウェアによって自動化することに着目して提唱された考え方である。したがって，（ア）が最も適切である。繰り返し行う作業を自動化することによって，業務の省力化や正確化といった効果を期待できる。

イ：EUC（End User Computing；エンドユーザコンピューティング）の説明である。EUC では，システムの利用者（エンドユーザ）が，自らシステムの管理，運用をすることで，利用者自身の IT リテラシ向上につながる。

ウ：産業用ロボットなどを用いた，生産活動の自動化の説明である。

エ：BPO（Business Process Outsourcing；ビジネスプロセスアウトソーシング）の説明である。

問7-5　ア
クラウドコンピューティング環境で提供されるサービス (H27春-IP 問20)

インターネット上にあるサーバや多様なアプリケーションを物理的な存在場所を意識することなく利用できる環境を，クラウドコンピューティング環境という。ネットワークシステムを図で表すときに，インターネットを雲（クラウド；cloud）の形に描くことが多いことから，このように呼ばれている。

SaaS（Software as a Service；サービス型ソフトウェア）は，インターネット環境などを利用して，利用者が必要なときに必要なサービス（ソフトウェア）を呼び出して使う利用形態のことである。SaaS はクラウドコンピューティング環境で提供される代表的なサービスのひとつである。したがって，（ア）が正解である。

イ：「エスクロー」（escrow；第三者預託）は，商品の売買を行う場合に，商品の受渡しと支払いを売主と買主が直接行わず，第三者を介して行う仕組みのことである。インターネット販売などで安全な取引を行うために用いられる。

ウ：「システムインテグレーション」は，情報システムの企画，サーバなどの機器設置，アプリケーションソフトウェアの開発など，システム開発に関する総合的サービスのことである。

エ：「ハウジング」は，サービスプロバイダなどが Web サーバなどを設置する場所を提供するサービスである。利用者は，ネットワークやインターネットセキュリティが整備された環境に自社のサーバを設置することができる。

問7-6 ウ

今後，日本では急激に労働者が高齢化し，労働者人口も減少するため，ITを活用して生産性を向上させる対応をしていくべきで，（ウ）が誤った記述といえる。

ア：RPAの例である。日々の定常業務を自動化し複数のアプリケーションと連携するソフトウェアロボットといえ，デジタルトランスフォーメーションの考え方である。

イ：VRでは，AIやビッグデータを活用した仮想空間を実現し，危険作業や外科手術などの仮想体験をすることができる。デジタルトランスフォーメーションの考え方である。

エ：シェアリングエコノミーの例である。デジタルトランスフォーメーションの概念である「ITの浸透が，人々の生活をあらゆる面でより良い方向に変化させる」に繋がるものである。

問7-7 ア
非機能要件（H28春-IP 問1）

システム開発において，業務要件を実現するために必要な"機能"に関する要件を機能要件という。機能に関する要件以外の全ての要件を非機能要件といい，システムの信頼性や効率性など"品質"に関する要件は非機能要件に当たる。

故障などによる年間停止時間が合計で10時間以内であるという要件は，品質に関する要件なので，（ア）が正解である。

イ：「誤入力した伝票は，訂正用伝票で訂正すること」は，機能要件である。

ウ：「法定帳票以外に，役員会用資料作成のためのデータを自動抽出できること」は，機能要件である。

エ：「連結対象とする会社は毎年変更できること」は，機能要件である。

問7-8 ウ
RFPに記載される情報（H29春-IP 問18）

RFP（Request For Proposal；提案依頼書）とは，情報システムなどの導入を検討する場合に，システム開発の発注側企業が委託先の候補となるITベンダに提案書の作成を依頼する文書のことである。システム開発において作成されるRFPには，発注側企業が希望するシステムの概要や目的，システム要件，必要とする機能や性能，調達条件などを記載し，それに対応する提案書の提出を委託先候補のITベンダに依頼する。したがって，（ウ）が適切である。

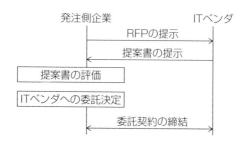

解答解説

第8部

問8-1 イ 経営理念に関する記述 (H25秋-IP 問11)

経営理念とは，企業の使命や存在意義を明文化したものであり，どのような目的でこの企業を経営しているのかを文書で表したものである。したがって，（イ）が正解である。

ア：経営理念は 1 ～ 2 年で変わるものではなく，創業後，特別な事情がない限り継続されるものである。

ウ：経営計画や経営方針を具体化したものは，経営戦略である。

エ：経営理念は，明文化されることがほとんどで，社是や社訓などの中にも反映されることが多い。

問8-2 エ チャレンジャの戦略の特徴 (H24秋-IP 問19)

米国の経営学者であるフィリップ・コトラーが提唱したコトラーの競争戦略では，経営資源を基にマーケットにおける自社の位置付けを 4 種類にポジショニングし，それぞれにふさわしい経営戦略目標を定義している。

・リーダ（leader）企業：マーケットにおけるトップシェアを握る企業であり，シェアそのものの拡大が利益の拡大に直結するため，マーケットシェアの拡大に目的を置く。

・チャレンジャ（challenger）企業：経営資源が豊富な業界上位のシェアをもつ企業であるが，トップシェアを占めていないため，リーダを目指す位置付けとなる。

・フォロワ（follower）企業：マーケットにおいて下位に位置付けられるポジションであり，ニッチャのような突出した独自性や，チャレンジャのようなトップシェアの獲得をめざす経営資源がないことから，利益確保の維持を目的として，効率向上や業務プロセスの最適化を図ることを目的とする位置付けとなる。

・ニッチャ（nicher）企業：業界でのシェアは高くないが，特定分野（niche）の製品・サービスに経営資源を集中することで，収益を高め，独自の地位を獲得することを戦略目標とするもの。

チャレンジャの戦略としては，リーダ企業がまだ強化していない地域や分野を攻略し，リーダ企業と対決することや，下位企業のシェアを奪うことで，マーケットシェアを拡大させることが考えられる。したがって，（エ）が正解である。

ア：「市場における自社の実力を見極め，リーダ企業に追従することによってシェアよりも安定的な利益確保を優先する」のは，フォロワの戦略である。

イ：「消費者へ新しい商品や使い方を提案し，市場規模の拡大を図るとともに品ぞろえを拡充しシェアを維持・拡大する」のは，リーダの戦略である。

ウ：「上位企業が狙わない特定市場を攻略する。限られた経営資源を集中し，その市場におけ

第8部　経営戦略

る優位性を確保・維持する」のは，ニッチャの戦略である。

問8-3　ア　　　　　　　　　　　　　　　　　　　　　　TOB (H26秋-IP 問8)

TOB（Take-Over Bid；株式公開買付け）は，買付の期間・買い取りたい株数・価格など
を公表して，株式市場外で不特定多数の株主から特定企業の株式を買い集めることである。
TOB の多くは経営権の取得や資本参加を目的として行われる。したがって，（ア）が正解で
ある。

イ：「経営権の取得を目的として，経営陣や幹部社員が親会社などから株式や営業資産を買い
　　取ること」を MBO（Management Buyout；自社株買収）という。MBO の目的は，敵
　　対的買収に備えることや，経営自由度を高めること，経営者として独立することなどがあ
　　る。

ウ：「事業に必要な資金の調達を目的として，自社の株式を株式市場に新規に公開する」のは，
　　株式公開のことである。株式を証券取引所において売買することが可能になるので，資金
　　調達の多様化が図れる。IPO（Initial Public Offering；新規公開）とも呼ばれる。

エ：「社会的責任の遂行を目的として，利益の追求だけでなく社会貢献や環境へ配慮した活動
　　を行うこと」を CSR（Corporate Social Responsibility；企業の社会的責任）という。

問8-4　ア　　　　　　　　　　　　　　　　　　　　　KPIの説明 (H27春-IP 問5)

KPI（Key Performance Indicator；重要業績評価指標）は，業務目標の達成度を測るた
めの指標である。企業目標の達成に向けて行われる活動の実行状況を計るために設定する。
したがって，（ア）が正解である。

イ：「経営計画で設定した目標を達成するための最も重要な要因」のことを，CSF（Critical
　　Success Factor；重要成功要因）という。

ウ：「経営計画や業務改革が目標に沿って遂行され，想定した成果を上げていることを確認す
　　る行為」のことを，BAM（Business Activity Monitoring）という。

エ：価値分析手法の一つであり，製品やサービスに対して，利用者の価値を高めることを目
　　的としたエンジニアリング手法のことを，VE（Value Engineering）という。VE では，
　　価値＝機能÷コストを判断の指標とし，機能を実現するためのコストが低いほど価値が高
　　いという考え方を用いる。

問8-5　ウ　　　　　　　　　　　　　　　　　　　シックスシグマ活動 (H24春-IP 問24)

シックスシグマとは，品質管理においてばらつきをコントロールして不良品発生をほぼゼ
ロに近づける手法で，経営管理上のミスをなくす活動にも使われる。シグマ（σ）とは分布
のばらつきを示す標準偏差のことで，品質のばらつきを抑制することによって，業務品質を
改善させる。したがって，（ウ）が正解である。

036

解答解説

ア：仕事のプロセス上で発生する可能性がある障害を予測して，一覧化し，システム全体への影響を解析して，障害を未然に防止する手法はFMEA（故障モード影響解析；Fault Mode and Effects Analysis）と呼ばれる。

イ：品質改善活動のQCサークルの説明である。品質改善・管理を目的とし，職場内で発生する様々な問題に対して，グループ単位で改善活動を行う。

エ：品質向上のため，品質管理を推進し，品質の保証と顧客満足の向上を図っていくことは，TQM（Total Quality Management）と呼ばれる総合的品質管理手法のことである。

問8-6　エ　　　　　　　　　　　　プロモーション戦略のプル戦略に該当するもの (H24秋-IP 問26)

　マーケティングミックスは，商品販売に際して展開されるブランド戦略やサービス，製品の輸送，在庫管理や宣伝広告といったあらゆる営業活動を総合的に検討し，事前に十分な販売戦略を練ることによって，効果的なマーケティング展開を実現させるための諸活動を指す。マーケティングミックスの4Pの一つであるプロモーションの戦略は，供給者側の視点からみた広告宣伝のことであり，プッシュ戦略とプル戦略がある。

・プッシュ戦略：積極的に製品を売り込むための販売促進活動で，新製品の拡大展開の時期などによく用いられる手法である。消費者に対して販売員が詳しく製品の説明を行ったり，サンプルを配布するなどの直接的な働きかけを行ったりする。また，消費者に対してだけではなく，メーカが卸・小売業者に対して自社製品を推し進める戦略方法でもある。

・プル戦略：消費者が自ら特定の製品を望むように仕向けるマーケティング方法で，マスコミを利用した大々的な広告・宣伝などによって消費者の購買意欲を高め，指名買いをするように誘導する。

　「販売店への客の誘導を図る広告宣伝の投入」は，プル戦略に該当するので，（エ）が正解である。

ア，イ，ウ：プッシュ戦略に該当する。

問8-7　ア　　　　　　　　　　　　　　　　　コモディティ化の事例 (H27春-IP 問17)

　"コモディティ化"（commoditization）とは，高付加価値な製品が普及品化することである。類似製品のない，低価格かつ性能や操作性が高い新製品を開発販売すると競争優位性が高い。ところが，各社が同じような製品を販売し始めると，当初は特別だった製品も日用品（コモディティ；commodity）のような一般的な商品になることを指す。したがって，（ア）が正解である。

問8-8　エ　　　　　　　　　　　　　　　　　オピニオンリーダの態度 (H27秋-IP 問18)

　イノベーター理論によって，消費者を商品購入に対する態度で次のように分類することができる。

037

イノベーター（innovators；革新者）
アーリーアダプター（early adopters；初期採用者）
アーリーマジョリティ（early majority；前期追随者）
レイトマジョリティ（late majority；後期追随者）
ラガード（laggards；遅滞者）

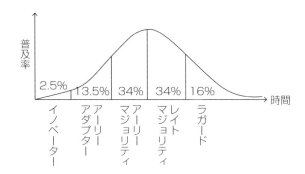

アーリーアダプターは，新商品を販売初期の段階で購入し，その商品に関する情報を友人や知人に伝える消費者のことで，オピニオンリーダとも呼ばれる。したがって，（エ）が正解である。

ア：商品が普及した後に，その商品に関する自分の評価を友人や知人に伝える消費者は，オピニオンリーダとはいえない。
イ：商品の購入を決めるに当たって，友人の評価や世間の評判を参考にする消費者は，フォロワーズ（followers）とも呼ばれ，レイトマジョリティに分類される。
ウ：新商品の販売開始を待って，友人や知人に先駆けて入手することに意欲を燃やす消費者は，イノベーターに分類される。

問8-9 イ　　　　　　　　　　プロセスイノベーションによって直接的に得られる成果 (H30秋-IP 問22)

イノベーション（innovation；革新）は，プロダクトイノベーションとプロセスイノベーションに大別される。

プロセスイノベーション（process innovation）は，製品の生産や流通過程の革新である。工場の機械化や通信販売による直販などはプロセスイノベーションの一例である。これによって，生産効率化やコスト削減や品質の向上が期待できる。したがって，（イ）が正解である。

なお，プロダクトイノベーション（product innovation）は，製品の技術革新のことである。電話が携帯電話となり，さらにスマートフォンになったのはプロダクトイノベーションの一例である。プロダクトイノベーションは市場のニーズによって引き起こされる。

ア：新たな市場は，プロダクトイノベーションによって開拓される。

ウ：プロセスイノベーションによって，製品一つ当たりの生産時間は減少するはずである。

エ：歩留り率とは，製造段階において原材料から予測される製品数に対して，実際に完成した出荷可能な製品数の比率のことである。プロセスイノベーションが起これば，歩留り率は上がる。

問8-10　イ　　　　　　　　　　　　　　　　　　　　　　デザイン思考の例 (R1秋-IP 問30)

　デザイン思考（design thinking）は，システムを実際に利用するユーザがどのようなものを求めているかを理解し，ユーザのニーズにあったシステムを考えることである。利用者の本質的なニーズに基づいた製品やサービスをデザインすることは，デザイン思考である。したがって，（イ）が最も適切である。

ア：CSS（Cascading Style Sheets）を用いた統一性のある Web ページの作成についての説明である。

ウ：BPR（Business Process Reengineering）についての説明である。品質，サービス，業務の処理能力やコスト効率を高めるため，既存の組織形態や業務の処理内容などを総合的にチェック・分析し，抜本的に設計し直す活動のことである。

エ：オブジェクト指向（Object Oriented）によるシステムデザインの説明である。

問8-11　イ　　　　　　　　　　　　　　　　　　　　　　クラウドファンディング (H29秋-IP 問22)

　クラウドファンディング（crowdfunding）は，群衆（crowd）と資金調達（funding）を組み合わせた言葉であり，目的のためにインターネットを利用して不特定多数の人々から出資を募ることをいう。ソーシャルファンディングと呼ばれる場合もある。

　クラウドファンディングには出資者にリターンのない寄付型，出資者が金銭的なリターンを得る金融型，金銭以外の権利などのリターンを得る購入型などがある。「インターネットなどを通じて，不特定多数の人から広く寄付を集めた」というのは，寄付型のクラウドファンディングの事例といえるので，（イ）が正解である。

ア：インターネット上の仮想的な記憶領域を利用できるサービスを提供するのは，オンラインストレージ（online storage）である。

ウ：曇りや雨が多かったことが原因で発生した損失に対して金銭面での補償を行うのは，天候デリバティブ（weather derivative）である。

エ：大量の情報の中から目的に合致した情報を精度高く見つける手法を開発するのは，データマイニング（data mining）である。

問8-12　エ　　　　　　　　　　　　　　　　　　　　ディープラーニングに関する記述 (R1秋-IP 問21)

　ディープラーニング（deep learning；深層学習）は，AI（人工知能）における機械学習（machine learning）の手法の一つである。大量のデータを人間の脳神経回路を模したモデ

第8部 経営戦略

ルで解析することによって，コンピュータ自体がデータの特徴を抽出し学習する。したがって，（エ）が最も適切である。

ア：CRM（Customer Relationship Management：顧客関係管理）の説明である。顧客の購買パターンやクレームの履歴，趣味，嗜好などの総合的な顧客情報が集積されたデータベースを全社で共有し，きめ細かなサービスを提供することで，顧客満足度を向上させて収益力の増加を図る手法である。

イ：イーラーニング（e-Learning）の説明である。イーラーニングは，コンピュータを利用して教育を行うことである。

ウ：ナレッジマネジメント（knowledge management：知識管理）の説明である。社内に散在する文書や業務知識，ノウハウなどの情報が一元管理されることになり，業務の属人性を低くし，問題解決力を高めることになる。

問8-13　エ　　　　　　　　　　　　　　　　　　　　広告をメールで送るもの (H25秋-IP 問9)

あらかじめ受信者の同意を得て送るメール広告をオプトイン（opt in）メール広告という。オプトは英語で「選択する」という意味である。あらかじめ広告メールを受信することに「承諾」を選択した人にだけメール広告を送ることができる。また，受信者は事前に興味のある分野を選択しておくことで，希望した分野のメール広告だけを受け取ることができる。したがって，（エ）が正解である。

ア：アフィリエイト（affiliate）は，英語で「提携する」という意味である。アフィリエイト広告は，Web サイトやメールにリンクを設定することで広告主のサイトへ導くようになっている。この広告を経由して購入，会員登録，資料請求などが行われると，アフィリエイト広告を行った側に広告料が支払われるようになっている。

イ：オーバーレイ広告は，Web ページのコンテンツに重なるように表示される広告である。フローティング広告とも呼ばれる。

ウ：オプトアウトメール広告は，受信者の同意無しに一方的に送りつける広告メールのことである。オプトアウト（Opt Out）とは英語で「手を引く，免除してもらう」という意味なので，オプトアウトメール広告を受け取りたくない受信者は，メール送信者に受信拒否通知をする必要がある。

問8-14　イ　　　　　　　　　　　　　　　　　　　組込みシステムが実装されているもの (H25秋-IP 問16)

組込みシステムとは，機器を制御するための小型化されたコンピュータ（マイクロプロセッサ，マイコン）が製品に組み込まれているシステムのことである。

飲料自動販売機，カーナビゲーション装置，携帯型ゲーム機，携帯電話機には制御用のコンピュータが搭載されている。したがって，選択肢の全てが含まれている（イ）が正解である。

第9部

問9-1　ウ　　　　　　　　　　　　　　　　　企業の経営理念を策定する意義 (R1秋-IP 問12)

組織がもつ価値観や信念，組織の存在及び活動目的のことを経営理念又は企業理念という。経営理念を策定し，公開することによって，顧客，社会に対して企業イメージを向上させることができる。したがって，（ウ）が最も適切である。

ア：経営戦略を実現するための具体的な行動計画の策定は，経営計画を指す。

イ：企業の経営目標を明確にするために策定するものは，経営戦略である。

エ：企業の将来像を示すことができるのは，企業ビジョンである。

問9-2　イ　　　　　　　　　　　　　　　　　　　　　マネジメント手法 (H29春-IP 問25)

企業が，異質，多様な人材の能力，経験，価値観を受け入れることによって，組織全体の活性化,価値創造力の向上を図るマネジメント手法をダイバーシティマネジメント（diversity management；多様性管理）という。したがって，（イ）が正解である。

ア：カスタマーリレーションシップマネジメント（Customer Relationship Management；顧客関係管理）は，顧客の購買パターンやクレームの履歴，趣味や嗜好などの総合的な顧客情報を集積したデータベースを全社で共有し，きめ細かなサービスを提供することで顧客満足度を向上させて収益力の増加を実現しようとするマネジメント手法である。

ウ：ナレッジマネジメント（knowledge management；知識管理）とは，企業活動の中で得られる様々な情報を社内で共有することで，効率的に業務を行うための手法である。社内に散在する文書や業務知識，ノウハウなどの情報が一元管理されることになり，業務の属人性を低くし，問題解決力を高めることになる。

エ：バリューチェーンマネジメント（value chain management）は，企業活動を個別の価値活動に分解し，各活動の付加価値について分析する管理手法である。商品やサービスが消費者へ到達するまでの生産・提供過程の各段階において，価値とコストが連鎖的に蓄積されていくという価値連鎖（バリューチェーン）の考え方に基づいて企業の業務環境の分析を行い，経営戦略に役立てる。

問9-3　ウ　　　　　　　　　　　　　発生頻度の高い順に並べ,累積曲線を入れた図表 (H31春-IP 問41)

パレート図は，重点的な対策項目を明確化するために用いられる図である。柱状グラフと累積値の折れ線グラフを組み合わせたもので，QC 七つ道具の図法の一つである。

幾つかの要因に対して発生頻度実績が得られている場合に，頻度の高い要因の順に並べて

041

第9部　企業と法務

縦棒としてグラフ化し，その数値の累積を累積曲線として折れ線で表現する。したがって，（ウ）が正解である。パレート図は，重点管理項目を決める ABC 分析で用いられる。

ア：散布図は，二つの特性の一方の変化が，他方の変化に影響すること（相関）を図で表したものである。一方の特性値が大きくなると，もう一方の値も大きくなる傾向があるときは「正の相関」があるといい，その反対の傾向があるときは「負の相関」があるという。

イ：特性要因図は，特定の問題（特性）について，影響していると思われる原因（要因）を分類し，矢印でその両者（特性と要因）の関係を魚の骨のような形で表した図であり，フィッシュボーンチャートと呼ばれる。

エ：ヒストグラムは，横軸に区分の幅，縦軸に度数（出現回数）をとる統計用の柱状グラフであり，データの分布を表すのに利用される。

問9-4　エ　　　　　　　　　　　　　　　　　　　　　貸借対照表の説明 (H31春-IP 問18)

貸借対照表は，企業のある一定時点における財務状況を資本・資産・負債で明らかにする財務諸表である。企業が資産をどのような形で保有しているか，またその資産はどのようにして調達したものか（負債と純資産）を表している。左側（借方）に資産，右側（貸方）に負債と純資産を記載し，決算日の財務状況を明らかにする。したがって，（エ）が正解である。

ア：キャッシュフロー計算書の説明である。

イ：損益計算書の説明である。

ウ：株主資本等変動計算書の説明である。

問9-5　ア　　　　　　　　　　　　　　　　　　　　損益分岐点売上高の計算 (H30秋-IP 問27)

損益分岐点売上高とは，売上高と費用が等しく利益が 0 になる点（損益分岐点）における売上高のことである。損益分岐点売上高は，次の計算式で求められる。

$$損益分岐点売上高 = \frac{固定費}{1 - 変動費率}$$

この式における「変動費率」とは，売上（販売価格）に占める変動費の割合なので，問題の条件においては，

$$変動費率 = 100 \div 300 = \frac{1}{3} \quad となる。$$

したがって，損益分岐点売上高 $= \dfrac{100,000}{1 - \dfrac{1}{3}} = 150,000$ （円）

となる。したがって，（ア）が正解である。

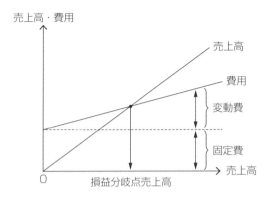

問9-6 エ プログラムを知的財産権として保護する法律 (H29春-IP 問10)

著作権は，音楽や映画・コンピュータプログラムなどの知的創作物に発生する知的財産権の一つであり，著作物をその権利者が独占的・排他的に支配して利益を受ける権利のことである。著作権法はこの著作権を保護する法律である。したがって，（エ）が正解である。

ア：意匠とは，製品のデザイン（外観）のことである。工業的に生産される製品のデザインを製作企業の独占的な財産権として保護するのが意匠法である。意匠権の期間は20年である。

イ：回路配置法は，半導体集積回路の回路素子や回路配置などについて保護する法律である。

ウ：実用新案法は，革新的なアイディアに対して認められる法律である。ソフトウェア製品によって実現されたアイディアは特許法によって保護される。実用新案権の期間は10年である。

問9-7 エ サイバー攻撃から企業を守るため経営者が認識すべき原則や項目を記載したもの (R1秋-IP 問25)

サイバーセキュリティ経営ガイドラインは，経営者のリーダーシップの下で，サイバーセキュリティ対策を推進するためのガイドラインである。経済産業省とIPAが2015年に公表し，2016年に改訂版（Ver1.1）が出ている。ガイドラインでは，サイバー攻撃から企業を守る観点で，経営者が認識する必要のある「3原則」，及び経営者が情報セキュリティ対策を実施する上での責任者となる担当幹部（CISO等）に指示すべき「重要10項目」などをまとめている。したがって，（エ）が正解である。

ア：IT基本法（高度情報通信ネットワーク社会形成基本法）は，日本の全ての人が安心してITを享受できるように，国が理念，方針を定めた法律である。

イ：ITサービス継続ガイドラインは，ITサービス継続戦略や継続計画の立案，体制の実装及び運用・維持など，ITサービス継続マネジメントシステムの構築のガイダンスである。

ウ：サイバーセキュリティ基本法は，日本におけるサイバーセキュリティに関する施策の基本となる事項を定めたものである。

第9部　企業と法務

問9-8　ア　　　　　　　　　　　　　　ソフトウェアのライセンス認証手法 (H29秋-IP 問89)

　ソフトウェアの利用権限の確認をするためにプロダクト ID を確認したり，複数台に同じ
プロダクト ID が重複して設定されていないことを確認するためにハードウェア情報を使っ
てソフトウェアのライセンス認証を実施したりすることを，アクティベーションと呼ぶ。し
たがって，（ア）が正解である。

イ：クラウドコンピューティングは，インターネットなどの通信回線を通じて，サーバや
　　PC，あるいは Web アプリケーションの機能を利用する形態のコンピュータシステム，あ
　　るいは利用形態を指す。

ウ：ストリーミングは，音楽や動画をダウンロードしながら同時に再生することを指す。

エ：フラグメンテーションとは，データがメモリや補助記憶装置上で離れた場所に分散して
　　格納されてしまう事象を指す。データの格納と削除を繰り返すことによって発生する。

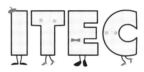